JIUDIAN JINGXIHUA
GUAN LI
SHICAO DAQUANJI

酒店
精细化管理
实操大全集

孙　吉◎编著

中国铁道出版社有限公司
CHINA RAILWAY PUBLISHING HOUSE CO., LTD.

内容简介

本书以“现代星级酒店细节管理”为主题，结合当下中国酒店行业精细化管理的实际需求，以岗位职责、工作细节规范、实用管理制度与表格等为主要内容，全文以表格化的阐述形式，描述酒店管理工作的每个细节，为现代酒店的规范化精细化管理提供了有效的指导范本。

本书适用于星级酒店、高级宾馆、会所、餐厅等业内实体使用，主要为酒店总经理，各个职能部门经理、主管、基层工作人员及高校相关专业学生教师群体量身创作。

图书在版编目（CIP）数据

酒店精细化管理实操大全集/孙吉编著. —北京：中国铁道出版社有限公司，2019.5（2021.11重印）
ISBN 978-7-113-25590-9

Ⅰ.①酒… Ⅱ.①孙… Ⅲ.①饭店－商业企业管理 Ⅳ.①F719.2

中国版本图书馆 CIP 数据核字（2019）第 039417 号

书　　名： 酒店精细化管理实操大全集
作　　者： 孙　吉

责任编辑： 王　佩　**读者热线电话：**（010）51873022　**邮箱：** 505733396@qq.com
封面设计： MXK DESIGN STUDIO
责任印制： 赵星辰

出版发行： 中国铁道出版社有限公司（100054，北京市西城区右安门西街 8 号）
印　　刷： 三河市兴达印务有限公司
版　　次： 2019 年 5 月第 1 版　2021 年 11 月第 6 次印刷
开　　本： 700mm×1 000mm　1/16　**印张：** 23.5　**字数：** 448 千
书　　号： ISBN 978-7-113-25590-9
定　　价： 88.00 元

前言 PREFACE

在编写本书时，作者力求从酒店的工作实际情况出发，立足中国国情，将酒店工作向标准化、规范化、专业化服务方面进行了有意探索。

本书对酒店的前厅部、客房部、康乐部、财务部、工程部、公关营销部、餐饮部、安全保卫部、行政人事部等部门进行了区分部门、细分工作环节的工作规范化的系统阐述，书中包括岗位职责、工作制度模版、工作细节规范及实用表格等内容。具有可操作性、工作指导性强等特点。是酒店管理人员进行高效率、规范化管理和迅速提升下属工作专业水平的参照范本。为绩效管理提供依据。

全书实行表格化编写方式，并在每项工作规范处均设有备注表格，使之在很大限度地满足不同类型酒店使用需要，增强本书与您工作的切合度。表格化的表述方式也可以很大限度地提高读者的阅读兴趣，一目了然，简洁明了。

对于一个新入职的员工而言，本书是你工作的良师益友，是你入职的自我培训教材。本书较详细地阐述了具有可操作性的工作规范和岗位标准操作流程，将使你很快进入岗位工作角色。

对于一个有经验的员工而言，你可能在酒店工作中不断总结经验，总结出做好该岗位工作的娴熟“套路”。通过本书你会理顺你的经验认识，使你的经验总结更具有专业化和理论化水平。促进工作业绩的提升。

对于管理者而言，本书可以有助于你对本部门工作进行规范化管理，可以使你对下属工作进行有效指导，也为您对下属进行绩效考核工作提供依据与标准。

作者

目 录
CONTENTS

第1章 酒店前厅部精细管理细节

1.1 酒店前厅管理工作职责划分说明

1.1.1 前厅部经理职位描述

前厅部经理职位描述，如表1-1-1所示。

表1-1-1 前厅部经理职位描述

直接上级：酒店总经理 直接下级：前厅各分部主管、秘书	
岗位职责	（1）直接对酒店总经理负责，贯彻执行总经理下达的经营管理指令，向总经理汇报工作。 （2）主持前厅部日常工作，抓好部门内的质量管理工作。对各分部主管下达工作任务，监督检查工作的执行情况，为客人提供优质高效的服务，并做好本部门的成本控制工作。 （3）编制部门预算和各项业务计划，制定并修改部门各项规章制度。 （4）按时参加酒店例会，主持每周部门内主管例会，上传下达有关指令和报告，听取汇报并布置好工作，及时解决问题。 （5）协调处理好客人关系，广泛听取和收集客人意见，处理好客人投诉，检查落实重要客人的接待工作。 （6）协调好本部门与酒店内各部门间的关系，加强沟通合作。 （7）审阅每天工作报表，密切注意客情，采取有效措施，落实完成部门经济指标。 （8）负责部门员工的培训、绩效考核工作，不断提高员工素质和专业技能水平，形成良好的管理气氛，提高管理效能。 （9）督导检查本部门的安全和消防工作，完成上级交办的其他工作。
任职资格	（1）具有大专及以上学历。熟练运用一门外语，并能流利准确地与外宾对话。 （2）掌握酒店经营、销售知识、财务管理知识，懂得经营统计分析；熟悉旅游经济、旅游地理、公共关系、经济合同等知识；熟悉涉外法律，了解国家旅游法规。 （3）掌握前厅各项业务标准化操作规范、客房知识，了解旅客心理和推销技巧。 （4）了解宗教常识和国内外民族习惯和礼仪要求，了解国际时事知识。 （5）能独立起草前厅工作报告和发展规划。 （6）具有一定的电脑管理知识。

1.1.2 前厅部副经理职位描述

前厅部副经理职位描述，如表 1-1-2 所示。

表 1-1-2 前厅部副经理职位描述

直接上级：酒店总经理或前厅经理 直接下级：前厅各分部主管、秘书	
岗位职责	（1）协助前厅部经理工作，保证前厅工作的顺利进行。 （2）根据部门经理的安排，督导各分部的日常服务接待及管理工作，检查工作质量情况。 （3）掌握客情，协助制定部门工作计划。 （4）与客人保持良好的关系，做好重要客人的接待工作，处理好客人投诉。 （5）保持与其他部门的沟通、协调，做好服务和信息的反馈工作。 （6）协助部门经理完成对下属员工的培训与评估工作，保证服务质量。 （7）在部门经理因故不在的情况下，全面负责前厅部的工作。
任职资格	（1）具有大专及以上学历。熟练运用一门外语，并能流利准确地与外宾对话。 （2）掌握酒店经营、销售知识、财务管理知识，懂得经营统计分析；熟悉旅游经济、旅游地理、公共关系、经济合同等知识；熟悉涉外法律，了解国家旅游法规。 （3）掌握前厅各项业务标准化操作规范、客房知识，了解旅客心理和推销技巧。 （4）了解宗教常识和国内外民族习惯和礼仪要求，了解国际时事知识。 （5）能独立起草前厅工作报告和发展规划。 （6）具有一定的电脑管理知识。

1.1.3 夜班经理职位描述

夜班经理职位描述，如表 1-1-3 所示。

表 1-1-3 夜班经理职位描述

直接上级：酒店总经理、前厅经理或副经理 直接下级：前厅各分部主管、秘书	
岗位职责	（1）记录当天晚上所发生的重要事情。 （2）抽查当天空房及待修房情况。 （3）与保安部当天晚上的最高负责人紧密联系，监察夜班员工的操作及酒店内的可疑人物。 （4）签核夜班接待员的客房营业统计表。 （5）监察属下员工的工作、操作及仪表。 （6）处理住客及前厅部员工的投诉事宜。 （7）聆听住客的意见及解答住客的疑难问题。 （8）监察直属的各小组的操作情况及工作程序。 （9）核准换房、更改房租、支出及退款等事宜。 （10）处理及报告客人在酒店内遇到的意外及紧急情况事宜。 （11）协助评核员工的工作表现及态度。 （12）对上向前厅部副经理负责及报告。 （13）负责其他由副前厅部经理所安排的任务。

续表

任职资格	（1）具有大专及以上学历。 （2）掌握前厅各项业务标准化操作规范及客房推销技巧。 （3）具有一定的电脑管理知识。 （4）能妥善处理客人的投诉。

1.1.4 大堂副理职位描述

大堂副理职位描述，如表 1-1-4 所示。

表 1-1-4 大堂副理职位描述

直接上级：前厅部经理	
岗位职责	（1）负责巡视和检查酒店内大堂和公共区域的设施设备情况、服务工作情况、卫生情况，发现问题及时通知相关部门解决，维护酒店的正常运转秩序。 （2）负责处理客人对酒店提出的投诉，听取客人的各类意见和建议。 （3）会同有关部门处理在酒店内发生的突发问题和事件，如火灾、伤亡、治安事故等，并立即报告总经理。 （4）督导检查酒店重要接待任务和重大活动的安排，协助或代表总经理完成好 VIP 和商务楼层客人的接待工作。 （5）督导、检查保安人员做好安全保卫工作，维护客人安全，发现酒店内部管理出现问题，应立即向总经理报告并提出解决意见。 （6）与客人处好关系，尽量回答客人的问讯，帮助客人解决疑难问题；定期探访各类重要客人；收集客人意见并及时向总经理及有关部门反映。 （7）夜班当值时，承担酒店值班总经理的部分工作，检查酒店公共区域及员工工作的情况，遇特殊紧急情况，需及时向上级汇报。 （8）协助解决酒店服务中的疑难问题，负责因客人原因造成的酒店设施设备、酒店丢失的索赔工作。 （9）将各部门反馈的信息、客人意见、投诉处理情况等记录在“工作日报表”中，向有关领导及相关部门报告。 （10）参加每周前厅部的工作例会，完成上传下达工作。
任职资格	（1）具有大专及以上学历。 （2）了解酒店的各项服务设施和客房类型及其布置特点，熟悉电信知识和服务章程，懂得接待礼仪。 （3）有较强的口头表达能力。 （4）监督、检查和指导前厅员工各项业务工作的能力。 （5）能妥善处理客人投诉和前厅客人闹事等突发事件，维持良好的客人关系与前厅秩序。

1.1.5 前厅部秘书职位描述

前厅部秘书职位描述，如表 1-1-5 所示。

表 1-1-5　前厅部秘书职位描述

直接上级：前厅部经理（副经理）	
岗位职责	（1）按照领导指示撰写、打印各种报告、函件、报表、文件等，并按要求存档。 （2）负责整理、保管前厅部各种文件、资料。 （3）参加前厅部经理召开的各种会议，做好会议记录，并将会议记录整理打印，抄送有关部门。 （4）按要求接听电话和接待来访者，为前厅经理制定合理的见客安排。 （5）收发各种信件、来函，有关函件报请领导批示后及时处理。 （6）做好本部门员工的考勤记录并存档。 （7）保持办公室区域、设施的整洁卫生。
任职资格	（1）具有大专及以上学历。 （2）了解酒店的各项服务，懂得接待礼仪。 （3）熟悉各项应用文的撰写。 （4）熟悉整理办公资料的流程。

1.1.6　预订处主管职位描述

预订处主管职位描述，如表 1-1-6 所示。

表 1-1-6　预订处主管职位描述

直接上级：前厅经理 直接下级：预订处领班或预订员	
岗位职责	（1）按照前厅部经理指示完成工作。 （2）全面负责酒店的预订工作，掌握每天的客人预订情况，对具体工作做出妥当的安排。 （3）掌握预订情况，做出科学的预订分析及预测，准确制作有关预订报表，及时向前厅部经理反映酒店订房情况和房间状态。 （4）建立一套完整科学的预订档案系统，负责预订处的档案资料管理。 （5）检查、督导下属工作，负责对员工进行培训，保证预订工作质量。 （6）了解其他酒店的入住情况。
任职资格	（1）具有大专及以上学历。 （2）熟悉有关旅行社、航空公司及其他客户单位，同其保持联系。 （3）协调预订处各项工作关系和人际关系的能力。 （4）有监督、检查和指导预订处员工的各项业务工作的能力。

1.1.7　预订处领班职位描述

预订处领班职位描述，如表 1-1-7 所示。

表 1-1-7　预订处领班职位描述

<table>
<tr><td colspan="2">**直接上级：预订处主管**
直接下级：预订员</td></tr>
<tr><td>**岗位职责**</td><td>（1）执行预订处主管的工作安排，并向其汇报工作。
（2）核对订房资料的变更取消，将各种订房信件、备忘录、报表等发送各有关部门。
（3）熟悉订房合同价格，掌握预订状况。
（4）接受客人的各种预订，处理预订的传真、来函，并及时回复。
（5）负责控制重要团体和客人的订房，处理应到、未到预订情况。
（6）监督、配合并参与预订服务工作，提高房间销售额。</td></tr>
<tr><td>**任职资格**</td><td>（1）具有高中及以上学历。
（2）了解酒店预订处服务设施和客房类型及其布置特点。
（3）熟练使用电脑办公软件系统。
（4）懂得接待礼仪。</td></tr>
</table>

1.1.8　总台接待主管职位描述

总台接待主管职位描述，如表 1-1-8 所示。

表 1-1-8　总台接待主管职位描述

<table>
<tr><td colspan="2">**直接上级：前厅副经理**
直接下级：总台服务员</td></tr>
<tr><td>**岗位职责**</td><td>（1）执行前厅部经理的指示，对总台工作全面进行管理。
（2）负责安排员工的班次并布置相关工作任务。
（3）监督本部门员工接待服务工作。
（4）解决工作中出现的问题，处理客人的投诉。
（5）负责落实并参与 VIP 客人的接待工作，确保服务质量。
（6）制定培训计划，对下属实施有效的培训，不断提高员工的素质和业务水平。
（7）负责处理逃账、高额信用卡拒付的问题。
（8）负责各班组各类资料档案的收集存档及管理工作，做好客史档案记录工作。
（9）负责前厅各类财产、设备的使用、保管与保养工作。
（10）负责下属员工的考勤工作，做好员工的绩效考核工作。</td></tr>
<tr><td>**任职资格**</td><td>（1）高中及以上学历。
（2）熟悉总台服务工作规程，懂得接待礼仪。
（3）熟悉外事纪律，了解旅游法规、旅馆治安管理和消防条例。
（4）有组织、指挥员工按服务工作规程完成总台服务接待任务的能力。
（5）语言清晰得体，并具有较好的文字表达能力。
（6）身体健康，外貌端正。</td></tr>
</table>

1.1.9　接待处领班职位描述

接待处领班职位描述，如表 1-1-9 所示。

表 1-1-9　接待处领班职位描述

直接上级：总台主管 直接下级：接待员	
岗位职责	（1）负责监督、指导接待处员工工作，并参与接待服务工作。 （2）负责核对各类报告、报表，并及时送往有关部门。 （3）负责协调激励下属，保证接待工作的顺利完成。
任职资格	（1）高中及以上学历。 （2）了解酒店的各项服务设施和客房类型及其布置特点，懂得接待礼仪。 （3）熟练使用电脑办公软件。 （4）熟悉客人入住、离店及接待处工作细节描述。 （5）能妥善处理客人投诉等疑难情况，维持良好的客人关系与前厅秩序。

1.1.10　问讯处主管职位描述

问讯处主管职位描述，如表 1-1-10 所示。

表 1-1-10　问讯处主管职位描述

直接上级：前厅经理 直接下级：问讯领班或问讯员	
岗位职责	（1）负责督导、指导电话总机操作员工工作。 （2）负责处理住客的电话投诉及检查各种代办服务的落实情况。 （3）负责听取住客意见及解答住客的疑难问题。 （4）负责本处员工的工作绩效考核工作。 （5）负责各种办公用品及业务报表的申领和发送。 （6）负责及时更新住客资料。 （7）主理住客唤醒服务业务。 （8）负责离店客人的钥匙收取工作。 （9）关心员工生活和思想情况，抓好文明班组建设。
任职资格	（1）大专及以上学历。 （2）有较好的口头表达能力和书写一般工作报告的能力。 （3）身体健康，五官端正，视听良好，吐字清晰。

1.1.11　问讯处领班职位描述

问讯处领班职位描述，如表 1-1-11 所示。

表 1-1-11 问讯处领班职位描述

直接上级：问讯主管 直接下级：问讯员	
岗位职责	（1）负责监督并参与问讯服务工作。 （2）收集、更新各种问讯资料，做好问讯准备工作。 （3）负责培训下属有关问讯工作细节描述。 （4）仔细核对各类报告、报表。 （5）加强对下属的沟通、激励。
任职资格	（1）高中及以上学历。 （2）懂得酒店接待礼仪。 （3）有较强的口头表达能力。

1.1.12 电话总机主管职位描述

电话总机主管职位描述，如表 1-1-12 所示。

表 1-1-12 电话总机主管职位描述

直接上级：前厅经理 直接下级：电话总机服务员	
岗位职责	（1）负责制订本部门工作计划。 （2）监督、督导本部门员工工作。 （3）与电信局保持密切联系，确保电信业务的顺利开展。 （4）负责总机房的财产和设备的使用管理，做好设备的清洁保养和维护工作，保证设备运行正常。 （5）负责重要客人接待工作，并合理布置相关工作。 （6）负责检查长途电话收费登记工作，审核长途电话的结算账单。 （7）负责总机房的安全工作，严格执行消防安全和保密制度。 （8）做好员工的业务培训工作。
任职资格	（1）高中及以上学历。 （2）有组织、指挥话务员按服务工作细节描述完成话务工作任务的能力。 （3）语言清晰得体，有书写一般报告的能力。 （4）身体健康，五官端正。

1.1.13 总机处领班职位描述

总机处领班职位描述，如表 1-1-13 所示。

表 1-1-13　总机处领班职位描述

直接上级：总机主管 直接下级：话务员	
岗位职责	（1）负责督导下属并参与电话转接、留言、叫醒等话务服务工作。 （2）检查设备使用情况，发现故障及时保修，并将情况上报。 （3）负责做好电话费登记工作，做到账目清楚、完整、准确。 （4）填写每天工作记录和有关报表，并上交给有关部门。 （5）协助主管做好话务员的培训计划，完成培训工作。 （6）保证本组区域的整洁卫生。
任职资格	（1）高中及以上学历。 （2）熟悉电话交换机系统，并进行基本维护。 （3）熟悉长途及市内电话操作业务规程，掌握长途话务与人工电话交换机操作知识。掌握自动电话交换机或程控交换机值机操作知识。 （4）能指导话务员的话务接线工作。 （5）能处理通信业务中突发事件及客人投诉。

1.1.14　行李处主管职位描述

行李处主管职位描述，如表 1-1-14 所示。

表 1-1-14　行李处主管职位描述

直接上级：前厅经理 直接下级：行李员	
岗位职责	（1）负责监督指导本部员工工作。 （2）负责处理住客的投诉事宜。 （3）编制行李处员工的假期及换班表。 （4）负责本部员工的培训工作。 （5）定期盘点行李处的财物。 （6）协助前厅部经理制定行李处的预算。 （7）与总台接待处、旅游联络组及收银处保持有关搬行李的时间及数量等事宜。 （8）记录行李员提供的服务内容，如住房登记、退房、送便条、邮件及包裹等。 （9）定期核对和检查行李保管室。 （10）收集住客的退房门匙。
任职资格	（1）高中及以上学历。 （2）掌握旅游接待知识。 （3）了解贵重物品、易燃物品的货运有关规定，懂得交通运输、保险等方面知识。 （4）能运用一门外语进行业务洽谈，熟悉行李标签符号。 （5）能熟练操作电梯、行李车，了解各种箱、包的性能。 （6）身体健康，外貌端正。

1.1.15 行李处领班职位描述

行李处领班职位描述，如表 1-1-15 所示。

表 1-1-15 行李处领班职位描述表

直接上级：行李处主管 直接下级：行李员	
岗位职责	（1）负责接待客人问讯，并合理调配人力，准确、及时地做好迎送客人工作、行李运送工作和问讯处交来的委托代办工作。 （2）负责受理客人行李寄存工作并做好详细的存取记录。 （3）负责检查行李员运送行李的记录。 （4）负责行李员的绩效考核工作。 （5）负责填写相关报表和工作日记，并及时送交有关部门。 （6）管理好国旗和酒店店旗，安排员工做好升降旗工作。 （7）负责安排员工做好本组清洁卫生，做好设备保洁、保养工作。 （8）做好本组员工的培训工作。
任职资格	（1）高中及以上学历。 （2）熟悉旅游接待知识。 （3）了解贵重物品、易燃物品的货运有关规定，懂得交通运输、保险等方面知识。 （4）熟悉行李标签符号。 （5）能熟练操作电梯、行李车，了解各种箱、包的性能。

1.1.16 商务中心主管职位描述

商务中心主管职位描述，如表 1-1-16 所示。

表 1-1-16 商务中心主管职位描述

直接上级：前厅经理 直接下级：商务中心服务员	
岗位职责	（1）负责制订本部门的工作计划。 （2）负责商务中心的各种设备的使用与保养工作，保证设备的正常运转。 （3）负责商务中心员工的工作安排、考勤、考核、督导工作。 （4）检查每日工作记录和各种报表，核对电信局的结算账单，控制成本。 （5）负责处理客人的投诉。 （6）随时征询客人意见，掌握市场信息，并及时将收集的信息反馈给有关部门。 （7）制订培训计划，做好员工培训工作。 （8）根据员工表现，做好绩效考核工作。 （9）加强与有关部门的协调沟通，保证业务的顺利进行。
任职资格	（1）高中及以上学历。 （2）受过商务或计算机专业培训。 （3）具有耐心和细致的工作态度。 （4）具有制订工作计划的能力，能够督导和检查计划的执行。 （5）善于处理本部门客人的日常投诉。

1.1.17 商务中心领班职位描述

商务中心领班职位描述，如表 1-1-17 所示。

表 1-1-17 商务中心领班职位描述

直接上级：商务中心主管 直接下级：商务中心职员	
岗位职责	（1）按照商务中心工作程序和标准，督导下属并参与打字、复印、传真等商务中心服务，准确、及时、优质地为客人提供服务。 （2）检查设备使用情况，发现故障及时维修，并将情况上报。 （3）填写每日工作记录和有关报表，并上交给有关部门。 （4）保证本组区域的整洁卫生。
任职资格	（1）高中及以上学历。 （2）熟悉电信知识和服务章程，懂得接待礼仪。 （3）有较强的口头表达能力。 （4）协调前厅各项工作关系和人际关系的能力。

1.1.18 收银处主管职位描述

收银处主管职位描述，如表 1-1-18 所示。

表 1-1-18 收银处主管职位描述

直接上级：前厅部经理 直接下级：收银员	
岗位职责	（1）检查本班人员出勤、仪表仪容和着装情况及班前准备工作。 （2）与上一班主管做好交接工作，并做工作日记。 （3）审阅收银员值班记录簿，处理未尽事宜。 （4）以个人良好的精神面貌带动全组员工，督促收银员站立服务，使用礼貌语言，微笑服务，以优质的服务维护酒店声誉。 （5）检查团队账单准备情况，随时掌握团队结账情况。 （6）阅读电脑报表，了解客情，注意客人离店高峰期，合理安排人员。 （7）准确掌握每天重点客人的结账情况。 （8）不定期抽查本次值班收银员的备用金，督促收银员备齐小钞。 （9）负责检查可用保险箱的使用和管理情况。 （10）督促本处员工做好工作环境卫生清洁工作。 （11）督促员工爱护电脑、打印机、计算器、验钞机、信用卡打卡机等各项设备，杜绝违章操作，保证各项设备的正常运转。 （12）掌握全处文具用品、电脑打印机等的使用数量，并及时补充。 （13）主动向上级汇报工作，认真填写“每日工作情况汇报”。 （14）协助主管对本班次人员进行业务培训。 （15）负责本班次员工的考核工作。 （16）完成上级交给的其他任务。 （17）参加财务部经理主持召开的每周一例会，并据此部署工作。

续表

任职资格	（1）高中及以上学历。 （2）熟识酒店财务知识。 （3）熟悉酒店服务礼仪及与人沟通的能力。

1.2 酒店前厅管理工作制度描述

1.2.1 前厅部规章制度描述

前厅部规章制度

第一条　严格遵守酒店规章制度，严格遵守国家法律、法规。

第二条　严格遵守前厅部的规章制度。

第三条　不准迟到、早退、旷工，不准擅自换班，私自脱岗。

第四条　严格执行上级指令，有问题先服从后请求。

第五条　不准赌博，上班前、工作期间不许饮酒，工作期间不准抽烟、吃零食。

第六条　工作期间不许谈论私人话题，不许在一起交头接耳。

第七条　工作期间不许高声喧哗，做到说话轻、操作轻、走路轻。

第八条　上班前检查自己的仪容、仪表。工作期间严格要求自己的站姿、坐姿、走姿。

第九条　工作期间要保持愉快的微笑和舒畅的心情。

第十条　工作期间禁止接听私人电话，回答客人不许说“不知道”“没有”之类的话，不许有“可能”“也许”之类含混不清的回答。

第十一条　大堂内不准奔跑，不许穿私人服装进出工作和客用区域。上班时不许带提包、手袋之类的私人物品进入工作场所。

第十二条　不准打架斗殴，上班期间不许打瞌睡，不许嬉笑。不许将手插在口袋里。

第十三条　面客不许抠鼻孔、掏耳朵，咳嗽、打喷嚏要用手帕捂住口鼻。

第十四条　不准带情绪看客人，不准用不愉快的口气和客人说话，不准和客人争吵。

第十五条　工作期间不准偷工减料影响服务质量。

第十六条　严格执行前厅部制定的操作程序。

第十七条　不准向客人索取小费，或有类似的行为意识。

第十八条　不准做有损害酒店和客人利益的事情。

第十九条　工作期间不许看报纸、杂志及与工作无关的书籍。电话要在三声内接听。

第二十条　电话叫人时，要求用手捂住话筒以防嘈杂声给客人听到留下不好的印象。

第二十一条　从客人手中接过任何物品要说谢谢，递给客人任何物品要双手递交。

1.2.2 客人投诉处理制度描述

客人投诉处理制度

第一条　客人投诉时，友好地接待客人，不要使客人有戒心。

第二条　认真听取投诉，了解事情的细节。认真听取客人讲话，中途不要打断客人，这样会使客人更愤怒，让客人把话讲完，要看着客人的眼睛，不要东张西望，显得不在乎或漫不经心的样子。

第三条　将客人所说的内容重复一遍，请客人确定意思是否正确，并在纸上做好记录，使客人相信你很重视这件事。

第四条　对所发生的事情表示诚恳的道歉和关心，绝不允许和客人争吵，这样可能会使客人更加生气，并对酒店更加不满意，客人不一定总是正确的，但我们要让他感到自己是正确的。不要总是为自己辩护或找借口，或总是用自己的观点去看待客人提出的问题，要把自己置身于客人的处境，但是也要站在酒店的立场上，保护酒店的利益。

第五条　查清事实，如果不了解事件，可问一些有选择性的问题，这样客人就有机会去诉说。

第六条　即使认为自己是正确的，也要向客人道歉。

第七条　向客人表示真挚的谢意，感谢他的投诉。

第八条　客人所有的投诉要记录在案，内容包括：

（1）接到投诉的时间、日期。

（2）客人姓名及公司名称和房号。

（3）投诉的内容，事情发生的地点。

（4）被投诉人的姓名。

（5）采取的行动，问题的解决。

（6）接受和处理投诉经过的经手人签名。

第九条　事后写出报告，但是切记所有的报告应短小有力，绝不加入个人观点。

第十条　有关的投诉内容应及时知会相关部门并引起重视，一些不正常情况，停水、停电等情况都要记录在 logbook 上。

第十一条　前厅部经理的指示也应写在 logbook 上。

1.2.3 总机转接电话制度描述

总机转接电话制度

第一条　电话铃声响在三声之内必须接听。

第二条　用礼貌、热情、清晰的语调问候，自报部门并询问需什么帮助。

第三条　仔细倾听对方的陈述，记下来电的日期、时间、房号、内容等。快捷、准确地完成每一个电话的转接。

第四条　话务员要能尽快分辨出上司的声音，不能直呼上司姓名。

第五条　即使在令人生厌的情况下，话务员也应保持礼貌、专心的态度，无论客人的语言多么尖刻。

第六条　重复来电主要细节以获客人确认，不能监听客人通话或在客人面前评论酒店的各项管理。

第七条　回答客人咨询的各种问题，对疑难问题应及时报告上司，然后给客人满意的答复。

续表

第八条　谨慎、小心地接听电话，应先让客人挂机，话务员才可轻轻挂机。在转接电话时要使客人明白，你将要做什么，不要将客人搁置在一边，电话号码无法转通或无人接听的情况下话务员要立刻反馈信息给客人，不能让客人一直等待。

第九条　员工的私人电话应禁止转接。

第十条　当班时应准备好纸和笔，及时记录下各种留言。

第十一条　客人来电但事情超出话务员的职责范围应立即回复，转至相关部门，勿让客人做出不必要的重复。

第十二条　话务员应清楚如何处理紧急突发事件的各种规定。

1.2.4　总机叫醒服务制度描述

总机叫醒服务制度

第一条　散客的叫醒服务需填写“散客叫醒服务单”，团队需填写“团队叫醒服务单”，上面注明叫醒服务的时间、日期、房号及团号，经手人签名。

第二条　“团队叫醒服务单”要附团队占用表及团号。

第三条　总机的通宵班和大堂接待处要核对“团队”“散客”的叫醒时间。

第四条　服务结束之后总机应存档叫醒服务的单据。

第五条　当检查叫醒服务无人应答时，总机应通知服务中心。

第六条　服务中心应及时派人上房敲门叫醒客人。

第七条　所有叫醒服务的工作由总机落实完成。

1.2.5　入住登记制度描述

入住登记制度

第一条　按照公安机关要求的表格填写入住的个人资料。

第二条　必须使用住客本人有效证件登记。

第三条　入住登记表上住客必须签到。

第四条　住客的有效证件需按照公安机关的要求进行扫描。

第五条　入住登记的时间不得超过三分钟。

第六条　入住登记表一式三联，一联交给财务，一联交给外事科或派出所，一联总台留底，入住。

第七条　登记表按照公安机关的要求必须保留三年。

第八条　客人资料需如实准确地输入电脑。

第九条　不得扣押客人的有效证件。

第十条　密切注意公安机关下发给各酒店的黑名单。

第十一条　辨认各种有效证件，防止住客使用伪造、无效的证件。

1.2.6 客人拒付账务处理制度描述

客人拒付账务处理制度

第一条 当得知客人拒付账务的事件，大堂副理应及时赶到并听取客人的意见，调查清楚具体原因。

第二条 与有关部门核对客人的明细账务单。

第三条 如果是酒店的问题应及时向客人道歉。

第四条 如果是客人的问题，大堂副理应向客人讲明酒店各项收费的规章制度。

第五条 如果客人拒付的金额较低，如房间的饮料、小吃等，大堂副理可视情况减免，如果金额较高应及时请示上司。

第六条 整个事件应详细记录在 logbook 上。

1.2.7 延迟退房制度描述

延迟退房制度

第一条 客人要求延迟退房需大堂副理以上人员批准，接待员无权同意，而且必须填写延迟退房的通知单，并给总台收银。

第二条 客人延迟退房的要求必须视当天住房的具体情况而定，并不是一定要答应客人的要求。

第三条 大堂副理有权批准客人延迟退房到下午三点，超过下午三点应由前厅部经理批准，超过下午六点需由总经理批准。

1.2.8 客人物品遗失的处理制度描述

客人物品遗失的处理制度

第一条 接到事情发生的消息之后，大堂副理与保安部人员应立刻赶到出事现场，并对现场进行保护。

第二条 仔细听取客人陈述，认真记录整个事件发生的经过。

第三条 客人的物品，如果是在酒店范围之外丢的，保安部应征得客人同意后，协助前往公安机关报案。

第四条 如果是在酒店范围内丢的，大堂副理应联系前厅及客房部查询是否客人物品已被拾获。

第五条 如果客人确信物品是在房间被盗，大堂副理和保安部人员应赶到现场并对事情进行具体调查。

第六条 如果客人丢的是贵重物品，客人要求上报公安机关，大堂副理应答应客人要求并协助客人报案。

第七条 写出详细的报告并存档以便日后查询。

1.2.9 VIP 入住、退房、接待制度描述

VIP入住、退房、接待制度

第一条　给予 VIP 提前登记，接待员根据现有的客史资料填写 VIP 的登记卡。

第二条　安排好 VIP 的房间并对其进行控制。

第三条　查看是否有 VIP 的信件、包裹、传真、留言等。

第四条　准备好有关的物品（水果篮、鲜花等），以单据形式发给有关部门。

第五条　准备好 VIP 的房间钥匙。

第六条　把 VIP 的名字登记在 VIP Expect Arrival Report 上，发送给相关部门的负责人。

第七条　把 VIP 的信件、传真、留言、欢迎卡和钥匙一同装入信封，在信封上注明客人姓名及房号。

第八条　在客人到达前配合客房部对 VIP 入住房间检查一遍，是否一切设施都能正常运作。

第九条　查看 VIP 赠品是否已送到房间。

第十条　安排行李生在大门口随时准备迎接客人。

第十一条　前厅部经理与酒店其他管理人员应在大厅迎接客人。

第十二条　前厅部经理提前仔细检查准备好的信封，接待处通知客房部准备好欢迎茶。

第十三条　前厅部经理亲自指引 VIP 到房间。

第十四条　请 VIP 在入住登记卡上签名。

第十五条　把钥匙和信封一同交给 VIP，并付上名牌以便客人有困难时提供帮助。

第十六条　通知各部负责人 VIP 已入住其房号。

第十七条　大堂副理应经常联系客人，了解客人对酒店是否有意见，对 VIP 的意见要及时上报以便管理层参考。

第十八条　VIP 退房时要提前安排行李生在客人的门外等候准备出行李。

第十九条　为 VIP 落实确认有关的交通工具。

第二十条　前厅部经理及酒店高层管理人员应在大堂恭候客人。

第二十一条　提醒总台收银准备好 VIP 的账单。

第二十二条　主动征询客人对酒店的意见，并请客人再次光临。

第二十三条　VIP 退房之后前厅部应通知相关的营业部门。

1.3 酒店前厅管理日常工作细节描述

1.3.1 客房预订接待工作细节描述

客房预订接待工作细节描述，如表 1-3-1 所示。

表 1-3-1 客房预订接待工作细节描述

项目	规范内容
确认预订信息	（1）当客人以面谈、信函、电传、传真、电报、电脑网络等方式向酒店提出订房要求时，预订处接待人员必须及时、热情、准确地提供服务和客人所需要得到的信息。 （2）当客人通过以上某种方式明确其订房的要求和信息时，预订处工作人员需将客人的订房要求填写统一规格的订房单，在订房单中应有如下信息：客人的姓名、人数、国籍、抵/离店日期及时间、车次或航班、所需客房的种类和数量、价格、付款方式、预订人姓名（或单位）及地址、电话号码、特殊要求等。
接受或婉拒预订	在决定是否接受客人订房要求时，应考虑下列几个因素： （1）客人预期抵达的日期。 （2）客人所需客房的种类。 （3）客人所需客房的数量。 （4）客人住店的天数。 根据上述条件，预订处工作人员决定是否接受客人的订房要求。若客人上述需求与酒店的接待能力和规定能力相吻合，则予以接受。反之则予婉拒。但是在婉拒客人预订要求时，需估计客人心理，要用友好、遗憾和理解的态度对待客人，并主动提出可供客人选择的建议。
发出确认书	确认了客人的订房要求后，酒店应及时发出预订确认书，确认书应复述客人的订房要求、房价和付款方式，申明酒店对客人订房变更、取消预订的规定。对确认类预订的客人要申明抵店时限，对保证类客人要申明酒店收取预订金。最后，还应向客人选择本酒店表示谢意。
记录、存储订房资料	当预订确认书发出后，预订资料必须及时、准确地记录与储存，以防疏漏。订房资料一般由订房单、确认书、预订金收据、预订变更单、客史档案卡、客人的书面预订凭证等组成。
预订的变更、取消	如果宾客变更或取消已确认的预订要求，预订员必须填写预订变更单或预订取消单。将取消的订房资料归入取消类存档，将变更的订房资料与预订变更单汇总，按接受一个新的预订程序处理。
处理订房的特殊要求	（1）接机、车 ① 客人在预订中注明要求抵店派车接机或接车时，必须与客人确认抵达的航班或车次、抵达人数、姓名、要求用车的类型及数量，并报车价。 ② 如客人需要豪华车接送，可直接与集团联系满足客人的要求。 （2）订票 ① 客人预订同时要求代订机票时，预订员应详细记下客人姓名、起飞日期、目的地等情况，并与问讯处联系，征求可否满足客人订票要求。 ② 如可接受订票，预订处负责将订票的具体详细资料以书面形式送交问讯代办处。 ③ 接待部门在客人抵店办理登记手续时，告知客人可与问讯处联系取票事宜。 （3）订会场 客人在预订同时要求代订酒店会场时，应请客人提出详细的要求，如日期、出席人数、会场布置等，并立即与商务中心联系，确认可否接受。

1.3.2 预订信息输入工作细节描述

预订信息输入工作细节描述，如表 1-3-2 所示。

表 1-3-2　预订信息输入工作细节描述

程序	规范内容
核对	输入新预订前，先查看电脑是否已有同一客人的预订，以免重复预订客房。
查看客史记录	查看客史记录，应注意以下客史内容： （1）客人以前住店是否作 VIP 接待，若曾是 VIP 客人，这次应仍作 VIP 接待。 （2）此客人来店住宿的房夜数已超过 30 房夜的，应将此信息并同预订资料上报前厅部经理。 （3）客人上次住店时如有账目未了清的记录，应将此信息在《订房委托书》上注明，并通知结账处。
输入客人信息	（1）按规定的格式，输入客人姓名。 （2）输入抵/离日期、航班、火车车次及时间、房间数、房类、人数、特殊服务项目、预订者及预订输入者的姓名。 （3）若是旅行社或公司合同客人，应输入相应的旅行社或公司合同编号。
核实订房信息	输入完毕后，将电脑预订号记录在《订房委托书》上，并将委托书按抵店日期归类存档。

1.3.3　VIP 客人预订申请处理工作细节描述

VIP 客人预订申请处理工作细节描述，如表 1-3-3 所示。

表 1-3-3　VIP 客人预订申请处理工作细节描述

程序	规范内容
预订申请	（1）预订员须获知客人的姓名、身份、职务，若符合 VIP 接待条件，应及时报告前厅部经理。 （2）经前厅部经理同意后，填写 VIP 申请单（一式五份）。
填写 VIP 申请单	（1）填写客人的姓名、职务、单位名称、抵/离时间、航班、房间类型、房价。 （2）详细记录客人的特殊要求。
选择 VIP 礼品	（1）在 VIP 申请单上，将已选择的礼品，注标记“√”。 （2）礼品种类： ① 中国茶。 ② 一瓶白葡萄酒。 ③ 一瓶红葡萄酒。 ④ 小花篮。 ⑤ 大花篮。 ⑥ 水果盘。 （3）附上总经理名片。
上报审批	（1）前厅部经理审批并签字。 （2）送交客务总监审批并签字。 （3）送交总经理审批并签字。

1.3.4 预订未抵达客人处理工作细节描述

预订未抵达客人处理工作细节描述，如表 1-3-4 所示。

表 1-3-4 预订未抵达客人处理工作细节描述

程序	规范内容
阅读报表	每天早上接到接待部门退回的应到未到《订房委托书》后，立即在电脑中复核，核准客人确实未住进酒店。准确了解经预订未抵达客人的全部情况，并查询电脑，确认这些客人是否已住店。
记录订房人的资料	将电脑中储存的客人订房代理人的姓名、电话号码迅速抄写在报表的订房单位栏中，以便订房人联系询问客人未抵达的原因。
记录原因	（1）根据与订房人的电话询问内容和结果，准确无误地将客人未能抵达的原因记录在报表上。 （2）商务散客的预订如应到未到，应及时与订房人联系，确认客人是否取消预订或更改抵店日期，并视情况决定是否收取一天空房费。 （3）旅行社散客预订如应到未到，应根据合同规定收取一天空房费，预订处负责将旅行社与酒店联系订房和确认的来往资料复印交结账处。
报送	制作团体及散客应到未到报告，并送至各有关部门。第二天由前厅经理审核无误后上报总经理。
存档	按照日期存档，以备日后查寻。团体应到未到的预订通知单由销售部负责存档，其他应到未到的《订房委托书》，应按客人姓名字母顺序排列，统一归类存档。

1.3.5 团队房间分配工作细节描述

团队房间分配工作细节描述，如表 1-3-5 所示。

表 1-3-5 团队房间分配工作细节描述

程序	规范内容
分配团队房间	（1）根据团队抵达航班分配房间。 （2）仔细查阅团队订房单，根据单上的要求安排房间。
功用的区分	每一团队的房间分配完毕，打印五份团队分房单分别放至： （1）客房部：通知打扫房间，保证在团队到达前房间均已打扫干净。 （2）礼宾部：保证团队行李迅速、准确送至客人房间。 （3）团队领队：详知团队团员住房情况，以便联系、沟通、协调。 （4）团队联络员：以便准确地与客人及各部门保持联系。 （5）前台：接待处留档。 注意：以上五份表单均不显示出团队房价，以避免酒店、旅行社、客人三方之间产生矛盾。

1.3.6 散客房间分配工作细节描述

散客房间分配工作细节描述，如表 1-3-6 所示。

表 1-3-6 散客房间分配工作细节描述

程序	规范内容
了解客情	（1）打印当天入住散客报表。 （2）查询特殊要求报表，以了解客人的特殊要求。 （3）查清客人历史是否有其他特别要求。
分配房间	（1）首先检查 VIP 客人房间是否完全准备完毕。 （2）按特殊要求报告上所显示的内容，先为有特殊要求客人分房。 （3）分配早航班客人的房间，使其入住时能迅速顺利进房。 （4）保证所有散客抵店前，其房间已分配完毕且打扫干净。
报表存档	（1）打印一份当天已分配完毕房间的预抵散客报表，送客房部，请客房部准备好干净的房间。 （2）前台接待处将此报表存档，以便于查询。

1.3.7 住店客人换房服务工作细节描述

住店客人换房服务工作细节描述，如表 1-3-7 所示。

表 1-3-7 住店客人换房服务工作细节描述

程序	规范内容
接到客人要求	（1）接到客人换房的要求时，问清原因，并表示道歉。 （2）根据客人要求，选择适当房间。
办理换房手续	（1）填写房卡，并填写换房单，输入电脑。 （2）换房单要及时分发至各有关部门，并予以通知： ① 客房部：将客人的原住房房态改为结账房。 ② 礼宾部：及时协助客人提拿行李转房。 ③ 洗衣房：正确掌握客人的新房间号码，以便及时将客人的洗衣送到新的房间。 ④ 总机：便于为客人转接电话。 ⑤ 收银处：将换房信息输入电脑。 （3）更换客人的档案栏（更改房间号码），将登记卡及有关文件放入新房间的档案中。

1.3.8 客人续住服务工作细节描述

客人续住服务工作细节描述，如表 1-3-8 所示。

表 1-3-8 客人续住服务工作细节描述

项目	规范内容
接到客人要求	（1）问清客人姓名、房号、续住时间。 （2）了解当日和近日客房状态。

续表

项目	规范内容
旅行社凭单结账或已付房费房间的续住处理	（1）向客人重申付款方式、房价，如不能享受原优惠房价，向客人说明，必要时请示上级处理。 （2）根据电脑资料填写客人登记表，注明续住时间和付款方式。 （3）请客人重新交预付金，并通知收银处做账务处理。 （4）用电脑续住功能修改客人离店日期并输入新房价，办理续住手续。 （5）办理方式与新开房程序相同。
交预付金或已预刷卡房间的续住处理	（1）了解房间是否已结账。 （2）根据电脑资料填写“续住登记表”。 （3）对交预付金的客人，请客人到收银处重交预付金。对预刷卡已结账的客人，重新预刷卡。 （4）用电脑续住功能办理续住手续。 （5）电脑通知客房服务中心续住情况。
换人续住房间的处理	（1）了解房间是否已结账。 （2）征得原住客同意，并做好新入住客人的登记，注明换人续住。 （3）确认新客人的付款方式。 （4）按规定办理入住手续。 （5）在原客人“登记表”上注明已退房及退房日期。 （6）将新客人资料输入电脑。

1.3.9 客人留物转交服务工作细节描述

客人留物转交服务工作细节描述，如表 1-3-9 所示。

表 1-3-9 客人留物转交服务工作细节描述

程序	规范内容
接到转交物品	（1）接受转交物品时，要认真检查，保证安全 （2）对大件物品，贵重物品，易碎、易变质和危险物品，一般不予受理，前台中只接受信件或小件物品，较大件的物品则可转交礼宾部办理。
登记	（1）做好转交物品的登记手续，填上接收物品客人的姓名、房号、物品的名称、件数、转交人单位和姓名。 （2）打印转交时间，请客人填表签名。 （3）在物品上贴上标记并妥善存放保管。
留言	（1）致电通知电话总机做好房间留言，并在“登记表”上注明电话总机接话人姓名，以便查核。 （2）填写“住客通知单”，交行李员送入房间，以便客人回房时能迅速接到物品。
客人取物	客人来取物品时，做好签收手续。

1.3.10 更改预订服务工作细节描述

更改预订服务工作细节描述，如表 1-3-10 所示。

表 1-3-10 更改预订服务工作细节描述

程序	规范内容
接收客人信息	（1）询问要求更改预订客人的姓名及原始到达日期和离店日期。 （2）询问客人现要更改日期。
确认	（1）接到更改预订的通知时，应立即找出客人的原《订房委托书》。 （2）根据客房预订流量，决定是否可接受更改后的预订。 （3）若可接受客人的更改要求，应及时予以确认，并更新《订房委托书》和电脑记录。 （4）若不能接受客人的更改要求，则应耐心解释，同时可根据情况建议改换房间种类，实在无房时，应向客人推荐本集团的其他酒店。
存档	（1）应记下要求更改预订人的姓名和联系的电话，并将《订房委托书》按更改后的日期存档。 （2）若使通过电传或传真来要求更改预订的，确认更改后，将来电和复电与原来预订资料合订在一起存档。
感谢客人	感谢客人及时通知，告知客人预订房间的最后保留时限。
通知有关部门	（1）如需要更改餐饮方面要求的，应及时通知有关部门更正记录。 （2）如更改预订的抵店日期，还须问清更改后的航班或车次，若是需要接送的客人，及时更正“接送通知单”。

1.3.11 取消预订服务工作细节描述

取消预订服务工作细节描述，如表 1-3-11 所示。

表 1-3-11 取消预订服务工作细节描述

程序	规范内容
接收客人信息	接到取消预订的通知时，应询问并核对要求取消预订客人的姓名、抵/离日期、房类和房数。
确认取消预订并记录	（1）在电脑中按客人姓名查询出预订，记录取消预订代理人的姓名及联系电话。 （2）询问客人是否要做下一阶段的预订。 （3）根据预订抵店日期找出《订房委托书》，核准后应填写“预订取消单”，同时取消电脑预订，并将取消预订的信息输入电脑。
感谢客人	感谢客人及时通知。
存档	（1）找出原始订单。 （2）电话通知预订的，应记下通知人的姓名、所属公司。电函通知取消预订的，应将电函与原来的预订资料装订在一起存档。 （3）将“取消预订单”放置在原始订单之上，订在一起。
通知	将取消预订信息通知有关部门。如原预订有接机、订餐等特殊要求的，取消预订后，应将信息通知各有关部门。

1.3.12 总台团队接待工作细节描述

总台团队接待工作细节描述，如表 1-3-12 所示。

表 1-3-12 总台团队接待工作细节描述

程序	规范内容
1	客人抵达时，首先要主动上前招呼、问好。向有关陪同人员询问该团的人数、预订的房间数等，并以最快的速度找出该团的记录。
2	重新检查房号是否正确，并请陪同人员在“团队入住登记表”上签名。
3	核实各项服务内容是否相符，必须要前后一致方能予以开房。如有不一致，则须与领队或陪同人员取得一致。
4	要严格遵照合同，一般不允许随意增减房间。

1.3.13 总台散客接待工作细节描述

总台散客接待工作细节描述，如表 1-3-13 所示。

表 1-3-13 总台散客接待工作细节描述

程序	规范内容
1	向客人问好，表示欢迎，并表示乐于为其提供服务。
2	问清抵达客人是否有预订房间。如果是预订客人，可对其致以欢迎词。如果客人没有预订，在有空房的情况下，应尽量满足其住宿的要求，万一客满，最好帮助客人同其他酒店联系。
3	填写住宿登记表。住宿登记表一般是一式两联，境外人员的临时住宿登记表则是一式三联，住宿登记表中应包括客人的姓名、性别、职业、国籍、身份证或签证号等项内容，必须要求客人认真填写。
4	与客人确认所住房间的种类、房价及付款方式，如果客人采取信用卡方式付款，接待员必须先确认酒店能否接受客人所持的卡及所持卡是否有效。
5	填写房卡。在客人填写住宿登记表的同时，接待员应为客人填写房卡交给客人。
6	与客房部联络。在客人办理好入住手续后，接待员应将客人的入住信息通知客房部，以便其提前做好接待的准备工作。
7	制作客人账单。在印好的账单上打上客人的姓名、抵/离日期、房号、房间类型、应付房费等内容，并将其与住宿登记表、客人的信用卡等一起送交前台收银员保存。

1.3.14 会客登记服务工作细节描述

会客登记服务工作细节描述，如表 1-3-14 所示。

表 1-3-14　会客登记服务工作细节描述

程序	规范内容
1	来访者要求探访、会见住店客人，接待员问清来访者是否与客人约定。
2	接待员查询电脑确认后联系住店客人房间，征得客人同意后，由客人来前厅或请来访者持会客登记单回执见客人。
3	请来访者填写“会客登记单”，写清来访者姓名、单位、联系电话、人数、会见何人、房号、事由、来店时间等。
4	会客登记单一式两联，一联存档备查，一联交来访者，请会见客人签字，注明离店时间，由来访者交回前台。
5	会客时间最晚不得超过 23 时，超过 23 时，保安部人员有权请来访者离开房间。
6	接待员应对酒店和客人的安全负责，不得随意将住店客人的有关情况提供给来访者，更不能根据来访者的描述帮助其推测要会见的客人。

1.3.15　客人损坏酒店财物处理工作细节描述

客人损坏酒店财物处理工作细节描述 ，如表 1-3-15 所示。

表 1-3-15　客人损坏酒店财物处理工作细节描述

程序	规范内容
调查	接到客房部通知、客人损坏酒店财物的报告后，亲自检查被损物品，与客人核实情况。
查阅价格	查阅被损物品的赔偿价格。
索赔	直接与客人联系，有礼貌地讲明酒店制度并要求赔偿。
被损物品物价小、价值小可及时弥补的处理	（1）向损坏者表明酒店将保留向其索赔的权利，或即时判断赔偿金额，或付现金，或打入房账并填写赔偿单。 （2）若客人不在场时先打入其房账并填写赔偿单，再留言请其与前厅经理联系，由前厅经理向其解释说明。 （3）用相机拍摄现场。
被损物品物件大、价值大无法及时弥补的处理	（1）判断是否有潜在危险，通知工程部人员到场判断即时拆换或封锁现场危险区。 （2）向损坏者表明酒店将保留向其索赔权利，或第一时间判断金额和索赔，或付现金或打入房账，填写赔偿单。 （3）填写酒店财物损坏报告，连同现场照片呈交管理层及有关部门。
客人离店后处理	若客人已离开酒店而找不到当事人向其索赔，须记录事情经过，并向上级汇报。
善后工作	（1）通知有关部门进行事后跟进。 （2）将详细情况记录于值班日志上。

1.3.16　对客医疗服务工作细节描述

对客医疗服务工作细节描述，如表 1-3-16 所示。

表 1-3-16 对客医疗服务工作细节描述

项目	规范内容
一般病症	（1）客人提出就诊要求 接到客人电话后，询问客人姓名、房号、性别和病情。 （2）协助就诊 ①电话通知医务室医生出诊。 ②必要时亲自到房间协助就诊。 （3）记录 记录就诊处理情况以备查用。 （4）确认 亲自与客人联系，确保客人已与医生取得了联系。
紧急病症（如心脏病、晕倒等）	（1）前往现场 接到报告后三分钟之内到达现场查看病情。 （2）组织抢救 ① 通知酒店医生在三分钟之内到达。 ② 亲自打电话向急救中心求救。 （3）迎接医生 通知保安部领班，在医生到达时将其立即带到现场。 （4）护送病人前往医院 ① 通知有关人员控制一部电梯。 ② 确保一名酒店医生同一名能够与客人进行语言沟通的酒店工作人员陪同病人前往医院。 （5）联络 保持与医院的联系，及时向酒店领导汇报客人病情。

1.3.17 客人受伤事件处理工作细节描述

客人受伤事件处理工作细节描述，如表 1-3-17 所示。

表 1-3-17 客人受伤事件处理工作细节描述

程序	规范内容
前往现场	（1）接到报告后立即前往现场。 （2）询问受伤者的伤情。 （3）如需要，建议伤者前往医院接受进一步检查。 （4）如伤情严重，安排能与客人进行语言沟通的酒店人员陪同伤者去医院就诊。
填写受伤报告	（1）填写受伤报告，包括：发生地点、时间、受伤人员情况、证人等详细资料。 （2）将受伤报告的复印件上交总经理、驻店经理、财务总监，并根据发生地点分别上交给客务总监、工程总监、餐饮总监和保安部经理。
联络	（1）立即将事件向酒店领导汇报。 （2）及时与在医院的陪伴人员联系，随时掌握客人伤情，保证酒店领导了解最新状态。

续表

程序	规范内容
提供帮助	与有关部门合作，为伤者提供一切酒店能够给予的帮助，如客用品和食品等。
记录	（1）详细记录事件发生和处理过程。 （2）保存好受伤报告，但不能给客人。

1.3.18 叫醒服务工作细节描述

叫醒服务工作细节描述，如表1-3-18所示。

表1-3-18 叫醒服务工作细节描述

项目	规范内容
散客	（1）客人在服务台要求叫醒服务时，应记下客人的姓名、房号和要求叫醒的时间，并在电脑中核对客人的房号与姓名，同时复述一遍要求叫醒的时间，以免发生差错。 （2）将记下的内容转交给问讯处，按照以下程序继续办理此叫醒服务。 （3）电话通知总机要求叫醒的房号和时间。 （4）在叫醒服务记录表上做记录，并签上经办人的姓名。 （5）在规定的时间，把叫醒服务记录表上所有当天要求叫醒服务的记录与总机记录核对一遍，确保其准确性。
团队客人	（1）团队领队来柜台要求此项服务时，应填写好团队名称、房号及叫醒时间，如领队提供团队名单并要求叫醒时，要明确是否要求全部客人在同一时间叫醒，并与领队复核一遍。 （2）通知总机做好记录。 （3）在叫醒服务记录表上做记录，并签上经办人的姓名。 （4）在酒店规定时间，将叫醒服务记录表与总机核对，以免差错。

1.3.19 查询服务工作细节描述

查询服务工作细节描述，如表1-3-19所示。

表1-3-19 查询服务工作细节描述

程序	规范内容
接到查询要求	仔细聆听，给予答复。
查询住客服务	（1）根据客人提供的信息，通过电脑迅速查寻。 （2）查到，询问访客姓名。 （3）将电话转入住客房间，征询住客意见是否接听后，或将电话转入房间，或婉言回拒。 （4）查不到，向查询者解释或提供其他线索，帮助查找。

续表

程序	规范内容
查询酒店或地方资料	（1）对熟悉的情况，随问随答。 （2）对不清楚的问题，请客人稍等，查询后给予答复。 （3）对不清楚，又一时查不到的信息，和客人说明，并请予谅解，或转交前厅经理处理，或记下客人姓名、房号及询问内容，待查询后回复客人。 （4）经查询后仍无法解答的问题，回复客人并向客人道歉。
收集信息资料	随时收集客人感兴趣、经常查询的信息资料列入知识手册。

1.3.20 接转电话服务工作细节描述

接转电话服务工作细节描述，如表 1-3-20 所示。

表 1-3-20 接转电话服务工作细节描述

程序	规范内容
准备	电脑中应储存： （1）各大酒店电话号码。 （2）各驻华使领馆电话号码。 （3）各大医院电话号码。 （4）各大餐厅酒楼电话号码。 （5）各大文艺场所电话号码。 （6）政府机关电话号码。 （7）最新电话号码。 （8）熟记常用的号码 200 个。
接转一般内外线电话	（1）电话铃响三声内接听。用礼貌用语向客人问好， 对外线：您好！××酒店。 对内线：您好！总机。 （2）接转时先接转外线，再接转住店客人电话，最后接转酒店内部电话。 （3）接电话时声音要柔和、清晰，听清客人的要求，对客人提出的问题耐心、细致地回答。 （4）对无人接线、占线的电话要表示歉意，说“对不起”，并向客人说明原因。 （5）对要求接到客房的电话必须问清客人的姓名，核对无误后方可接线。 （6）对客人提出的要求应尽可能地满足，不能满足的要说明原因，并向客人表示歉意。 （7）客人留言时，要记清客人房间号码、姓名及留言人姓名、留言内容、时间，并及时开启客房内留言灯。 （8）熟记常用电话 200 个，客人询问时立即回答，脱口而出，非常用的电话号码，及时查找，尽快回答客人。 （9）接到要求呼叫某人电话时，用礼貌用语回答对方，并迅速传呼。

续表

程序	规范内容
人工接转长途电话	（1）要问清受话国家和城市名称、电话号码或受话单位名称。 （2）问清是找人电话还是叫号电话。如果是找人电话，则应问清受话人姓名，发话人的房号和姓名。如国际电话还要同时问清客人是自付还是受付信用卡电话。 （3）问清客人所要电话种类，如果是加急电话，则应要在电话单上注明“加急”，并向客人说明计费方法。 （4）写清挂号日期、时间及自己的编号。 （5）及时报长途台，报告时按电话单上的项目顺序一项一项地报出，问清“流水”，并互报口号。 （6）客人讲完后，长途台通知时间时要重复一遍，得到长途台认可后互告口号。 （7）将账单及时送往前台收银处。 （8）每接一个长途电话，应查一遍电脑，如是当日离店客人，应立即通知前台和前台收银处，以免跑账。
直拨长途电话	（1）接到前台通知的客人住房登记表时，要与电脑核实，凡是已结账的客人，一律不开通直拨电话线路，以免跑账。 （2）客房直拨的长途电话通过电脑自动入账。 （3）账台通知客人结账时，要问清房间号码、客人姓名，并立即关闭直拨电话线路，根据打印出来的内容开出长途电话收费单，将第一、二联账单送账台，第三联留存并填写“长途电话登记录”。

1.3.21 换房行李服务工作细节描述

换房行李服务工作细节描述，如表1-3-21所示。

表1-3-21 换房行李服务工作细节描述

程序	规范内容
接到换房通知	接到前台换房通知，问清客人姓名、原房和换房后房号。
到原客人房间	（1）到客人原房间，按进房程序经客人允许后进入。 （2）请客人清点要搬的行李及其他物品，装上行李车。
引领客人到新的房间	（1）引领客人到新房间。 （2）为客人开门，帮助客人将行李放好。 （3）必要时向客人介绍房内设施。 （4）收回客人原房卡和钥匙，交给客人新房房卡和钥匙。 （5）向客人道别，退出房间。
换房完毕	（1）将房卡和钥匙交回前台。 （2）做好记录。

1.3.22 会议室出租服务工作细节描述

会议室出租服务工作细节描述，如表1-3-22所示。

表 1-3-22　会议室出租服务工作细节描述

程序	规范内容
接收预订	（1）店内客人预订会议室须问清姓名、房间号并告诉客人租金。 （2）店外客人来电话预订会议室须留下客人的姓名和电话号码。 （3）客人来商务中心预订会议室，请客人在“会议室预订日记本”上签字并交押金。 （4）所有商务中心的会议室预订必须在“会议室预订日记本”上记录。
询问客人	（1）询问是否需要饮品，如茶、咖啡、点心等。 （2）询问是否需要投影仪、录像机、放大机、信纸等。 （3）询问客人有无特殊要求，提前做好准备。
检查会议室	（1）在会议室出租 1 小时前检查会议室布置规格和用品摆放。 （2）检查会议室是否整洁，确保为客人提供整洁、舒适的开会环境，发现问题及时解决。

1.3.23　逃账客人管理工作细节描述

逃账客人管理工作细节描述，如表 1-3-23 所示。

表 1-3-23　逃账客人管理工作细节描述

程序	规范内容
1	前台收银处发现客人不愿交订金，一方面要礼貌地请客人预付款，并做好解释，另一方面要将情况报告值班经理。
2	收银处输单发现客人一次性高额签单，应报告财务主管，并查清客人的情况，密切注意客人的以后消费，若有可疑情况即报值班经理。
3	对于证实确实已离开营业场所的逃账客人，由财务部将逃账客人的详细资料（客人情况、消费情况）提供给保安部。如需立案侦查的，由总经理批准后，保安部开展侦查工作。

1.4　酒店前厅管理实用表格图例

1.4.1　订房委托书

订房委托书，如表 1-4-1 所示。

表 1-4-1　订房委托书

<table>
<tr><td>预订人姓名</td><td></td><td>委托单位</td><td></td></tr>
<tr><td>预订人电话</td><td></td><td>单位电话</td><td></td></tr>
<tr><td rowspan="2">房号安排</td><td colspan="2"></td><td>收取预付款记录</td></tr>
<tr><td colspan="2"></td><td></td></tr>
</table>

续表

备注			
接受预订者		日期	
输入预订者		日期	

1.4.2 VIP 客房布置单

VIP 客房布置单，如表 1-4-2 所示。

表 1-4-2 VIP 客房布置单

客人姓名		房号		人数	
客人身份		客人单位			
抵店日期		时间		离店日期	
接待单位		房内布置要求			
经理名片					
备注					

1.4.3 预订取消单

预订取消单，如表 1-4-3 所示。

表 1-4-3 预订取消单

姓名		预订号	
抵店日期		离店日期	
取消人		单位	
是否预付定金		金额	
电话		取消日期、时间	
经办人：			

1.4.4 叫醒服务记录

叫醒服务记录表，如表 1-4-4 所示。

表 1-4-4 叫醒服务记录表

被叫醒人姓名			
叫醒日期		时间	
房间号码		叫醒次数	
经办人			

1.4.5 呼叫记录表

呼叫记录表，如表 1-4-5 所示。

表 1-4-5 呼叫记录表

日期	时间	房号	客人姓名	呼叫者姓名	呼叫者号码	有无回音	话务员	备注

1.4.6 领用钥匙记录表

领用钥匙记录表，如表 1-4-6 所示。

表 1-4-6 领用钥匙记录表

日期	领取时间	钥匙数量	房号	领取人	归还时间	经办人	备注

1.4.7 借条填写记录表

借条填写记录表，如表 1-4-7 所示。

表 1-4-7 借条填写记录表

借客姓名		日期	
房号		电话	
所借物品		件数	
所押现金		客人签名	
顾客须知	如物品损坏需赔偿物品的 80%	经办人	

1.4.8　配制调换钥匙登记表

配制调换钥匙登记表，如表 1-4-8 所示。

表 1-4-8　配制调换钥匙登记表

申请部门		申请人		日期	
配调部位			数量		
配调原因					
部门经理意见					
主管经理意见					

1.4.9　付款凭证表

付款凭证表，如表 1-4-9 所示。

表 1-4-9　付款凭证表

付款凭证			
姓名		房号	
项目		金额	
传真		电传	
复印		打字	
打印		导游	
设备出租		翻译	
秘书		其他	
合计金额（大写）			
客人签名		经办人	

1.4.10　商务中心营业日报表

商务中心营业日报表，如表 1-4-10 所示。

表 1-4-10 商务中心营业日报表

商务中心营业日报表					
部门		班次		日期	
收入项目	现金	转账	合计	备注	
传真					
打字					
复印					
电传					
秘书服务					
设备出租					
翻译					
导游					
代办服务					
其他					
合计		外汇券			
账单共　张	编号		制表人		主管

1.4.11 商务中心发票

商务中心发票，如表 1-4-11 所示。

表 1-4-11 商务中心发票

姓名		房号	
项目		金额	
传真		电传	
复印		打字	
打印		导游	
设备出租		翻译	
秘书		其他	
合计金额（大写）			
客人签名		经办人	

1.4.12 杂项入账凭证表

杂项入账凭证表，如表 1-4-12 所示。

表 1-4-12 杂项入账凭证表

部门		日期	
客人姓名		房号	
项目		金额	
客人签名		经办人	

1.4.13 长途电话登记表

长途电话登记表，如表 1-4-13 所示。

表 1-4-13 长途电话登记表

账单号	通话种类	受话人姓名	受话电话号码	通话时间	通话费	服务费	合计	付款方法	发话人房号	发话人姓名	发话人签名

1.4.14 叫醒记录表

叫醒记录表，如表 1-4-14 所示。

表 1-4-14 叫醒记录表

日期	时刻	房间号	客人姓名	是否回应	备注

1.4.15 接受通知单

接受通知单，如表 1-4-15 所示。

表 1-4-15 接受通知单

日期	姓名	人数	班次	时间	收费情况			接送人	备注
					车费	服务费	综合服务		
填表人				核准人				日期	

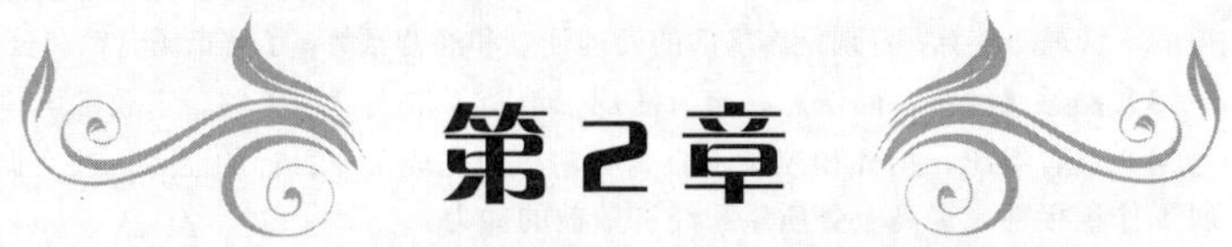

第2章 酒店客房精细化管理细节

2.1 酒店客房管理工作职责划分说明

2.1.1 客房部经理职位描述

客房部经理职位描述，如表2-1-1所示。

表2-1-1 客房部经理职位描述

直接上级：总经理或主管副总经理 直接下级：管家部经理、客房楼层主管	
岗位职责	（1）贯彻执行酒店总经理的经营管理指令，向总经理负责并报告工作。 （2）根据酒店确定的经营方针和目标，负责编制客房部预算，制订各项业务计划，并有效组织实施与监控，实现预期目标。 （3）以市场为导向，研究并掌握市场的变化和发展情况，适时调整经营策略，努力创收，坚持以部门为成本中心的方针，严格控制成本，降低消耗，以最小的成本获取最大的经济效益。 （4）主持部门工作例会，听取汇报，督促工作进度，解决工作中的问题。 （5）负责客房部的安全管理工作，遵照“谁主管，谁负责”的安全责任制，督促本部门各管区落实各项安全管理制度，切实做好安全防范工作。 （6）负责客房部的日常质量管理，检查督促各管区严格按照工作细节描述和质量要求进行工作，实行规范作业，每日巡视本部门各管区一次以上，抽查各类客房十间以上。 （7）负责本部门员工的服务宗旨教育和岗位业务培训，督促各管区有计划地抓好培训工作和开展“学先进，找差距”活动，提高全员业务素质。 （8）负责做好本部门与酒店其他部门的沟通联系，配合协调地搞好工作。 （9）建立良好的客户关系，广泛听取和收集客人意见，处理投诉，不断改进工作。 （10）审阅各管区每天的业务报表，密切注意客情，掌握重要接待任务情况，及时检查和督促各管区认真做好接待服务及迎送工作。 （11）负责客房设施设备的使用管理工作，督促各管区做好日常的维护保养和清洁工作，定期进行考核检查；参与客房的改造和更新装修工作，研究和改进客房的设备设施。 （12）考核各管区经理、主管的工作业绩，激励员工的积极性，不断提高管理效能。 （13）做好政治思想工作，关心员工生活，抓好部门文明建设。

续表

任职资格	（1）大专及以上学历。 （2）掌握酒店管理理论知识，熟悉酒店客房经营管理专业知识及全面质量管理知识，懂得成本管理与核算，特别是客房部的管理计划和经营预算，了解市场营销和公共关系知识， （3）熟悉《经济合同法》、旅游法规、消防、治安管理条例、宗教常识和风俗习惯。 （4）具有组织、指挥和控制、协调所辖部门完成工作目标的能力，并有调动和激励下属工作积极性、提高服务质量和经济效益的能力。 （5）能保持与客户良好的关系和与其他部门的协作关系。 （6）能果断灵活处理突发事件和客人投诉。 （7）有较强的文字和语言表达能力，外语会话流利。 （8）取得计算机证书。 （9）具有一定的室内装饰布置知识。

2.1.2 管家部经理职位描述

管家部经理职位描述，如表 2-1-2 所示。

表 2-1-2 管家部经理职位描述

直接上级：客房部经理 直接下级：公共区域主管、洗衣房领班	
岗位职责	（1）执行客房部经理的工作指令，负责管家部的管理和服务工作，向客房部经理负责并报告工作。 （2）坚持预算管理和成本控制，有效地组织公共区域和洗衣部工作，严格控制成本费用。 （3）主持本部门工作例会，督促工作进度，解决工作中的问题。 （4）负责管家部的安全和日常的质量管理工作，检查和督促各管区严格按照工作细节描述和质量要求进行工作，实行规范作业，每日巡视本部门工作范围，及时发现问题，及时整改。 （5）负责管家部员工服务宗旨教育和岗位业务培训，督促各管区有计划地抓好培训工作。 （6）加强与其他部门的联系，树立整体营业思想，互相沟通。 （7）审阅各管区每天的业务报表，密切注意客情，掌握重要接待任务情况，及时检查和督促各管区认真做好接待服务工作。 （8）负责管家部设施设备的使用管理工作，督促各管区做好日常的维护保养和清洁工作，定期进行考核检查。 （9）做好政治思想工作，关心员工生活，抓好部门文明建设。
任职资格	（1）大专及以上学历。 （2）掌握酒店管理基础理论知识，熟悉织物质地及使用保管知识，知晓布草和公共卫生及绿化的工作细节描述。 （3）了解安全消防、卫生防疫和旅游法规。 （4）能组织和领导属下完成本管区各项工作。 （5）能与有关部门和管区保持良好的合作关系。 （6）能对员工进行思想教育和业务培训。 （7）能灵活处理客人投诉和各类特殊情况。 （8）能撰写工作报告，有较好的语言表达能力。 （9）外语会话流利，通过酒店 A 级考核。 （10）取得电脑证书。

2.1.3 公共区域主管职位描述

公共区域主管职位描述，如表2-1-3所示。

表2-1-3 公共区域主管职位描述

<table>
<tr><td colspan="2">直接上级：管家部经理
直接下级：保洁领班、保养领班</td></tr>
<tr><td>岗位职责</td><td>（1）执行管家部经理指令，并向其负责和报告工作。
（2）负责酒店公共区域的清洁及绿化工作的质量管理，组织员工严格按照工作细节描述和质量标准，做好酒店公共区域的清洁和绿化工作。
（3）加强费用开支控制，负责管区内财产和物料用品的管理和领用，督导员工正确使用各种设备和节约物料用品，并做好维护保养和保管工作，发现设备故障及时报修或提出更新意见。
（4）坚持服务现场的管理，负责对班组工作的考核、员工考勤和业务培训。
（5）做好与各部门的沟通联系，协调工作。
（6）关心员工生活，了解员工思想状况，做好思想教育工作，抓好班组文明建设。</td></tr>
<tr><td>任职资格</td><td>（1）中专及以上学历。
（2）掌握客房管理知识，熟悉公共卫生及绿化的工作细节描述。
（3）了解旅游法规、治安和消防管理条例。
（4）能组织和指挥班组按规范要求和质量标准完成布草房的各项工作。
（5）能与酒店各部门保持良好的工作关系。
（6）能对员工进行思想教育和业务培训。
（7）能书写工作报告。</td></tr>
</table>

2.1.4 保洁领班职位描述

保洁领班职位描述，如表2-1-4所示。

表2-1-4 保洁领班职位描述

<table>
<tr><td colspan="2">直接上级：公共区域主管
直接下级：保洁员</td></tr>
<tr><td>岗位职责</td><td>（1）执行主管的工作指令，并报告工作。
（2）带领和督导班组员工，按照工作细节描述和质量标准，做好公共区域的清洁卫生，地毯、沙发的清洗工作，以及绿化布置、养护清洁工作。
（3）负责清洁机械、绿化工具的保管、保养和物料用品的领用、发放。
（4）了解公共区域内各种设备设施和家具的使用情况，及时报修和报告主管。
（5）负责本班组员工的工作安排和考勤，以及对新员工的带教工作。
（6）负责交接班工作，做好交接记录。
（7）关心员工生活和思想状况，抓好文明班组建设。</td></tr>
</table>

续表

任职资格	（1）中专及以上学历。 （2）熟悉公共卫生和绿化的清洁服务规程和质量标准，掌握清洁剂的性能、操作及保养方法。 （3）安排和督导员工按照规范要求和质量标准完成所属公共区域的各项清洁服务工作。 （4）能正确使用和保养清洁机械和用品。 （5）能书写一般工作报告。

2.1.5 保养领班职位描述

保养领班职位描述，如表2-1-5所示。

表2-1-5 保洁领班职位描述

直接上级：公共区域主管 直接下级：保养员	
岗位职责	（1）执行主管的工作指令，并向其汇报工作。 （2）带领和督导班组员工，按照工作细节描述程序和质量标准做好公共区域内硬件设施设备日常的清洗保养工作。 （3）负责公共区域的清洗设备及保养工具的保管、维护保养，以及物料用品的领用、发放。 （4）了解公共区域内各种硬件设施设备及家具的使用情况，掌握其性能，及时按要求进行保养。 （5）负责本班组员工的工作安排和考勤，以及对新员工的带教工作。 （6）负责与各部位的沟通协作。 （7）负责交接班工作，做好交接及工作记录。 （8）关心员工生活和思想状况，抓好先进班组建设。
任职资格	（1）中专及以上学历。 （2）熟悉保养工作的管理细节描述和质量标准，懂得保养用品及设备的正确使用。 （3）能组织督导班组员工按照工作细节描述和质量标准完成各项任务。 （4）能书写一般的工作报告。

2.1.6 洗衣房领班职位描述

洗衣房领班职位描述，如表2-1-6所示。

表2-1-6 洗衣房领班职位描述

直接上级：管家部经理 直接下级：干水洗熨烫工、布草保管员等	
岗位职责	（1）执行管家部经理的工作指令，并向其负责和报告工作。 （2）督导员工做好各类布草和工作服的质量检查和收调保管工作，防止短缺和不符合质量要求的布草和工作服流入使用部门。

续表

岗位职责	（3）加强成本费用控制，掌握各类布草和工作服的使用、损耗情况，及时提出更新、报废和添置计划，防止调换使用脱档。 （4）督导洗涤组员工严格按照洗涤、熨烫工作细节描述，做好各类布草、客衣及工作服的洗涤熨烫工作，确保质量标准。 （5）负责洗衣房财产和设备的使用管理，督导员工做好日常的维护保养和清洁卫生工作，做到账物相符。 （6）坚持服务现场的管理，负责对各班组的日常工作考核、员工考勤和业务培训。 （7）负责员工的工作安排、考勤和对新员工的带教工作。 （8）沟通与各使用部门的联系协调工作。 （9）搞好消防保卫工作，确保员工人身和酒店财产安全。 （10）了解和掌握员工思想状况，做好思想工作，搞好各管区文明建设。 （11）负责处理客人各类投诉、需求和咨询情况。
任职资格	（1）中专及以上学历。 （2）掌握客房管理知识，了解织物质地及使用保管常识，熟悉布草房工作细节描述，熟悉各种洗涤设备性能及操作方法。 （3）了解安全消防和卫生防疫法规。 （4）能组织和指挥班组按规范要求和质量标准完成布草房的各项工作。 （5）能与酒店各部门保持良好的工作关系。 （6）能对员工进行思想教育和业务培训。 （7）能书写工作报告。 （8）取得电脑证书。

2.1.7 干水洗熨烫工职位描述

干水洗熨烫工职位描述，如表2-1-7所示。

表2-1-7 干水洗熨烫工职位描述

直接上级：洗衣房领班	
岗位职责	（1）服从洗衣房领班的工作安排。 （2）按照洗熨工作细节描述的质量标准，保质保量地完成各种布草、工作服及客衣的洗涤、洗熨工作。 （3）做好各类机器设备的日常检查和维护保养工作，节约使用各种物料用品。 （4）做好工作场所的清洁卫生和安全工作。
任职资格	（1）中专及以上学历。 （2）掌握各类织物的特点及洗涤知识，熟知洗涤规程及质量标准，了解各种洗烫设备和洗涤剂的性能及使用保养知识，了解安全消防知识。 （3）能按工作细节描述和质量标准完成洗涤熨烫任务。 （4）能正确使用和保养洗熨设备及用品。 （5）能正确填写工作报表。

2.1.8 布草保管员职位描述

布草保管员职位描述，如表 2-1-8 所示。

表 2-1-8 布草保管员职位描述

直接上级：洗衣房领班	
岗位职责	（1）服从洗衣房领班的工作安排，做好布草的质量检查、储存保管和收调工作。 （2）认真检查和验收洗净的布草洗烫的质量、收调和检验废旧的布草，对不符合质量要求的布草提出处理意见和建议。 （3）储存保管的布草账物相符，收领、发放布草手续完备，登记清楚。 （4）负责收调的各类布草分类清点和计数登记工作，手续完备，准确无误。 （5）保持布草房的整洁，做好清洁卫生和财产设备的保养工作。
任职资格	（1）高中及以上学历。 （2）掌握各类布草的品种、规格及使用知识，熟悉操作规程、使用要求及质量标准，知晓安全消防知识。 （3）能按工作细节描述和质量标准，做好各类布草的分类、检验、收调和保管工作。 （4）能正确填写工作报表。

2.1.9 客衣收发员兼文员职位描述

客衣收发员兼文员职位描述，如表 2-1-9 所示。

表 2-1-9 客衣收发员兼文员职位描述

直接上级：洗衣房领班	
岗位职责	（1）服从洗衣房领班的工作安排，准确、及时地收取和送回客衣。 （2）认真收验客衣，核对件数、房号及洗涤要求，检查客衣中是否有遗留物品，并做好记录及签收。 （3）负责客衣洗熨后的质量检验，并把符合质量要求的客衣按送衣程序送到房间，认真做好登记。 （4）负责送洗衣账单到前台收银处。 （5）做好客衣洗涤记录，客人洗衣账目的入账和生产记录的整理和统计。 （6）负责洗衣房财产设备管理，建立明细账，定期清点检查，协助洗衣房领班控制成本费用。 （7）接听电话，传达信息，做好记录，保持办公室干净和整洁。 （8）总结每月生产汇报和员工出勤记录，领取办公用具。 （9）保存各种记录，安排零用现金的报销。 （10）认真做好其他交办工作。
任职资格	（1）高中以上学历。 （2）掌握一定的会计和统计知识，熟悉应用文写作和文本档案管理。 （3）了解治安和消防管理条例。 （4）具有文书档案工作的能力。 （5）能操作现代化办公设备，自理办公室日常事务。 （6）取得电脑证书。

2.1.10 客房楼层主管职位描述

客房楼层主管职位描述，如表 2-1-10 所示。

表 2-1-10 客房楼层主管职位描述

直接上级：客房部经理 直接下级：客房楼层领班、服务中心文员、库房保管员	
岗位职责	（1）执行客房部经理的工作指令，向其负责和报告工作。 （2）掌握当日客房情况，监督楼层与前台的联系和协调，确保房间正常及时出租。 （3）合理安排人力，组织和指挥员工严格按照工作细节描述和质量要求做好客人迎送和服务以及客房和环境的清洁卫生工作。 （4）认真做好员工岗位业务培训，保证优质规范服务。 （5）负责每天巡视楼层，检查管区内 30%的住客房，监督检查领班、服务员的工作情况，发现问题及时指导和纠正。 （6）负责落实部门安全管理制度确保安全。 （7）负责处理客人的遗留物品。 （8）负责处理客人特殊要求及投诉。 （9）主持领班每天的例会和组织员工全会，并做好记录。 （10）负责管区的成本费用控制，督导和检查库房保管员做好财产物料的管理，建立财产三级账，定期检查部门财产物料的领用、调拨、转移等情况，做到日清日盘，账物相符。 （11）负责教育和督导员工做好维护保养和报修工作，定期安排设备维修、用品添置和更新改造计划。 （12）负责按照服务工作细节描述的质量标准要求，做好客房服务中心的各项工作，认真查阅每天的各种业务报表和工作记录。 （13）坚持现场督导和管理，保证客房服务中心 24 小时电话有人接听，监控值班台的服务质量，发现问题及时指导和纠正。 （14）做好与其他部门的沟通协调工作。 （15）了解员工思想状况，做好思想工作。
任职资格	（1）大专及以上学历。 （2）掌握客房管理知识，懂得管理心理学和公共关系学知识，熟悉客房的服务细节描述和接待礼仪，知晓急救、消防、安保知识。 （3）了解旅游法规、治安和消防管理条例。 （4）能对员工进行思想教育和业务培训。 （5）能处理客人投诉和各类特殊情况。 （6）能撰写工作报告，有较好的语言表达能力。 （7）取得电脑证书。

2.1.11 库房保管员职位描述

库房保管员职位描述，如表 2-1-11 所示。

表 2-1-11　库房保管员职位描述

直接上级：客房楼层主管	
岗位职责	（1）服从客房楼层主管的工作安排。 （2）负责本部门财产物料的管理工作。 （3）掌握本部门固定财产的分类及使用情况，并按分级管理的要求做好各类财产的清点、登账、立卡和更新、添置、转移、出借等登记工作，编制三级账，做到有账有物，账物相符。 （4）熟悉各种客用品和客房小酒吧酒水的名称规格和质量标准，做好领用、发放、登记、保管和耗用报账工作，按时汇总分析盘点，并报客房主管审阅。 （5）掌握 VIP 客人抵/离情况，按客房布置要求，及时做好各类礼品和物品的发放、登记和耗用回收工作。 （6）熟悉本部门工作用具和办公用品的使用情况，做好领用、发放和登记、保管工作，按时统计汇总分析，防止浪费，并做到账物相符。 （7）保持备用物料用品货架、橱柜的整洁、安全，防止霉变虫害。 （8）负责领用物品的搬运工作。
任职资格	（1）高中及以上学历。 （2）了解客房服务知识，掌握和熟悉客房财产管理及物料领发规程和标准。 （3）有一定的统计财会常识。 （4）能按工作细节描述和标准完成财产与物料管理工作。 （5）能进行一般的文字记录和编制账目。

2.1.12　客房中心文员职位描述

客房中心文员职位描述，如表 2-1-12 所示。

表 2-1-12　客房中心文员职位描述

直接上级：客房楼层主管	
岗位职责	（1）服从客房楼层主管的工作安排。 （2）负责掌握房态，每天定时编发房态表，并告知相关部门。 （3）负责接听客人电话和掌握客情信息，根据需要及时通知服务员和有关部门提供服务，并做好记录。 （4）做好信息收集和资料积累工作，准确回答客人问询，主动做好对客服务工作。 （5）负责客房所有钥匙的管理和收发工作。 （6）负责捡拾物品和遗留物品的登记、存放和处理工作。 （7）负责整个酒店鲜花的预订和鲜花质量把关工作。 （8）负责部门考勤和餐卡统计工作，领发员工工资、奖金、补贴。 （9）负责每日楼层人员的统筹安排及休班排定工作。 （10）负责对客药品的出售服务工作。 （11）负责对讲机、值台电话的管理工作。 （12）掌握 VIP 客人抵/离情况，并按客房布置要求通知楼层做好各类礼品和物品的配备工作。 （13）做好工作室的日常清洁工作，保持干净整洁。

续表

任职资格	（1）高中及以上学历。 （2）熟悉客房中心服务工作细节描述及接待礼仪，掌握急救、消防、安保知识。 （3）能按客房中心工作服务细节描述和质量标准，独立完成各项工作。 （4）具有与有关岗位工作协作能力。 （5）有较好的语言和文字表达能力。 （6）取得电脑证书。

2.1.13 客房楼层领班职位描述

客房楼层领班职位描述，如表2-1-13所示。

表2-1-13 客房楼层领班职位描述

直接上级：客房楼层主管 直接下级：中班、夜班服务员等	
岗位职责	（1）执行上级领导的工作指令并报告工作。 （2）负责自己管区内的每日工作的安排，保证岗位有人有服务。 （3）负责检查本班组员工的仪容、仪表及工作表现。 （4）负责检查本楼面客房、公共区域卫生及安全情况。 （5）负责督导和带领员工按客房服务细节描述和质量标准要求做好服务工作。 （6）做好对新员工的培训工作，使之尽快适应工作要求。 （7）负责本楼层的设施设备的维修保养工作。 （8）加强成本费用控制，做好物料用品的管理领用和发放。 （9）负责本楼层房间酒水的消费统计、领取、发放与配置。 （10）做好交接记录。 （11）关心员工生活和思想状况，抓好班组文明建设。
任职资格	（1）高中及以上学历。 （2）熟悉客房服务、清洁和设备、物料管理规程和标准，懂得接待礼仪和各国风俗，掌握急救、消防、安保知识。 （3）能安排和督导班组员工按照服务细节描述和质量标准，完成楼层各项工作。 （4）能书写一般工作报告。

2.2 酒店客房管理工作制度描述

2.2.1 客房服务质量管理制度描述

客房服务质量管理制度

第一条 客房部质量管理工作实行"逐级向上负责，逐级向下考核"的质量管理责任制，各部门和各管区的负责人是部门和管区质量工作的主要负责人。

第二条 严格执行客房部服务工作细节描述和质量标准，既是以客人为主体开展优质服务工作的保证，也是质量管理考核的主要依据。

第三条 质量管理工作最活跃和最重要的要素是员工，各级管理人员必须切实做好员工的工作，既要加强对员工岗位业务的培训，提高业务工作技能，同时也要关心员工的思想和生活，积极沟通与员工的感情，搞好员工福利，帮助员工解决困难，从而使员工情有所依、心有所属、劲有所使，真正焕发出工作的热情，有了一流的员工，一流的服务工作质量才有了保证。

第四条 各级管理人员应认真履行职责，从严管理，把好质量关。要坚持服务工作现场的管理，按照工作细节描述和质量标准，加强服务前的检查，服务中的督导，以及服务后的反馈和提高，以规范作业来保证质量，以工作质量来控制操作，使各项服务工作达到规范要求和质量标准。

第五条 各个管区的管理人员应做到上班在现场。除参加会议和有其他工作任务外，应坚持在服务工作现场进行巡视、检查和督导，并将巡查情况、发现的问题及采取的措施和处理意见，记录在每天的工作日志中，报部经理审阅，每月汇总分析整理，形成书面报告，部经理每天至少应抽出3小时，深入各管区进行巡视和督导，每月应将部门的质量管理情况向副总经理报告。

第六条 经常征询客人的意见，重视客人的投诉。客人的意见是取得质量信息的重要渠道和改善经营管理的重要资料。全体员工要结合各自的工作，广泛听取和征求客人的意见，并及时向上级反映和报告。各级管理人员要认真研究，积极采纳。对客人的投诉要逐级上报，并采取积极的态度，妥善处理。客人投诉必须做到件件有交代，事事有记录。

部门质量管理工作应列入部门和各管区日常工作议事日程，列入部门工作例会的议事内容，列入对员工和各级管理人员的考核范围。

第七条 部门的管理质量要主动接受酒店质检人员的监督、检查和指导，积极参加酒店召开的质量工作会议，按照酒店的工作部署认真做好工作。

2.2.2 安全管理制度描述

安全管理制度

第一条 部门安全组织设置

按照酒店群众性治安、消防组织的设置要求，在各部门和管区建立相应的安全组织及兼职的治安员和基干义务消防队员，形成安全护卫网络，坚持"安全第一，预防为主"的工作方针，落实"谁主管，谁负责"的安全责任制，确保一方平安。

第二条 员工的安全管理

（1）员工必须自觉遵守《员工手册》中明确的安全管理制度，自觉接受酒店和部门组织的"四防"（防火、防盗、防破坏、防治安灾害事故）宣传教育及保安业务培训和演练。

续表

(2)员工应掌握各自使用的各类设备和用具的性能，在做好日常维护保养工作的同时，严格按照使用说明正确操作，以保障自身和设备的安全。

(3)员工应熟悉岗位环境、安全出入口的方位和责任区内消防、治安设备安装的位置及使用方法。

(4)员工应熟悉《保安管理》中制定的“火灾应急预案”和“处理各类刑案和治安事件的工作细节描述”，遇有突发事件，应保持镇静，并按应急预案和工作细节描述妥善处理。

第三条　客房安全管理

(1)员工应严格执行客房服务工作细节描述，在清洁客房时，应登记进房和离房时间，在客人退房离店时，应及时检查，发现客人住宿不登记或登记不住宿时应及时报告，发现挂有“请勿打扰”牌的客房，应按这类客房的服务细节描述妥善处理。

(2)服务中心员工在工作中要严密注视客房楼层动态，发现异常情况和安全隐患，要跟踪监视并报告，或提醒楼层服务人员注意和纠正。

(3)洗衣房员工工作结束时要检查水、电、蒸汽，关紧开关，关上门窗，存放各类布草的仓库要由专人负责，门钥匙由专人保管，并按防火要求，设置适量灭火器材，对存放的布草物品要留出“五距”(灯距不小于0.5米，顶距和墙距不小于0.3米，柱距和垛距不小于0.1米)。

(4)从事公共卫生和绿化工作的员工除应正确使用各种设备用具外，严禁私拉、私接电线，在登高作业时，要有防护措施，在地面打蜡时，要放置护栏和防滑告示牌。

第四条　洗涤安全生产制度

(1)开机前检查机械设备的安全性能。

(2)操作时，严禁戴手套、披散头发等有碍操作和安全的行为。

(3)严格按岗位职责要求进行工作，做到机械运转时人不离机。

(4)机械出现故障时，必须先停机后进行排除，并及时报修，经维修人员确认同意使用后才能开机。

(5)机械进行维修保养时，电闸处必须先挂上“禁止合闸”的警示牌。

(6)不得私自拆修、改动、调校机械的电源、传运部位和蒸汽元件等，如发现蒸汽元件及管道出现故障、破漏，应立即报告。

(7)电闸箱必须用干抹布擦抹，切忌使用湿布，以防触电。

(8)不得用水冲洗地板，以免发生漏电事故。

(9)严禁在工作场地吸烟或堆放易燃物品。

(10)严禁随意乱动消防器材。

2.2.3 钥匙管理制度描述

钥匙管理制度

第一条　客人使用的客房机械钥匙或钥匙磁卡，在客人办理住宿登记时，由总服务台发给客人，各部门收到客人退交的客房机械钥匙或钥匙磁卡应及时送交服务中心。

第二条　客房部使用的客房机械总钥匙，各楼层分钥匙或各类钥匙磁卡，客房服务中心统一保管，并由服务中心服务员负责办理领用、收发登记工作，服务中心管理人员负责监督和检查。

第三条　领用客房机械总钥匙或部经理钥匙磁卡，必须经客房部经理批准，各楼层分钥匙或主管钥匙磁卡和领班钥匙磁卡由客房楼层主管、领班负责领用，并办理领用登记手续，客房清洁员使用的机械钥匙或钥匙磁卡，由客房楼层领班统一领取、发放和收缴，并做好记录。

续表

第四条　除早、中、夜班岗位在交接班时做好钥匙交接工作外，其他岗位员工在下班时必须将领用的钥匙送交服务中心保管，并办理领用注销手续。

第五条　其他部门因工作需要临时使用客房钥匙必须办理签字和借用手续，如其他部门员工需进入客房工作，必须经客房楼层主管或领班同意后方可为其开启房门，并应在工作记录或交接簿上登记进/出客房员工的姓名（工号）及原因。

第六条　客房部除客房钥匙以外，其他部门使用的门钥匙，由各部门负责管理和做好登记领用记录。

第七条　发生钥匙丢失，要主动报告，追究当事人责任，丢失钥匙的门锁，如机械门锁应调换锁芯，电子门锁应用封锁卡消除原卡使用范围内的门锁密码，并均需填写保卫部印制的配制调换钥匙登记表，经使用部门经理签字同意后送保卫部批准后配制。

第八条　保卫部负责酒店钥匙管理的监督与指导，各部门应自觉接受监督和检查。

2.2.4 财产物资管理制度描述

财产物资管理制度

财产设备管理制度

第一条　根据财务部有关固定资产管理制度，由客房部使用的各种财产设备由客房部文员具体负责管理，建立客房部财产二级明细账，各部门使用的财产设备由各部门建立财产三级账和客房财产明细卡，以便随时与财务部和归口管理部门相互核对，做到账账相符，账物相符。

第二条　部门使用的各种财产设备实行“谁主管，谁负责”的责任制，按照使用说明准确使用，并切实做好日常的维护和清洁保养工作，做到物尽其用，正确使用。

第三条　财产设备的调拨出借必须经财务部经理或总经理审批，填写财务部印制的固定资产调拨单，私自调拨、出借要追究当事人的责任。

第四条　财产设备在酒店部门之间转移，由归口管理部门填写固定资产转移单，并办理设备账、卡的变动手续，同时将其中一联转移单送财务部备案。

第五条　设备因使用日久损坏或因技术进步而淘汰需报废时，必须经酒店技术鉴定小组进行鉴定和财务部经理或总经理批准后才能办理报废手续。

第六条　新设备的添置必须经酒店批准，会同财务部和归口管理部门共同验收，并填写财务部印制的财产领用单，办理领用手续后，登记入账。

第七条　客房部文员每季度应会同各部门对使用的设备进行一次检查和核对，每年定期清查盘点，确保账物相符，发生盈亏必须查明原因，并填写财务部印制的固定资产盘盈盘亏报告单，报财务部和归口管理部门处理。

物料用品管理制度

第八条　物料用品主要是指供客人使用的各种用品，包括布件和毛巾类用品，卫生保健和美容用品，文具和服务指示用品，包装用品以及工具类物品、办公用品和清洁洗涤用具等低值易耗品。

第九条　各部门设专职或兼职人员负责上述物料用品的管理工作，按财务部物资管理制度、低值易耗品管理制度和定额管理制度，负责编制年度物料用品消耗计划，按物料用品的分类，建立在用物料用品台账，掌握使用及消耗情况，办理物料用品的领用、发放、内部转移、报废和缺损申报等工作，客房部文员负责督导和检查。

续表

第十条　各种物料用品的领用，应填写财务部印制的物料用品领用单，经部门经理审核签字后，向财务部仓库领取并及时登记入账。布草和毛巾类用品以及工具类物品除因发展需要增领外，实行以旧换新的办法，并填写物料用品领用单和财务部统一印制的酒店低值易耗品报废单，报废的物品应先经部经理审批，并由财务部统一处理，各种物料用品在内部转移，由相关部门物料管理人员办理转移登账手续。

第十一条　各种物料用品的消耗、领用和报废、报损每月月底由各部门物资管理人员统计、清点一次，并填物料用品耗用情况月报表，经部经理审核后，向副总经理报告，确保统计数字准确，数、物和台账相符。

第十二条　各部门经理应结合日常管理工作，加强对物料用品使用情况的检查和监督，做到准确使用和合理使用，杜绝浪费。

2.2.5　客人遗留物品保管制度描述

客人遗留物品保管制度

第一条　客人遗留物品统一由客房部服务中心库管员保管，服务中心管理人员负责监督和检查。

第二条　客人遗留物品必须妥善保管，严禁挪用。价值高的物品，应放入酒店贵重物品保险箱内保存。

第三条　客人遗留物品的保管和认领应严格按照客人遗留物品处理流程进行操作，做到表单、记录齐全，交存、认领手续完备。

第四条　客人遗留物品必须妥善保管期限是：价值在500元以内的物品为三个月，价值在500元以上的物品为一年。如超过保管期限，经客房部经理审核，报总经理批准后，移交有关部门处理，并将总经理批准的报告连同保管期满的失物招领单归档备案。

2.2.6　客人损坏或带走酒店财物的处理制度描述

客人损坏或带走酒店财物的处理制度

第一条　客房部提供给客人使用的各种设备和物品，必须按规定设置齐全、完好有效。

第二条　在酒店的服务指南或客人须知中应明确告知客人，损坏酒店财物应赔偿。

第三条　发现客人损坏了酒店的设备和财物，部门或管区的管理人员应有礼貌地向客人了解损坏的原因，并向客人解释酒店规定的赔偿制度，如客人承认并表示愿意赔偿时，应请财务部核定赔偿金额，并出具收款凭证，客人交付赔偿金时，应向客人致谢。

第四条　发现客人带走了酒店财物时，应婉转地提醒客人："对不起，是否在您收拾行李时，错拿了××物品。"但应注意在与客人交涉时，切忌在多人在场的情况下提出，使客人难堪，引起客人的逆反心理和抵触情绪，如客人承认并归还时，要向客人致谢。

第五条　客人损坏或带走了酒店财物并矢口否认时，可请大堂副理协助解决，避免酒店利益遭受损失。

2.3 酒店客房管理日常工作细节描述

2.3.1 VIP 房服务工作细节描述

VIP 房服务工作细节描述，如表 2-3-1 所示。

表 2-3-1 VIP 房服务工作细节描述

项目	规范内容
准备工作	（1）客房部接到 VIP 通知单后，应立即分发给负责客房服务中心和公共区域的主管，做好客人入住前的客房布置、检查和客人入住后的服务工作。 （2）客房楼层主管应督促领班和服务中心文员熟记入住的 VIP 的姓名和国籍，了解 VIP 等级，并详细掌握客人的确切抵/离时间、房号、习俗特点和特殊要求，同时楼层领班按 VIP 等级及布置要求准备和领齐各种物品、水果、化妆品、睡衣、高档拖鞋、印有烫金的客人姓名的信封、信纸及专用的套袋和酒店总经理名片及迎宾卡。 （3）楼层领班应督促客房楼层员工熟记入住的 VIP 的姓名和国籍，了解 VIP 等级和要求布置的规格，并要掌握客人的确切抵/离时间、房号、习俗特点和特殊要求。 （4）公共区域主管接到通知后，应督促绿化组按要求准备好花篮、花束及插花等。 （5）客房服务中心与总台保持联系，了解 VIP 客人动态，尽量详知客人的确切抵店时间，并及时通知客房楼层做好迎宾准备，领班、服务中心文员将情况及时汇报客房楼层主管。 （6）客房楼层服务员按 VIP 等级布置要求向库房保管员领取和备齐各种物品和礼品。 （7）布置检查程序。 ① 楼层领班检查房内的各种设备和设施，确保完好有效，全面清洁住房，保证整齐清洁，客房服务员严格按照接待规格和要求布置客房。 ② 布置好的 VIP 房必须由客房楼层主管、客房部经理、酒店总经理（或指派的人员）检查，如发现或有不足之处，迅速补救，在客人抵达前完成。
服务过程	（1）客房服务员根据 VIP 客人的习俗和活动特点及特殊要求，适时按照做夜床流程做夜床，并根据 VIP 接待规格和要求，在早餐牌上加放一枝玻璃包装的玫瑰花和在晚安卡旁加放一份晚安糖或精美小点。 （2）VIP 客人抵店时，客房部经理（和客房楼层主管）应到场带领客房服务员在梯口迎接客人。见到客人，应面带微笑微微鞠躬，使用礼貌敬语主动问好（应以姓氏称呼，以示亲切）：“××先生/小姐（女士），您好，欢迎光临。”随后，让客房服务员在 1 分钟内，将事先按接待要求准备好的毛巾、茶水（或饮料）用托盘送进客人的房间，请客人饮用。退出客房前应说：“如有什么需要，请您拨打客房服务中心××号分机电话，我们很乐意为您服务，祝您住在这里愉快，再见。”然后退出客房。 （3）VIP 客人入住后服务中心应随时注意电话接听，准确、及时地回答客人的问讯和满足客人的各种要求，同时要注意观察客人的动向，当客人外出时或在房内会客时，应及时通知客房服务员对客房进行小整理，或为访客提供茶水（饮料）和座椅服务。 （4）VIP 客人入住后，客房服务员随时注意为客人提供各种服务。当客人外出时，要及时对客房进行小整理，包括： ① 更换客房和浴室内用过的茶具、酒具和“四套巾”。

续表

服务过程	② 清倒垃圾和烟缸，并注意看清有无贵重物品。 ③ 清洁浴室内客人用过的洁具和台面。 ④ 整理客人用过的床铺，盖好床罩。 ⑤ 整洁房内家具，挂好客人衣服，摆放整齐客人的物品，复原家具设备的位置。 ⑥ 清捡地面杂物，如有污渍应迅速清除。 ⑦ 清点整理小酒吧，及时报账和补齐酒水。 （5）服务中心接到VIP客人离店的通知后，应立即通知楼层客房服务员。 （6）接到客人离店通知后，客房服务员应立即至梯口送行，为客人按电梯铃，电梯到达楼层时，在正确的位置用手挡住电梯活动门，请客人进入电梯，电梯门关上三分之一时，面向客人鞠躬道别："欢迎您下次再来，祝您一路顺风。" （7）道别客人后，客房服务员应及时回房检查，发现遗留物品，尽快设法送交，并按原先布置要求，检查房内摆放的各种礼品和物品，及时向物管员交回回收的物品和做好耗用物品的报账工作。 （8）客人结账离店后，库房保管员应做好各种物品的回收和耗用工作。

2.3.2 VIP迎宾服务工作细节描述

VIP迎宾服务工作细节描述，如表2-3-2所示。

表2-3-2 VIP迎宾服务工作细节描述

项目	规范内容
1	接到客房服务中心发出的迎宾通知后，楼层服务员应在2分钟内迅速站到梯口相应的位置，等候客人。
2	服务员应保持仪容整洁，面带微笑，双手垂于身体两侧。见到客人微微鞠躬行礼，使用礼貌敬语主动问好："先生/小姐（女士），您好，欢迎光临。"
3	根据接到的新客人住房的信息中获知的房号，走在客人的左前方引领客人到客房门口。
4	进房前按一次门铃，报身份后，为客人开启房门，站在门外适当的位置，先请客人进房："先生/小姐（女士）请。"
5	客人进房后，应主动向客人招呼："请先生/小姐（女士）稍等，我马上为您送上茶水和毛巾。"随即退出房间，将房门虚掩。
6	回到工作室，将事先准备好的茶水和毛巾在1～2分钟内用托盘将茶水和毛巾送进房间，请客人使用。
7	向客人简要介绍房内的各种设施，以及酒店的服务项目和其他设施设备。
8	退出客房后，应向客人示意："如有什么需要，请拨打客房服务中心电话××，我们很乐意为您服务。"退出客房时，应向客人告别："祝您在这里过得愉快，再见。"然后，后退三步，再转身出门，轻轻将门关上。
注意事项	送茶水和毛巾时，应视客人的不同需求灵活掌握。

2.3.3 客房部迎送服务工作细节描述

客房部迎送客人服务工作细节描述，如表2-3-3所示。

表 2-3-3　客房部迎送客人服务工作细节描述

程序	规范内容
迎接客人	（1）了解客人的姓名、国籍、身份。 （2）按照不同规格布置房间。 （3）在指定的楼层（地点）迎候客人。 （4）站在服务处面带微笑，表示欢迎。 （5）带（待）客人进入房间，随后送入欢迎茶（面向客人退出）。
代客开门	（1）服务员为没带钥匙的客人开门，先礼貌地请客人出示房号卡。 （2）如客人没有房号卡，应礼貌地向客人表示道歉，然后请客人到前台领取房号卡，办理开门手续。 （3）如客人已持有房号卡，应按如下程序逐一验证。 ① 核对房号。 ② 核对卡上的日期、时间。 ③ 有无住客姓名。 （4）如以上各项中任何一项不符，应请客人稍待，用电话与前台查询核实。 （5）房号卡确认后，方可为客人开门。 （6）服务员在工作表上记录开门的情况。
送别客人	（1）接到客房服务中心的客人离店通知后，应问清离店客人的房号、姓名，并了解客人是否仍在客房中。 （2）迅速到客人住房进行检查，查看客人是否用过小酒吧等房内用品，或有否遗留物品。 （3）发现客人遗留物品，按客人遗留物品处理程序妥善处理。如知道客人尚未离店应迅速设法通知客人。 （4）如客人仍在楼层客房中，楼层服务员应迅速到客房征询客人是否需要提供整理或运送行李的服务。 （5）应问清搬运时间和行李数，立即用电话通知前厅行李处。 （6）应主动帮助客人提拎随身行李至电梯口。 （7）迅速为客人按电梯铃，电梯到达楼面时，在正确的位置用手挡住电梯活动门，请客人先进入电梯，并帮助将行李送入电梯轿厢放好。 （8）电梯门关上三分之一时，面向客人微微鞠躬告别："欢迎您下次再来，祝您一路顺风。" （9）在工作记录簿上做好离店客人情况记录。

2.3.4　电梯迎接服务工作细节描述

电梯迎接服务工作细节描述，如表 2-3-4 所示。

表 2-3-4　电梯迎接服务工作细节描述

项目	规范内容
1	站立楼层电梯处规定的位置，集中思想，注意客人进出及电梯上下的动态，随时准备提供服务。

续表

项目	规范内容
2	在客人没有进出的情况下，应在规定的位置上注视所有电梯的上下指示灯，发现有电梯上来的信号，立刻上前为出电梯的客人挡住电梯门，同时微笑着同客人打招呼：“您好，先生/女士。”
3	当客人向电梯走来时，应先为客人按电梯铃牌，当客人走近身边时，应有礼貌地主动向客人打招呼：“您好，先生/女士。”
4	当电梯上来开门时，要上前，用手挡住电梯门，另一只手作请客人进电梯的姿势。
5	电梯开门后，如发现电梯与地面不平，要提醒客人：“小心，请走好。”
6	客人步入电梯后，在电梯门即将关闭时，要面对客人微笑行礼。
7	服务完毕后，回到原站立的位置。

2.3.5 做夜床工作细节描述

做夜床工作细节描述，如表 2-3-5 所示。

表 2-3-5 做夜床工作细节描述

程序	规范内容
1	按进房程序入房，如客人在房内，必须征得客人同意后方可进房。
2	补充饮用冷水，调换热水瓶及使用过的茶具，撤出冰桶，补充冰块。
3	清除地毯表面的纸屑等垃圾，发现污渍及时淡化。
4	清除烟缸、垃圾，要注意看清垃圾内有无贵重物品。
5	将散放在床上的客衣挂入衣橱内。
6	清洁房内家具，用抹布揩去浮灰和污渍，并回复至原来的位置。
7	检查和调好电视机频道。
8	按房内住客人数开床，翻开靠床头多功能柜一端的毛毯，折成 45° 角，并将早餐卡放在床头柜上。
9	拉上房内遮光窗帘，开启夜灯、床头灯和廊灯，并在床头柜上放上晚安卡。
10	（1）更换浴室内客人用过的桶制品，清洗客人用过的浴缸、面盆及台面。 （2）将浴帘放在浴缸内，并拉至浴缸一半，把地巾铺在靠浴缸的地面上，用抹布揩干净浴室地面的水渍和污渍，关上浴室门出房时，轻轻将房门关上。

2.3.6 客房开夜床工作细节描述

客房开夜床工作细节描述，如表 2-3-6 所示。

表 2-3-6 客房开夜床工作细节描述

项目	规范内容
1	开夜床时间：18：00～20：00。按照《清扫房间规范》中的要求做好准备工作。
2	推车至客房门口，按敲门进房程序和标准进入房间，在“夜床服务表”上填写进房时间。
3	将已折好的报纸、前厅为预离客人打印的账单整齐地放在《服务指南》上，拉上厚窗帘，打开床头灯、廊灯，关闭其他灯。
4	撤房间和卫生间垃圾，撤换用过的杯具，把烟缸内的烟灰倒掉后放到卫生间待清洁，带清洁工具入房，刷洗烟缸补充房间。
5	根据夜床服务表上的人数为客人开床。将靠近床头柜一侧的羽绒被折成 90° 角，将床面整理平整，无折皱，枕头保持饱满充实。
6	房间抹尘，按标准将家具、物品定位摆放，捡拾地毯上的杂物。
7	将遥控器放于床头柜上（电话与便笺夹之间）。
8	将环保卡放于枕头正中成 45° 角；将晚安卡的“晚安”字样朝向客人。
9	将拖鞋撑开放在开床处与床体边缘的地毯上，洗衣单、洗衣袋并排放于床尾处。
10	添加冰桶容量 1 / 2 的冰块，注满热水壶内的热水，并加热。
11	补充更换客用品。
12	将客人用过的三缸清洗干净，擦净卫生间地面。
13	将浴巾拉至浴缸 2 / 3 位置，浴帘底部置于浴缸内。
14	地巾铺于浴缸前地面上，店徽朝向客人。
15	将浴衣挂于卫生间门后挂钩上。
16	补充物品，更换客人用过的四巾。
17	环视房间，捡拾地毯上的杂物，自查有无疏漏之处及安全隐患。
18	取出节电卡，锁好房门，填写“夜床服务表”。
注意事项	（1）如房间挂有“请勿打扰”牌，应在“夜床服务表”上做好记录，如只亮“请勿打扰”灯并未挂牌，应拨房务中心电话与客人确认，以免客人误按“请勿打扰”灯导致漏做。 （2）房内只住一位客人时，一般开靠近卫生间一侧的床。 （3）如客人一张床上或两张床上有物品，一般开无物品或物品少的床。 （4）如一张床用过或两张床用过，一般开客人用过或较乱的一张床。 （5）最佳的开床，是开客人习惯睡的床，这需要服务员细心观察。 （6）如遇客人床上摆放物品多或有大件行李放在床上，可不开床，但要做好记录。

2.3.7 房态更改工作细节描述

房态更改工作细节描述，如表 2-3-7 所示。

表 2-3-7　房态更改工作细节描述

项目	规范内容
1	房务中心当班文员负责电脑房态、手工房态的更改和填写。
2	楼层早班领班每天 9：00 根据所属楼层清洁员查房情况填写“房态表”报房务中心。
3	房务中心在接到前厅退房通知后，在“房态表”上做好记录。
4	楼层早班领班查完“走客退房”后，第一时间内通知房务中心更改房态，查一间，通知一间，房务中心在手工房态表上做好记录，然后在电脑上将房态更改为空房。
5	房务中心在接到楼层报修后，根据情况将房态改为维修房，等楼层报告此房已维修好后，再改为空房。
6	早班领班在下班前，应将电脑内“走客退房”全部清除。不允许留至第二天（客人临时退房除外）。
7	房务中心每天在 9：00、12：00、15：00、18：00、21：00、24：00 共 6 次向前厅报房态表，报房态前将手工房态与电脑房态对照，查看是否有差异房。
8	主管应随时检查核对房态更改情况是否正确。

2.3.8　客房送茶服务工作细节描述

客房送茶服务工作细节描述，如表 2-3-8 所示。

表 2-3-8　客房送茶服务工作细节描述

项目	规范内容
1	楼层服务员接到房务中心电话通知的客房房号、人数后，沏好茶，将茶杯均匀摆放在托盘中，杯把向外。
2	托盘时手臂自然弯成 90° 角，掌心向上，五指分开，用五指和手掌托盘底（掌心不与盘底接触）平托于胸前。行走时，头正肩平，注视前方，脚步轻捷，左手腕要轻松灵活，使托盘在胸前随着走路的节奏自然前后摆动。
3	按门铃，报“服务员”（反复三次，每次间隔 3 秒）。
4	待房内客人讲“请进”时，开房门进入，向客人问好：“您好，打扰您了，请问我可以进来为您送香巾和茶水吗？”
5	得到客人允许后，为客人送上香巾和茶水。
6	上茶水，先将杯垫放在茶几上，茶杯放在杯垫的中间位置，杯把朝客人右手方向，伸出右手做一个请客人用茶的手势，并说：“请您用茶。”
7	上茶顺序。 （1）先女士后男士。 （2）先客人后主人。 （3）先职务高后职务低者。
8	上完茶水、香巾后，面带微笑对客人讲：“您还有什么需要我做的吗?您有任何需要请直接给房务中心打电话，号码是××，我们随时为您服务，谢谢。”
9	面向客人后退一步，转身出房间，走至房门处转身，面向客人微笑着轻轻将门关上。

2.3.9 住人房清洁整理工作细节描述

住人房清洁整理工作细节描述，如表 2-3-9 所示。

表 2-3-9 住人房清洁整理工作细节描述表

项目	规范内容
1	进入客人房间前先敲门或按门铃。房内无人方可直接进入；房内若有人应声，则应主动征求意见，得到允许后方可进房。
2	如果客人暂不同意清理客房，则将客房号码和客人要求清扫的时间写在工作表上。
3	清扫时将客人的文件、杂志、书报稍加整理，但不能弄错位置，更不准翻看。
4	除放在纸篓里的东西外，即使是放在地上的物品也只能替客人做简单的整理，千万不要自行处理。
5	客人放在床上或搭在椅子上的衣服，如果不整齐，可挂到衣柜里，睡衣、内衣也要挂好或叠好放在床上。女宾住的房间更需小心，不要轻易动其衣物。
6	擦壁柜时，只搞大面卫生即可，注意不要将客人衣物搞乱、搞脏。
7	擦拭行李架时，一般不挪动客人行李，只擦去浮尘即可。
8	女性用的化妆品，可稍加整理，但不要挪动位置；即使化妆品用完了，也不得将空瓶或纸盒扔掉。
9	要特别留意不要随意触摸客人的照相机、计算机、笔记本和钱包等物品。
10	房间如需更换热开水，注意水温不得低于 90℃，换进的水瓶注意擦拭干净，如使用电热瓶，则应更换新水，以免产生水垢。
11	房间有客人时，可将空调开到中档，或遵从客人意见；无人时则可开到低档。
12	房间整理完毕，客人在房间时，要向客人表示谢意，然后退后一步，再转身离开房间，轻轻将房门关上。

2.3.10 客房检查工作细节描述

客房检查工作细节描述，如表 2-3-10 所示。

表 2-3-10 客房检查工作细节描述表

项目	规范内容
房间	（1）房门：无指印，锁完好，安全指示灯等完好齐全，“请勿打扰”牌及餐牌完好齐全，安全链、窥镜、把手等完好。 （2）墙面和天花板：无蛛网、斑迹，无油漆脱落和墙纸起翘等。 （3）护墙板、地脚线：清洁、完好。 （4）地毯：吸尘干净，无斑迹、烟痕。如需要，则作洗涤、修补或更换的标记。 （5）床：铺法正确，床罩干净，床下无垃圾，床垫按期翻转。 （6）硬家具：干净明亮，无刮伤痕迹，位置正确。 （7）软家具：无尘无迹，如需要则作修补、洗涤标记。 （8）抽屉：干净，使用灵活自如，把手完好无损。

续表

项目	规范内容
房间	（9）电话机：无尘无迹，指示牌清晰完好，话筒无异味，功能正常。 （10）镜子与画框：框架无尘，镜面明亮，位置端正。 （11）灯具：灯泡清洁，功率正确，灯罩清洁，接缝面墙，使用正常。 （12）垃圾桶：状态完好而清洁。 （13）电视与音响：清洁，使用正常，频道应设在播出时间最长的一档，音量调到偏低。 （14）壁橱：衣架的品种、数量正确且干净，门、橱底、橱壁和格架清洁完好。 （15）窗帘：干净、完好，使用自如。 （16）窗户：清洁明亮，窗台与窗框干净完好，开启轻松自如。 （17）空调：滤网清洁，工作正常，温控符合要求。 （18）小酒吧：清洁、无异味，物品齐全，温度开在低档。 （19）客用品：数量、品种正确，状态完好，摆放合格。
卫生间	（1）门：前后两面干净，状态完好。 （2）墙面：清洁、完好。 （3）天花板：无尘、无迹，完好无损。 （4）地面：清洁无尘、无毛发、接缝处完好。 （5）浴缸：内外清洁，镀铬件干净明亮，皂缸干净，浴缸塞、淋浴器、排水阀和开关龙头等清洁完好，接缝干净无霉斑，浴帘干净完好，浴帘扣齐全，晾衣绳使用自如。 （6）脸盆及梳妆台：干净，镀铬件明亮，水阀使用正常，镜面明净，灯具完好。 （7）坐厕：里外都清洁，使用状态良好，无损坏，冲水流畅。 （8）抽风机：清洁，运转正常，噪声低，室内无异味。 （9）客用品：品种、数量齐全，状态完好，摆放正确。 （10）随着酒店业的发展，设备要求正在不断更新，检查表的内容也应不断地丰富和发展。

2.3.11 对客饮料服务工作细节描述

对客饮料服务工作细节描述，如表 2-3-11 所示。

表 2-3-11 对客饮料服务工作细节描述

程序	规范内容
1	零星客人结账时由客房中心联络员通知到楼层，楼层服务员应立即进房查核小酒吧，并在房内拨电话，将该房客人饮用的饮料品种及数量通知前台收银处。
2	服务员根据“客人进店、离店通知单”，在团队客人离店前半小时，将该团队所有客房内的小酒吧查核一遍，开好饮料账单，由领班送至前台收银处。
3	住店客人房内的小酒吧，由服务员每天上午换茶具和晚间做夜床时逐一查核，如有饮用，应立即补充，并将饮料的品种和数量记录在工作单上，开好账单。领班据此填“饮料消耗表”。
4	早班领班在上午和下班之前，晚班领班在下班前，分别将服务员开的饮料账单送到客房中心。
5	（1）早班领班上班后，立即核对饮料柜中的饮料，做好报表，并按定量将饮料发给各楼层服务员，供补充客房小酒吧用。 （2）晚班领班在晚班服务员下班前将用不完的饮料收回饮料柜中。

续表

程序	规范内容
6	（1）每周日，由领班对楼层饮料柜进行盘点，做出一周饮料消耗表，交由楼层主管核对。 （2）物品领发员于次日根据楼层消耗数量将饮料发到楼层。
7	（1）每日全部楼层的饮料消耗账目由夜班服务员完成。 （2）每天 0：00，夜班服务员从前台收银处取回所有饮料账单的回单，与早、晚班领班填写的“饮料消耗表”核对，并按楼层分类，逐一订好。 （3）若回单与“消耗表”相符，则将此数据登记在饮料消耗总账簿上；若有疑问则另做记录，交由秘书核对，楼层主管负责查清原因。
8	秘书每天去前台收银处抄录小酒吧饮料跑账的房号、品种、数量，交由楼层主管调查。
9	（1）每月月底由服务员对房内小酒吧、领班对楼层饮料柜内的饮料进行检查，如有接近保存期限的，立即与仓库调换。 （2）有些高级饭店对客房内的冰箱采用计算机管理，当客人从冰箱里取出一瓶饮料后，冰箱内的开关信号将指示机器驱动，客人在总台的账目立即自动增加，但这种装置也有缺点，如客人取出一瓶饮料查看后又放回原处，计算机则已经记下了这瓶饮料的账务。

2.3.12 访客服务工作细节描述

访客服务工作细节描述，如表 2-3-12 所示。

表 2-3-12 访客服务工作细节描述

程序	规范内容
1	见到访客，笑脸相迎，微微鞠躬行礼，主动招呼问好。
2	在问清和核实被访的客人姓名和房号后，请客人在服务台接待区稍候，并按公安部门的规定，请来访客人填写会客单。
3	然后用电话请示被访客人：“××先生/小姐（女士），现在有位××先生/小姐（女士）来看您，我是否可以陪送他/她进房，还是您到服务台的客人接待区来见他/她？”
4	如客人不在，可请访客留言转告，并做好记录，填写留言单，送入客人房内摆放在桌子上。
5	如客人同意在房内接见和会客，应陪同访客进房，并提供会客服务，及时用托盘把茶水或咖啡送至房内，如访客人数较多，还应提供准备的折椅。
6	如客人同意在服务台客人接待区会见访客，应根据客人需求，及时用托盘送上茶水或咖啡。

2.3.13 会客服务工作细节描述

会客服务工作细节描述，如表 2-3-13 所示。

表 2-3-13 会客服务工作细节描述

项目	规范内容
1	（1）会客服务主要是为客人做好会客前的准备工作。 （2）问清客人来访人数（以便加椅）、时间，是否准备饮料，要不要鲜花，有无特别服务要求等。 （3）在来访前约半小时做好所有准备。
2	协助住客将来访者引到客人房间（事先应通知客人）。
3	送水或送饮料服务（规范与端茶送水相同）。
4	及时续水或加饮料。
5	访客离开后及时撤出加椅、茶具等，收拾房间。
6	做好访客进出时间的记录，如已超过访问时间（一般为晚上 11：30 后），访客还未离开，根据饭店规定，可先用电话联络，提醒客人，以免发生不安全事故。
7	对没有住客送的访客要特别留意。

2.3.14 重要客人会见服务工作细节描述

重要客人会见服务工作细节描述，如表 2-3-14 所示。

表 2-3-14 重要客人会见服务工作细节描述

程序	规范内容
接到信息	（1）房务中心接到会见服务通知单后，应马上通知经理和相关主管。 （2）掌握客人的国籍、人数要求、抵达时间及注意事项。 （3）经理组织楼层、公共区域的接待准备工作，主管做好准备工作，并及时向经理汇报。
会议厅布置	（1）楼层主管根据接见会议厅的情况安排服务员、领班按大清洁标准对会议厅进行彻底清理。 （2）会见厅可用沙发或扶手椅按马蹄形、凹字形摆放。一般正座用沙发，沙发后摆扶手椅供记录员和译员就座。 （3）会见座位的安排。根据实际情况，有时宾主各坐一侧，但也可以穿插就座，有时较高级的会见还有一定的礼仪程序，如双方简短致辞、互赠礼品、合影留念等。（我国的习惯做法是：客人坐在主人右侧，译员、记录员坐在主人和主宾身后，其他客人在主宾一侧顺序就座，主方陪见人员在主人一侧就座。） （4）会见用品主要包括：茶杯、杯垫、便签，有饭店标志的火柴、铅笔及客人特殊要求的物品。会见通常招待用的饮食品有香烟、茶水、饮料等，烟在会见前摆好，茶水或饮料在宾主入座后再端上。 （5）经理应在客人到达前一小时做最后检查。 ① 按照《卫生检查规范》进行彻底检查。 ② 会见厅所有灯具要求处于开启状态，以示对客人的欢迎。 ③ 提前一小时插上取电牌，并调节室内温度在 20～24℃，风速中等。 ④ 保证会见厅所有设施设备使用正常。 ⑤ 楼层领班在贵宾到达前半小时准备好香巾、茶水、托盘。 ⑥ 经理提前半小时到相关公共区域检查，保证合乎卫生要求。 ⑦ 会见厅检查后，非特殊情况，任何人不得入内。

续表

程序	规范内容
会见厅服务	（1）经理根据通知到前厅迎接，客人到达前十分钟楼层主管在客梯口迎接，客人到达时，主管或领班按规范引领至会见厅。 （2）沏好茶水，由楼层领班或主管托送茶水、香巾至会见厅，按敲门进房程序进房，先递香巾，后上茶水，敬茶完毕后，及时礼貌撤出。

2.3.15 客房用品配备规范细节描述

客房用品配备规范细节描述，如表2-3-15所示。

表2-3-15 客房用品配备规范细节描述

项目	规范内容
布草类用品	（1）每床配床单、被单、枕芯、枕套、毛毯、床罩及备用毛毯或鸭绒被。 （2）卫生间内配有方巾、面巾、浴巾、脚巾及浴衣。 （3）各类布草用品完好无损，质地符合标准。
服务指示用品	（1）每房内应配有服务指南（含本地区公安部门颁布的《旅客须知》）、《电话指南》及本地区常用电话号册、电视频道指示说明、价目表、宾客意见书，“请勿打扰”和“请速打扫”牌，晚安卡和“请勿在床上吸烟”告示牌，送餐菜单及送餐服务挂牌，洗衣单和洗衣袋及中英文市内交通图。 （2）各种服务指示用品质量优良，造型设计美观，并逐步做到与酒店视觉形象设计相统一。 （3）各种服务指示用品摆放规范，平整完好。
酒水饮品及饮具	（1）客房内小酒吧提供的软饮料不少于8种，烈性酒不少于5种。 （2）客房内备有茶具、红/绿茶（配茶叶缸）或袋装咖啡、热水瓶、热水杯、冷水壶、冷水杯、酒杯，调酒杯和调酒棒，以及冰筒和冰夹。 （3）各种酒水饮品饮具品质优良，符合优质期限，摆放整齐美观取用方便。
文具用品	（1）客房内配备文具、便签夹（放在电话机旁）、信纸、传真信纸、信封（包括航空信封）、小便签（放在便签夹内）、圆珠笔和铅笔。 （2）各种文具用品质量优良，印制精致，设计美观，平整完好，规范摆放，取用方便。
卫生保健品及美容用品	（1）卫生间配备香皂、浴液、洗发水、牙刷、牙膏、浴帽、发梳、用品盘、漱口杯、卫生纸、擦手纸、卫生袋、棉球签和酒精棉球以及垃圾桶。 （2）各种用品质量优良、包装精美、摆放规范，便于取用。
其他房内用品	（1）应配有衣架、裤架、裙架、衣刷、拖鞋、擦鞋用具、鞋拔、烟缸、火柴、杯垫、针线包、标贴及防火废物桶。 （2）各类用品制作精良、美观，与五星级档次协调。 （3）各类用品摆放规范，方便取用。
供客借用的物品	客房服务中心应备有适量的多插座电源接线板、变压器、电熨斗、熨衣板、吹风机和体重秤（房内配有的除外）等物品，供客人借用。

2.3.16 客房卫生达标标准细节描述

客房卫生达标标准细节描述，如表2-3-16所示。

表2-3-16 客房卫生达标标准细节描述

项目	规范内容
天花、墙面与地面卫生	（1）天花、墙面光洁明亮，无蜘蛛网、灰尘、水印和污渍，墙饰、壁画整洁美观。 （2）地面干净整洁，无垃圾、污渍及死角。
门、窗及窗帘卫生	（1）房门、门铃、把手、门锁、门牌号、门窥镜、安全链光亮整洁、无灰尘、无污渍。 （2）窗、窗台、窗框干净整洁，玻璃明亮。
灯具、家具设备卫生	（1）各种灯具光洁无灰，灯罩无污渍和污物，电线及电源插座干净清洁。 （2）各种家具表面光亮，清洁无灰、无水印、无污渍。 （3）镜面干净明亮，花卉、盆景等修剪整齐，盆内无落叶和垃圾。
空调及电器设备卫生	（1）空调出风口定期清擦，干净无灰、无霉斑。 （2）电话机每天清洁消毒、表面光洁。 （3）电话机、冰箱表面光亮无灰，冰箱内无霜、无污垢。
洁具设备卫生	（1）恭桶表面及内壁清洁，无水印、污渍和异味。 （2）浴缸、面盆及盥洗台面干净明亮，各种五金配件光亮清洁，浴帘干净、无污渍。 （3）揩布、刷子等清洁用具，分开放置，严防交叉污染。
客用物品卫生	（1）各种布草、毛毯、床罩干净平整，无破损、污渍和毛发。 （2）各种饮具清洁光亮，用过的水杯、酒杯等必须按《食品卫生法》规定经消毒处理。 （3）各种服务指示用品和各类文具用品清洁、平整、完好、无破损、无皱痕、无渍印。 （4）衣架、裤架、裙架及垃圾桶等其他用品光洁无灰。
饮用水卫生及噪声标准	（1）饮用水必须符合卫生部门规定标准，透明、无色、无异味、无异物，不含病原微生物和寄生虫卵。 （2）客房内噪声最高不得超过40分贝，房外无噪声源，走道噪声不得超过45分贝。

2.3.17 客房酒水服务工作细节描述

客房酒水服务工作细节描述，如表2-3-17所示。

表2-3-17 客房酒水服务工作细节描述

项目	规范内容
检查时间	（1）走客房及时检查。 （2）住客房每日检查一次（清洁客房时）。 （3）空房要检查有无过期、变质酒水、食品。

续表

项目	规范内容
签补程序	（1）酒单一式四联，由客人自己根据饮用数量填写此单。 （2）服务员做房时进行核点，无误后签字并输入电脑或送前台收银处。 （3）四联单据第一联与补充酒水一起派入房间，二联和三联交结账处作为发票和记账凭证，四联做楼层补充酒水、食品的凭证。
摆放	按规定品种、数量、摆放位置码放酒水、佐酒食品、酒具、酒单。

2.3.18 客房房务信息处理工作细节描述

客房房务信息处理工作细节描述，如表 2-3-18 所示。

表 2-3-18　客房房务信息处理工作细节描述

项目	规范内容
1	及时掌握和核对更改房态信息，做到准确无误。
2	做好信息收集和资料积累工作，做到全面了解酒店各种服务项目和营业时间，准确掌握本市交通、商业、旅游等方面资料，为客提供各种问讯服务，及时积累和整理客情、客史等各种信息资料，分类归档，立卷完整，查找方便。
3	做好各种信息传递工作，做到提供及时、准确、完整。

2.3.19 客房服务工作安全标准描述

客房服务工作安全标准描述，如表 2-3-19 所示。

表 2-3-19　客房服务工作安全标准描述

项目	规范内容
1	在服务工作中，应留意是否有危险工作情况，如发现公共走廊或楼梯照明不良或清洁设备损坏等，应尽快通知工程维修人员修理，以免发生危险。
2	不可将手伸进垃圾桶或垃圾袋内，以防垃圾桶内有碎玻璃或尖利物品刺伤手。
3	清洁卫生间时要注意有无用过的刮须刀片，如有发现应妥善处理。
4	如工作区域湿滑或有油污，应立即抹干抹净，以防客人或其他员工滑倒。
5	移动较重的物品，应使用手推车，推车应用双手推行；物品较多时，应分次搬运，以保安全；举笨重的物品时，应先下蹲，平直上身，然后将物举起。
6	如需取高处物品，应使用梯架。在公共区域登梯操作，必须有人扶梯。
7	客房清扫时，须敞门进行；关房门时，要握着门把而不要扶着门的边缘拉门。
8	在公共区域放置的工作车、吸尘器、洗地机或洗地毯机等，须尽量靠边放置并留意有无电线绊脚的可能性。
9	如发现玻璃或镜子崩裂，必须马上向上级报告，并通知工程部立即更换，不能立即更换的，必须要用强力胶纸贴上，以防有坠下的危险。

续表

项目	规范内容
10	发现客房内的玻璃或茶杯有裂口或崩口，应立即更换并做处理。处理时应与垃圾分开，用箱子装好，另做处理，以免伤到其他人。在公共区域的大块玻璃上的显眼处应贴上有色字体或标记，以防客人或服务员不慎撞伤。
11	洗地毯或洗地时，留意有否弄湿电掣及插座，小心触电。
12	不稳的台、椅或床，须尽快修理。家具或地毯如有尖钉，须马上拔去以防刺伤客人或其他服务员。
13	当进行高空抹窗工作或在公共区域的地板落蜡时，必须放置警示牌，让过往行人小心留意。另外，高空作业时一定要系安全带。
14	服务员制服不宜太长，以免绊倒。
15	使用清洁剂时，应戴橡胶手套，以免化学剂腐蚀皮肤。
16	放置清洁剂及杀虫剂的仓库应与放食品的仓库分开，并做明显标志，以免弄错。

2.3.20 客人遗留物品处理工作细节描述

客人遗留物品处理工作细节描述，如表 2-3-20 所示。

表 2-3-20 客人遗留物品处理工作细节描述

项目	规范内容
发现客人遗留物品	（1）酒店规定员工在店内拾到的物品一律上交。拾物不交者，经发现将严肃处理。 （2）酒店管理拾遗物品的归口部门是客房部，由客房服务中心或办公室负责处理。要设立拾遗物品登记保管制度，详细记录拾物或客人遗留物品情况，包括物品名称、拾获地点及时间、拾获人姓名等；对遗留物品要注明房号、客人姓名、离店时间等。 （3）处理客房遗留物品时要判断究竟是客人扔掉的还是遗忘的，一般认定下列物品为客人遗留物品：现金、珠宝首饰、身份证件，具有文件价值的信函和物件，留在抽屉或衣柜内的物品，仪器零件和器材，等等。
遗留物品处理	（1）若在走客房内发现客人遗留的贵重物品，服务员应立即打电话通知客房中心。 （2）若是零星客人，中心值班员应立即与前台联系，设法找到客人。 （3）若是团队客人，则与团队联络员联系。 （4）若仍找不到失主，要立即呼叫大堂副理处理，服务员应立即把物品送到客房中心。
登记备案	（1）房内遗留的一般物品，由服务员立即在工作单上“遗留物品”一栏内登记。 （2）下班前，在“遗留物品单”上清楚地填写此物品的房号、名称、数量、质地、颜色、形状、成色、拾物日期及自己的姓名。 （3）一般物品要与钱币、贵重物品分开填写。 （4）早、晚班服务员收集的遗留物品交到客房中心后，均由晚班的中心值班员负责登记。 （5）钱币及贵重物品经中心值班员登记后，交主管进行再登记，然后交秘书保管。 （6）一般物品整理好后与遗留物品单一道装入遗留物品袋，将袋口封好，在袋的两面写上当天日期，存入遗留物品室内的格档中，并贴上写有当天日期的标签。 （7）遗留物品室每周由专人整理一次。

续表

项目	规范内容
失主认领	（1）如有失主认领遗留物品，需验明其证件，且由领取人在遗留物品登记本上写明工作单位并签名。领取贵重物品需留有领取人身份证件的影印件，并通知大堂副理到现场监督、签字，以备查核。 （2）若客人打电话来寻找遗留物品，需问清楚情况并积极查询。若拾物与客人所述相符，则要问清客人来领取的时间。 （3）若客人不立即来取，则应把该物品转放入待取柜中，并在中心记录本上逐日交班，直到取走为止。 （4）若有客人的遗留物品经多方寻找仍无下落，应立即向经理汇报。 （5）按国际惯例，客人遗留物品保存期为一年，特别贵重物品可延长半年。超过保存期的，酒店可按规定自行处理。

2.3.21 客人报失物品处理工作细节描述

客人报失物品处理工作细节描述，如表 2-3-21 所示。

表 2-3-21 客人报失物品处理工作细节描述

项目	规范内容
报失的处理	（1）当接到客人报失后，服务员应立即报告客房部经理，由经理与大堂副理及保安部取得联系，共同处理。 （2）认真听取客人的陈述，问清客人丢失物品的详细内容并做记录。应到现场帮助客人尽量回忆物品丢失的前后经过，分析是否确实丢失。常有客人因害怕丢失物品而在客房里东藏西藏，最后忘记藏在哪里。 （3）在征得客人同意后，可由保安员与服务员共同在房间帮助查找。物品找到后应将结果记录存查。 （4）如果调查显示客人财物确属被盗或被骗，要立即向总经理汇报，并由保安人员保护好现场。经总经理同意后向公安机关报案，待公安机关破案处理。
报失后的处理	（1）客人报失后，服务员只能听取客人反映情况，不要做任何结论猜测或讲否定的话，以免为今后的调查工作增加困难或使酒店处于被动。 （2）服务员个人绝不可擅自进房查找，以免发生不可想象的后果。 （3）客人报失后，进入过客房的服务人员也要受到询问。服务员应采取积极协助的态度，不要有委屈不满情绪，更不能在自己失职行为时有意隐瞒。

2.3.22 客房突发事件处理工作细节描述

客房突发事件处理工作细节描述，如表 2-3-22 所示。

表 2-3-22　客房突发事件处理工作细节描述

项目	规范内容
客人伤病的处理	客人在酒店居留期间，身体可能会偶有不适或突发疾病。客房员工要能及时发现，及时汇报处理。一般性疾病，要帮请驻店医生，严重性疾病要派人派车将病人送往医院救治。另外，在客房的卫生间还应设有紧急呼救按钮或紧急电话，以及供客人浴晕时用的紧急开门器等，以备突发疾病时使用。 （1）一般性疾病。 客人可能会偶感风寒或有其他小恙，服务员发现后可询问情况，帮助客人请驻店医生。在此后的几天中应多关心该客人，多送些开水，提醒客人按时服药。 （2）突发性疾病。 包括心脑血管病、肠胃疾病、食物中毒等，服务员要立即请医生来，同时报告管理人员。绝对不能自己擅作主张，救治病人，那样可能导致更严重的后果。在没有驻店医生的情况下，如果患者头脑尚清醒，请服务员帮助购药服用，服务员则应婉言拒绝，劝客人立即到医院或请医生到酒店治疗，以免误诊。 客人病情严重，客房部要立即与同来的家属、同伴或随员联系。若客人独自住在酒店，客房部经理应立即报告在店经理或大堂副理，请酒店派车、派人送客人去医院救治。必要时还要设法与客人公司或家中联系。对突发性疾病的处理，应做详细的书面报告，说明发生的原因、处理经过及后续追踪的结果。 （3）传染性疾病。 如果发现客人患的是传染性疾病，必须立即向酒店总经理（夜间是大堂值班经理）汇报，并向防疫卫生部门汇报，以便及时采取有效措施，防止疾病传播。对患者使用过的用具用品要严格消毒，并在客人离店后对房间、卫生间严格消毒。对接触过患者的服务人员，要在一定时间内进行体检，防止疾病扩散。 客房部是客人往来最频繁的地方，床单的清洁尤为重要，要勤换；卫生间的设施也是客人身体经常接触的部位，每次用房客人走后，要进行消毒处理；另外对客房的各个角落要定期喷洒杀虫剂防止病菌传播。
住客死亡处理	住客死亡是指客人在住店期间因病死亡、意外事件死亡、自杀、他杀或其他原因不明的死亡。除前一种属正常死亡外，其他均为非正常死亡。 住客死亡多发生在客房。楼层服务员要提高警惕，发现客人或客房有异常时要多留心，及时报告管理人员。例如，客人连日沉默不语，客房长时间挂“请勿打扰”牌，房内有异常动静，访客离去后再不见客人出来，房内久无声响，等等。对于怀疑有自杀倾向的客人，尤其要多留意观察，要多接近，讲出开导的话。 （1）一旦发现客人在客房内死亡，应立即报告客房部经理、总经理、保安部等有关方面，双锁房门，由保安部报告公安机关并派人保护现场，等候调查。 （2）保持现场的净空，不可让闲杂人等进出。若有媒体人员欲进入亦应协助保安人员礼貌地拒绝其进入，或请公关人员协助处理后续相关事宜。 （3）如调查验尸，证实客人属正常死亡，经警方出具证明，由酒店通知死者家属并协助处理后事。 （4）如认定属于非正常死亡，酒店应积极协助调查。客房楼层服务员与客人接触相对最多，应密切配合调查取证，尽可能详细地提供线索，同时也要注意保密。这种事情扩散出去，不仅会使其他客人产生恐慌，影响酒店声誉，也会给侦破工作造成困难。 （5）客人遗留的财物，客房部要列明清单专人保管，待家属领取。公安机关因侦破需要带走的物品，也要有记录和经手人签字。

续表

项目	规范内容
住客死亡处理	（6）待相关单位的检查及勘验工作完成后，应与家属协调，利用后门进出，以免惊动其他客人或员工。 （7）因病抢救无效死亡的，可由在场医生出具证明。 （8）发生事故的房间事后应进行消毒，并将该房客所使用的物品全部报请销毁。 （9）整体事件处理后，应由客房部将所有经过及处理的结果报告总经理。
住客醉酒处理	酒店经常发生客人饮酒过量现象，此时客人处于不能自控状态，处理起来要格外谨慎。 （1）对醉酒轻的客人，可婉言劝导，安置其回房休息。 （2）对醉酒重、不听劝导的客人，要协助保安人员将其制服，送回客房，以免其扰乱其他住客或伤害自己。 （3）对醉酒客人的房间要特别注意观察，防止客人在失去理智时破坏房间设备或因吸烟引起火灾。 （4）若服务员在楼层走廊遇见醉酒客人，不要单独扶其进房甚至为其宽衣休息，以免客人酒醒后发生不必要的误会。 （5）醉酒客人如有召唤，服务员应与值班主管一同前往。女服务员应避免独自进入客房服务，以免发生意外事件。 （6）醉酒客人如果再度饮酒或大声吵闹，服务员应婉言规劝，以避免影响其他客人。
遇到自然灾害时的处理	威胁酒店安全的自然灾害有：水灾、地震、台风、龙卷风、暴风雪等。针对酒店所在地区的地理、气候特点，酒店应制订出预防及应付可能发生的自然灾害的安全计划。客房部则应有相应具体的安全计划，内容包括： （1）客房部及其各工作岗位在发生自然灾害时的职责与具体任务。 （2）应备各种应付自然灾害的设备器材，并定期检查，保证其处于完好的使用状态。 （3）情况需要时的紧急疏散计划。
停电事故的处理	停电事故可能是外部供电系统引起的，也可能是酒店内部供电发生故障。停电事故发生的可能性比火灾及自然灾害要大。因此，对有 100 个以上客房的酒店来说，应配备有紧急供电装置。该装置能在停电后立即自行起动供电。这是对付停电事故最理想的办法。在没有这种装置的酒店内，客房部应设计一个周全的安全计划来应付停电事故，其内容包括： （1）向客人及员工说明这是停电事故，保证所有员工平静地留守在各自的工作岗位上，在客房内的客人平静地留在各自的客房里。 （2）用手电照明公共场所，帮助滞留在走廊及电梯中的客人转移到安全的地方。 （3）在停电期间，注意安全保卫，加强客房走道的巡视，防止有人趁机行窃。

2.4 酒店客房管理实用表格图例

2.4.1 客房清洁报表

客房清洁报表，如表 2-4-1 所示。

表 2-4-1　客房清洁报表

房号	人数	房间状况	设备状况	打扫时间	备注

VC 出租房、DND 请勿打扰房、VIP 重要客人、CO 待洁房、OOO 维修房、OC 刚入住房

填写人：（客房清洁员）　用途：记录客房清洁工作情况

联数：一联

楼层：__________

日期：__________

清洁员：__________

2.4.2　客房用品每日消耗情况表

客房用品每日消耗情况表，如表 2-4-2 所示。

表 2-4-2　客房用品每日消耗情况表

房号 内容														
圆珠笔														
铅笔														
针线包														
信纸														
信封														
火柴														
便条纸														
垃圾袋														
拖鞋														
擦鞋纸														
洗衣袋														
卫生纸														
沐浴帽														
香皂														
牙刷														
洗发液														

续表

房号 内容														
淋浴剂														
茶叶（绿）														
（红）														
面巾纸														

填写人：（客房清洁员）　用途：记录客房每日客用消耗情况

联数：一联

制表人：________

______年__月__日

2.4.3　客房报修记录表

客房报修记录表，如表 2-4-3 所示。

表 2-4-3　客房报修记录表

房号	报修时间	报修人	报修内容	工程部接报人	二次报修	楼层负责人	修理到位时间	修理完成时间	修理结果

填写人：（楼层领班）

用途：客房服务员将客房报修内容报领班，由楼层领班填写此表并报工程部

联数：一式二联。（1）报工程部（2）一联留存

制表人：________

______年__月__日

2.4.4　客房房态更改记录表

客房房态更改记录表，如表 2-4-4 所示。

表 2-4-4　客房房态更改记录表

房号	通知人	通知时间	原房态	更改后房态	更改原因	更改人	恢复时间	备注

填写人：（服务中心服务员）　　用途：用于记录对房态信息变更的情况

联数：一式二联。（1）报工程部（2）服务中心留存

制表人：__________

______年__月__日

2.4.5　客房情况记录表

客房情况记录表，如表 2-4-5 所示。

表 2-4-5　客房情况记录表

值台人	时间	客房区域情况	备注	当日VIP房或重点房

填写人：（客房值台服务员）

用途：用于客房服务台班工作记录及服务中心上报及安排表

联数：一式二联。（1）上报（2）一联留存

制表人：__________

______年__月__日

2.4.6　客人借用物品借出记录表

客人借用物品借出记录表，如表 2-4-6 所示。

表 2-4-6　客人借用物品借出记录表

日期	房号	退房日期	名称	件数	借出时间	借用客人签名	收回时间	责任人	时间

续表

日期	房号	退房日期	名称	件数	借出时间	借用客人签名	收回时间	责任人	时间

填写人：（服务中心库管员）

用途：用于记录供客借用物品借出和收回情况

联数：一式一联

制表人：________

2.4.7 特殊客用品领用、借用记录表

特殊客用品领用、借用记录表，如表 2-4-7 所示。

表 2-4-7 特殊客用品领用、借用记录表

日期	房号	VIP级别	领用或借用物品	楼层领用人	归还日期	归还人	备注

填写人：（服务中心库管员）

用途：用于记录 VIP 房布置中领用、借用及归还特殊客用品的情况

联数：一式一联

制表人：________

2.4.8 客房客用品盘存表

客房客用品盘存表，如表 2-4-8 所示。

表 2-4-8　客房客用品盘存表

年　月　日

物品名称	单位	上月库存	本月领取	本月消耗	本月库存	下月需求	备注

填写人：（库管保管员）　　　用途：每月对客用品清点盘库

联数：一式三联。（1）客房部（2）财务部（3）留存

主管：________

部门经理：________

制表人：________

2.4.9　客房饮料领用明细单

客房饮料领用明细单，如表 2-4-9 所示。

表 2-4-9　客房饮料领用明细单

________酒店

请自行登记用量。

名称	固定储备量	单价	客人用量	金额
啤酒				
果汁				
可口可乐				
苏打水				
威士忌				
白兰地				
……				
总计				

房号：　　　　日期：　　　　客人签名：　　　　服务员：

2.4.10　遗留物记录表

遗留物记录表，如表 2-4-10 所示。

表 2-4-10　遗留物记录表

日期	房号	遗留物名称	数量或型号	发现人	接受人	归还日	取物人	发放人

第3章 酒店餐饮精细化管理细节

3.1 酒店餐饮部管理工作职责划分说明

3.1.1 餐饮部经理职位描述

餐饮部经理职位描述，如表 3-1-1 所示。

表 3-1-1 餐饮部经理职位描述

直接上级：总经理 直接下级：行政总厨、餐饮部副经理	
岗位职责	（1）负责制订餐饮部营销计划、长短期经营预算，带领全体员工积极完成经营指标。 （2）主持建立和完善餐饮部的各项规章制度及服务工作细节描述与标准，并督导实施。 （3）定期深入各部门听取汇报并检查工作情况，控制餐饮部各项收支，制订餐饮价格，监督采购和盘点工作，进行有效的成本控制。 （4）检查管理人员的工作情况和餐厅服务规范及各项规章制度的执行情况，发现问题及时采取措施。 （5）定期同餐饮部副经理、行政总厨研究新菜点，推出新菜单并有针对性地进行各项促销活动。 （6）负责下属部门负责人的任用及其管理工作的日常督导，定期对下属进行绩效评估。 （7）组织和实施餐饮部员工的服务技术和烹饪技术培训工作，提高员工素质，为饭店树立良好的形象和声誉。 （8）建立良好的对客关系，主动征求客人对餐饮的意见和建议，积极、认真地处理宾客的投诉，提高餐饮服务质量。 （9）抓好饮食卫生工作，认真贯彻实施《食品卫生法》。 （10）开展经常性的安全保卫、防火教育，确保宾客安全和餐厅、厨房及库房的安全。 （11）做好餐饮部与其他各部门之间的沟通、协调和配合工作。 （12）参加每日总经理工作例会，主持每日餐饮部例会，保证饭店的工作指令得到有效的执行。 （13）完成总经理交给的其他工作。

续表

任职资格	（1）大专及以上学历，受过系统的餐饮管理培训。 （2）掌握餐饮管理基本理论，熟悉烹饪、酒水、成本核算、预算控制、市场调研、制订价格等专业知识和餐饮服务接待礼仪。 （3）熟悉外事纪律、旅游法规、《食品卫生法》以及国家有关价格政策。 （4）了解市场营销、服务心理学以及营养卫生知识和国内外各地区各民族的风俗习惯和口味特点。 （5）有指挥控制和组织实施本部门工作、全面完成预算管理目标和成本核算经济分析的能力。 （6）有与其他部门协调工作，坚持以市场为导向，以成本为中心，参与市场竞争，扩大营收，提高质量，创新品种，控制成本，增创效益，领导组织接待各种大型宴会与会议的能力。 （7）有较好的语言表达能力。 （8）掌握酒店日常英语，能用流利的英语口语与外宾沟通，通过所在酒店的 A 级英语考核。

3.1.2 行政总厨职位描述

行政总厨职位描述，如表 3-1-2 所示。

表 3-1-2 行政总厨职位描述

直接上级：餐饮部经理 直接下级：各厨房主厨	
岗位职责	（1）根据各餐厅的特点和要求，制订各餐厅的菜单和厨房菜谱。 （2）制定各厨房的操作规程及岗位职责。确保厨房工作正常进行。 （3）根据各厨房原料使用情况和库房存货数量，制订原料订购计划，控制原料的进货质量。 （4）负责签批原料出库单及填写厨房原料使用报表。经常检查原材料库存情况，防止变质、短缺。 （5）确保合理使用原材料，控制菜的式样、规格和数量，把好质量关，减少损耗，降低成本。 （6）巡视检查各厨房工作情况，合理安排人力及技术力量，统筹各个工作环节。 （7）检查各厨房设备运转情况和厨具、用具的使用情况，制订年度订购计划。 （8）根据不同季节和重大节日，组织特色食品节，推出时令菜式，增加花式品种，以促进销售。 （9）听取客人意见，了解销售情况，不断改进、提高食品质量。 （10）每日检查厨房卫生，把好食品卫生关，贯彻执行食品卫生法规和厨房卫生制度。 （11）定期实施厨师技术培训。组织厨师学习新技术和先进经验。定期或不定期对厨师技术进行考核，制订值班表，评估厨师工作，对厨师的晋升调动提出意见。
任职资格	（1）大专及以上学历。 （2）接受过专业技术训练，达到一级厨师技术水平。 （3）熟练掌握厨房运作管理及成本控制方法，熟悉厨房各项设备的性能、使用及保养方法。 （4）懂得成本核算、食物原料及食品营养知识。

3.1.3 餐饮部副经理（分管中餐、宴会）职位描述

餐饮部副经理（分管中餐、宴会）职位描述，如表 3-1-3 所示。

表 3-1-3 餐饮部副经理（分管中餐、宴会）职位描述

直接上级：餐饮部经理 直接下级：中餐厅经理、宴会厅经理	
岗位职责	（1）在餐饮部经理的领导下，负责中餐厅、宴会厅的管理工作，督促员工遵守饭店的各项规章制度，积极落实各个时期的工作任务。 （2）参与制定中餐服务工作细节描述及工作制度，并确保实施。 （3）协助餐饮部经理制定和实施各项餐饮推销计划与策略。 （4）参与部门每日例会，布置本部门各项工作任务，并确保实施。 （5）监督员工按照规范标准对客服务，并对员工进行绩效评估，实施奖惩制度。 （6）妥善处理客人的投诉，不断改善服务质量。 （7）定期组织员工学习服务技巧、技能，不断提高部门员工整体服务水平。 （8）抓好餐厅的清洁卫生工作。 （9）抓好设备设施的维修保养，建立物资管理制度，并做好餐厅安全和防火工作。 （10）与厨房及各相关部门保持良好的合作关系，根据季节差异、客源情况为厨房制定特别菜单提供建议。 （11）了解餐厅每月各种物品的盘点和破损情况。
任职资格	（1）大专及以上学历。 （2）掌握中西餐管理的基本理论，熟悉各岗服务工作细节描述和质量标准以及烹饪知识、酒水菜单、成本核算、市场调研等专业知识。 （3）掌握外事纪律、旅游法规、《食品卫生法》以及治安消防法规。 （4）掌握国内外各地区各民族的风俗习惯和口味特点。 （5）有指挥控制和组织实施本部门工作，全面完成预算目标及成本核算的能力。 （6）能搞好本部门餐厅和厨房的沟通协作，提高服务质量，创新菜品，控制成本的能力。 （7）有组织领导接待 VIP 和大型宴会与会议的能力。

3.1.4 餐饮部副经理（分管西餐、酒水）职位描述

餐饮部副经理（分管西餐、酒水）职位描述，如表 3-1-4 所示。

表 3-1-4 餐饮部副经理（分管西餐、酒水）职位描述

直接上级：餐饮部经理 直属下级：西餐厅经理、酒水部主管	
岗位职责	（1）在餐饮部经理的领导下，负责自助餐厅、送餐和酒廊、茶艺居的管理工作。制定各项服务工作细节描述、标准及制度，并组织实施。 （2）负责餐厅的营业时间和工作班次的安排，保证餐厅对客服务的正常运行。 （3）检查和监督食品质量、服务质量、员工纪律及各项规章制度的执行落实。 （4）负责对属下主管和领班进行考查、考核和评估。 （5）参加迎送重要宾客，主动征求客人的意见，及时处理客人的投诉。

续表

岗位职责	（6）协调与其他部门的工作关系，确保客人得到满意的餐饮产品和良好的服务。 （7）负责制订员工培训计划，并组织实施，不断提高服务技能和推销技巧。 （8）协助餐饮部经理做好市场调查分析和参与餐饮部制订预算以及完成目标。 （9）协助西厨拟定美食节等促销策划，并加以落实。 （10）负责分管部门的成本控制，降低开支费用。 （11）与宾客建立良好的关系，定期联络新客户，加强销售工作。 （12）完成上级布置的其他工作任务。
任职资格	（1）大专及以上文化程度，具备餐饮管理、市场营销学等方面知识。一定的英语会话水平。 （2）掌握餐厅服务的标准和要求，了解餐厅服务工作细节描述，善于处理各类客人的实际问题。 （3）很强的语言表达能力，善于评估员工、培训员工并激励下属员工工作，了解餐厅的服务工作细节描述。 （4）具有强烈的事业心、责任感，以及高尚的职业道德、良好的纪律修养。

3.1.5 中餐厅经理职位描述

中餐厅经理职位描述，如表 3-1-5 所示。

表 3-1-5 中餐厅经理职位描述

直接上级：餐饮部副经理 直接下级：中餐领班	
岗位职责	（1）了解客情，根据客情编排员工班次及休息日。 （2）参与制定中餐宴会服务工作细节描述及工作标准，并组织和确保其程序与标准的实施。 （3）负责与相关部门的工作协调，处理各种突发事件。 （4）与厨师长保持良好的合作关系，及时将客人对菜肴的建议和意见转告厨师长，供厨师长在研究制订菜单时作为参考。 （5）在开餐期间负责整个餐厅的督导、巡查工作，迎送重要客人，并在服务中以特殊关注认真处理客人的投诉，并将客人的投诉意见及时向上级报告。 （6）负责对员工工作表现进行定期评估和奖惩，制订员工培训计划，并予以落实。 （7）出席餐饮部召开的会议，主持中餐厅内部会议。 （8）督导员工遵守饭店的各项规章制度。 （9）监督下属员工保持餐厅卫生水准。 （10）签署餐厅各种用品的领用单、设备维修单、损耗报告单等，保证餐厅的正常运行。 （11）建立物资管理制度，组织管好餐厅的各种物品。 （12）督导员工正确使用餐厅的各项设备的用品，做好清洁保养工作，控制餐具损耗。 （13）督促餐饮部分管副经理的其他各项工作。
任职资格	（1）大专及以上学历。 （2）热爱服务工作，工作踏实、认真，有较强的事业心和责任心。 （3）熟悉餐厅管理和服务方面的知识，具有熟练的服务技能。 （4）有一定的外语会话能力和处理餐厅突发事件的应变能力。 （5）身体健康、仪表端庄。

3.1.6 中餐厅楼面主管职位描述

中餐厅楼面主管职位描述，如表 3-1-6 所示。

表 3-1-6 中餐厅楼面主管职位描述

直接上级：餐饮部经理 直接下级：楼面领班及服务员	
岗位职责	（1）编定每日早、中、晚班人员，做好领班、迎送员的考勤记录。 （2）每日班前检查服务员的仪表、仪容。 （3）了解当时用餐人数及要求，合理安排餐厅服务人员的工作，督促服务员做好清洁卫生和餐、酒具的准备工作。 （4）随时注意餐厅就餐人员动态和服务情况，要在现场进行指挥。遇有 VIP 客人或举行重要会议，要认真检查餐前准备工作和餐桌摆放是否符合标准，并亲自上台服务，以确保服务的高水准。 （5）加强与客人的沟通，了解客人对饭菜的意见，与公关销售员加强合作，了解客人档案情绪，妥善处理客人的投诉，并及时向中餐厅经理反映。 （6）定期检查设施和清点餐具，制定使用保管制度。 （7）监督服务员的工作表现，随时纠正在服务中的失误、偏差，做好工作成绩记录，作为评选每月最佳员工的依据。 （8）负责组织领班、服务员参加各种培训、竞赛活动，不断提高自身和属下的服务水平。 （9）积极完成经理交派的其他任务。
任职资格	（1）大专及以上学历。 （2）热爱服务工作，工作踏实、认真，有较强的事业心和责任心。 （3）熟悉餐厅管理和服务方面的知识，具有熟练的服务技能。 （4）有一定的语言表达能力和处理餐厅突发事件的应变能力。 （5）身体健康、仪表端庄。

3.1.7 中餐厅领班职位描述

中餐厅领班职位描述，如表 3-1-7 所示。

表 3-1-7 中餐厅领班职位描述

直接上级：中餐厅经理 直接下级：中餐厅服务员	
岗位职责	（1）对餐厅经理负责，督导员工严格履行岗位职责，按时按质完成上级下达的任务。 （2）协助召开每日餐前会，负责员工考勤工作，检查员工的仪容仪表及个人卫生。 （3）根据营业情况给本班组服务员分配工作任务，检查本班组的对客服务工作，保证提供优秀服务。 （4）了解当日厨房特荐及供应情况，开餐时负责与厨房协调，保证按时出菜。 （5）随时注意餐厅动态，进行现场指挥，遇有重要客人要亲自服务，以确保服务的高水准。 （6）填写餐厅的“意见反馈表”和“交接班本”以便各领班间的沟通。

续表

岗位职责	（7）督促服务员做好餐厅安全和清洁卫生工作，保证达到饭店的规定标准。 （8）协助餐厅经理做好对服务员的考核评估及业务培训工作，以不断提高服务员的服务技能。 （9）了解、熟悉各种会议的布置与台型设计，掌握各种会议及宴会服务的程序，并对服务员予以督导监督。 （10）妥善处理餐厅服务工作中发生的问题和客人的投诉，了解客人的各种饮食习惯并征询客人的意见，同客人建立良好关系，并将结果及时向餐厅经理汇报。 （11）与客人和厨房保持良好的工作关系，及时向餐厅经理和厨师长反馈客人对食品、服务方面的信息，不断提高餐饮产品质量和服务质量。 （12）定期检查、清点餐厅设备、餐具、布草等物品并将结果及时报主管。 （13）完成餐厅经理布置的其他工作。
任职资格	（1）高中及以上学历。 （2）熟知菜肴酒水知识，熟知餐厅服务的工作细节描述及质量标准，熟知接待服务中的礼节礼仪。 （3）有独立工作和协助经理按照服务工作细节描述和质量要求，做好餐厅的管理和服务工作的能力。 （4）有较强的语言表达能力及推销能力。 （5）基本掌握酒店日常英语，能用英语为宾客提供服务，通过酒店B级英语考核。

3.1.8 中厨厨师长职位描述

中厨厨师长职位描述，如表3-1-8所示。

表3-1-8 中厨厨师长职位描述

直接上级：餐饮经理 直接下级：中厨副厨师长	
岗位职责	（1）全面负责厨房生产、组织工作，每天上班查阅报表，掌握、分析昨天接待人次，确保原料需要量，签发当日的领货单。 （2）检查各部生产情况，落实生产任务，发现问题并及时纠正。 （3）参加例会汇报工作情况，听取上级命令，结合厨房实际情况组织贯彻落实。 （4）正式开餐前督促各部主管做好食品材料的准备工作，检查食品的出成率，保证食品的质量和成本控制及生产需要。 （5）保持与餐厅、采购部、库房、餐饮办公室及财务成本核算员联系，保证厨房生产协调开展。 （6）开餐结束后检查各部原料消耗情况和剩余数量及保管措施，检查炊具、厨具的清理工作，保证下一餐的生产需要。 （7）每日下班前做工作总结，了解餐厅的销售情况，制定次日工作安排。
任职资格	有8年的厨房工作经验，4年以上的管理经验，30岁以上。

3.1.9 中厨副厨师长职位描述

中厨副厨师长职位描述，如表 3-1-9 所示。

表 3-1-9 中厨副厨师长职位描述

直接上级：中厨厨师长 直接下级：中厨炒锅主管、砧板主管、烧腊主管、点心主管	
岗位职责	（1）协助厨师长做好厨房生产组织工作，制订厨房人员的工作安排，每日上班后检查厨房人员到岗情况、卫生情况及原料准备情况。 （2）督促分部主管做好原料供应，检查原料质量，在生产过程中有效控制各类物品的消耗，保证食品的成本率。 （3）检查库房原料储存，协助成本核算员做好生产过程中的成本核算控制，监督投料，降低用料消耗，控制成本。 （4）巡视各部门的食品卫生和环境卫生，监督厨房人员的个人卫生，严格监督冷荤原料质量检查，食品留样抽样化验，保证客人食品绝对安全。 （5）经常与下属员工接触，沟通、了解、分析员工心态，使每一位员工都安心工作，安全生产。 （6）组织下属员工参加培训、研究菜肴、创新品种、学习企业理念、加强消防意识，确保工作安全进行。 （7）每月配合财务部成本核算员进行原料库存盘点工作和员工考勤表工作。
任职资格	有 6 年厨房工作经验和 3 年厨房管理经验。

3.1.10 中厨房炒锅主管职位描述

中厨房炒锅主管职位描述，如表 3-1-10 所示。

表 3-1-10 中厨房炒锅主管职位描述

直接上级：中厨厨师长、副厨师长 直接下级：中厨房炒锅厨师	
岗位职责	（1）严格监督热菜成品的烹制过程，保证食品的安全与质量。 （2）传达上级分配的各项指令，组织下属认真落实。 （3）检查各种调味料、器皿和环境卫生工作，督促下属做好开餐前的准备工作。 （4）组织下属参加培训、考核，总结菜肴烹调经验，共同研究创新品种。
任职资格	有 5 年厨房工作经验和两年以上厨房管理经验。

3.1.11 中厨砧板主管职位描述

中厨砧板主管职位描述，如表 3-1-11 所示。

表 3-1-11　中厨砧板主管职位描述

直接上级：中厨副厨师长	
直接下级：砧板厨师、上什厨师、打荷厨师	
岗位职责	（1）验收进货原料，严格把关控制成本，提高菜品的质量。 （2）检查所有原料的库存量，根据实际情况写好报表并及时通知餐厅。 （3）督促下属做好开餐前的准备工作，了解就餐人次，明确本部生产任务，组织下属进行有效安全生产，严格监督菜品制作过程，控制成本，保证菜品质量。 （4）每日开餐结束后检查库存原料和厨房原料消耗情况，及时申购给予补充，确保下餐的销售需要，检查本部区域的环境卫生和个人卫生。 （5）配合采购部定期进行市场调查，掌握各种原料成本价格，收集市场最新品种。 （6）每日下班前了解清楚销售情况和次日用餐人次，制订次日的生产计划，确保销售需要。
任职资格	有 6 年厨房工作经验，两年以上厨房管理经验。

3.1.12　烧腊主管职位描述

烧腊主管职位描述，如表 3-1-12 所示。

表 3-1-12　烧腊主管职位描述

直接上级：中厨厨师长、副厨师长	
直接下级：烧腊厨师、凉菜厨师	
岗位职责	（1）向厨师长汇报每日工作情况，传达上级各项指令，组织下属认真落实，带领下属进行有效的安全生产。 （2）严格监督菜品的烹制过程，合理用料，控制原料成本，保证食品的质量。 （3）检查工作及卫生情况，了解用餐人次，督促下属做好餐前原料的充分准备工作。 （4）检查开餐结束后原料消耗情况，及时申购补充，确保下餐的销售需要。 （5）组织下属参加培训考核，总结各类食品的操作经验，共同研究创新菜肴品种。
任职资格	有 7 年烧腊工作经验，两年以上管理经验。

3.1.13　点心主管职位描述

点心主管职位描述，如表 3-1-13 所示。

表 3-1-13　点心主管职位描述

直接上级：中厨副厨师长	
直接下级：点心厨师	
岗位职责	（1）全面管理点心部，向厨师长汇报每日的工作情况，认真落实上级的各项指令。 （2）检查原料质量和环境卫生，督促下属做好餐前准备工作，严格监督各类糕点的烹制过程，控制成本，保证出品质量。 （3）检查开餐后的原料消耗，及时申购给予补充，确保下一餐的销售需要。 （4）组织下属参加食品培训，总结各类糕点的操作经验，共同研究，创新品种。
任职资格	有 6 年以上粤式点心工作经验，两年以上管理经验。

3.1.14　西餐厅经理职位描述

西餐厅经理职位描述，如表 3-1-14 所示。

表 3-1-14　西餐厅经理职位描述

直接上级：餐饮部副经理 直接下级：西餐厅领班	
岗位职责	（1）协助经理制定和实施工作细节描述、服务工作标准，并组织实施和落实。 （2）负责员工的工作班次安排，保证餐厅对客服务的正常运转。 （3）协助经理制订员工的培训计划，并定期组织员工培训，不断提高服务员的服务技能水平。 （4）负责对餐厅领班和员工的考勤、考核和评估。 （5）建立餐厅的物资管理制度，协助经理做好成本控制工作。 （6）了解客情，并组织实施接待工作，同时与宾客建立良好关系，加强产品促销。 （7）督促检查下属做好卫生和安全工作，确保达到饭店的规定标准。 （8）参加重要宾客的接待，主动征求客人意见，及时汇报上级。 （9）妥善处理餐厅的突发事件及宾客投诉，并与厨房做好协调工作。 （10）参加餐饮部例会，做好上传下达，听取并组织落实酒店及部门所下达的任务。 （11）审核餐厅的营业收入报表，协助收银员做好结账控制工作。 （12）完成上级布置的其他工作。
任职资格	（1）大专及以上学历。 （2）掌握餐厅管理的一般理论知识，熟悉本餐厅各岗位的职责和工作细节描述，懂得接待礼仪。 （3）熟悉外事纪律和《食品卫生法》，掌握治安消防知识。 （4）语言表达能力强，有较好的推销意识。 （5）熟练掌握酒店日常英语，能用流利的英语口语与外宾沟通，通过所属酒店 A 级英语考核。

3.1.15　西餐厅楼面主管职位描述

西餐厅楼面主管职位描述，如表 3-1-15 所示。

表 3-1-15　西餐厅楼面主管职位描述

直接上级：餐饮部经理 直接下级：楼面领班	
岗位职责	（1）做好西餐经理的助手，对上级分配的任务要按质、按量、按时完成。 （2）负责对下属进行严格督导和训练，认真执行各项规章制度和服务规范、操作规程。 （3）熟悉菜牌、酒水牌，熟记每天供应品种，了解当日 VIP 客人的接待情况。 （4）抓好员工纪律、服务态度，了解员工思想情绪和思想作风。 （5）召开班前班后会议，落实每天工作计划，保持好餐厅整洁。 （6）开餐前检查餐台摆设及台椅定位情况，收餐后检查列柜内餐具备放情况。 （7）检查餐厅的电掣、空调掣、音响情况，做好安全和节电工作。 （8）负责楼面餐具、酱料、用品的保管与管理，每天收集反馈各种出品质量信息。

续表

任职资格	（1）大专及以上学历。 （2）热爱服务工作，工作踏实、认真，有较强的事业心和责任心。 （3）熟悉餐厅管理和服务方面的知识，具有熟练的服务技能。 （4）有一定的语言表达能力和处理餐厅突发事件的应变能力。 （5）身体健康、仪表端庄。

3.1.16 西餐厅领班职位描述

西餐厅领班职位描述，如表 3-1-16 所示。

表 3-1-16 西餐厅领班职位描述

直接上级：西餐厅经理 直接下级：西餐服务员	
岗位职责	（1）协助餐厅经理督导属下员工严格履行实施餐厅工作细节描述和服务工作流程。 （2）负责分配本班组员工的工作任务，并检查本班组的对客服务工作，确保提供优质服务。 （3）主动征求客人意见，正确处理宾客关系。 （4）参加重要宾客的接待工作与服务补位工作。 （5）督促带领员工做好餐厅的卫生和安全工作。 （6）负责检查餐厅每项设施的状况，确保正常运转。 （7）协助主管做好开源节流的工作。 （8）监督员工的考勤、仪容仪表，确保完成上级分配的各项工作任务。 （9）了解当日的预订情况，检查开餐前的准备工作和收餐后的复原工作。 （10）定期清点餐厅服务用具及用品的使用情况，及时补充所缺物品，以保证使用。 （11）完成与下一班次的交接工作，完成上级布置的其他工作。
任职资格	（1）高中及以上学历。 （2）熟知菜肴酒水知识，熟知餐厅服务的工作细节描述及质量标准。 （3）熟知接待服务中的礼节礼仪。 （4）有较强的语言表达能力及推销能力。 （5）能用英语为宾客提供服务，通过酒店 B 级英语考核。

3.1.17 西餐面点领班职位描述

西餐面点领班职位描述，如表 3-1-17 所示。

表 3-1-17 西餐面点领班职位描述

直接上级：西餐厨房主管 直接下级：面点师	
岗位职责	（1）与西餐大厨一起安排工作时间，考虑销售量。 （2）安排、监督员工的工作，并予以指导。

续表

岗位职责	（3）与管事部密切合作，确保工作区域的整洁和井然有序。 （4）负责饼房制作食品的质量，检查食品所应达到的味道、温度和成色。确保按规定的分量搭配，做到所有的份额一致。 （5）对本区域内的各种机器和设备进行检查和管理，防止公司财产遭受损坏和丢失。 （6）负责每日准时供应不同的糕点、果仁糖和各种制品，并随时查看，短缺时予以补充。 （7）经常教育和训练员工提高制作糕饼及装饰的技术水平。 （8）每两个月更新一次柜台的糕点陈列品。 （9）负责婚礼、生日、纪念等特式糕点的准备和装饰工作。 （10）负责热菜所需的各种面包、热狗包、汉堡包和各种甜点的制作。
任职资格	（1）熟悉酒店西餐面点相关知识及管理技能。 （2）酒店西餐面点方面两年以上工作经验。 （3）仪表端庄、懂得西餐礼仪。

3.1.18 西厨厨师长职位描述

西厨厨师长职位描述，如表 3-1-18 所示。

表 3-1-18 西厨厨师长职位描述

直接上级：餐饮部经理 直接下级：西厨副厨师长	
岗位职责	（1）直接向餐饮部经理负责，必须对厨房的成本、卫生、出品、财产、员工培训有着总体的控制和指导，维持整个厨房良好运转，并能不断向餐饮部指出新的餐饮主向的工作计划。 （2）负责检查厨师的仪容仪表及个人卫生。 （3）负责培训、指导本部门员工，不断提高员工的业务水平。 （4）负责所有采购食品的质量控制工作。 （5）制订各餐厅的菜单、自助单及特殊菜单。 （6）监督检查食品成本。 （7）负责检查厨部各种设施用具的清洁及日常保养工作。 （8）监督并检查厨房的卫生状况。 （9）经常召开厨房会议，研究、解决存在的问题。
任职资格	（1）西厨工作 8 年以上。 （2）有丰富的技术及行政经验，至少熟悉六国以上西式烹调，其中在四星级饭店工作 5 年以上。

3.1.19 西厨副厨师长职位描述

西厨副厨师长职位描述，如表 3-1-19 所示。

表 3-1-19　西厨副厨师长职位描述

直接上级：西厨厨师长 直接下级：西厨主管	
岗位职责	（1）直接向厨师长负责，协助厨师长处理日常事务。 （2）负责整个西厨房工作。 （3）协助厨师长制订西餐厅菜牌、自助菜单及价格。 （4）负责对员工工作进行指导和监督。 （5）负责及时处理工作中的问题，合理分配人力。 （6）协助厨师长做好财务管理。 （7）负责食品质量检查。 （8）制订原料采购计划及保存计划。 （9）协调好厨房各分部的工作。
任职资格	（1）具有 8 年以上西厨工作经验。其中在四星级以上酒店工作经历在 5 年以上。 （2）丰富的西餐技术及行政管理。 （3）熟悉四国以上西式烹调。

3.1.20　西厨大厨主管职位描述

西厨大厨主管职位描述，如表 3-1-20 所示。

表 3-1-20　西厨大厨主管职位描述

直接上级：西厨副厨师长 直接下级：西厨领班	
岗位职责	（1）负责本部人员及工作量的统筹安排。 （2）督导各位员工做好每天的食品制作、控制食品质量。 （3）对员工工作予以指导。 （4）积极配合厨师长及副厨师长完成各项工作任务。 （5）做好与主管厨房卫生及管事部的联系与衔接工作，确保西厨卫生清洁，并监督员工的卫生。 （6）负责每天所需餐料的领用工作并做好每日的盘存工作。 （7）认真学习有关菜单的食品制作方法，负责监督厨房食品质量。 （8）厨房设备工具的保管使用均分工到岗，管理好设备，如有损坏应及时报修。
任职资格	（1）西厨工作 8 年以上经验。 （2）熟练、丰富的西餐烹调技术及本部下属指导及工作安排经验。

3.1.21　西厨主理领班职位描述

西厨主理领班职位描述，如表 3-1-21 所示。

表 3-1-21 西厨主理领班职位描述

直接上级：西厨主管 直接下级：西厨厨师	
岗位职责	（1）在西厨大厨的领导下严格按菜式规定烹制各种菜式，保证出品质量。 （2）协助领导检查货源的鲜活质量，发现问题及时向上级汇报。 （3）遇到货源变化、时令交替时协助设计、创新烹制新菜式。 （4）按厨师长分工，完成大型宴会、酒会的菜品制作任务。 （5）协助管理和爱护本岗位各项设备用品，有损坏及时补充及报修。 （6）协助厨师长做好年终月终的所有原料及设备盘点工作。 （7）负责运送与提取经批准的各种食品。 （8）负责清理工作台面，保持工作区域的清洁卫生。及时清理冷藏食品、蔬菜及剩余物品，以减少浪费。 （9）清扫水箱、冷库，各种食品须放入容器，并在货架上码放整齐，按照卫生要求进行食品归类操作。
任职资格	（1）西厨工作3年以上经验。有在星级酒店两年以上工作经历。 （2）具备熟练的西餐烹调技术，并能很好地协助大厨工作及管理。

3.1.22 酒水部主管职位描述

酒水部主管职位描述，如表3-1-22所示。

表 3-1-22 酒水部主管职位描述

直接上级：餐饮部经理助理 直接下级：酒水部领班	
岗位职责	（1）根据各酒吧的特点及要求，制订各酒吧的销售品种及销售价格。 （2）参加每日餐饮部例会，了解酒店餐饮营业部门的运转情况，召开本部门例会，向员工布置任务，传达指示。 （3）制定服务规程，督导酒水部的日常工作，保证各酒吧处于良好的工作状态和营业状态。 （4）根据需要做好各种宴会酒水安排，对重要的宴会、酒会亲自指挥、布置、督导。 （5）熟悉酒水的来源、品牌及规格，控制酒水的进货、领取、保管和销售，与采购部密切联系，掌握整个酒水库存状态，并严格控制整个酒水部的成本。 （6）协调与其他各部门的关系，保持良好的对客关系，正确处理客人的投诉。 （7）制定设备保养和酒水、卫生、物资管理制度，对酒吧设备、用具进行定期清点和维修保养。 （8）控制酒水出品的分量，配合成本会计加强酒水成本控制。 （9）制订员工培训计划，加强员工培训，以提高员工的服务素质和帮助员工树立良好的工作态度。 （10）审核、签署酒吧各类领货单、维修单、酒水调拨单等。 （11）及时将本部门的销售状况及特别事件上报餐饮部经理。
任职资格	（1）大专及以上学历或有职业技师高级证。 （2）具备餐饮的基本技能，了解酒店管理和市场营销学及其他与本岗位相关的知识。

3.1.23　酒水部领班职位描述

酒水部领班职位描述，如表 3-1-23 所示。

表 3-1-23　酒水部领班职位描述

直接上级：酒水部主管 直接下级：酒水部服务员	
岗位职责	（1）贯彻执行和传达主管布置的工作任务，做好上下级间的沟通工作。 （2）按主管要求协助策划和监督员工培训，并做定期检查。 （3）与客人保持良好关系，协助营业推销。 （4）监督检查已定的酒水控制程序，确保各酒吧的服务水准。 （5）检查工作区域和机器设备的清洁工作。 （6）贯彻执行仓库盘点制度和酒水成本控制标准规范。
任职资格	（1）中专及以上学历。 （2）熟练掌握餐饮部工作的技能、技巧。 （3）普通话流利。 （4）具备酒店管理、酒水管理、营销学及其他与本岗位有关的知识及工作经验。

3.1.24　管事部主管职位描述

管事部主管职位描述，如表 3-1-24 所示。

表 3-1-24　管事部主管职位描述

直接上级：餐饮部经理 直接下级：管事部领班	
岗位职责	（1）负责编制餐饮部所需餐具和用具的年度预算。 （2）负责与采购部门沟通，提出器具购置计划，保证及时补充餐具用具。 （3）负责检查管理餐具的使用情况，分析造成损耗的原因，提出降低损耗的建议。 （4）负责安排管事部员工的工作班次。 （5）负责做好餐具、用具的保管、发放、回收工作。 （6）负责厨房区域的环境卫生监控工作。 （7）负责对下属员工的考勤考核工作，督导员工做好安全工作。
任职资格	（1）有较强的责任心，工作认真踏实。 （2）熟悉各种餐具、用具的牌号、产地、特性及价格，懂得餐具、用具的分类和保管方法。 （3）熟悉各种洗涤剂和清洁剂的使用方法。 （4）熟悉常用的餐具洗涤设备及其操作方法，了解它们的维修保养方法。 （5）高中及以上学历。 （6）身体健康，精力充沛。

3.1.25　管事部领班职位描述

管事部领班职位描述，如表 3-1-25 所示。

表 3-1-25　管事部领班职位描述

直接上级：管事部主管 直接下级：管事部员工	
岗位职责	（1）负责检查员工的出勤情况和仪容仪表。 （2）负责安排员工工作岗位，监督和指导员工按正确的工作程序操作。 （3）负责检查洗碗机，确保其正常运行。 （4）负责检查工作区内的卫生情况，发现问题及时解决。 （5）负责好本部门员工的排班及考勤工作。 （6）负责解决下属提出的困难和建议，不能解决的及时向上级汇报。 （7）做好本部门与其他部门之间的沟通协调工作。 （8）负责对新老员工的培训及考核工作。 （9）负责本部门的安全防范处理工作。 （10）负责管事部的管理工作，带领管事部员工做好厨房厨具、餐具等卫生工作。 （11）控制成本，做好库存管理，严格保证各种领用制度及进货制度。
任职资格	（1）高中及以上学历。英语口语熟练。 （2）熟悉管事部领班的工作细节描述和要求。 （3）掌握厨具、餐具的清洁保养工作，懂得各种清洁机械和清洁剂的使用知识。 （4）熟悉冷库及库房管理知识及《食品卫生法》，了解治安消防条例。 （5）有独立工作和督导员工按照工作细节描述和质量要求做好部门工作的能力。

3.1.26　宴会部经理职位描述

宴会部经理职位描述，如表 3-1-26 所示。

表 3-1-26　宴会部经理职位描述

直接上级：餐饮部经理 直接下级：宴会领班	
岗位职责	（1）负责市场调查研究，注意客源分析，掌握消费者心理，进行宣传工作，组织客源，不断扩大经营对象。 （2）负责了解食品原材料价格等货源情况，掌握本餐厅各种食品，特别是名贵品种的库存情况，并做好推广和销售工作。 （3）负责协调有宴会订单的宴会厅房安排，分派及指导营业员制订宴会菜单。重要的筵席要亲自制订菜单。 （4）掌握本餐厅及其他餐饮单位食品情况和花色品种，经常与餐饮部经理、行政总厨和大厨研究和创制新的菜式和花色品种，编制新的菜单。 （5）热情接待来订餐的客人，耐心解答顾客疑问。 （6）负责宴会部工作的组织和安排。注意抓紧宴会部工作人员的培训工作，不断提高他们的业务水平。
任职资格	（1）大专及以上学历。 （2）热爱服务工作，工作踏实、认真，有较强的事业心和责任心。 （3）熟悉餐厅管理和服务方面的知识、服务技能。 （4）有一定的外语会话能力和处理餐厅突发事件的应变能力。 （5）身体健康、仪表端庄。

3.1.27 宴会领班职位描述

宴会领班职位描述，如表 3-1-27 所示。

表 3-1-27 宴会领班职位描述

直接上级：宴会部经理 直接下级：宴会厅服务员	
岗位职责	（1）负责管理宴会厅的接待服务工作和各种会议的接待服务工作，确保为客人提供优良服务。 （2）制订安排领班和服务员班次，督导领班的日常工作。 （3）参与宴会厅的人事安排及人员评估。 （4）负责督导本部员工做好宴会服务的培训工作。 （5）负责将宴会厅的经营状况及特殊事件向本部门经理汇报。 （6）了解每次宴会、会议活动的内容，检查准备工作情况。 （7）协助餐饮部参与制定各项规章制度并督导实施。
任职资格	（1）掌握餐厅服务的标准和要求，了解宴会、会议服务工作细节描述，善于处理各类客人的实际问题。 （2）大专及以上学历，旅游专业。 （3）掌握餐饮管理、市场营销学等方面知识，中级英语水平。 （4）具有较强语言表达能力，具有一定管理经验。

3.1.28 送餐经理职位描述

送餐经理职位描述，如表 3-1-28 所示。

表 3-1-28 送餐经理职位描述

直接上级：餐饮部经理 直接下级：送餐领班	
岗位职责	（1）指导、监督送餐部领班、服务员及订餐员的服务工作。 （2）巡视和督导重要宾客房间的送餐服务工作。 （3）送餐前，检查送餐车、托盘及赠品，确保一切准备就绪，一旦需要，即可送出。 （4）控制营业所需的餐具，定期参加盘点。 （5）编制员工排班表，监督员工考勤记录。 （6）评估员工，培训员工，解决各方面的服务问题和客人投诉。
任职资格	（1）高中及以上学历。 （2）熟悉酒店餐饮部工作细节描述。 （3）一定的语言表达能力及管理能力，能够独立、恰当地处理管理工作中的突发事件。 （4）工作认真、负责、踏实。

3.1.29 送餐领班职位描述

送餐领班职位描述，如表 3-1-29 所示。

表 3-1-29 送餐领班职位描述

直接上级：送餐经理 直接下级：送餐员	
岗位职责	（1）负责班前检查服务员的仪表仪容。 （2）负责指导和监督送餐部服务员和订餐员的工作。 （3）安排服务员给客人送赠品（如果篮、花篮、巧克力等）。 （4）安排服务员收回房间通道及其他区域用过的餐车及餐具，并送往洗碗间。
任职资格	（1）高中及以上学历。 （2）熟悉酒店餐饮部工作细节描述。 （3）一定的语言表达能力及管理能力，服从领导。 （4）工作认真、负责、踏实。

3.2 酒店餐饮部管理工作制度描述

3.2.1 餐饮部服务质量管理制度描述

餐饮部服务质量管理制度

餐饮部服务工作质量必须根据国家旅游局评星标准及评分原则，结合模式规定的管理制度、服务工作规程及质量标准等进行质量监督检查，坚持“让客人完全满意”的服务宗旨，加强部门的质量管理工作。

第一条 餐饮部质量管理，按垂直领导体制，严格实施逐级向上负责、逐级向下考核的质量管理责任制。

第二条 部门应划小质量监督范围，建立质量监督检查网络，作为部门的一个管理子系统，以保证质量管理的连续性和稳定性。

第三条 各级管理人员加强现场管理和督导，并做好逐日考核记录，作为奖罚的依据，并将质量管理情况和改进措施在每周例会上汇报讨论。

第四条 为了确保质量管理工作的严肃性，做到有案可查，餐饮部应建立员工工作质量档案和各级管理人员工作质量档案。

第五条 各营业点应设立宾客意见征求表，及时处理宾客投诉，并做好统计反馈工作，各管区主管或领班应经常征求订餐宾客和接待单位意见，后台部门应征求前台部门意见，了解宾客反映。

第六条 菜点质量应按食品卫生和厨房工作细节描述严格操作生产，严格把关，凡质量不合格的菜点，决不出厨房。

第七条 质量监督、检查应采取每日例行检查与突击检查相结合，专项检查与全面检查相结合，明查与暗查相结合的方法，对各管区的质量及时分析评估做出报告，并定期开展交流和评比活动。

3.2.2 餐饮客史档案管理制度描述

餐饮客史档案管理制度

第一条　客史档案是餐饮部经营和销售活动中的机密文件。

第二条　客史档案主要内容为：菜单、宾客意见反馈等。

第三条　除餐饮部领导、厨师长、销售人可借阅外，非经餐饮部经理同意，其他无关人员不得查阅。

第四条　客史档案记录应包含各类别、各档次宴请情况。

第五条　客史档案应着重记录中外高层领导、中外企业领导、社会各界知名人士、美食家的食俗、口味特点和对菜点质量、服务质量的意见。

第六条　客史档案内容要定期仔细核对，并经常补充调整。

第七条　客史档案应分门别类编号或根据行业、系统划分，并按宴请日期排列存档。

第八条　安排专人负责客史档案的整理、编排、清理和存放。

3.2.3 餐饮部培训制度描述

餐饮部培训制度

第一条　按照培训工作分级管理的规定，部门应根据本部门培训计划，由餐饮部经理牵头，餐厅经理、厨师长、餐厅经理或领班负责组织落实各部门员工的岗位培训。

第二条　部门新进员工上岗，必须坚持“先培训，后上岗”原则。

第三条　由酒店人力资源部分配至餐饮部的新进员工，先由所属部位的管理人员进行部门规章制度、岗位职责和业务技能培训后落实到班组专人带教，见习上岗，待培训结束进行培训成绩评估后，报人力资源部。

第四条　厨师和员工的岗位提高培训，由厨师长、餐厅经理或领班从餐饮经营的发展需要出发，根据各岗位的要求与员工岗位技能情况，按培训内容和培训学时，负责组织落实并参与讲课培训。

第五条　厨师岗位提高培训，可采用拜师带教形式，既可自行择师也可由厨师长安排指定，师徒结对，定期有厨师长追踪评估，讲究实效，防止流于形式。

第六条　员工的岗位提高培训，于每期结束后将个人的培训考核评估结果上报餐饮部经理。

第七条　外单位委托培训，由人力资源部分配任务，根据岗位工种派至相关岗位进行岗位技能培训。培训结束后，由带教人员进行考核评估。

第八条　餐饮部要做好员工的教育培训档案，详细记载员工接受培训的考核评估记录。

3.2.4 员工考勤制度描述

员工考勤制度

第一条　员工必须按时上下班，并按规定签到、签退。

第二条　各员工的考勤由各部门主管或领班负责，主管及厨师长由餐饮部经理负责。

续表

第三条　员工考勤每月汇总一次，由各部门指定专人进行考勤统计，并填写员工情况月报表，报餐饮部经理审阅认可，再报人力资源部作为工资报表及发放工资的依据。 第四条　员工考勤内容有：出勤、迟到、早退、旷工、事假、病假、丧假、婚假、产假、探亲假、工伤假、法定假、哺乳假等。 第五条　员工应严格遵守劳动纪律，工作时间必须严守岗位，不得擅离职守和早退，下班后不得在店内逗留，如需调换班次需征求上一级领导的同意。 第六条　员工因病请假须持有医院的病假证明，由餐饮部经理认可方可准假。 第七条　员工因私请假，均应事先提出申请，经本部门经理批准方可休假，主管以上人员请三天以上的假，需报人力资源部、总经理办公室经总经理批准方可休假。

3.2.5　人事管理制度描述

人事管理制度

劳动定员制度

第一条　定员定编是科学配备人员的数量界限和依据，应从服务和工作的实际需要出发，坚持科学、合理、精简的原则编制，并经人力资源部报酒店领导核定。

第二条　定员核定以后应保持相对稳定，如情况变化需作调整时，应及时提出增减计划，并做到申报理由充分，人员增减合理。

第三条　为了保持定员水平的科学合理，在营业繁忙劳动无法平衡时，可向人力资源部提出申请，临时招用劳务工或实习工。

人员调配管理制度

第四条　对外招聘员工，或跨部门之间的人员调动，应报请人力资源部办理。

第五条　本部门因实际人员少于定编数需要增补时，应先向人力资源部填报人员增补申请计划。

第六条　技术人员改变工种，专业人员调动，应与人力资源部商议，报酒店领导批准后进行。

员工技术等级考核和专业职称评定管理

第七条　员工技术等级考核，按国家颁布的《工人技术培训大纲》要求实施技术等级标准，按不同专业（工种）统一划分为初、中、高三个等级。

第八条　在本部门工作满2年的员工均可参加技术等级考核。

第九条　对优秀的员工可组织其参加高一级的技术等级考核。

第十条　技术等级可升可降，如员工在日常考核中，因业务技术差而完不成任务，经部门研究可下浮其技术等级。

3.2.6　餐厅酒水盘存制度描述

餐厅酒水盘存制度

第一条　餐厅酒水的盘存工作必须每个班次进行。

第二条　酒水盘存由酒水员负责进行，并签字认可。

第三条　酒水盘存方法是以酒水库标准储量为标准。

第四条　开库基数须与上一次关库实际存数相同。

第五条　当班关库实际盘存数应与理论盘存数相同。

第六条　盘存中发现数量不符，应及时查找原因，无法解决的要及时汇报餐厅经理或领班。

第七条　酒水盘存中实际销售数量须以酒水单为依据，酒水单保存三个月。

第八条　每月月底会同成本控制员进行一次全面盘存。

3.2.7　银器管理制度描述

银器管理制度

第一条　库房必须建立银器类专用账册。

第二条　银器必须根据其特性按使用说明进行清洁保养。

第三条　银器的保管、清洗必须由专人负责。

第四条　清洁保养银器的清洁剂在使用前必须严格检查。

第五条　领用银器必须本人签字以便回收时验收。

第六条　经常使用的银器每月须清洗磨光一次。

第七条　不常用的银器必须包装好分类存放在固定的餐具架上。

第八条　因人为因素造成高档餐具损坏或损失必须赔偿。

3.2.8　餐饮部考核制度描述

餐饮部考核制度

第一条　考核的目的是进一步提高管理水平和服务水平，餐饮管理和餐饮服务保持一贯性，确保向宾客提供高效、优质、礼貌、热情、周到和规范化的服务。

第二条　考核内容：结合餐饮服务质量标准分为工作态度、仪容仪表、礼貌礼节、工作细节描述、劳动纪律、清洁卫生等。

第三条　考核方法：设计考核表格，建立考核标准，分别对部门经理、餐厅经理、领班、服务员、厨师长、厨房领班、厨师进行每日工作情况考核，采用逐级考核、逐级打分的方法进行。

第四条　考核结果与员工经济效益直接挂钩，对表现差的员工必须根据考核情况进行培训，培训合格后再上岗，对各方面表现较好的员工进行适当奖励。

第五条　建立完善的考核制度，不断完善考核方法和考核内容，确保考核工作公正严明。

第六条　考核情况由专人负责，每日做出考核情况分析报餐饮部经理。

3.3　酒店中餐部管理日常工作细节描述

3.3.1　餐厅领位服务工作细节描述

餐厅领位服务工作细节描述，如表 3-3-1 所示。

表 3-3-1　餐厅领位服务工作细节描述

程序	规范内容
迎宾准备	按规定着装，仪容端庄，站立于餐厅正门一侧，准备好菜单，做好迎宾准备。
主动打招呼	见客前来，应面带微笑，主动招呼："您好，欢迎光临。" 对外宾说英语。对中宾说普通话。对熟悉的客人用姓氏招呼，以示尊重。
了解来客情况	问清客人人数，是否有预订，是否是团队客人，然后后退半步做出"请"的姿态领台。
为客人安排桌位	如餐厅已客满应有礼貌地告诉客人需要等候的时间。①如客人不愿等候，应向客人推荐酒店的其他餐厅并告知前往路线，同时应为客人不能在本餐厅就餐而表示歉意。②如有客人愿意稍候，应引领客人至候餐处，并提供酒水服务。
领位	（1）走在客人前方，按客人步履快慢行走，如路线较长或客人较多应适时回头，向客人示意，以免走散。 （2）将客人引至桌边，征求客人对桌子及方位的意见："先生 /小姐，对这桌子还满意吗？"待客人同意后让客人入座。
安排客人坐定	将座椅拉开，当客人坐下时，用膝盖顶一下椅背，双手同时送一下，让客人坐在离桌子合适的距离。
递送点菜单	站在客人的右侧后方，用右手将打开到第一面的菜单和饮料单送给客人，要考虑先女宾后男宾。
引荐当班服务员	将值台服务员礼貌地介绍给客人。
送别客人	客人就餐结束离开餐厅时，应微笑送别客人，说"谢谢，再见，欢迎光临"并送客人至餐厅门口。如有重要客人，应送至大堂或电梯口，并为其叫电梯。
注意事项	（1）引座时，应视不同对象、人数，引领至最合适的位置。 （2）引领每一批客人结束时，应在当日的"餐厅客流登记单"上做好记录，记清时间、台号、人数。

3.3.2　餐前接待服务工作细节描述

餐前接待服务工作细节描述，如表 3-3-2 所示。

表 3-3-2　餐前接待服务工作细节描述

项目	规范内容
1	热情招呼客人，轻移座椅请客人入座，视情况而定，可以相询"您是否要等朋友？"等，按照"女男老幼""宾先主后"的服务次序顺次服务。
2	敬茶水，茶要保持热度，杯中茶水应在杯子的 3/4 处。
3	取餐巾顺手轻铺向客人腿上（通常此为形式动作，因客人都会立刻接住餐巾自行处理），然后可将多余的餐具撤走。
4	递送菜单，携拿菜单姿势：用左手握谱单的左下端，正面朝外，斜靠于左手腕上。
5	（1）出示菜单，应用右手打开谱单，自客人右侧呈递。 （2）原则上每一位客人都应递上一份谱单，如果不够，则其次序应先给女士，如无女性者以年长者为先，儿童大都由同座成人代点，有时主人会为全部客人代点，或由客人各自点菜。

续表

项目	规范内容
5	（3）当客人在阅读菜单时，可顺势推荐特色菜品，但不宜提供太多的项目，因介绍太多将更使客人无所适从。有的客人为了赶时间，而所点菜又需要长时间烹调时，应以机敏的方式告诉客人，或许有些客人为了同桌客人的方便改变点菜。当客人对菜肴有疑问或不懂菜单时，相机介绍菜肴的优点，做到使客人不觉得你是在推销餐饮，而相信你是在帮助他决定点菜。 （4）介绍完毕，应稍向后站于桌旁或稍离片刻，让客人有机会斟酌选择菜肴，以免使客人感到是在催促点菜。

3.3.3 铺台工作细节描述

铺台工作细节描述，如表3-3-3所示。

表3-3-3 铺台工作细节描述

程序	规范内容
准备	（1）洗净双手，准备各类餐具、玻璃器具、台布、口布或餐巾纸等。 （2）检查餐具、玻璃器具等是否有损坏、污迹及手印，是否洁净光亮。 （3）检查台布、口布是否干净，是否有损坏、皱纹。 （4）检查调味品及垫碟是否齐全，洁净。
铺台	（1）铺台布 台布中缝居中，对准主位，四边下垂长短一致，四角与桌脚成直线垂直。 （2）拿餐具 ① 一律使用托盘，托盘用干净毛巾或口布铺垫，左手托盘，右手拿餐具。 ② 拿酒杯时，应握住脚部，拿刀叉匙应拿柄部，拿瓷器餐具应尽量避免手指与边口的接触，减少污染，落地后的餐具不得继续使用。 （3）摆放餐具 ① 点菜铺台无主次之分。 ② 每个席位铺一只骨碟定位，距桌边2cm，如有店标，应对客人。骨碟内叠放一块口布。 ③ 骨碟左前放一只汤碗，间距为1cm，小匙放在汤碗内，匙柄向左。 ④ 骨碟右前放一只水杯，间距为1cm，与汤碗间距为1cm，杯上花纹或店标应对正客人，水杯中点与匙柄平行。 ⑤ 筷架放在水杯中点与匙柄平行点上，筷子搁在筷架上，筷子底部与桌边距2cm。 ⑥ 茶碟上沿与筷架平行，茶杯放在茶碟上，商标朝上，摆正。 ⑦ 桌子配齐酱、醋瓶（壶）一副；胡椒、牙签盅各一个（如不放牙签盅，则在每个席位的筷子右边放上每人一份封纸套的牙签）；若不禁烟，放置遵循：小方桌放烟缸一个，小圆桌放烟缸两个，大圆桌放烟缸四个。 ⑧ 桌子中间放鲜花，鲜花右边可放台号卡，号码要朝进门处。 ⑨ 按照铺设的席位，配齐椅子，椅子与席位对应。
检查	（1）检查台面铺设有无遗漏，是否规范、符合要求。 （2）检查椅子是否配齐、完好。

3.3.4 摆台工作细节描述

摆台工作细节描述，如表 3-3-4 所示。

表 3-3-4 摆台工作细节描述

项目	规范内容
台形	（1）4 人方台，采取十字对称法。 （2）6 人圆台，采用一字对中，左右对称法。 （3）8 人圆台，采用十字对中，两两对称法。 （4）10 人圆台，采用一字对中，左右对称法。 （5）12 人圆台，采用十字对中，两两相间法。
用具摆放	（1）早餐用具摆放 ① 餐碟（或称餐盘）：根据台形摆放，要求餐碟与桌边相距 1.5cm，保持一个食指位的长度。 ② 茶碟：放在餐碟右侧，与桌边的距离同样为 1.5cm。 ③ 茶杯：扣放在茶碟上面，杯耳朝右。 ④ 汤碗：摆放于餐碟的正上方位置。 ⑤ 汤匙：摆放于汤碗内，汤匙梗把朝左。 筷子架、筷子：筷子架摆放于餐碟右上方，筷子放在筷子架上，筷子的后端距桌边 1.5cm；筷子套的图案要向上；筷子从餐碟与茶碟中间位置穿过。 （2）午餐、晚餐用具摆放 ① 餐碟：根据台形摆放，要求餐碟与桌边相距 1.5cm。 ② 筷子架、筷子：将筷子架摆上餐碟右上方，再将筷子（带卫生筷套）摆在筷子架上；筷子的后端距桌边 1.5cm，筷子套的图案向上。 ③ 汤碗、汤匙：汤碗摆放在骨碟上方偏左，汤匙摆放在汤碗内，梗把朝左。 ④ 酒具：中餐宴会一般使用三套杯，即饮料杯、葡萄酒杯、白酒杯，先将葡萄酒杯摆放在距翅碗与味碟边约 0.5cm 的餐碟垂直线上，然后饮料杯放其左，白酒杯居其右，三杯直径横向成一条直线，杯距约 0.5cm，以不互相碰撞为宜。 ⑤ 茶碟、茶杯：茶碟放在餐碟右侧，与桌边保持 1.5cm 的距离；茶杯倒扣放在茶碟上面，杯耳朝右。 ⑥ 牙签：多为袋装，摆在筷子与餐碟之间，印有图文的一面向上对正即可。 ⑦ 餐巾：将 45cm 长的餐巾折叠整齐，可折成各种款式，一般以摆放在餐碟中为中高级，另一种是摆插在饮料杯中。 ⑧ 香巾、香巾托：上香巾时，将香巾放在香巾托内置于餐碟左边。
其他物品摆放	（1）鲜花：单枝插花、花瓶插花通常摆放在小方台正中，多枝插花、盆栽插花通常摆放于转台中心。 （2）烟灰盅：在大台摆放烟灰盅时呈“品”字形。 （3）转盘：通常用在大圆台上，盘底宜压在台布“十”字折边的正中。

3.3.5 托盘使用细节描述

托盘使用细节描述，如表 3-3-5 所示。

表 3-3-5　托盘使用细节描述

项目	规范内容
理盘	根据所运送的物品选择大小合适的托盘，将盘底擦干净，然后用垫布或湿毛巾垫在托盘上，并用手铺平拉直，使垫布或毛巾的四边与盘底对齐。 （1）按托盘形状可分为圆形托、方形托及大、中、小数种。 ① 大、中、小形圆盘通常用于斟酒、送菜、分菜、展示饮品等，小圆盘使用的频率最高。 ② 大、中方盘通常用于装送菜点、酒水和盘碟等分量较重的物品。 ③ 15cm×10cm 或 15cm×15cm 的小银盘主要用来送账单、收款、递信件等小物品。 （2）按照托盘的制作原料，餐厅中的托盘一般为金属、木制或塑胶，金属的又可分为银、铝、不锈钢等。
装盘	装盘时要根据托送物品的体积、轻重、使用的先后顺序，将所要运送的物品安放在托盘上。 （1）从厨房搬出菜肴时，注意托盘的清洁，可在托盘上铺一层干净的餐巾，以防止餐盘具滑移，且有美观功用。 （2）较大及较重的盘碗置于中央部位，较小物件可靠边放置。所有物件需均衡摆置，以免携带时滑落或颠落。 （3）当盛有液体的餐盘装于托盘时，切不可置于托盘边，应放置中央位置。 （4）装有汁液盘或盛肉汁及酱油碟须平稳置于食具盘上。冷热食盘不可使其触碰。 （5）茶壶及咖啡壶不可注装过满，以免溢出，其壶嘴须朝内，然而须不朝向装食物的盘碟。 （6）食盘底不可触及装于其他食盘中的食物。 （7）离厨房之前，检查托盘，是否所有食物及必需的服务配备皆在其中。食物的放置依服务顺序。 （8）托盘绝对不可置于客人桌上，应先置于其边台或托盘架，再由此上菜。 （9）放置任何食盘在餐桌上时，以四指指头托在盘缘底部，大拇指夹在盘缘上部。 （10）回厨房时应将不必要的物件带回。
端盘	服务员不应将托盘从台面直接托起，而应先将托盘从台面轻轻拖出，使托盘保留约15cm 的长度搁在台面上。然后将手放至托盘中心，用右手扶住托盘边，协助左手将托盘托起。如果托盘中物品较重，不宜用臂力将托盘直接用力托起，而应当弯曲双膝，利用腿部直起的力量将托盘托起。 （1）托盘以左手托取，手掌平伸，姆指向左，四指分向前平托，用右手握住盘的右缘，并保持平衡。 （2）运行时持较重的托盘，左手指可转向后把盘缘托在肩膀上以保持平稳。走动时以左行为原则，耳、眼反应要灵敏，脚步要稳健。 （3）用左手托盘右手护着：①由于大多数的门皆朝右开启，需用右手推或以脚踢开，因此通常用左手搬运。门开启后可能会很快地反弹回来，若是以左手持盘便易于发现且右手可行阻拦，当抵服务台时，右手在必要时亦可清除服务台，以便放下食具盘。②搬运托盘需高于座客头顶，当无妨碍视野的顾虑时，以左手平等于肩部位置，离开头发，并用右手保持其角边。③练习搬运托盘的正确方法。不正确的操作方法会令肩部肌肉及臂部抽筋或曲膝。因此服务人员学会了用手托盘的方法，在餐厅工作起来即运用自如而安全。

续表

项目	规范内容
行走	员工在端盘、托盘行走时身体略向前倾，步态稳健，精神饱满，目视前方，视野开阔，反应灵活，注意力集中。端盘、托盘行走时有以下四种步伐： （1）常步：按照正常的步速和步距迈步行走，要求步速均匀，不可急快急慢，步距适中。 （2）快步：这是服务员运送一些比较特殊的菜所运用的步伐，主要是需要热吃的菜肴，如果不采用快步走的方式，就会影响菜肴的质量。快步走时，较之常步，步速要快一些，步距要大一些，但应保持适宜的速度，不能表现为奔跑，否则会影响菜形或使菜肴发生意外的泼洒。 （3）碎步：这种步伐较适用于端汤行走，步速较快，但步距较小。运用碎步，可以使上身保持平稳，使汤汁避免溢出。 （4）垫步：通常的步态都是左右脚前后交替运动，而垫步则是前脚前进一步，后脚跟进一步。这种步伐可以在两种情况下运用： ① 当服务员在狭窄的过道中间穿行时。 ② 服务员在行进中突然遇到障碍或靠边席桌需要减速时。
卸盘	（1）如果所托物品较轻，则可以用右手将物品从托盘中取下来递给客人，或者可以托住托盘，让客人自取，物品取走部分之后，服务员应及时用右手对托盘位置或盘中物品进行调整，使托盘保持平衡。 （2）如果扎送的物品较为沉重，则服务员可以将托盘放在邻近的桌面或菜台上，然后将所托物品依次递给客人。
撤移盘碟	（1）服务中除了饮料服务须从右方撤下外，任何菜道的撤除，盘碟应从左方撤下。 （2）客人未离席，不得清理桌面。清理餐桌时，先把剩菜拨到一个盘中，再收拾大型盘，将盘及大碟置于食具托盘当中，再将小件置于其上。 （3）银器的捡取应持其把柄，所有的把柄以及筷、匙应朝向同一方向，置放托盘一边。如此方可避免沾污你的手，且于洗碗机处较容易处理。 （4）杯子须持其把柄，再行堆置，玻璃器盘应持其底部，置于有空位的地方，其法须能使托盘平衡。 （5）勿将盘碟堆叠过高，勿将托盘堆过量。 （6）用上菜时相同的方法端运托盘，平稳持盘，并且保持靠左边行走。 （7）将托盘运到洗碗机旁，按所定规矩处理盘碟。 （8）利用回程时，携带从厨房带回餐厅的任何物品。

3.3.6 斟酒水服务工作细节描述

斟酒水服务工作细节描述，如表 3-3-6 所示。

表 3-3-6 斟酒水服务工作细节描述

程序	规范内容
检查	服务员在为客人提供斟酒服务之前，要将酒瓶瓶身、瓶口擦干净，检查一下酒是否过期，是否是客人所需要的品种酒，酒瓶有没有破裂。
开瓶	（1）服务员在开瓶时，要用手将酒瓶拿握平稳，瓶口朝上，用手握遮瓶口，表示对客人的礼貌，开启中要避免酒从瓶口喷出溅到客人身上。 （2）开启酒瓶的声音要小，开启后的酒瓶盖不要乱扔，而要统一收起来。酒瓶开启后，服务员应用干净布擦拭瓶口。

续表

程序	规范内容
示意	（1）服务员在为客人斟酒前，应先向客人示意一下酒的商标牌子，让客人确认酒牌。 （2）如果在斟酒之前，客人对此有不同的意见，服务员应向客人征询，并礼貌地向客人提供服务。
姿势	斟酒有两种姿势，一种是桌斟，另一种是捧斟。桌斟采用得较多。 （1）桌斟 ① 服务员斟酒时，左手将盘托稳，右手从托盘中取下客人所需要的酒品，将手放在酒瓶中下端的位置，食指略指向瓶口，与拇指约成 60°，中指、无名指、小指基本上排在一起。 ② 斟酒时站在客人右后侧，既不可紧贴客人，也不可离客人太远。给每一位客人斟酒时都应站在客人的右后侧，而不能图省事，站在同一个地方左右开弓给多个客人同时斟酒。 ③ 给客人斟酒时，不能将酒瓶正对着客人，或将手臂横越客人。 ④ 斟酒过程中，瓶口不能碰到客人的杯口，保持 1cm 距离为宜，不应拿起杯子给客人斟酒。 ⑤ 每斟完一杯酒后，将握有瓶子的手顺时针旋转一个角度，与此同时收回酒瓶，这样可以使酒滴留在瓶口，不致落在桌上，也可显得姿势优雅。 ⑥ 给下一位客人继续倒酒时，要用干净布在酒瓶口再擦拭一下，然后再倒。 （2）捧斟 手握酒瓶的基本姿势与桌斟一样，所不同的是，捧斟是一手握酒瓶，一手将酒杯拿在手中，斟酒的动作应在台面以外的地方进行。
顺序	一般的宴会斟酒顺序是从主人右边的第一位客人倒起，然后顺着逆时针方向逐个斟酒，主人的酒放在最后斟。
分量	传统上中餐宴会要将酒斟满，表示全心全意，但随着西方文化的影响，传统的斟酒常识也在发生着变化。 （1）西餐中斟白酒时，一般不超过酒杯的 3/4，这样可以使客人在小呷一口之前能有机会端着酒杯欣赏一下酒的醇香。 （2）斟啤酒时，要顺着杯壁将酒缓缓倒下，避免一下子倒满，使白沫溢出酒杯，啤酒斟酒量宜 80%酒、20%泡沫。 （3）斟红酒时，倒至杯的 1/3 或一半为宜，因为红酒杯一般都比较大，不宜一次斟满。 （4）斟香槟酒时，应分两次斟，第一次先斟上 1/3 杯，及至泡沫平息后，再将酒斟至 2/3 或 3/4 杯。调鸡尾酒时，使酒液入杯占 3/4 空间即可，以便于客人观赏或方便客人端拿。 （5）斟白兰地酒时，一般只斟到酒杯的 1/8，即常说的“1P”。 （6）如果客人要求啤酒与汽水混合饮用，应先斟啤酒，然后再加入汽水。
斟酒之后	酒瓶一般留在客人的席位上，大型宴会则放在酒台或工作台上。服务员应精神饱满地站在客人附近，随时注意客人饮酒情况，发现客人杯中的酒剩三分之一时，应及时斟添。
注意事项	（1）香槟酒的服务准备工作如白葡萄酒，冰镇时间略长些，开瓶前请主人确认，开瓶时用酒刀将瓶口锡纸除去，左手握住瓶颈，同时用拇指压住瓶塞，右手将瓶口铁丝拧开取下后，握住瓶塞慢慢上提，直至瓶内气体将瓶塞完全顶去，防止酒水喷射而出。 （2）冰桶要清洗干净，置于冰桶架上，桶内 2/3 冰块，1/2 净水，桶口沿放折叠口布。

3.3.7 对客点酒水服务工作细节描述

对客点酒水服务工作细节描述，如表 3-3-7 所示。

表 3-3-7　对客点酒水服务工作细节描述

程序	规范内容
问饮品	当客人要求点酒水时，主动介绍特饮、白酒、啤酒或红酒等，当好客人的参谋。
复述、确认	把客人所点内容复述一遍，请客人确认。
下单	填写酒水单时字迹要工整，按要求写上日期、台号、客人人数和酒水名称、分量、价格及填单时间和填表人姓名，并注明客人的特殊要求。

3.3.8　中餐甜食和水果的服务工作细节描述

中餐甜食和水果的服务工作细节描述，如表 3-3-8 所示。

表 3-3-8　中餐甜食和水果的服务工作细节描述

程序	规范内容
询问客人	（1）当客人用餐完毕，服务员应该主动询问客人 ① 一般接待可以不问或没有点甜品的客人就直接上水果。 ② 贵宾接待必须询问。 （2）清理台面，将汤碗和多余的餐具撤走。
上餐具	将上甜食或水果所需要的餐具摆放到餐桌上。
上甜食或水果	（1）使用托盘从客人的右侧送上并请客人慢用。 （2）如果客人所点的是甜汤则要配上汤勺，汤勺放在碟内（不能直接放在甜品内）。 （3）如果客人所点的是大份的水果拼盘，则按“中餐上菜服务工作细节描述”操作。

3.3.9　中餐上菜服务工作细节描述

中餐上菜服务工作细节描述，如表 3-3-9 所示。

表 3-3-9　中餐上菜服务工作细节描述

程序	规范内容
餐前小菜	（1）准备 6 位客人以上的送两款 2 碟；7 位客人以上的送两款 4 碟。 （2）上菜 当客人入座后，看台服务员使用托盘从客人右侧将小菜碟摆上桌面，按小菜的不同款式错开摆放，并礼貌地请客人享用。
上菜顺序	不同种类的宴会上菜的程序是不完全一样的，但从总体上说，中餐上菜的程序是基本固定的。中餐上菜的顺序为：冷盘→热菜→炒菜→大菜→汤菜→炒饭→面点→水果。
上菜时机和服务位置	（1）上菜时，可以将凉菜先行送上席。 （2）当客人落座开始就餐后，服务员即可通知厨房作好出菜准备，待到凉菜剩下 1/3 左右时，服务员即可送上第一道热菜。当前一道菜快吃完时，服务员就要将下一道菜送上，不能一次送得过多，使宴席上放不下，更不能使桌上出现菜肴空缺的情况，让客人在桌旁干坐，这既容易使客人感到尴尬，也容易使客人在饮过酒后，没有菜可供及时下酒，易于使客人喝醉。

续表

程序	规范内容
上菜时机和服务位置	（3）服务员给客人提供服务时，一般要以第一主人作为中心，从宴席的左面位置上菜，撤盘时从宴席的右侧位置。 （4）上菜或撤盘时，都不应当在第一主人或主宾的身边操作，以免影响主客之间的就餐和交谈。
上菜中的习惯与礼貌	（1）菜肴上有孔雀、凤凰图案的拼盘应当将其正面放在第一主人和主宾的面前，以方便第一主人与主宾的欣赏。 （2）第一道热菜应放在第一主人和主宾的前面，没有吃完的菜则移向副主人一边，后面菜可遵循同样的原则。 （3）遵循“鸡不献头，鸭不献尾，鱼不献脊”的传统礼貌习惯，即在给客人送上鸡、鸭、鱼一类的菜时，不要将鸡头、鸭尾、鱼脊对着主宾，而应当将鸡头与鸭头朝右边放置。上整鱼时，由于鱼腹的刺较少，肉味鲜美腴嫩，所以应将鱼腹而不是鱼脊对着主宾，表示对主宾的尊重。
特殊菜肴上菜	（1）汤羹 ① 服务员在为客人分派汤或羹时，应当先使用小碗将汤按客人人数分好，然后从客人的左侧送到桌上。 ② 客人将汤喝完后如表示还需要，员工应立即用小碗为客人装满。 （2）火锅 ① 在火锅点燃之前，先将搭配好的四荤、四素送到值台服务员处，然后一起送到转盘上，交错放开，另外准备筷子一双、大汤匙一只、火柴一盒、干净的小毛巾一块，一同放到火锅桌上。 ② 做好准备工作之后，将火锅送到宴席上。火锅内的汤一般在送上之前，已在厨房内热好，因此，服务员在将火锅及火锅汤送上桌面时，一定要注意安全，谨防将汤汁溢出。火锅安放稳妥后，再用火柴或打火机将火锅燃料点上，或打开电源开关，使锅开始加热。 ③ 等到汤煮沸后，按照先荤后素的顺序即先排骨、羊肉、鱼虾的次序将菜一一放下锅，再将锅盖盖上。在等待过程中，可以为每位客人准备好口汤碗，排放在火锅周围。 ④ 当食品在火锅内煮熟后，餐厅服务员应依次给每位客人盛上食品、汤汁，每一碗要尽量荤素搭配，第一碗与最后一碗无多大差别。当火锅汤不足时，应加上新的汤料。 ⑤ 火锅食用完毕后，服务员应当先将火熄灭，然后轻轻撤下火锅，操作时要注意安全。 （3）其他特殊菜肴 ① 易变形的油炸菜：上这类菜的方法是，厨师先将装在油锅的菜端到落台旁，当厨师将菜装上盘子后，服务员要立即将菜端上桌面供客人食用，这样才能使菜保持原汁原味，如果动作较慢，菜就会干瘪变形。 ② 泥包、纸包、荷叶包的菜：上这类菜时，服务员应先将菜拿给客人观赏，然后再送到操作台上，在客人的注视下打开或打破，然后用餐具分到每一位客人的餐盘中。如果先行打开或打破，再拿到客人面前来，则会失去菜的特色，并使这类菜不能保持其原有的温度和香味。

续表

程序	规范内容
摆菜	（1）摆菜时不宜随意乱放，而要根据菜的颜色、形状、菜种、盛具、原材料等因素，讲究一定的艺术造型。 （2）中餐宴席中，一般将大菜中头菜放在餐桌中间位置，砂锅、炖盆之类的汤菜通常也摆放到餐桌中间位置。散座中可以将主菜或高档菜放到餐桌中心位置。 （3）摆菜时要使菜与客人的距离保持适中，散座中摆菜时，应当将菜摆放在靠近小件餐具的位置上，餐厅经营高峰中两批客人同坐于一个餐桌上就餐时，摆菜要注意分开，不同批次客人的菜向各自方向靠拢，而不能随意摆放，否则容易造成误解。 （4）注意菜点最适宜观赏一面位置的摆放。要将这一面摆在适当的位置，一般宴席中的头菜，其观赏面要朝向正主位置，其他菜的观赏面则对向其他客人。 （5）当为客人送上宴席中的头菜或一些较有风味的特色菜时，应首先考虑将这些菜放到主宾与主人的前面，然后在上下一道菜时再移放餐桌的其他地方。

3.3.10 餐厅跑菜工作细节描述

餐厅跑菜工作细节描述，如表 3-3-10 所示。

表 3-3-10 餐厅跑菜工作细节描述

程序	规范内容
1	根据厨师的出菜指令，仔细检查核对台号、厅房名、划菜单，小心保持装盘造型，配上所需要的配料，餐具托座。
2	将菜肴送到所需的餐厅工作台边或所需的餐台边，跑菜员向看台服务员报菜名，由服务员端菜上台，并等服务员将菜盖拿起放回托盘，才能离开。
3	保持餐厅与厨房的联系与协调，及时把餐厅客人就餐速度及临时需求告诉厨房，掌握好上菜速度。
4	随时将服务员换下的杯、盘以及用过的杯、盘、碗、碟以及各种餐具送回厨房洗碗间。
注意事项	（1）厨房出菜时应准备好洁净的托盘。 （2）出菜必须用托盘，一手扶盘边，一手托盘底，姿势要平稳，速度要快，但切忌奔跑。 （3）跑菜时严禁口对托盘讲话，以防口沫飞入菜肴。 （4）工作中要做到五不取：数量不足不取，温度不够不取，颜色不正不取，器皿不洁破损不取，不合乎规格不取。 （5）跑菜时应避开客人来往的通道，实在无法避免时，应向客人致歉。

3.3.11 分菜服务工作细节描述

分菜服务工作细节描述，如表 3-3-11 所示。

表 3-3-11　分菜服务工作细节描述

项目	规范内容
分菜工具	中餐分菜的工具：分菜叉（服务叉）、分菜勺（服务勺）、公用勺、公用筷、长把勺等。 （1）服务叉、勺的使用方法：服务员右手握住叉的后部，勺心向上，叉的底部向勺心；在夹菜肴和点心时，主要依靠手指来控制；右手食指插在叉和勺把之间与拇指酌情合捏住叉把，中指控制勺把，无名指和小指起稳定作用；分带汁菜肴时用服务勺盛汁。 （2）公用勺和公用筷的用法：服务员站在与主人位置成 90°角的位置上，右手握公用筷，左手持公用勺，相互配合将菜肴分到宾客餐碟之中。 （3）长把汤勺的用法：分汤菜，汤中有菜肴时需用公用筷配合操作。
分菜规范	（1）餐盘分让式：服务员站在客人的左侧，左手托盘，右手拿叉与勺，将菜在客人的左边派给客人。 （2）二人合作式：将菜盘与客人的餐盘一起放在转台上，服务员用叉和勺将菜分派到客人的餐盘中，然后由客人自取或服务协助将餐盘送到客人面前。 （3）分菜台分让式：①将客人面前的污餐盘收走；②先将菜在转台向客人展示，再由服务员端至分菜台，将菜分派到客人的餐盘中，并将各个餐盘放入托盘中；③将菜托送至宴会桌边，用右手从客位的左侧放到客人的面前。 （4）特殊宴会的分菜方法 ① 客人只顾谈话而冷淡菜肴：遇到这种情况时，服务员应抓住客人谈话出现短暂的停顿间隙时机，向客人介绍菜肴并以最快的速度将菜肴分给客人。 ② 主要客人带小孩赴宴：此时分菜先分给小孩，然后按常规顺序分菜。 ③ 老年人多的宴会：采取快分慢撤的方法进行服务。分菜采取先少分再添分为原则。 （5）特殊菜肴的分让方法 ① 汤类菜肴的分让方法：先将盛器内的汤分进客人的碗内，然后再将汤中的原料均匀地分入客人的汤碗中。 ② 造型菜肴的分让方法：将造型的菜肴均匀地分给每位客人。如果造型较大，可先分一半，处理完上半部分造型物后再分其余的一半。也可将食用的造型物均匀地分给客人，不可食用的，分完菜后撤下。 ③ 卷食菜肴的分让方法：一般情况是由客人自己取拿卷食。如老人或儿童多的情况，而需要分菜服务。方法是：服务员将吃碟摆放于菜肴的周围；放好铺卷的外层，然后逐一将被卷物放于铺卷的外层上；最后逐一卷上送到每位客人面前。 ④ 拔丝类菜肴的分让方法：由一位服务员取菜分类，另一位服务员快速递给客人。
注意事项	（1）将菜点向客人展示，并介绍名称和特色后，方可分让。大型宴会，每一桌服务人员的派菜方法应一致。 （2）分菜时留意菜的质量和菜内有无异物，及时将不合标准的菜送回厨房更换。客人表示不要此菜，则不必勉强。此外应将有骨头的菜肴，如鱼、鸡等的大骨头剔除。 （3）分菜时要胆大心细，掌握好菜的份数与总量，做到分派均匀。 （4）凡配有佐料的菜，在分派时要先沾（夹）上佐料再分到餐碟里。

3.3.12　加位和撤位服务工作细节描述

加位和撤位服务工作细节描述，如表 3-3-12 所示。

表 3-3-12 加位和撤位服务工作细节描述

程序	规范内容
了解人数	（1）包厢和大厅有提前预订的要根据预订人数加位或撤位。 （2）临时来的散客就根据实际人数加撤位置。
加撤餐椅、餐具	（1）就餐时临时增加人数，服务员应该立即上前请先到的客人向两侧稍微挪动，再把补充的椅子摆在空位置上，并请刚到的客人入座，再迅速补上餐具，如果遇到儿童要马上搬来儿童椅，并协助家长抱小孩入座。 （2）客人入座后有多余的餐位应该立即上前撤除，先搬开餐椅再用托盘把餐具撤除，再把其他位置做相应的调整使位置间距均匀，松散。
加菜、减菜	服务员要小声询问客人是否需要加减菜品，如果调整菜单则应马上通知厨房和更改入厨单

3.3.13 餐厅撤台服务工作细节描述

餐厅撤台服务工作细节描述，如表 3-3-13 所示。

表 3-3-13 餐厅撤台服务工作细节描述

程序	规范内容
收撤餐具	（1）零点撤台须在该桌客人离开餐厅后进行，宴会撤台必须在所有客人均离开餐厅后才能进行。 （2）将桌面上的花瓶、调味瓶和桌号牌收到托盘里，暂放于服务桌上。 （3）用托盘开始撤桌面上的餐具，收撤的顺序为：布草→玻璃器皿→银器→餐具→钢器→瓷器。 （4）收撤餐具要轻拿轻放，不得损坏餐具，尽量不要发出碰撞声响，要把剩有汤或菜的餐具集中起来放置。 （5）收撤的餐具送到洗碗机房清洗，叠放碗时应该大碗在下，小碗在上。
重新摆台	（1）迅速清理桌面，做到无油污、杂物，按摆台规范要求对齐餐椅。 （2）立即更换桌布，2 分钟之内铺好桌布。 （3）用干净抹布把花瓶、调味瓶和桌号牌擦干净后按摆桌规范摆上桌面。 （4）如餐桌上使用转盘，则须先取下已用过的转盘罩及转盘，然后更换桌布，再摆好转盘，套上干净的转盘罩。

3.3.14 席间香巾服务工作细节描述

席间香巾服务工作细节描述，如表 3-3-14 所示。

表 3-3-14 席间香巾服务工作细节描述

项目	规范内容
取香巾	（1）香巾折叠整齐摆放在毛巾篮中，香巾温度 45℃左右。 （2）香巾数量是客人人数的 3 或 4 倍。

续表

项目	规范内容
派香巾的顺序	（1）先宾后主，先主宾后副主宾再主位，然后按顺时针方向逐位派发。 （2）先女后男。 （3）先领导后下级。 （4）先老后青，先小后大。 （5）先主位开始，然后按照逆时针方向服务到两到三位客人后，再从主位左手起顺时针依次服务。
派香巾的数量	（1）一般散客接待在用餐过程中我们要提供 3 或 4 次香巾：当客人进入餐厅后（包厢）或入席后送第一次；当客人吃完带壳、带骨等须用手扒的食物后送第二次；当客人吃完海鲜后送第三次；上水果前送第四次。 （2）贵宾接待要更换 5 次以上的香巾，当客人吃完主菜后送香巾，当客人吃完甜品后更换香巾（加上上面的一共是 5 次）。
派香巾	（1）主动询问客人是否需要分派香巾，得到客人许可后进行分派，一般散客冬天上热香巾，夏天准备上冷香巾。贵宾接待要准备两种香巾（冷、热）。 （2）站在两座位中间，客人后侧 0.5m 处，身体略向前倾，用毛巾夹夹住香巾的右角，把香巾递给客人，使用敬语说，“请用香巾，小心烫手”。 （3）如有小孩，毛巾的抖动时间就长一些，等毛巾充分散热后才递上。

3.3.15 厨房划菜工作细节描述

厨房划菜工作细节描述，如表 3-3-15 所示。

表 3-3-15 厨房划菜工作细节描述

程序	规范内容
1	整理好预订菜单，做好跟料，制好各种调味品、专用筷、专用抹布等准备工作。
2	根据当日预订菜单将已经做好的菜，按照宴请标准和点菜要求逐一按质按量进行检查。 （1）和餐厅联系，客人口味特点、进餐时间、快慢要求、用何餐具。 （2）招呼上菜时间。 （3）如有蒸菜，招呼上笼。 （4）按围边要求围边。
3	根据不同烹调方法和原料，采用不同的盛器。特色菜点配备特色盛器，夹上夹子。 （1）整鱼整鸭用腰盘。 （2）烩菜用凹盘。 （3）炒菜用平盘。 （4）汤菜用汤菜盘。 （5）分餐用分菜盘具。 （6）和跑菜员及时联系听取客人建议。
4	划掉菜单，传给跟菜员，并报桌号。
5	做好收尾和清洁工作。

续表

程序	规范内容
注意事项	（1）划菜人员思想集中，认真负责，与餐厅服务人员和配菜人员互相通气，配合默契，掌握好上菜秩序和速度。 （2）装盘、拼摆、围边要求简洁明快、新颖高雅。 （3）发现烹制质量不符的菜肴，应当及时要求重配、重制，严格把好质量关。 （4）做到正确无失误，在跑菜前应对菜点质量（色、香、味、型、皿）做全面检查。 （5）划菜过程中，注意各个环节的清洁卫生。

3.3.16 被退回菜肴处理细节描述

被退回菜肴处理细节描述，如表3-3-16所示。

表3-3-16 被退回菜肴处理细节描述

程序	规范内容
1	有问题菜肴退回餐厅，及时向厨师长或主管汇报，交厨师长或主管复查鉴定。
2	经厨师长确认，确实菜肴口味不当，未成熟或其他质量出现问题，立即交代给打荷重新配制。 （1）口味适当，未熟可重新调整。 （2）破坏出品形象太大，需重新配置。 （3）出现异物，需重新配制或调换新菜名。
3	打荷接到重新烹制菜点，及时、迅速分派炉灶烹制，并交代清楚。
4	加热烹制成熟后，按规格装饰点缀，经厨师长检查认可，迅速递与备餐划单上菜人员上菜，并说明清楚。
5	处理情况及结果事后记入厨房菜点办理记录表。

3.3.17 厨师长检查工作细节描述

厨师长检查工作细节描述，如表3-3-17所示。

表3-3-17 厨师长检查工作细节描述

程序	规范内容
1	察看各类客情预订情况。
2	检查各岗位员工着装、出勤情况和工作状况。
3	检查各岗位原料领用、使用情况，以及加工、切配质量。
4	检查开餐出品秩序和质量。
5	检查原料和半成品入库及库存情况。
6	检查结束后收尾工作。

3.3.18 结账服务工作细节描述

结账服务工作细节描述，如表3-3-18所示。

表 3-3-18 结账服务工作细节描述

项目	规范内容
辨明结账者	（1）若是一群客人，则尽可能辨明付款者，将收银盘放在其左旁。 （2）如无法判定谁是付款人（所有的订菜事先未交代分开而记在一张账单上），则将账单置于餐桌的正中，如此不致因将账单递给某人，而造成尴尬场面。 （3）当一男一女在一起进食时，账单送给男士，除非此二人各自叫菜另有吩咐而有各自的账单。
账单的呈递	（1）礼貌上应在呈递账单前先行询问客人是否还有别的需要，账单放在桌上时应即道谢。 （2）将结算账单正面朝下放置在收银盘中，由客人左侧递上。 （3）随即应保持距离，待客人将银钱准备妥当后再趋前收取，并当面将现金复点一遍。 （4）如是伴同客人到收银台付账也应站离远一点，主要避免有等候小费之嫌，结账完毕，无论有无外偿，均应向客人说声“谢谢”。
结账	（1）凡涂改或不洁的结账单，不可呈给客人。 （2）结账单送上若未付款者，千万留意防止客人逃漏账。 （3）付款时银钱当面点清，对于外籍客人，不妨用加法方式算账找钱。 （4）钱钞上附有细菌，取拿后，手指不可接触眼睛、口及食物。 （5）结账付款方式：有付现的、签单的，使用支票的、信用卡的。其手续的不同及风险性得注意。 （6）付现的，将账单及现金一并交给出纳点收，开具统一发票并找零钱，再连同统一发票及各项消费凭单向客人结账。 （7）付外币时将兑换率及消费金额详列，并使用兑换水单填写后，请客人签名及护照号码。 （8）对客人的餐饮签单，有难以避免的事实，并无绝对保证信用可靠的办法，原则上由领班及以上人员审核而予背书，出纳人员始予接受；客人签认单如附，务请客人亲自签认。 （9）酒店餐厅对住客的签账处理，请其出示住房门钥匙（Stop-key）证明，出纳登记房号核对住客名单后，将账单请住客签认，以凭转入旅馆大柜台结账。 （10）支票的接纳：若非可靠的熟客或经证实身份可靠者，一律拒绝使用支票付账。 （11）使用酒店发出“签账卡证”或“信用卡”的，服务员应将账单及卡或证一并交给出纳登记号码做好结账单，然后由服务员请客人在账单上指定的地方签名，将卡或证交回客人，再将结账签单交回出纳（并收取所记小费）。 （12）服务费与小费，在性质上是不同的：服务费是按照固定的百分比计算，通常在账单内列入的服务费；而小费为客人随意犒赏服务员提供劳务的报酬，不得任意向客人索取。

3.4 酒店西餐部管理日常工作细节描述

3.4.1 西餐铺台工作细节描述

西餐铺台工作细节描述，如表 3-4-1 所示。

表 3-4-1　西餐铺台工作细节描述

程序	规范内容
准备	（1）了解情况，是否预订、留座，以及客人对菜肴、饮料、酒水的要求。 （2）洗净双手。 （3）准备各类餐具、玻璃器皿、台布、口布，并检查是否有破损、污迹，是否清洁光亮。不符合要求的应擦净或调换。 （4）检查调味品是否齐全洁净。 （5）折好餐巾。
铺台	（1）铺台布 台布中缝居中，四边下垂长短一致，四角与桌脚成直线下垂。 （2）拿餐具 ① 一律用托盘，托盘用干净毛巾或口布铺垫。 ② 拿酒杯时，应握住杯脚部；拿刀、叉、匙时应握柄把部；拿瓷餐具时，应避免手指与边口的接触，减少污染，如有餐具落地或碰脏，不得再使用。 （3）摆放餐具 ① 将餐盘摆在席位的正前方，盘边距桌边 2cm，图案、店徽摆在餐桌正中央。 ② 刀、叉、勺等按菜单顺序从外向里摆放，为保证所有的餐刀整齐放在一起，将汤勺摆在最外端。 ③ 在餐盘的右侧按菜单由外向里，汤勺、头盆刀、鱼刀、主菜刀、匙心向上，刀刃向左，底部距桌边 2cm。柄把可摆成一字形或品字形，中间的刀比其他刀高出 3cm。刀的间距为 0.5cm。 ④ 餐盘的左侧与右侧对应，由里向外，头盆叉、鱼叉、主菜叉。叉尖向上，底边距桌边 2cm。柄把可摆成一字形或品字形，中间的叉比其他叉高出 3cm。叉的间距为 0. 5cm。 ⑤ 叉的左侧放面包盘，面包盘的中心线与餐盘中心线在一条直线上，与叉的间距为 1cm。盘上放黄油刀，刀尖向上，刀口向左。 ⑥ 黄油刀上方放水果刀、叉，叉在下，刀在上，叉尖朝上，刀口朝底盘 2cm，刀与叉间距 1cm。 ⑦ 水果刀上方可视情况放置冰激凌匙，匙把朝右。 ⑧ 咖啡匙不在铺台时放置，而在上咖啡时与咖啡盘一起送上。 ⑨ 酒具：主菜刀正上方 2cm 处放水杯，右边依次摆放红、白葡萄酒杯，三杯成斜“一”字形（如有香槟杯，则摆在红葡萄酒杯前方，烈酒杯摆放在香槟酒杯右侧，杯间距均为 1cm，也有的西餐点菜铺台不铺设酒杯，等客人点要酒水后才放上，坚持“喝什么酒，用什么杯”的原则）。 ⑩ 放好调味架、烟缸，摆放在餐台中线位置，每小桌一副，大桌 2～4 人一副。 ⑪ 放好蜡烛灯、花瓶，与调味架、烟缸成一条直线。 ⑫ 菜单：将菜单摆放在正、副主人的右侧，距桌边 2cm，最好的方法是每人一份。 ⑬ 按照铺设的席位配备椅子，椅子与席位对应。
检查	（1）检查台面上的铺设有无遗漏。 （2）检查台面铺设是否规范、符合要求。 （3）检查椅子是否配齐、完好。

3.4.2 餐食摆放服务工作细节描述

餐食摆放服务工作细节描述，如表 3-4-2 所示。

表 3-4-2 餐食摆放服务工作细节描述

程序	规范内容
1	饮料杯置于客人右侧，供应与撤除均用右手。
2	面包牛油碟置于客人左侧，供应与撤除均用左手。
3	餐食依美式服务是用左手自客人左侧端至客人面前，用右手自客人右侧撤除。
4	在有多位客人的餐桌斟饮料，呈递菜单、菜肴、食品等，应右转环桌依次服务（反时针方向）。
5	对紧靠墙或在走道左侧的客人，宜用右手自其右侧服务；在走道右侧者，则用左手服务，以方便为原则。
6	自任何方向端上盘碟时，手部都应远离客人，以避免客人突然活动而打翻食品，造成尴尬局面。除特殊情况，不可伸手到客人的前方或从客人面前越过，不可从客人正面端送食物或物件，以免造成意外。

3.4.3 西餐菜品服务工作细节描述

西餐菜品服务工作细节描述，如表 3-4-3 所示。

表 3-4-3 西餐菜品服务工作细节描述

程序	规范内容
面包、黄油	（1）服务员应在开餐前 5 分钟为客人送上面包与黄油。先用小方盘装上热的小梭子面包，上面用清洁的口布盖上；再用小圆盘装上黄油，数量与客数相等；然后将黄油刀移放到黄油盅上，在芝士盆的右上角放上黄油，中间放上面包。 （2）软面包上主菜时用；烤脆的面包开始时用，在服务台要用布巾盖着保持热温。 （3）供应一位客人用餐时，面包牛油碟置左边；团体客人用餐时，用面包篮盛装，放置桌中央。 （4）餐厅多采用正餐式的面包碟，取送或补充时夹取面包到碟中。
果盘	服务员为客人送上果盘时应将果盘端送到客人的左侧，让客人自己挑选。
上汤	（1）在西餐中汤有清汤与浓汤之分。清汤又包括热清汤与冷清汤两种。 （2）要用热盆放浓汤，从而保持汤的原汁原味。 （3）夏天用西餐时一般喝冷清汤，上汤之前首先要将盛放冷清汤专用杯（带两耳）用冰冻冷。汤从客人左侧放置在底盘中。如客人示意不食用，撤汤盆时连同汤匙及底盘一并撤去。
主菜	（1）主菜是指一大块牛排或猪排、鱼、鸡、鸭。若将盘面作钟划分为三，以 12 点钟为准。左上边是一些米食、马铃薯、野洋芋，统称为淀粉食物类；右上边为胡萝卜、番茄、洋葱片，统称为蔬菜类。注意主菜肉类在盘面的下方，正对着客人，置于 6 点钟方位处。 （2）食用主菜时要用大菜盆，所以主菜通常又称为大盆。员工在为客人送上主菜的同时还要在大菜盆的前面随送上卤汁和蔬菜，这些配料用半月形的生菜专用盆装盛。 （3）凡客人用手拿取的食物，如鸡、虾、水果等，需要提供洗手盅的服务，即用玻璃碗盛 1/3 的温水，置于托盘上，并附上小毛巾以供擦手之用。

续表

程序	规范内容
点心	（1）在上甜点之前，所有餐具均须撤除（仅留水杯在桌上），且须清理屑末，然后供应甜点心。 （2）食用冰激凌时，要将匙放到底盆内与冰激凌一道端上去。烩水果的则应为客人摆上菜匙。食用热点心，要用中叉与点心匙。
水果	（1）有的西餐服务时已事先在台面上摆好了水果盘，作为装饰点缀之用。在这种情况下给客人上水果时只要为客人送水果刀叉、净手盅就可以。 （2）如果桌面上并没有事先摆好水果盘，则服务员可以在放上辅助工具之后，为客人送上准备好的果盘。
咖啡	（1）西餐中早、中、晚餐饮用咖啡的杯子各不一样，通常情况下，分别使用大、中、小三种杯子。 （2）服务员可以在客人食用水果时就将一套咖啡杯送到客人的水杯后面。分派咖啡的盘上应当垫上口布，并装上糖钳、牛奶盅、咖啡壶等用品。 （3）员工为客人斟好咖啡后，应当先将客人的水果盘与洗手盅收去，然后将咖啡轻移到客人前面；做好这一切后，便可以为客人派送利口酒。 （4）有时随着甜点同上，可放置桌的右边，如有洗手盅，则先行移去；单独供应时，可放置中央；咖啡必须附带糖及奶精或奶水；如是茶则须加附新鲜柠檬一片。 （5）咖啡与茶均须趁热供应。杯置放于托碟中，杯耳与小匙成 4 点钟方位摆置碟上。

3.4.4 斟酒服务工作细节描述

斟酒服务工作细节描述，如表 3-4-4 所示。

表 3-4-4 斟酒服务工作细节描述

项目	规范内容
斟酒	一般情况下先女主宾后男主宾，接着是主人，然后按座次斟酒。西餐斟酒有非常严格和复杂的要求，高级的西餐所饮用的酒甚至有 7 种之多，每吃一道菜就要变换一种酒，相应的菜就要喝相应的酒。
斟酒规范	（1）斟白酒时，一般不超过酒杯的 3/4，这样可以使客人在小呷一口之前能有机会端着酒杯欣赏一下酒的醇香。 （2）斟啤酒时，要顺着杯壁将酒缓缓倒下，避免一下子倒满，使白沫溢出酒杯，啤酒斟酒量宜 80%的酒、20%的泡沫。 （3）斟红酒时，倒至杯的 1/3 或一半为宜，因为红酒杯一般都比较大，不宜一次斟满。 （4）斟香槟酒时，应分两次斟，第一次先斟上 1/3 杯，及至泡沫平息后，再将酒斟至 2/3 或 3/4 杯。调鸡尾酒时，使酒液入杯占 3/4 空间即可，以便于客人观赏或方便客人端拿。 （5）斟白兰地酒时，一般只斟到酒杯的 1/8，即常说的“1P”。 （6）如果客人要求啤酒与汽水混合饮用，应先斟啤酒，然后再加入汽水。 （7）香槟酒的服务准备工作如白葡萄酒，冰镇时间略长些，开瓶前请主人确认，开瓶时用酒刀将瓶口锡纸除去，左手握住瓶颈，同时用拇指压住瓶塞，右手将瓶口铁丝拧开取下后，握住瓶塞慢慢上提，直至瓶内气体将瓶塞完全顶去，防止酒水喷射而出。 （8）冰桶要清洗干净，置于冰桶架上，桶内 2/3 冰块，1/2 净水，桶口沿放折叠口布。

3.4.5 对客点酒水服务工作细节描述

对客点酒水服务工作细节描述，如表3-4-5所示。

表3-4-5 对客点酒水服务工作细节描述

程序	规范内容
问饮品	当客人要求点酒水时，主动介绍特饮和鸡尾酒配方，当好客人的参谋。
复述、确认	把客人所点内容复述一遍，请客人确认。
下单	填写酒水单时字迹要工整，按要求写上日期、台号、客人人数和酒水名称、分量、价格，以及填单时间和填表人姓名，并注明客人的特殊要求。

3.4.6 俄式服务工作细节描述

俄式服务工作细节描述，如表3-4-6所示。

表3-4-6 俄式服务工作细节描述

程序	规范内容
1	在俄式服务中，食物全部在厨房准备好，并被整齐地摆在大银盘里。
2	由服务员把大银盘端进餐厅，从主人左边开始，逆时针方向为客人服务。
3	银盘中剩余食品退回厨房。
4	盘子摆好之后，服务员再回到服务台，用左手端起盛汤菜的大银盘，用右手从客人的左边给客人分菜。
5	（1）摆空盘子时，服务员从客人右侧按顺时针方向沿桌子进行服务。 （2）用银盘上菜时，要从左侧按逆时针方向进行。
6	在食品送上之前，把餐盘呈现于用餐者之前。这是一个很有礼貌的举动，它给客人传递了一个厨师正在餐盘上安排菜肴的信息。如果食物造型设计精心且色泽美观，则更能刺激客人的食欲。
7	在食品服务过程中，服务员对食物的量要注意掌握，要留有一些余地，如果能多给客人一些他想要的菜，是会使客人高兴的。所有未从大餐盘中分出客人的食品应直接送回厨房。

3.4.7 法式服务工作细节描述

法式服务工作细节描述，如表3-4-7所示。

表3-4-7 法式服务工作细节描述

程序	规范内容
法式服务摆台	（1）在距桌边约3cm处放一个底盘。 （2）在底盘上放置一条叠好的餐巾。 （3）餐叉置于底盘的左侧，叉柄末端紧靠桌边。

续表

程序	规范内容
法式服务摆台	（4）汤匙放在靠近餐刀的右侧。 （5）黄油碟置于餐叉的左侧，碟上黄油刀一把，与餐刀平行。 （6）在底碟的正前端，放点心叉及点心匙。 （7）饮水用的玻璃杯（或酒杯）放在餐刀的上端。
法式菜肴服务	（1）上汤 ① 当客人点的汤制好后，服务员用银盘端进餐厅置于火炉上保温。 ② 端进来的汤要比需要量多些，剩下的可送回厨房，重新加热后供应给其他客人。 ③ 汤盘应放在客人的底盘之上，其间放一块叠好的餐巾。汤是从银盆盛到汤盘里，然后用右手从客人的右侧端上。 （2）上主菜 ① 法式服务中，主菜和其他菜的服务方式一样。 ② 色拉和主菜要同时端上，色拉用左手从客人左侧服务，放在黄油碟下。

3.4.8 美式服务工作细节描述

美式服务工作细节描述，如表 3-4-8 所示。

表 3-4-8 美式服务工作细节描述

程序	规范内容
服务原则	美式服务的一般原则是：所有食品用左手从客人左侧上；所有饮料用右手从客人右侧上；在送下一道菜之前，必须先撤掉用过的餐具和杯子。如客人坐在墙角处或小房间里，以上原则可灵活变动。
美式服务基本要求	（1）餐桌布置 ① 服务员应检查餐桌的位置是否合适，摆放是否平稳，桌面是否清洁等。 ② 餐桌上往往铺上干净、大小合适的桌布，印有商标的一面在下，边缘从桌边陲下至少 30cm，略高于椅子坐面。 ③ 在桌布上还可以铺上一层面布，这样在前一批客人用完餐后，只需更换一层面布而不必换上新的桌布就可以为后一批客人提供服务。 ④ 在重新布置餐桌时，服务员应从储藏室取出干净桌布更换。 ⑤ 注意桌布应平整无褶。 （2）摆台 摆台包括餐具、玻璃杯和餐巾等的摆放。每位客人用餐所需的刀、叉、杯、盘应安排在大约 40cm×60cm 的面积范围内；餐具、餐盘和餐巾应放在离桌边大约 2.5cm 处，总体上应给人以整洁、美观的感觉。具体有下述要求。 ① 餐巾摆放。 餐巾摆放的位置比较灵活，可放在最后一个餐叉的左侧，或者折成特殊形状放在整套餐具的中央部位。餐巾的开口应在左边，便于客人拿起和展开。 ② 餐具布置。 所有餐具都应整齐地按照先后次序摆在朝向中央底盘的地方，餐具与桌子边缘的距离约是 5cm。

续表

程序	规范内容
美式服务基本要求	③ 杯的位置。 玻璃杯的放置依次为：水杯放在摆好的餐刀的右前方，咖啡杯或茶杯放在水杯的右方，或者放在汤匙的右方，杯柄朝右下方；葡萄酒杯放在杯的右侧。美式服务中水杯通常倒立在桌上，倒水前才正立过来。 ④ 黄油碟。 黄油碟放于餐叉的叉齿上端约 2.5cm 位置；黄油刀可以置于黄油碟上，靠近上端与桌边平行；色拉碟或碗放在略低于黄油碟的左侧。 ⑤ 餐桌用品和调味品。 餐桌用品包括火柴、菜单架、花、吸管、蜡烛；调味品包括盐、胡椒、糖，以及瓶装酱汁、油、醋等。服务员必须检查它们是否齐全、干净。
美式服务工作细节描述	（1）安置客人入席 当客人进入餐厅时，服务员领客人入席，并撤走多余餐具，然后将菜单递给客人，把玻璃杯正立后，用右手从客人的右侧倒满冰水。接下来询问客人喜欢何种餐前饮料，在客人研究菜单并考虑点菜时，服务员到酒吧取饮料。 （2）点菜 服务员取回饮料后，从客人的右侧供应，然后请客人点菜并作记录。如果客人示意不再需要饮料，服务员就把客人所点的菜肴通知厨房准备。 （3）端菜 用托盘先上汤或开胃品（通常有色拉），客人的餐前酒杯要从客人的右侧取走。要注意除非客人有吩咐，否则在客人饮酒时千万不要急于端出汤或将开胃品盘碟从客人的右侧撤走，然后从客人左侧供应主菜，并从客人的左侧再度供应面包及黄油。假如客人需要咖啡，则服务员要从客人的右侧供应。倒咖啡时要防止热咖啡溅出。 （4）上甜点 当客人用完主菜或表示不再需要其他服务时，服务员递上甜点菜单，随后用右手从客人的右侧收拾主菜盘碟，再从客人的右侧供应冰水并清除桌上的面包屑，记下客人所点的甜品。然后，用托盘端出点心，并从客人的右侧供应。

3.4.9 酒吧调酒操作细节描述

酒吧调酒操作细节描述，如表 3-4-9 所示。

表 3-4-9 酒吧调酒操作细节描述

程序	规范内容
1	洗净双手，做好上岗准备。
2	仔细检查酒杯是否有破损或裂痕，是否洁净，摇酒器是否干净，无剩余酒水或污物。
3	将应用的酒杯放于吧台上，两杯以上同时调制时，可将酒杯紧靠排列成行，让客人看到调酒和斟酒动作。摇酒要用力，大约摇 12 下即可。
4	（1）两杯以上同类的酒，应平均由左至右，再由右至左反复分配注入。 （2）在酒杯内搅拌或用摇酒器摇拌时，都必须动作迅速，以免酒水过分稀释影响口味。

续表

程序	规范内容
5	调制好的酒尽快送给客人。
6	用完摇酒器应立即清洗干净。
注意事项	（1）要懂得各种酒的基本性能，熟悉各种鸡尾酒的调制方法，在制作鸡尾酒时，摇酒器内放三块冰，带汽的饮料不可使用摇酒器。 （2）倒各类烈性酒及甜酒必须用量酒杯，量酒杯每次使用后进行清洗，备用。 （3）每次倒酒之后，立即将酒瓶归回原处。 （4）普通糖水调制分量要一致，以保证调制饮品的规格质量。 （5）用过的杯具和用具应先用消毒剂洗净，冲洗洁净后再擦干擦亮，手拿杯具不能触摸杯口。 （6）摇酒器不能装得太满。 （7）冷冻饮品用冷冻杯，热饮用热杯，需要加冰的，冰要首先放入杯内。

3.4.10 对客饮料服务工作细节描述

对客饮料服务工作细节描述，如表 3-4-10 所示。

表 3-4-10 对客饮料服务工作细节描述

程序	规范内容
准备	（1）饮料必须为新开启的。 （2）将饮料和杯具放于托盘上。
斟饮料	（1）将饮料杯放于客人右手侧。 （2）从客人右侧按顺时针方向服务，女士优先，先宾后主。 （3）使用右手为客人斟倒饮料，速度不宜过快。 （4）未倒空的饮料瓶或空罐放在杯子的右前侧，商标朝向客人。 （5）如客人使用吸管，则须将吸管放在杯中。
混合饮料的配制	（1）礼貌地询问客人各种配料的比例。 （2）将盛有主饮料的杯子放在客人右手侧。 （3）从配酒杯中斟出配加饮料，直至客人所要求的量。 （4）使用搅棒为客人调匀饮料。 （5）将搅棒和配酒杯带回服务桌。

3.4.11 餐后酒服务工作细节描述

餐后酒服务工作细节描述，如表 3-4-11 所示。

表 3-4-11　餐后酒服务工作细节描述

程序	规范内容
准备	（1）检查酒车上酒和酒杯是否齐备。 （2）将酒和酒杯从车上取下，清洁车辆，在车的各层铺垫上干净的餐巾。 （3）清洁酒杯和酒瓶的表面、瓶口和瓶盖，确保无尘迹、无指印。 （4）将酒瓶分类整齐摆放在酒车的第一层上，酒杯朝向一致。 （5）将酒杯放在酒车第二层上。 （6）将加热白兰地酒用的酒精炉放在酒车的第三层上。 （7）将酒车推至餐厅明显的位置。
餐后酒服务规范	（1）酒水员应熟悉酒车上各种酒的名称、产地、酿造和饮用方法。 （2）当服务员为客人上完咖啡后，酒水员将酒车轻推至客人桌前，酒标朝向客人，建议客人品尝甜酒。 （3）积极向客人推销。 ① 对不了解甜酒的客人，向他们讲解有关知识，推销名牌酒。 ② 给客人留有选择的余地，根据客人的国籍，给予相应的建议。 ③ 尽量推销价格高的名酒，然后是普通的酒类。向男士推销时，选择较烈的酒类，向女士建议柔和酒。 （4）斟酒时用右手在客人的右侧服务。 （5）不同的酒类使用不同的酒杯。

3.4.12　西式宴会服务工作细节描述

西式宴会服务工作细节描述，如表 3-4-12 所示。

表 3-4-12　西式宴会服务工作细节描述

程序	规范内容
准备工作	开餐前半小时，将一切准备工作做好。 （1）将水杯注入 4/5 的冰水，蜡烛点燃。 （2）面包要放在面包篮里摆在桌上，黄油要放在黄油碟里。 （3）将餐厅门打开，迎送员站在门口迎接客人。 （4）服务员站在桌旁，面向门口。
迎接客人	客人进来时，要向客人问好，为客人搬椅、送椅，客人坐下后从右侧为客人铺上餐巾。
斟酒	在为客人斟酒前，要先打开瓶盖把酒倒出少许，先让主人尝试，经许可后再为客人斟酒，其他与“斟酒”服务工作细节描述同。
餐间服务	（1）从客人的右侧为客人上菜。 （2）先给女宾和主宾上菜。 （3）客人全部放下餐具后，询问客人是否可撤盘，得到客人允许后，方从客人右侧将盘和餐具一同撤下。
清台	（1）用托盘将面包、面包刀、黄油碟、面包篮、椒盐瓶全部撤下。 （2）从客人的右侧为客人上甜食。 （3）待客人全部放下餐具后，询问客人是否可以撤下，得到允许后，将盘和餐具一同撤下。

续表

程序	规范内容
上咖啡和茶	（1）先将糖罐、奶罐在餐台上摆好。 （2）将咖啡杯摆在客人的面前。 （3）上新鲜热咖啡和茶。
送客	拉开餐椅，然后站在桌旁礼貌地目送客人离开。

3.4.13 酒会服务工作细节描述

酒会服务工作细节描述，如表 3-4-13 所示。

表 3-4-13 酒会服务工作细节描述

程序	规范内容
1	准备餐具和用具
2	根据主办单位要求： （1）设计台形，铺好食品台。 （2）安排小桌，铺好酒会桌。 （3）摆设酒台，铺好台面。
3	酒会开始前 45 分钟一切准备工作完成，如设有烛台，在开始前 15 分钟点燃。
4	一般由主办单位人员列队在门口迎宾，也可以由服务员迎宾（按宴会迎宾程序），服务员用托盘端好酒水，在酒会厅里站好迎宾。
5	（1）客人进入酒会场所后，即开始派酒和小吃，并对客人说：“欢迎您，请！” （2）主人致辞时，停止派酒和小吃，等致辞将结束，听候指挥再派酒以便宾、主干杯。
6	一面派酒，一面将空杯及时收拾，托盘穿梭，派酒、派小吃，要照顾前后左右，防止碰翻。
7	酒会结束，应列队送客，客散后，应仔细检查，各处有否客人遗忘东西，及时向领导报告，收台结束工作同宴会收台服务工作细节描述。
注意事项	（1）酒台的布置要根据客人数和供应酒水品种而定，酒台的地位要使客人自取方便。 （2）开酒水瓶时，不要一下子打开很多瓶子，特别是酒会将近结束时，以免酒水大量剩余。保持食品台、酒水台的整洁，随时增添食品酒水。 （3）酒会的小吃供应较简单，一般有花生米、肉脯、土豆片、糖核桃等。 （4）酒会指定的几种鸡尾酒的调制方法和顺序必须严格执行，现场调制。为保证鸡尾酒的质量，如主要成分是加冰块，则用搅拌棒搅拌 5～7 次即可；如加用果汁或糖的，则用摇筒摇 6～8 次即可，如加用奶油、蛋黄、蛋清等的，则需用摇筒摇 2～4 次。另外，先放水，再放调和料，最后放酒，调制顺序不可颠倒。 （5）酒会中服务员应勤巡视，勤清理，勤派酒和小吃。

3.4.14 西餐宴会服务工作细节描述

西餐宴会服务工作细节描述，如表 3-4-14 所示。

表 3-4-14　西餐宴会服务工作细节描述

程序	规范内容
准备	（1）了解情况 ① 了解清楚外宾的国籍、身份、宗教信仰、生活特点。 ② 研究本次接待工作并做相应的准备。 （2）熟悉菜单 ① 根据宴会菜单，备齐各种餐具及其他物品。 ② 西餐中吃什么菜用什么餐具，喝什么酒水配什么样的酒杯。 ③ 一切准备工作在开餐前半小时完成。
铺台	（1）根据宴会的性质、参加宴会的人数、餐厅面积及设备情况，设计台型，可摆成一字形、T 字形、山字形、方框形、马蹄形等。 （2）铺台布，摆好台面，铺餐具，安排好宴会主席位及铺台检查等程序。见西餐铺台操作流程。
服务	（1）宾主座次 ① 一字形宴会桌的两头是主人与副主人座位，主人的座位最好正对宴会厅入口处。 ② 主宾、副主宾、第三客人、第四客人的座位应按次序分别安排在主人、副主人的两侧。 ③ 拉椅让座，先为女士服务并为客人取放餐巾，并斟倒冰水。 （2）斟酒 ① 斟酒程序见斟酒服务工作细节描述，一般情况，先为客人服务白葡萄酒。 ② 开香槟酒服务，见斟酒服务工作细节描述。 （3）宴会上菜 ① 上菜的顺序是：冷开胃品、汤、副菜、主菜、奶酪、甜食、水果、咖啡或菜。 ② 按菜单顺序撤盘上菜。 ③ 上甜点、水果之前将餐台上用过的杯、盘等餐具收掉，换上干净的烟缸，摆好甜品叉、匙。 ④ 上水果时要先上水果盘和洗手盅，洗手盅置于客人左侧。 ⑤ 上咖啡时要先在每位客人右手边摆上一套咖啡用具（咖啡杯、垫盘，盘上右侧放一把咖啡勺），然后用托盘送上淡奶壶、糖罐，站在客人右侧一一斟上。

3.4.15　大型会议服务工作细节描述

大型会议服务工作细节描述，如表 3-4-15 所示。

表 3-4-15　大型会议服务工作细节描述

程序	规范内容
贵宾室	（1）根据任务要求，将家具、茶具、烟具、鲜花准备好。 （2）室内四周摆放花草、屏风等装饰物。 （3）设专人领位岗，主动礼貌迎宾、领位。 （4）客人就座后，送茶、送毛巾，或送饮料。 （5）在客人谈话间歇时，添斟茶水饮料。 （6）等候服务时勤观察，不走动，不交谈。 （7）贵宾进入会场、宴会厅，按领位服务工作细节描述引领。

续表

程序	规范内容
商务会谈	（1）会议气氛庄严隆重，会场布置长会议桌或环形会议桌，桌上铺设会议桌台布，座椅用扶手椅，椅座数与参加会议的人数相等，会场绿化高雅。 （2）高规格的会议，要在会议桌中央安放会谈两国国旗，东道主国国旗在左。 （3）会谈桌上必须准备文具、用品，为了保持会场安静，茶底盘上放一块折成四方的小毛巾或茶垫。 （4）凡属保密会谈，应按接待部门规定，严格遵守进入会场的时间。 （5）参加会谈的服务员，必须严守国家机密。
重要会议	（1）按会议类型与规格，选择合适的会议厅。 （2）按会议形式与人数，摆放会议桌和座椅。 （3）按客户要求，布置会场，挂条幅，设签到台、主席台、讲台、话筒等会议设施设备等，并适当布置花草。 （4）准备会议所需的文具、用品、席位卡等。 （5）准备会议期间的茶水、咖啡、点心等。 （6）服务员站在门口迎接客人。 （7）客人入座后，要及时送上茶水、毛巾等，做到热情服务，并保持安静。 （8）会议开始后，服务员应退至一旁，并随时观察客人对茶水、饮料、酒等的需求量，一般半小时添加一次，遇到举杯时，应及时送上酒杯。 （9）会议结束，在门口送客道别感谢。
贸易洽谈会	（1）贸易洽谈会一般要选用一个餐厅陈列展品，陈列工作由承办单位负责，但餐厅要保证陈列品的安全。 （2）还要根据要求，准备若干小型会议室，供洽谈业务，会议室要保持整洁卫生，当中外双方业务人员洽谈时，要及时供应茶水、咖啡或饮料，派送小毛巾，热情服务，保持安静。 （3）一般参加洽谈的客人对早、午餐要求从简，对晚餐要求丰盛些，因此在一日三餐的供应上，重点放在晚餐。 （4）洽谈会期间，一般都要举行多次招待会或宴请，因此必须抓好宣传推销工作，提高菜肴质量和服务质量。
签字仪式	（1）根据接待单位选定的会议室，经全面清扫后，在厅的中央部位安放一个长条形签字台，要求签字台背面邻近墙上最好有巨幅书画或用长屏风，两边放绿化，并准备好会议音响设备。 （2）签字台铺设优质台布，桌上放两国的国旗和两套签字用文具，另备一个吸干墨水器，并在相应地位安放两把座椅，鲜花放在中间。 （3）在距离座约1m处，放置一排高低层踏脚板，以便签字双方人员站立合影。 （4）应事先按要求准备好祝贺用的香槟和香槟杯，供双方签字交换文本后，及时送上举杯共贺，如时间和条件允许，双方举杯庆祝后，为客人派上一道小毛巾，待客人干杯后，要立刻用托盘将空酒杯撤去。
茶话会	（1）茶话会因其优点众多，故广泛风行，会议多设圆桌椅子，自由入座，不排席位。 （2）茶话会应根据接待单位规定准备，一般只供应咖啡、红茶、绿茶、中西式点心、糖果、可乐。 （3）客人边吃边谈，要随时观察客人对饮料的需求量，一般半小时添加一次，过程添加1～3次就差不多了。 （4）茶话会中期和临近结束时，应各分送毛巾一次。 （5）茶话会的迎宾和送客一般都由接待单位代表在入口迎送。

3.5 酒店餐饮部管理实用表格图例

3.5.1 请购单

请购单，如表 3-5-1 所示。

表 3-5-1 请购单

日期：

部门	品名	单位	数量	单价（元）	金额（元）
总计¥					

填写人：　　（管事部保管员）　　用途：请购用品

联数：一式四联，（1）财务部（2）采购部（3）管事部（4）存根

总经理________　　　　　　财务经理________

采购部经理________　　　　部门经理________

3.5.2 每日采购请购单

每日采购请购单，如表 3-5-2 所示。

表 3-5-2 每日采购请购单

（蔬菜、肉蛋、水果类）　　　　日期：

部位 数量 市斤 品名	华苑	实买	御园	实买	宴会	实买	冷菜	实买	西餐	实买	初加工	实买	面点	实买			单价（元）	合计金额（元）

填写人：　　（管事部保管员）　　用途：请购用品

联数：一式三联，（1）餐饮部（2）采购部（3）存根

3.5.3　提货单

提货单，如表 3-5-3 所示。

表 3-5-3　提货单

餐部：　　　　　　　　　　　　　　　　　　　　　　　　　　　　日期：

品名	单位	数量	单价（元）	金额（元）	备注

填写人：　　　（厨师长/酒水员）　　　用途：领货

联数：一式两联，（1）存根（2）管事部

批准人＿＿＿＿＿　　　　发货＿＿＿＿＿　　　　收货＿＿＿＿＿

3.5.4　物品收货记录表

物品收货记录表，如表 3-5-4 所示。

表 3-5-4　物品收货记录表

收货人：　　　　　　　　　　　　　　　　　　　　　　　　　　　日期：

序号	内容	单位	数量	单价（元）	合计金额（元）	备注

填写人：　　　（管事部保管员）　　用途：收货记录

联数：一式一联

收货总计

3.5.5　送餐服务记录表

送餐服务记录表，如表 3-5-5 所示。

表 3-5-5　送餐服务记录表

日期：

房号	服务员姓名	订菜时间	回来时间	收回餐具时间	食品内容

填写人：　　　（客房送餐员）　　　　用途：送餐记录

联数：自留

3.5.6　餐饮部餐具盘点明细表

餐饮部餐具盘点明细表，如表 3-5-6 所示。

表 3-5-6　餐饮部餐具盘点明细表

餐厅　　　　　　　　　　年　月　日　　　　　　　　　第　页

餐具名称	单位	单价（元）	领用数	清点数	客人赔偿数	更新数	短缺数	金额（元）	破损率%	备注
合计										

填写人：　　（管事部领班）　　　　用途：盘点、餐具、报损

联数：一式二联，（1）财务部（2）留存

餐饮部经理：　　　　　　　　　餐厅经理：　　　　　　　　　管事部领班：

3.5.7　多余酒水盘点单

多余酒水盘点单，如表 3-5-7 所示。

表 3-5-7　多余酒水盘点单

年　月　日　　　　　　　　　　　　NO.

品名	单价（元）	数量	备注

续表

品名	单价（元）	数量	备注

填写人：　　（酒水员）　　用途：记录盘点多余酒水

联数：一式二联，（1）餐饮部经理（2）存根

酒水员：　　　　　　　　　　餐饮部经理：

3.5.8 厨房内部菜单成本控制表

厨房内部菜单成本控制表，如表 3-5-8 所示。

表 3-5-8 厨房内部菜单成本控制表

年　月　日

编号	菜肴名称	适令季节	净料成本	期望毛利率	售价（元）	实际毛利率	备注
1							
2							
3							
4							
5							
6							
7							
8							
9							
10							

填写人：　　（厨师长 / 厨师领班）　　用途：用以控制餐厅菜谱成本

联数：一式一联

制表人：

3.5.9 厨房菜点处理记录表

厨房菜点处理记录表，如 3-5-9 所示。

表 3-5-9 厨房菜点处理记录表

日期	餐别	菜点名称	直接负责人	宾客褒贬意见	处理意见书	厨师长	备注

填写人：　　（厨师长 / 厨师领班）　　用途：记录各类菜点处理状况

联数：一式一联

3.5.10 饮料库存表

饮料库存表，如表 3-5-10 所示。

表 3-5-10 饮料库存表

月初库存额
月初餐厅、酒吧存货额： 本月采购额： 月末库存额： 月末餐厅、酒吧存货额： 本月饮料消耗总额：
转调入食品原料： 转食品饮料成本： 招待饮品： 员工用餐： 赠客饮料： 其他杂项扣除： 本月饮料成本净额：
饮料营业收入
标准成本率
实际成本率

3.5.11 饮料领料单

饮料领料单，如表 3-5-11 所示。

表 3-5-11 饮料领料单

班次： 酒吧：		日期： 付货员：		
饮料名称	**瓶数**	**每瓶容量**	**单价（元）**	**小计**
总瓶数： 审批人：		发料人：	总成本：	领料人：

3.5.12 退菜单汇总表

退菜单汇总表，如表 3-5-12 所示。

表 3-5-12 退菜单汇总表

日期：

客账单编号	服务员工号	菜肴名称	退菜原因	审批人	售价

3.5.13 宴会预订记录表

宴会预订记录表，如表 3-5-13 所示。

表 3-5-13 宴会预订记录表

年 月 日

编号	主办宴请单位	人数	桌数	标准	时间	餐厅	联系人	电话	付费方式	备注

会议厅	会议名称	人数	时间	场租	付费方式	联系人	联系电话	备注

3.5.14 宴会接待通知单

宴会接待通知单，如表 3-5-14 所示。

表 3-5-14　宴会接待通知单

主办单位					
举办时间				地点	
形式		人数/席数		出席领导	
项目	内容				负责部门
发送			签收		

餐饮部经手人：　　　　　　　　　　　　填发日期：　　年　月　日

3.5.15　宴会编排表

宴会编排表，如表 3-5-15 所示。

表 3-5-15　宴会编排表

预订日期：　　　　　　　　　　　　落实日期：

公司名称：______ 联系人姓名：______ 职位：______ 电话：______　传真：______	
宴会形式：______ 地点：______ 日期：______ 抵达时间：______ 宴会开始时间：______ 宴会结束时间：______ 保证人数：______ 预算人数：______	食物： 饮料： 厅房安排： 招牌： 管事部：
食物价格每位：______ 每席：______ 饮料价格每位：______ 每席：______ 房租：______ 合计：______ 总计：______	工程部： 保安部：
寄账单地址：______ 已收订金：______ 余数：______	

3.5.16 客房用膳送餐记录表

客房用膳送餐记录表，如表 3-5-16 所示。

表 3-5-16 客房用膳送餐记录表

房间号	订餐时间	接单员	送餐时间	送餐人	内容

3.5.17 饮料验收日报表

饮料验收日报表，如表 3-5-17 所示。

表 3-5-17 饮料验收日报表

年 月 日

供应单位	饮料名称	每箱瓶数	每瓶容量	每瓶成本	每箱成本	小计

分类				
果酒	烈酒	淡色啤酒	啤酒	调酒剂

酒水管理员：

验收员：

3.5.18 饮料永续盘存表

饮料永续盘存表，如表 3-5-18 所示。

表 3-5-18　饮料永续盘存表

代号：	每瓶容量：		
饮料名称：	单位成本：		标准存货：
日期	收入	发出	结余

3.5.19　食品原料验收单

食品原料验收单，如表 3-5-19 所示。

表 3-5-19　食品原料验收单

日期	食品名称	数量	食品质量	入冰库（冰箱）质量	出冰库（冰箱）质量	食品质量差情况处理	厨师长签名

3.5.20　月度食品成本月报表

月度食品成本月报表，如表 3-5-20 所示。

表 3-5-20　月度食品成本月报表

月初食品库存额： 本月进货额： 减：月末账面库存额
加：月末盘点存货差额
本月领用食品成本
减：转酒吧用食品 下脚料销售收入 招待用餐食品成本 员工购买食品收入 员工用餐成本 月食品成本

续表

月食品营业收入
标准成本率 实际成本率

3.5.21 厨房安全检查表

厨房安全检查表，如表 3-5-21 所示。

表 3-5-21 厨房安全检查表

日期：

岗位	检查内容	检查情况	备注
中厨房	水电关闭		
	煤气阀关闭		
	蒸气柜/蒸气锅关闭		
	冰箱、冷柜运转		
	消防器具定位		
	门窗关闭		
西厨房	水电关闭		
	煤气阀关闭		
	蒸气柜/蒸气锅关闭		
	冰箱、冷柜运转		
	消防器具定位		
	门窗关闭		
面点房	水电关闭		
	煤气阀关闭		
	蒸气柜/蒸气锅关闭		
	冰箱、冷柜运转		
	消防器具定位		
	门窗关闭		

填写人：（厨师长/厨师） 用途：检查厨房安全防范状况

检查人： 时间：

3.5.22 食品卫生检查月报表

食品卫生检查月报表，如表 3-5-22 所示。

表 3-5-22　食品卫生检查月报

年　月　日

项目＼部门		华	御	西	面	项目＼部门		华	御	西	面
食品污染变质问题	食品生虫					采购冰库冰箱卫生问题	采购食品未索证				
	食品发霉						未按类堆放				
	油脂酸败						未离地隔墙				
	食品有寄生虫						未挂牌注明				
	食品混有异物						上浆食品未用保鲜纸				
	食品污秽不洁						未定期化霜				
							冰库环境不清洁				
食品存放卫生问题	生食品与半成品										
	药品与食品					洗碗间卫生问题	洗涤消毒不符要求				
	杂物与食品						餐具不净有水迹				
	食品无盛器						餐具柜不清洁				
							污物桶无盖不密封				
							工/用具消毒与没消毒存放				
个人卫生问题	工作衣帽不洁										
	不戴工作帽						制冰机无专人负责				
	戴戒指						制冰机上无消毒水				
	工作场所吸烟										
							合计				

填写人：　　　（厨师长/厨房领班）　　　用途：统计各厨房情况

联数：一式二联，（1）餐饮部（2）留存

3.5.23　厨房领料单

厨房领料单，如表 3-5-23 所示。

表 3-5-23　厨房领料单

领料部门：　　　　　　　　　　　　　年　月　日　　　　　　　　　　　　编号：

食品原料及商品名称	计量单位	需用量	实发量			领货人
			数量	单价	金额	

核准人：　　　　　　　　　　　　　　领料人：　　　　　　　　　　　　　发料人：

3.5.24　餐厅日常工作检查细则

餐厅日常工作检查细则，如表 3-5-24 所示。

表 3-5-24　餐厅日常工作检查细则

工作检查 （1）所有员工按规定着装，佩戴整齐。 （2）员工头发梳理整齐，发型美观，男发长不及领，不留胡须，女发不披肩。 （3）除手表外，任何员工不得佩戴首饰，女员工需化淡妆，不用香味怪异或浓烈的香水。 （4）开好班前会，让每位服务员明确当日任务，熟知当日特色菜及当日暂不供应之菜品。 （5）保证开餐时间，岗位有人，并能及时主动地为客人提供优质服务。 （6）厅面各岗员工按规定姿势站立，不可交头接耳，干私活，打闹嬉戏。 （7）见到客人和领导主动问好，语言规范清晰。 （8）按规范摆台，台面物品摆放齐全，桌椅排列整齐。 （9）检查点菜单、酒单、收银夹是否准备妥当。 （10）开餐时间站立服务，站姿端正，符合规范要求。 （11）主动、热情、耐心、周到，根据客人需要及时提供各种细微服务。 （12）拿取、递送任何物品（特别是菜肴、酒水）应使用托盘。 （13）按程序出菜，出菜无差错。 （14）上菜必须报菜名。 （15）在条件允许的情况下，应为客人分汤和菜品。 （16）按规范进行结账服务，使用收银夹，账款无差错，收款后向客人道谢。 （17）做好餐后结束工作，餐厅环境清洁，桌椅整齐，无残留餐具及垃圾。 （18）每天回收宾客意见，及时处理客人的投诉和意见。 （19）建立餐厅财产三级账，做好餐具的部件，设备的检查、清点工作，设专人专项负责制度。 （20）不断加强员工纪律意识，要求员工遵守员工手册和各项管理制度，不私受小费和赠品，对客人遗留物品，处理应及时，不隐瞒，不侵吞。 （21）管理人员应坚持现场的管理和督导，每天有工作检查的书面记录。 （22）所有操作严格按照有关操作细节描述进行。 （23）做好醉酒客人的处理工作，有紧急防范措施。

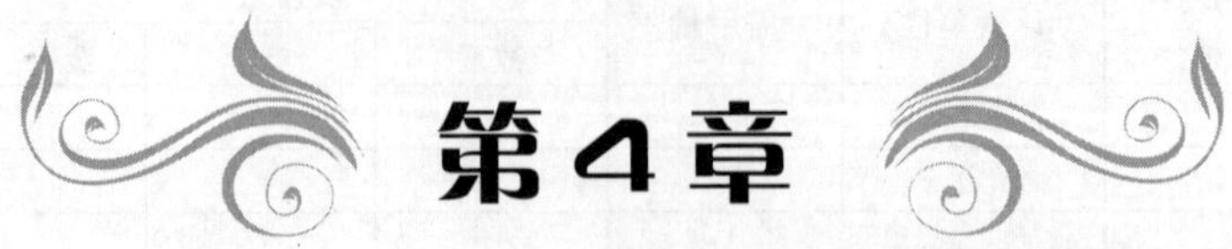

第4章 酒店财务精细化管理细节

4.1 酒店财务管理工作职责划分说明

4.1.1 财务部经理职位描述

财务部经理职位描述，如表 4-1-1 所示。

表 4-1-1 财务部经理职位描述

直接上级：总经理 直接下级：财务会计经理、收银主管、成本财产主管、采购主管	
岗位职责	（1）全面负责酒店财务部的日常管理工作。实施会计基础工作的规范化管理及强化财务监管力度。 （2）参与企业的生产经营、基本建设投资、更新改造等重大问题的决策，监督并控制各项资金的使用，确保各投资项目的资金合理使用。参与对重大投资、重大经济合同与协议的事前研究，认真做好可行性报告，为总经理决策提供依据。 （3）认真贯彻执行《会计法》等国家有关财经政策和法规，严格遵守财经纪律和有关行业的财务制度，并根据有关精神制定具体的实施办法、补充规定及财务核算工作细节描述。 （4）参与酒店年度综合计划的编制，组织和负责酒店经营计划和财务收支计划的编制。检查各项计划的执行情况，督促各部门贯彻实施计划以保证酒店的各项经济指标全面完成。 （5）组织财务人员，定期开展财务分析工作，考核经营成果，分析经营管理中存在的问题，及时向领导提出建议，促使企业不断提高管理水平。 （6）负责做好资金管理，正确合理调度资金，加速回笼应收账款，提高资金使用效率。 （7）加强成本核算、费用控制和财产物资的管理，组织定期开展对在用固定资产、低值易耗品和在库物资的检查盘点，确保企业财产、物资的合理使用和安全管理。 （8）负责审批酒店的采购计划、费用开支等各项付款计划，对重大开支项目报总经理审批。 （9）参与酒店信用政策和物价政策的制定。负责信用权限的审批，定期组织物价检查。

续表

岗位职责	（10）组织制定财务部各岗位的岗位责任制，负责考核、监控员工的工作质量，并负责组织指导和协助各部门做好计划、预算、成本、资金、财产等财务管理工作。 （11）负责本部门员工的服务宗旨教育和岗位业务培训工作，做好对员工的任用、晋升、调动、奖励工作。 （12）负责本部门员工的思想教育和业务提高，并深入开展“批判、创新”活动，定期组织召开本部门的政治学习和业务学习会议，抓好本部门的内部管理工作和精神文明建设。
任职资格	（1）大专以上学历，财经类专业，会计师以上职称。 （2）熟悉酒店经营管理、《经济法》、税法、财经制度、财务纪律等专业知识。 （3）具有较高的政策理论水平。 （4）具有较强的法制观念，原则性强，廉洁奉公。通过加强经济管理、计划管理和财务管理，明显提高酒店综合经济效益的能力。 （5）外语流利，通过酒店外语 A 级考核，取得电脑证书。

4.1.2 外协兼文员职位描述

外协兼文员职位描述，如表 4-1-2 所示。

表 4-1-2 外协兼文员职位描述

直接上级：财务部经理	
岗位职责	（1）执行财务部经理的工作指令，向其负责并报告工作。 （2）负责起草、誊写、打印财务部有关文件、报告。 （3）负责本部门各种文件、通知、信件、报表和报刊信息资料的收发、登记、传阅及保管工作，及时分类立卷归档。 （4）做好财务部有关会务工作，掌握会议决议情况，做好各项财务工作情况收集、汇总及总结、编写纪要。 （5）负责财务部人员的考勤，领发工资、奖金、津贴等内勤工作。 （6）负责拟订本部门所需财产和物品的计划，负责本部门使用财产的账务和实物管理。 （7）负责做好本部门联系业务的接待工作，做好与各部门的协调沟通工作。
任职资格	（1）高中及以上学历。 （2）熟悉文秘管理知识，具有一定的财务知识。 （3）良好的口头和文字表达能力及电脑操作技能。 （4）通过酒店外语 B 级考核，取得电脑证书。

4.1.3 收银主管职位描述

收银主管职位描述，如表 4-1-3 所示。

表 4-1-3　收银主管职位描述

直接上级：财务部经理 直接下级：后台领班、前台收银员	
岗位职责	（1）执行财务部经理的工作指令，向其负责并报告工作。负责结账收款部的日常管理工作，做好本部门各项工作的组织、指挥和协调，保证结账收款工作有条不紊、准确及时。 （2）坚持“让客人完全满意”的服务宗旨，负责督导结账收款规章制度和工作细节描述的执行，做到高效优质。 （3）负责审核各项营业收入与报表，对本部门工作完成的质量、报表的正确与否负全面责任。 （4）做好对客户信用的评估工作，督导本部门信用政策的执行。 （5）组织人员认真做好应收账款的催收工作，及时处理各种逃账和疑难问题，并负责与各营业部门业务的协调工作。 （6）负责检查和控制各项收费的折扣、优惠以及冲账、调整等账务处理，并审核相关的报表。 （7）负责编制客账分析表，及时反映月末的结账、对账、盘点工作，每月向总经理、财务部经理提供酒店应收账款、客账余额报告。 （8）负责本部门员工的培训、考核工作，提供下属员工的任用、晋升、调动、奖励的资料。 （9）督促检查本部门员工执行备用金和外汇管理规定以及营业款的按时解交，定期、不定期地抽查各项业务周转金。 （10）做好安全保卫和环境卫生工作，抓好班组精神文明建设。
任职资格	（1）中专及以上学历，财经类专业，会计师职称。 （2）掌握财务管理基础理论，熟悉酒店会计核算流程。 （3）具有业务实施和组织、管理能力。 （4）外语流利，通过酒店外语 A 级考核，取得电脑证书。

4.1.4　夜审员职位描述

夜审员职位描述，如表 4-1-4 所示。

表 4-1-4　夜审员职位描述

直接上级：财务部经理	
岗位职责	（1）执行财务部经理的工作指令并报告工作。 （2）稽核酒店当日各营业点交来的各种账单、票据和每班的收款报表。 （3）稽核当日各种消费项目明细表。 （4）稽核各种签单、挂账及信用卡，并与应收账款明细账核对。 （5）稽核各种优惠折扣、手续是否完备，并编制优惠折扣明细统计表。 （6）完成各营业部门的夜间核算报表。 （7）完成每日营业收益情况报表。 （8）完成每日现金结算情况报表，包括客人人数、平均消费、餐次、营收等情况，交成本管理部据以填制成本报表。 （9）负责每日营业点收银机的清机工作。 （10）记录收款工作中存在的问题，对夜间未能处理的事项作好交班记录。

续表

任职资格	（1）中专及以上学历。 （2）一定的财务知识。 （3）财务稽核实施能力。 （4）通过酒店外语 B 级考核，取得电脑证书

4.1.5 日审员职位描述

日审员职位描述，如表 4-1-5 所示。

表 4-1-5 日审员职位描述

直接上级：财务部经理	
岗位职责	（1）执行财务部经理的工作指令并报告工作。 （2）审核收银员完成的各种报表，收银员所做的报表和收银机的清机报表、电脑报表是否一致，以及报表是否跳号。 （3）审核前日夜审员完成的报表是否按收银员提供的资料完成，报表是否平衡、完整。 （4）审核前台当天未结客账的余额是否正确。 （5）审核酒店营业收益情况报告表和现金结算情况报告表。 （6）完成各部门收入明细表，做收入凭证。 （7）检查入住登记表上的签字是否一致。 （8）对各旅行社、挂账单位的账目进行整理复核，并转送财务部催收。 （9）对夜审员发现的尚未处理的问题要及时了解和处理，并将处理结果报财务部经理。 （10）每日把各类报表按日期、序号存放，月末装订成册。 （11）认真检查收银工作，揭示问题，提示改进意见，杜绝弊端苗子。
任职资格	（1）中专及以上学历。 （2）一定的财务知识。 （3）具有财务稽核实施能力。 （4）通过酒店外语 B 级考核，取得电脑证书。

4.1.6 采购主管职位描述

采购主管职位描述，如表 4-1-6 所示。

表 4-1-6 采购主管职位描述

直接上级：财务部经理 直接下级：食品采购员、物资采购员	
岗位职责	（1）执行财务部经理的工作指令，向其负责并报告工作。全面负责酒店物资食品采购工作。 （2）熟悉市场行情和信息，沟通物资供货渠道，坚持货比三家的规定，努力降低物资食品采购成本，为酒店提供价格合理、质量好的各类物资及食品。

续表

岗位职责	（3）熟悉酒店物资使用情况和库存物资动态，会同有关部门根据实际经营情况，合理、科学地编制年度、季度、月度采购计划。 （4）积极配合搞好物资食品管理工作，加强成本财产管理部联系，做好物资平衡工作，及时处理呆滞物资，加速物资周转。 （5）制订物资采购程序，建立各项物资采购管理制度描述，提出对物资采购工作责任制和考核的奖惩措施。 （6）主动协调与酒店内其他各部门的关系，经常倾听使用部门对物资采购工作的意见，及时改进采购工作。 （7）加强采购合同的管理，严格合同条款的把关，认真执行《合同法》，确保经济合同的合法履行。 （8）负责审核所有采购申请单、订货单，并将审核意见报请总经理和财务经理审批。 （9）抓好采购部门的日常管理工作，抓好部门员工的日常培训，加强员工的组织纪律性，认真贯彻财务部经理下达的各项工作指令。
任职资格	（1）大专及以上学历，助理经济师以上职称。 （2）熟悉经济法规和酒店采购业务。 （3）具有业务实施、组织管理、协调公关的能力。 （4）通过酒店外语 B 级考核，取得电脑证书。

4.1.7 财务会计主管职位描述

财务会计主管职位描述，如表 4-1-7 所示。

表 4-1-7 财务会计主管职位描述

直接上级：财务部经理 直接下级：应收账款核算员、总稽核员等	
岗位职责	（1）执行财务部经理的工作指令，向其负责并报告工作。负责财务会计部的日常管理工作。 （2）坚持贯彻、执行各项财务制度，严格遵守财经纪律，协助财务经理制定酒店财务会计制度，不断提高财务会计的工作质量。 （3）配合财务部经理抓好财务管理、预算管理、会计核算等工作，参与酒店重大经济活动的预测和经营决策，提供可靠的会计决策信息，为总经理和财务部经理当好参谋助手。 （4）组织编制酒店财务收支预算和酒店总预算。 （5）负责酒店各项计划指标的分解落实，加强计划完成情况的控制监督和检查考核。做好经济活动分析工作。 （6）加强对资金的管理。组织编制资金计划，考核资金使用情况。合理运用资金，提高资金使用效率。 （7）协助财务部经理审批计划内各项费用支出和物资采购等款项的支付。按权限控制计划外费用的支付。 （8）负责完成各项税金等上缴工作。 （9）参与拟订重要经济合同和协议。 （10）组织编制会计报表，负责向总经理、财务部经理报告财务状况和经营成果，审查对外提供的会计资料。

续表

岗位职责	（11）负责督促合同和会计档案管理工作。 （12）加强与银行、税务及有关部门的联系，做好筹资融资等资金运作工作。 （13）组织本部门员工的政治、业务学习培训，负责员工的工作质量考核，提供下属员工的任用、晋升、调动、奖励的资料，关心员工的思想情况，抓好班组文明建设。
任职资格	（1）大专及以上学历，财经类专业毕业，会计师职称。 （2）熟悉有关财税法规、政策。 （3）掌握财务管理基础理论。 （4）具有业务实施、组织、管理、协调公关、语言文字表达和理解判断能力。 （5）通过酒店外语 B 级考核，取得电脑证书。

4.1.8 应收账核算员职位描述

应收账核算员职位描述，如表 4-1-8 所示。

表 4-1-8 应收账核算员职位描述

直接上级：财务会计主管	
岗位职责	（1）执行财务会计主管的工作指令并报告工作。 （2）负责全酒店的应收账款收款结算工作。 （3）熟悉、了解酒店对外签订的结算协议、合同、纪要的收费标准、结账方式，并负责保管这些协议、合同或纪要。 （4）审核前台收银转来的有关转账发票是否与有关协议、合同、纪要相符，复核账单金额，并与夜审报表核对，发现问题及时处理。 （5）负责核算及检查酒店发生的所有应收账款账目，及时登账并反映客户欠款情况，确保应收账款账户的正确性。 （6）按合同、协议等规定的时间及时核对后把结算清单、账单书面通知付款单位付账，并加强检查的收款情况，做好催收工作，防止错结、漏结、迟结。 （7）每月编制应收账款报告志和账龄分析志。分析应收账款的回收情况，准备每月信贷会议所需资料。 （8）对未按合同、协议规定时间把账款汇交酒店的客户，应积极采取措施，组织催讨，并将欠款情况和催讨情况书面报告部门经理。
任职资格	（1）中专及以上学历。 （2）具有本岗位专业知识。 （3）一定的业务实施能力。 （4）通过酒店外语 B 级考核，取得电脑证书。

4.1.9 总稽核员职位描述

总稽核员职位描述，如表 4-1-9 所示。

表 4-1-9　总稽核员职位描述

直接上级：财务会计主管	
岗位职责	（1）执行财务会计主管的工作指令并报告工作。具体负责酒店的会计核算工作。 （2）根据各项财务支出计划、购销合同、申购报告等，审核所有自制和外来原始凭证是否符合要求，手续签章是否齐全，有没有超越计划标准范围等。 （3）在规定的权限范围内，对各项预算开支进行审核，对包括基建购量、维修等经过审计和领导批准的预算项目按合同条款把好关，协助部门经理控制资金的使用。 （4）检查所有收款凭证、付款凭证和转账凭证的会计核算内容是否准确、规范和完整，附件是否齐全。 （5）审核前台抵减收入的各种凭证是否符合规定。 （6）审核各项费用、税金的计提是否正确。 （7）检查会计账簿的记账单和打印、装订质量是否符合要求，抽查账账、账表是否相符。 （8）审核各类会计报表、统计报表是否符合规定的编报要求。 （9）审核工资标准及发放变动情况表。审核工资发放表与工资发放现金是否相符，手续是否完备。 （10）收集会计核算资料，配合计划分析员一起协助部门经理做好酒店经济活动分析工作。 （11）协助部门经理做好对下属员工的培训、工作考核并做好相应记录。 （12）分析资金运作质量，检查货币资金和往来账户情况，考核各环节资金占用，提供有关分析资料。 （13）检查、监督货币资金的安全防范工作。
任职资格	（1）大专及以上学历，财经类专业，助理会计师以上职称。 （2）具有一定的财务管理基础理论知识，熟悉有关财税政策和制度。 （3）掌握酒店会计核算流程，有一定管理能力。 （4）通过酒店外语 B 级考核，取得电脑证书。

4.1.10　总账工资档案员职位描述

总账工资档案员职位描述，如表 4-1-10 所示。

表 4-1-10　总账工资档案员职位描述

直接上级：财务会计主管	
岗位职责	（1）执行财务会计主管的工作指令并报告工作。 （2）负责酒店各类发票、单据的管理工作。 （3）检查酒店所有发票、正式收据、有价票证的使用情况和销号工作，及时清理漏号、跳号单据，发现问题向核算管理人员反映。 （4）负责对各类会计凭证的整理、装订、保管工作。 （5）按照档案管理的有关规定，认真做好财务会计档案的建册、立卷、归档，妥善保管好会计凭证、账册报表。 （6）财务会计档案未经许可，不得调阅、外借。确因需要查阅会计档案的要经财务会计主管同意。 （7）严格按照国家财政的有关规定，按会计档案保管年限销毁过期档案，办理审批手续，做好销毁记录。

续表

任职资格	（1）中专及以上学历，财经类专业，会计员以上职称。 （2）掌握会计档案管理知识。 （3）通过酒店外语 B 级考核，取得电脑证书。

4.1.11 总账员职位描述

总账员职位描述，如表 4-1-11 所示。

表 4-1-11 总账员职位描述

直接上级：财务会计主管	
岗位职责	（1）执行财务会计主管的工作指令并报告工作。负责核算总分类账户，处理核算过程中的账务沟通。 （2）进行月底会计核算转账、计算利润或亏损。 （3）完成总账与明细账、一级账与二级账会计核对，做好相应调账记录，保证账账相符。 （4）做好转账凭证的电脑输入，记账和会计账簿打印工作。 （5）负责各项税金及应缴款项的核算、计提，办理结算手续。 （6）负责酒店保险业务，做好续保承付保费和索赔工作。 （7）编制各类会计报表，保证账表相符。 （8）根据酒店和部门需要，提供会计核算数据。
任职资格	（1）大专及以上学历，财经类专业助理会计师以上职称。 （2）具有一定的财务管理基础理论知识。 （3）熟悉酒店会计核算流程。 （4）通过酒店外语 B 级考核，取得电脑证书。

4.1.12 往来账核算员职位描述

往来账核算员职位描述，如表 4-1-12 所示。

表 4-1-12 往来账核算员职位描述

直接上级：财务会计主管	
岗位职责	（1）执行财务会计主管的工作指令，并报告工作。 （2）负责酒店暂收、暂付、应收、应付等往来账户核算，正确及时反映酒店与客户间的债权债务情况。 （3）加强对往来账款结算的管理，尤其应压缩各类应收暂付款余款，加速资金回笼。 （4）负责及时对营业收入及应收账户进行登记核对，做到账账相符。 （5）与供应商的借贷付款合同，合理安排付款计划，办理有关财务结算手续。 （6）负责对已收回款项的收据进行核销，如果发现超过规定期限而未经核销的收款收据，则应及时查询签收人。

续表

岗位职责	（7）做好往来账户凭证的制作、电脑输入、记账和打印账簿工作。 （8）月末对其他应收账款明细账的结余金额制表反映，报送财务部经理。 （9）配合部门经理不定期对酒店各部门备用金进行检查。
任职资格	（1）中专及以上学历，财经类专业，助理会计师职称。 （2）掌握会计核算基础知识。 （3）熟悉酒店会计核算流程。 （4）通过酒店外语 B 级考核，取得电脑证书。

4.1.13 成本财产主管职位描述

成本财产主管职位描述，如表 4-1-13 所示。

表 4-1-13 成本财产主管职位描述

直接上级：财务部经理 直接下级：成本计划员、保管员等	
岗位职责	（1）执行财务部经理的工作指令，向其负责并报告工作。 （2）负责成本控制部的日常管理领导工作，做好成本核算、成本预测、成本控制、成本计划及成本分析工作，并负责指导各责任部门做好相关工作。 （3）负责酒店在用、在库固定资产及各种财产物资的管理及固定资产增加、转移、报废、调拨、外借的审核，并报财务部经理或总经理做最后审批。 （4）组织材料和成本的核算，做到数据真实、及时、完整，账账、账表、账物三相符，及时反馈信息，为成本预测和控制工作提供依据。 （5）负责组织编制年度、月度的成本计划和费用预算工作，并分解指标到各负责部门。 （6）组织本部门各岗位做好成本管理的基础工作，建立各项原始记录，严格计量验收，负责各项消耗定额的修订、检查和分析。 （7）做好费用的审核、核算和控制工作。 （8）做好月度、季度、年度成本费用的定期分析和专题分析，考核成本费用计划的执行情况，随时揭示问题、分析原因，提出改过措施或在授权范围内行使成本费用否决权。 （9）掌握库存物资动态，控制物资库存储备量，按时组织编制年度、季度、月度的物资申购计划，在保证供应、合理储备的基础上，加速库存资金的周转，负责呆滞物资的处理考核，落实存货资金周转天数的指标。 （10）严格按照规定要求，负责组织落实外购物资的验收、入库工作，加强与采购部门的工作联系，监督、控制采购成本。 （11）负责对本部门的员工的考核，提供对下属员工的任用、晋升、调动、奖励的资料。 （12）负责本部门员工的思想教育和业务接待培训，提高部门员工整体素质，协调、组织好各岗位工作。
任职资格	（1）大专及以上学历，财经类专业，会计师职称。 （2）掌握会计理论知识，熟悉酒店成本核算、计划分析等各项业务知识。 （3）掌握有关财经政策法规和物价政策。 （4）具有组织协调、管理的能力。 （5）通过酒店外语 B 级考核，取得电脑证书。

4.2 酒店财务管理工作制度描述

4.2.1 财务部员工管理制度描述

财务部员工管理制度

第一条 严格考勤打卡。如有外出业务应先到部门打卡签到，经部门经理批准后方可外出。

第二条 因工作原因，不能及时打卡，请及时向部门经理说明原因。

第三条 上岗穿酒店制服，外出可穿便装。不论何种场合，都请注意衣着符合职业礼仪要求。

第四条 因工作原因，进出客区，请走员工通道。

第五条 陪同客人，可以乘坐电梯。

第六条 接待客户的在店各项消费，均按照先申请、后执行的程序办理。

第七条 注意使用礼貌敬语。接电话先说：“您好，财务部某某。”遇有客人前来部门洽谈业务，请主动问候客人、倒茶，并即刻联系客户寻访同事。

第八条 各种场合遇见酒店领导和其他部门同事主动问好。

第九条 补休、调休、换班等均需及时报告部门经理。杜绝先行后报。遇酒店重大接待活动等期间，不允许休息、调班。

第十条 请遵守《员工手册》每一项工作管理条款。

4.2.2 财务人员行为准则描述

财务人员行为准则

第一条 请向客人和同事展示出财务人员的积极与真诚。

第二条 主动向遇到的每位宾客和同事问好。

第三条 尽可能用宾客姓名称呼客人。

第四条 每位新员工上岗都要经过部门内部的专业培训。

第五条 熟知酒店概况，各餐厅、娱乐场所等营业部门的营业时间、价位和服务内容。

第六条 保持工作区域应有的整洁和必备的工作用品。

第七条 熟知国家有关酒店方面的财务政策。

第八条 接听电话请使用礼貌用语，主动报出您的部门、姓名。

第九条 工作期间，无故不得进入各部门办公区域，不得与工作无关人员闲谈。

第十条 自觉遵守《员工手册》的每一项条款。

4.2.3 物资管理制度描述

物资管理制度

酒店的物资管理包括食品原料、物料用品、布件、工程维修材料及在库低值易耗品等。加强酒店物资管理是降低经营成本、提高酒店经济效益的重要途径。

第一条　物资管理的主要任务

（1）保证酒店经营活动的正常运行，促进管理水平的提高和经营业务的发展。

（2）在确保酒店服务质量的前提下，做好物资的合理采购和合理使用工作，加强仓储管理，堵塞漏洞，降低成本。

物资管理的基本方针：

供应有计划，计划有依据，储备、消耗有定额，管理有制度，实行 A、B、C 分类控制法，合理储备，按计划采购，按定额供应，积极处理呆滞积压物资，降低物资储备，加速资金运转。

第二条　物资核算的方法

（1）计价原则。发出物资一般采用加权平均法计价。一经确定，不得随意变更。

（2）入库物资按品种、规格进行明细核算，做到日清数量，旬结余额。不入库物资采用“对销账”核算方式。仓库员应及时记账，并按领用部门进行发出物资的分配、汇总，编制物资收发存报表，报表一式二份，账表核对无误后，一份留存，一份附入库单、领料单登报财务会计部。

（3）财务会计部应加强对仓库财务工作和商品仓库账务工作的指导；及时解决核算中的疑难问题，每月对仓库财务进行稽核，确保物资账物的完整、准确、及时。

第三条　物资管理的计划性

（1）物资采购计划是组织物资供应的主要依据，物资采购计划必须在掌握市场行情的前提下，根据酒店综合经营计划、物资消耗定额、物资储备定额以及订货合同，充分考虑使用部门的合理要求进行编制。

（2）物资采购计划分为年度计划、季度计划和月度计划。年度计划是指导全年物资供应工作的主要依据，季度计划是年度计划的分解计划，用以明确季度物资采购供应工作的方向，月度计划是物资采购工作的具体实施与调整计划，计划编制按预算管理制度描述要求编制。

（3）计划外急需用品的采购视采购量的大小而分别采用追加计划和申购限额的办法予以解决。追加计划应随时申报。

（4）物资采购计划应列明品名、规格、单位、期末库存量、月消耗量或储备定额、拟采购数量、预计单价、预计采购资金等项目。采购计划一式三份，经财务部经理和总经理审批后，一份留财务会计部，一份送审计室，一份送采购部组织采购。

第四条　物资管理的基础工作

（1）物资消耗定额。

物资消耗定额是编制物资采购计划的重要依据，是实施物资采购计划的基础条件。物资消耗定额必须符合合理、先进的要求。

（2）物资储备定额。

物资储备定额由财务会计部统一管理。财务会计部在物资消耗定额的基础上制订物资消耗资金定额和物资储备资金定额，并按季节进行调整。

（3）酒店所有物资均由采购部统一采购（外包单位商品除外）。

采购部应掌握市场行情，按“质优、价廉”的原则货比三家，择优采购，在同等条件下应先市内，后市外。如使用部门有特殊技术要求，可派人与采购员共同采购或使用部门自行采购，但须由采购部办理入库报销、领用手续。

续表

（4）物资采购若需订货的需按酒店合同管理制度描述要求签订合同，并盖有双方企业法人代表或具有法人委托书的代理人章和合同章。 （5）物资采购后，入库物资由采购员填制入库单，入库单一式四联。物资经提运、验收、入库后经办人员分别签收，一联（存根联）采购部留存，一联（付款通知联）附发票经负责仓库管理的成本财产管理部经理签字后送总稽核员核对，计划外的再报财务部经理和总经理签字，送财务会计部付款，二联留仓库。其中一联（仓库联）由保管员登记收、发、存、记录卡，另一联（记账联）转仓库保管员记账。 （6）不入库的物资填制收料单。收料单一式三联，经提运、验收、领用人员签收后，一联（存根联）采购部留存，一联（付款通知联）附发票经收料部门经理签字后送财务会计部核对，计划外的须报财务部经理和总经理签字后送财务会计部付款。 （7）财务会计部监督采购制度的执行情况，按财务规定审核原始发票及入库单、收料单，审核无误，核销采购计划后付款。 （8）所有外购物资均需验收后方可入库或领用，不合格的外购物资，不准入库或领用，验收所使用的计量工具应符合《计量管理制度》描述的要求。 （9）物资验收员负责外购物品的验收工作，采购部对外购物品的质量在采购的全过程中负全部责任。物资到店后应及时进行验收，尽量缩短入库待验时间，以便在发现差错和质量问题时，及时通知财务会计部拒付款项，并由采购部向对方索赔。鲜活食品、危险物品、贵重物品应随到随验。 被验物资的品种、规格、质量、数量、包装必须与随货凭证、入库单、收料单相符，包装的食品原料应注明生产厂家名称、厂址、商标、生产日期、保质期限、规范、包装规格等。 （10）经检验不合格的物资应及时向部门主管及采购部报告，区别情况，及时处理。 凡质量不合格的，未付款的应予退货，已付款的应向供应单位索赔，订有供货合同的，还应按合同规定的违约责任要求对方给予赔偿。 质量等级下降，酒店尚可使用的（以不影响酒店的服务质量为前提），应视情况予以退货或按货论价。数量短缺或有损坏的，应查明原因分别处理： ① 属供货单位发货不足的，应由采购部与对方单位交涉补足或通知财务会计部减付不足部分的货款； ② 属运输破损、遗失的，已保险的，应向保险公司索赔； ③ 仓库盘存属正常范围内的短缺、损坏，应填制损溢报告单说明情况，经部门主管批准后，予以核销； ④ 属酒店员工工作失职发生的短缺、损坏，应填制损溢报告单说明情况，同时追究有关人员的责任，给予处理。 （11）物资经验收合格后，保管员即按规定签写入库单，并办理入库登记手续（登记进货账、材料卡、材料牌）。 ① 全店各类物资总仓库一律由成本财产管理部统管，但根据业务的实际需要经采购部同意，各业务部门可设立二级仓库，由总仓归口，部门自管。仓库保管员对所掌握的物资负有保管、保养、监督和检查的责任，严格执行物资的收、发、领、退、管等规定，严格履行岗位责任制。 ② 仓库保管员应熟悉、了解各类物资的保管要求，做到“二有”（有岗位责任、有储备定额），“三化”（仓库环境整洁化、材料堆放系统化、材料收发制度化），“三相等”（账、卡、物相等），“统一编号定位”（按统一编号，分架、分层依次对号入座），“五五堆放”，“五防”（防火、防潮、防霉、防盗、防过期变质）。 ③ 仓库保管员应掌握、了解库存物资的储存期限，按先进先出的原则组织发货、防止呆滞变质。

续表

④ 酒店建立食品原料质量鉴定小组，鉴定小组由酒店有经验的厨师、食品检验员、仓库保管员组成，凡使用存放时间超过规定的食品及需报损的食品原料，均需通过食品原料质量鉴定小组鉴定后才能处理。

⑤ 仓库应每月自行盘点一次，冷库定期冲洗，食品二、三级仓库应逐日盘点，成本财产管理部每月对库存物资进行抽查稽核，财务会计部每年组织一次仓库全面盘点，盘点后应及时填制库存物资损溢报告单，说明原因，按审批权限规定分级处理。盘点中发现的呆滞积压物资应及时上报，并积极组织处理。

⑥ 酒店的财产物资因盘盈盘亏及毁损变质或自然灾害等造成损失，应及时查明原因，分清责任，区别不同情况，按下列规定处理：

- 属于定额内的正常损耗，列入本期管理费用；
- 属于责任事故造成的损失，应视责任大小，由过失人赔偿损失的部分或全部。需要核销的部分，按规定的审批权限报经批准后，在管理费用中列支；
- 属自然灾害等原因造成的非常损失，按规定的审批权限报经批准后，以其净损失（账面净值扣除保险赔偿和残值后）列作营业外支出；
- 兼有责任事故及自然灾害等原因造成的损失，按酒店有关规定处理。
- 流动资产盘盈，应查明原因，冲减管理费用，任何部门和个人不得隐瞒不报，不得抵补短缺和损失，或移作他用。
- 领用物资须凭领料单。领料单须经部门主管或相应有审批权的其他人员签署，手续齐全，保管人员才能发料。领用部门应指定专人领料。
- 仓库保管员发料时，应严格按照领料单填写的品名、规格、数量发货，并按实际发货数填列领料单中的实发数量，无特殊情况，实发数量不得超过申请数量。领料单一式三联。领料后一联退领用部门，一联仓库留存及时登记账卡后交材料核算员登账，一联财务会计部进行账务处理。
- 实行以旧调新的物品（工具）须报废单、领料单两单齐全才可领料，属个人保管使用的工具还须带工具卡，因业务发展而需增领的部分，需领用部门主管、成本财产管理部经理会签后才可领用。
- 物料领用后，因质量、规格不符，领用部门要求退货的，应填写红字领料单，并说明原因，经领用部门主管、成本财产管理部经理会签后，准予退库。
- 属材料过程中发现的规格、数量不符，应及时调换。退库的物料须复验清楚，合理的方可入库。
- 退库的物品应加强管理，减少不必要的损失。凡列明保质期的日常用品、食品原料等应优先发出，避免呆滞积压。
- 基本建设和工程所用的物资材料可参照本制度的要求进行管理，实物分开，账簿分设，用途分清，确保物资核算工作的真实性。

4.2.4 酒店合同管理制度描述

酒店合同管理制度

为了加强酒店的合同管理，保证合同的签订、履行、变更、解除能依法进行，维护国家利益和酒店的合法权益，根据《中华人民共和国合同法》有关规定，结合酒店实际情况制定本制度。

第一条　合同管理工作由财务部经理负责。

第二条　合同管理人员必须经工商行政管理部门的专业知识培训，并考试合格获得结业证书者方能担任。财务部是酒店的合同管理部门，其职责：

续表

(1) 负责合同专用章的保管和使用。

(2) 设立合同汇总的台账，负责酒店对外签订合同的管理。

(3) 检查各部门订立和履行合同的情况，并进行汇总做出统计报表。

(4) 制定有关的合同管理办法，组织各部门学习合同管理的法律和政策，提高政策水平和业务能力。

第三条 参加重大合同的谈判与签订，审查与企业经济效益和市场关系较大的合同，参与合同纠纷的调解、仲裁以及诉讼等活动。

第四条 合同管理人员对合同履行中的重大问题有权向部门经理、财务经理、总经理反映，甚至越级反映。

第五条 酒店对外的一切合同，必须加盖酒店合同专用章，各部门不得以部门公章对外签订合同。

第六条 对外签约各种合同必须是酒店总经理或总经理给予授权的各部门经理，未经总经理正式授权者不得对外签订合同。

第七条 合同草签阶段填写合同审查表，由部门经理签署意见后，连同合同文本一并交送财务部审查，财务部经理在三天之内进行计划、财务等方面的审查，并签署意见报送总经理审批后执行。

第八条 凡涉及酒店的对外投资、承包经营、租赁、涉外业务、原材料购销、基建项目等合同，均由酒店财务部经理报总经理批准方为有效。其他合同在总经理授权的范围内由部门经理签署。

第九条 签订经济合同必须条款齐全，责任明确，字迹清楚，在合同内容上应写明标的数量、质量和验收方法，价款或酬金、结算方式、包装要求、履行期限、交货地点和方式、违约责任、解决争议的方法，以及双方协商一致的其他条款等。

第十条 签订合同时对对方履行的能力（包括资信资格）不明的，除要求其出示法定代表人委托书外，还应要求对方出示工商局核发的营业执照副本，审查其主体资格和经营范围，要求提供银行资信证明或担保，担保者必须是能够承担相应的经济责任，并具备独立法人资格的经济实体。

第十一条 合同以法定代表人或法定代表人授权代表签字，并加盖合同专用章后生效，合同生效前，合同承办人应对合同进行反复审查，如发现问题应及时纠正。

合同审查的主要内容：

(1) 合同的对方是否具有独立法人资格，合同对方是否具备履约能力。

(2) 合同内容是否符合法律和政策规定。

(3) 合同是否超越企业经营范围和授权代表的委托权限。

(4) 合同条款是否完整，文字是否正确，签约手续是否完备。

(5) 按规定需要办理公证、鉴证、登记或者审核批准的是否完成这些法定手续。

第十二条 合同签订并生效后即具有法律约束力，必须严格执行确保酒店信誉，酒店实行合同履行情况网络管理，每一个编号合同的履行部门、履行期限、履行内容、履行要求全面进入网络系统。

第十三条 涉及酒店付款的合同，应于合同规定的付款之日前一周，由有关部门通知财务部，以便及时筹措资金按时付款。

第十四条 当事人协商一致，可以变更、转让或解除合同，但依照合同性质，当事人约定或法律规定不得变更、转让的不得变更、转让，法律法规规定变更转让、解除合同应当办理批准、登记等手续的，应依照其规定，凡要变更或解除合同，必须事先以书面形式通知对方，经双方协商一致，按法定程序签订新的书面协议，在双方没有达成新的协议以前，原合同依然有效。

第十五条 合同承办人员收到对方要求变更或解除合同的正式文件、信件、电报应及时告知财务部以书面做出明确答复，对方以电话、口头通知，不能作为变更或解除合同的依据。

第十六条 酒店因情况变化需要变更或解除合同时，应在合同期满前 30 天向对方提出，原合同有规定或双方另有书面约定的，按合同规定或约定办理。

第十七条 合同正本应由财务部负责保管，副本交总经办，复印件分送有关部门。

续表

第十八条 各类合同都必须建立台账登记，台账要能全面反映合同的订立、履行、变更、解除和争议解决处理等情况。 第十九条 有关合同订立、变更、解除的往来函电、信件均应妥善保管，合同承办人员在收到对方有关函电、信件后，应及时在合同副本和台账上做好记录，以便查考，并在函电信件上签注处理意见后归档。酒店就合同订立、履行、变更、解除而撰发的函电均应留底，有关合同的函件一律挂号发出，挂号信存根一并归档。 第二十条 合同执行完毕，应由合同承办人员、部门经理或酒店财务部经理认可。 第二十一条 对已生效的合同要及时分类、整理、立卷、装订归档，以便随时查阅，合同履行结束后，应根据档案法规定保管和处理合同档案，一般买卖合同档案的保存期为三年，重大合同需永久性保存。 第二十二条 凡合同在履行中发生纠纷，原则上应由原承办人员负责解决，合同管理人员应积极配合，合同纠纷发生及解决经过应在合同台账上进行详细记录，凡合同纠纷通过协商解决的，均应将协商结果形成书面协议，并按协议执行合同纠纷，协商不成的，应及时向部门经理和财务部经理汇报，并整理好有关资料，在法定的时效内，可以调解，调解不成的，可依据仲裁协议向有关仲裁机构申请仲裁，没有仲裁协议或仲裁协议无效的，可向人民法院提起诉讼。 第二十三条 合同履行过程中如发生违约事项，应按合同的规定和罚则办理，但确因不可抗力等原因而造成的逾期短少等情况，应取得有关方面的书面证明，报部门经理审核后转财务经理审批处理，合同承办人员不得擅自决定免罚。 第二十四条 合同管理直接关系到酒店经营管理和经济效益，必须列入各级经济责任制考核范围。 第二十五条 对维护酒店合法权益，工作成绩显著或对挽回合同签订履行事故有功，使国家和酒店利益免受重大损失的，应给予必要的荣誉和奖励。 第二十六条 有下列情形之一，未造成经济损失，对直接责任者或责任领导进行批评教育，造成经济损失的，按情节轻重分别给予纪律处分，经济处罚直至追究刑事责任。 （1）应当签订书面合同而未签订，以口头约定代替书面合同而给酒店造成经济损失的。 （2）凡不使用或不验核授权证书签订合同，或使用授权委托书不当，造成经济损失的。 （3）合同授权代表人员在签约履行合同时未尽到责任而造成经济损失的，或导致合同纠纷被处赔偿罚款的。 （4）合同承办人员丢失或擅自销毁合同及合同附件资料，造成经济损失的。 （5）不及时追究违约责任，造成损失的。 （6）合同管理人员玩忽职守，造成经济损失的。

4.2.5 酒店会计档案管理制度描述

酒店会计档案管理制度
第一条 会计档案是记录和反映经济活动的重要史料和证据，必须加强管理，建立和健全会计档案的立卷、归档、保管、调阅和销毁等制度，切实把会计档案管好。 第二条 会计档案是指会计凭证、会计账簿、会计报表、电脑磁盘和其他会计核算资料，按其重要性分为四类存档保管。 （1）会计凭证，会计账簿，会计报表，会计师事务所年审验资报告，会计移交清册，会计档案保管清册，销毁清册，账户余额表，工资奖金发放表。

续表

（2）各类辅助账，计划统计报表及分析资料，各类经济合同。

（3）各类月报表，各类账单，发票收据，领用单，其他。

（4）电算化会计档案管理详见《会计电算化管理制度》描述。

第三条　财务部应设会计档案室或专用柜，并指定专人负责会计档案管理工作，会计档案管理人员调离必须办理移交手续。

第四条　每年形成的会计档案应由财务部按照归档要求负责整理立卷或装订成册，每年会计档案在会计年度终了后，可暂由财务部保管一年，期满之后，由财务部编造清册归案入库。

第五条　已入库的会计档案，应保持原卷册的封装，需拆封管理的应由会计档案管理人员处理。会计档案的保管，必须存放有序，查找方便，同时严格执行安全和保密制度，不得随意堆放，严防毁损、散失和泄密。

第六条　酒店保存的会计档案应根据业务需要，积极给予利于酒店内部查阅，会计档案须经有关负责人同意，并按规定进行登记，查阅后及时归档。

第七条　外单位查阅会计档案需凭查阅单位介绍信，说明查阅范围，查阅人应出示身份证，经财务部经理批准后，才能办理查阅手续。

第八条　查阅会计档案必须由保管人员陪同，查阅的会计档案需保持原样，不得拆抽涂改，如需复印的，须经财务部经理同意，会计档案原件原则上不得出错。

第九条　会计档案保管期按国家规定，一类档案保管期为 14～20 年，二类档案保管期为 5 年，三类档案保管期一般为 2 年，档案销毁时，应指定专人鉴定审查，编造会计档案销毁清册，经酒店总经理同意批准后，对其中未了结的债权债务的原始凭证，应单独抽出，另行立卷，保管到结清债权债务为止，建设单位在建设期间的会计档案不得销毁。

第十条　在销毁会计档案时，财务部应派员监督，在销毁会计档案前，要认真核算销毁清册，销毁后在销毁清册上签字盖章，财务部存档。

4.2.6　采购管理制度描述

采购管理制度

物资采购是酒店管理中的重要环节，加强采购工作的管理是降低物资成本、加速资金周转、提高经济效益的重要手段。

采购部是酒店采购工作的专业部，酒店所需物品原则上均由其统一购买，其他部门应予支持、配合、监督。

采购的计划管理

加强计划管理，严格审批手续，是采购管理的关键。

第一条　客房部、工程部等各部门需用的物品、物资的下一年度计划在本年度 10 月份销售预算编造后，由采购部会同成本财产管理部及相关部门拟订方案，编造年度采购预算，经财务部经理审核报总经理批准后实施。

第二条　根据年度采购预算和成本财产管理的物资需用月底计划，采购部还需编制月度的具体采购计划，每月 25 日前报财务部经理审批后组织实施。

第三条　主食品及其他食品采购采取定期补给的方法，由仓库填写补充申购单，经财务部经理审批后，由采购部实施。

第四条　仓库补充请购，由成本财产管理部根据需要提出申请，填写物品申购单交财务部经理批准后实施。

续表

第五条　其他零星物品的申购，由使用部门提出请购，成本财产管理部根据库存情况审核，预算内由财务部经理审批，超出预算需报总经理批准后方可执行。

第六条　餐饮部每天需购入的鲜活原料，可由厨师长于前一天下午 3：00 前将订菜单报采购部，采购部根据市场货源情况及时与供应单位联系组织进货。

采购物资的择商和价格管理

第七条　采购物品坚持货比三家，严格价格控制。

第八条　所有申购计划或申购单（除鲜活原料外）送采购部后，由采购主管统一登记后分发给食品采购员和物资采购员，由其具体申购单上的采购项目进行招商、确认和报价。

第九条　鲜活原料订菜单直接报送食品采购员，由其负责落实报价，经采购主管审批后保存一联，其余二联返送厨房和成本财产管理部仓库组。

第十条　采购人员收到自己分管的申购单要认真归纳，分类整理。对其中有疑问的内容要与部门经理和申报部门授权人及时沟通，在确认无误后，按照要求时限尽快寻找至少三家以上的供应厂商进行业务洽谈，经过对比筛选，择优确定报价填入申购单，并填好总金额、供应厂商名称后上报部门经理。

第十一条　国外采购申请单由采购主管直接负责。按酒店的有关规定办理。

第十二条　供应厂商优惠、折扣、赠送、回送等必须归酒店所有，并在报价中注明。

第十三条　所有采购项目的择商、报价必须由采购部在充分准备、掌握市场行情的条件下择优确定，使用部门有权了解所需物品的价格和提出质疑，并对所掌握的供应厂商及购物意向主动通报采购部，由其选定质优价廉服务好的供应商。

第十四条　鲜活原料的价格受市场影响浮动较大，食品采购员每十天做市场询价，并由采购主管每十天与供应商洽谈后报财务部经理审批。

采购项目的审批

所有采购项目经审批或为有效订单后，方能实施购买。

第十五条　鲜活原料订购单经授权厨师长签字并完成报价后即为有效订单。

第十六条　除鲜活原料外的所有申购单在完成报价、审批后，必须经采购主管审核签字后，方可上报审批。

第十七条　厨房非正常消耗食品申购单、酒水饮料申购单，经采购主管、财务部经理签字后即为有效订单。

第十八条　预算内物品申购单经采购主管、财务部经理签字后为有效订单。

第十九条　预算外追加物品的申购单，除须经采购主管、财务部经理签字后还需有总经理签字方为有效订单。

第二十条　国外进口申购单经采购主管、财务部经理审核，并经总经理签准后，返回采购部打印订单，再经审批签字后方为有效订单。

采购项目的购买

所有采购项目依据有效订单原则，由采购部统一采购，其他部门一般不得自行购买。

第二十一条　经审批签字的申购单返回采购部后，经统一登记后分发给有关人员。国内采购订单落实到各采购员实施购买，所有购买活动必须依据有效订单规定的项目、数量、价格、时限、供应厂商及其他要求进行。

第二十二条　购买中要认真检查所购买物品的品质、商标、期限、卫生标准等内容，坚决杜绝假冒伪劣等不合格商品流入酒店。

第二十三条　对于需订货或供需双方认为必须签约的经济活动先要与供应厂商洽谈有关业务细节，报采购主管同意，达成协议后，签订采购合同经双方法人代表签字（特殊合同必须取得合法公证）后方能生效。

续表

第二十四条　由于市场变化或其他原因造成购买时价格高于有效订单报价或数量多于有效订单数量时，必须重新办理补缺申购，经审批后方能购买。

采购物资的验收

把好物资验收关，对不符合采购订单内容的项目一律拒收或补办手续。

第二十五条　无论是采购人员自提还是供应厂商送货，货到酒店后，必须首先与仓库验收人员联系，不允许采购人员或供应厂商直接将货物交付所需部门。

第二十六条　凡经批准的各类申购计划，申购单、订货单、合同复印件等由采购部有关人员根据不同时间交仓库保管组验收员作收货凭证，无任何收货凭证的货物，验收员有权拒收。

第二十七条　各项进货均由仓库保管组按收货凭证进行验收，每次到货需由两人同时验收，根据收货凭证、发票核对货物的品名、规格、价格、质量、数量、金额是否一致，货物验收合格后，即开出验收入库单并签字盖章，所有进货均应过磅总数。

第二十八条　进货物品如有合同或小样，应根据合同标准和库存小样进行验收。

第二十九条　每天从菜场或其他供应单位购进并直接领用的鲜活原料，应由验收员和厨师长或授权人员一起验收，验收合格后，验收员开出验收直拨单，并做好鲜活原料日报表。

第三十条　开好的验收单，由验收员送交使用部门签字。入库的货物，由仓库保管员签收；直拨的货物，由使用部门签收。签收后的验收单一式四联，一联交采购员，一联交仓库保管员，一联留存；验收直拨单一联交采购员，一联交供应商作为开发票的凭证，一联留存。两单的一联随收货日报表上报成本核算组。

第三十一条　所有的进货如发现与品名、规格、质量、数量不符时，验收员有权拒收，并向仓库保管员或成本财产管理部主管报告。

第三十二条　验收员编制收货日报表，一联交财务部，一联随验收单交成本核算组，一联留存。

特殊采购项目

第三十三条　对一些技术性强，或有特殊要求的采购项目，采购部可以邀请有关部门相关人员会同购买或授权有关部门相关人员购买。

第三十四条　一般采购物品在7天前、紧急物品在24小时前由各申购部门按照申购程序办理申购。若确有个别紧急需求，须经有关授权人批准后，由所需部门自行购买，在有关授权人监督下收货，于次日及时补办申购、审批、收货手续。

4.2.7 酒店零星费用现金报销制度描述

酒店零星费用现金报销制度

为了加强酒店现金报销的管理，严格执行财务纪律，依据财政的有关规定，酒店的各类零星费用的报销作如下规定：

早、中、夜班津贴

第一条　享受早、中、夜班津贴的时间概念：按人力资源部有关规定。

第二条　报销手续：中、夜班津贴由各部门根据上下班情况统计，每月汇总，由各部门领导签字，报人力资源部审核批准后，由财务部发放。

差旅费的报销

第三条　市内出差。

（1）误餐费凭单据按市内出差伙食补贴标准执行。

续表

（2）车费凭车票（指不享受交通补贴）的由部门领导签字后按实报销。

（3）骑自行车已享受私车公用补贴的，一般不再报销市内车费，如有特殊情况（大风、大雨、路远），经部门领导同意签字，凭票按实报销车费。

第四条　外地出差。

（1）员工去外地出差，一律填写出差申请单，写明出差事由、地点、日期、暂借差旅费金额等，经部门领导签字后报酒店主管领导批准。

（2）员工因公去外地出差按前往地点的不同类别享受规定的伙食补助费标准报销。

（3）参加外地单位召开的不开支伙食补助费的会议的人员，须取得主办会议单位出具的证明，方可按出差伙食补助费标准报销。

（4）职工出差开始和结束当天的伙食补助费，按乘车、船、飞机开出和抵达时间计发。

（5）出差期间已按差旅费开支标准报支出差补助费的一律不得再报支夜餐费、洗涤费、茶水费等。

（6）一般人员出差不得乘坐飞机或火车软卧，轮船只准报三等舱，乘坐其他交通工具，不得超出上述标准，特殊情况需经总经理批准。

（7）出差车船费凭票按规定报销。酒店住宿费按发票实际金额按规定报销。

（8）审批手续。职工报销由部门领导审核，报分管副总经理签字批准，部门领导的报销则由总经理审批。

托费报销

第五条　托费凭收据及独生子女证，经主管部门和人力资源部审核后按规定报销。

第六条　困难补助费应由本人申请，填写申请表格，经人力资源部和工会审批发放。

4.2.8　物料仓库安全管理制度描述

物料仓库安全管理制度

物料仓库

第一条　物料仓库的房顶、墙壁和地面必须牢固，门窗设有安全栅栏。存放贵重物品的仓库装有防盗报警器或应急报警按钮，并配置防撬锁。

第二条　通往仓库内的电线应有铁质套管，库内照明灯具应用加防护罩的白炽灯，烟酒仓库使用防爆灯，并将电源开关安装在仓库外。

第三条　存放的物品应按防火要求留出“五距”。灯距不小于 0.5m，顶距、墙距不小于 0.3m，柱距、垛距不小于 0.1m。

第四条　仓库内设有与规模相适应的消防设备和足量的灭火器材，仓库工作人员必须懂得使用方法和防火安全知识。

第五条　仓库安全由专人负责，门钥匙由专人保管，严禁在库内吸烟和会客，下班前要关门窗，做好安全检查，确保安全。

化学危险品和易爆易燃危险物品存放

第六条　存放化学危险品和易爆易燃物品的场所，必须设在偏离主楼群，人员往来较少，并相对独立的地方。其中易爆易燃物品的存放地应与化学危险物品隔离，并与其他物料存放地保持一定的距离。

第七条　存放地应是阻燃、轻质材料建造，并具备干燥、通风、防晒、防高温等条件。场地内使用的照明灯必须是防爆型灯具，开关装在场外并具有适量的消防灭火器材。

续表

第八条 存放地必须严格执行“四禁”“二不准”：严禁吸烟、严禁明火取暖、严禁住宿和办公、严禁无关人员入内；不准超量存放、不准混杂存放。储备火药、乙烷气罐和固体酒精等易爆易燃物品应设置专用铁箱。

第九条 化学和易爆易燃危险物品必须控制采购总量，领用化学危险物品的原则是当天用多少领多少，当天未使用完的，必须存放到专用的场地，不得留存在施工和无关场所。领用火药、乙烷气罐和固体酒精等危险物品周转容量原则上为一周（七天）。

第十条 危险物品的保管人员必须经消防部门的专业培训。发放危险物品必须建立包括发放日期、时间、货名、数量及往来人员发放签收等登记制度，并定期进行账物核对，发现问题应立即向主管领导和保卫部报告，迅速查明原因。每次工作结束，必须进行安全检查，并切断电源。

4.2.9 财务办公室安全管理制度描述

财务办公室安全管理制度

第一条 总出纳办公室门窗要有可靠的防护装置，室内有保安监控和防盗报警装置，受理收付款处应设柜台。

第二条 存放现金必须使用保险箱，并由专人受理。保险箱的钥匙和密码必须同时使用。下班时保险箱上锁后必须拨乱密码。存放的现金不得超过银行核定的限额。专管人员工作调动或调离，密码应重新调整。

第三条 支票、票证和凭证的管理，坚持检验复核制度，支票和印章应存放在保险箱或保险柜内，严禁使用空白支票。

第四条 付款、提款必须两人同行，并使用防劫报警箱或报警包，数额大的钱款，应请总办派车接送，并请保卫部派员护送。

4.2.10 电脑中心管理制度描述

电脑中心管理制度

电脑系统保养

第一条 每日完成岗位责任制规定收银机、终端设备、打印机的例行维护保养工作。

第二条 每天夜班完成前台系统、后台系统夜间数据整理、数据备份，收银机系统夜间数据清零及备份工作。

第三条 每天负责系统动态监测，对系统用户合理使用监测、调配。

第四条 每月由专人完成数据库整理、系统数据整理。

第五条 电脑系统管理人员要每周、每月整理前、后台各数据备份，保证数据备份完好。

第六条 分析系统故障，对差错数据要找出错误原因及时处理，完善系统。

第七条 经常检查机房的温度、湿度，停电后复电要重新开启空调，保持机房清洁、整齐。

电脑系统操作员安全保密

第八条 严禁将机房资料及电脑系统报表等数据资料私自带出。

第九条 未经财务部经理同意，严禁在运行主机上编制程序，修改程序及数据。严禁将自己的密码转告他人或向系统管理人员索要任何无关密码。

4.3 酒店财务管理日常工作细节描述

4.3.1 原始单据使用细节描述

原始单据使用细节描述，如表 4-3-1 所示。

表 4-3-1 原始单据使用细节描述

项目	规范内容
预收房金收据	此单据连号三联。当客人入住付费后，开出此单据，第一联留存；第二联交给客人；第三联同原始订房单一起，放在客人账单里。（注：在收取散客客人房金时，需多收一天房费为住房押金。如果需要钥匙押金、长话押金亦用此单，国内长途 100 元，国际长途 1000 元。）
杂项收费单	此单据共两联，用于客人在宾馆内无原始单据的消费凭证，如预收冰箱费等。开出此单据时，需要注明收费名称及收取日期，并请客人签字。第一联留存；第二联放在客人的账单里。（注：此单据必须由客人签字）如果客人入住时结清此项费用，则无须开出此份单据，而需开出发票并写明客人交费的项目、起始日期，将发票的“第三联”与客人账单放在一起。
发票	当客人结清有关费用时，需将发票的第三联撕下，与客人的原始账单放在一起（会议代表自付账目的发票之第三联，则需统一保存在会议账单内）。
备用金	分为两类情况：一类是收银员收入比备用金多的押金时，下班时与当班次单班结账单放在一起，投入保险柜中；另一类是收银员本班次退款大于收银，即已动用备用金时，下班时应将本班次单班结账单与剩余备用金一起转入下一班次，直到可以补够备用金时为止。
结账单	（1）客人结账时，打印出“汇总账单”，请客人签字后与客人账单放在一起保存。 （2）当班次结束时，由各收银员打印出“收银员账目明细表”与本人本班次结清客人账单归放一起，单独放置在相应的账单夹里，以供当日夜审审核。
信用卡、外币、支票的传递	由接班的收银员核查（金额、号码、有效期）后负责签收，同时传递人和接收人共同签名后认可。要特别注意支票和信用卡的有效期（对预收长包房客人的信用卡必须一月一结账，不得出现信用卡过期；支票如有签发日期则自签发日起 10 天内有效）。
电脑班次更换	本班次结束前，打印出“今日收银员账目明细表”“单班账目明细表”和“单班结账单”，及时退出个人操作号。

4.3.2 现金、信用卡、支票的收受工作细节描述

现金、信用卡、支票的收受工作细节描述，如表 4-3-2 所示。

表 4-3-2 现金、信用卡、支票的收受工作细节描述

项目	规范内容
现金	（1）收现金时，应注意辨别真假、币面是否完整无损。 （2）外币应确认币别，按当天汇率折算，缺角和被涂划明显的外币拒收（马币、新加坡币不能有裂痕，日元、美金不能有缺角）。 （3）除人民币外，其他币别硬币不接受。 （4）除兑换台币须致电到中行计划科查询汇率外，其他只接受汇率表范围内的外币。

续表

项目	规范内容
信用卡	（1）收受信用卡时，应先检查卡的有效期和是否在接受使用范围内的信用卡，查核该卡是否已被列入止付名单内（刷错信用卡单、过期、止付期及非接受范围内的信用卡一律拒收）。 （2）客人结算时，将消费金额填入签购单消费栏，请持卡人签名，认真核对卡号，有效期、签名应与信用卡一致。正确无误后，撕下持卡人存根联，随同账单交客人。 （3）代他人付款，而持卡人没有入住本宾馆或先离店，须请持卡人在签购单上先签名，填写付款确认书。收银员应认真核对卡号和签名，按预住天数预计金额授权，取得授权后，在签购单边缘注明“已核”字样，签上经办员姓名，写上授权金额和授权号码。 （4）信用卡超过限额的，一律要致电银行信用卡授权中心或通过 EDC 取得授权，如实际消费超过授权金额应再补授权，一笔消费只能用一个授权码，多个授权码应分单套购，方可接受使用。 （5）签购金额如超过授权金额的 10%以内，原授权码仍可使用，无须再授权。
支票	（1）收银员当班接收客人使用的支票时，应用大写在支票填上使用的年、月、日（如果当日不解缴银行的可填为次日的日期），填上“××宾馆”的收银人名称，其他项目均按规定填入（避免遗失被盗用）。 （2）填写支票一律用黑色墨水钢笔填写（不得用其他颜色水笔或圆珠笔）。 （3）小写金额前一位必须写上币号“¥”，以防涂改。 （4）汉字大写金额数字：一律用正楷字或行书字书写，不得任意自造简化字；大写金额数字到元或角为止，在“元”或“角”字之后应写“整”或“正”字；大写金额数字有分的，分字后面不写“整”字、大小写金额不得涂改，印鉴不可重复，一经涂改，该支票即刻作废；如因收银员填错支票的，一律由收银员负责催换支票，直至收到款为止。 （5）收取支票时，应检查是否有开户行账号和名称，印鉴完整清晰，一般印鉴是一个公章、两个私章以上，如有欠缺，应先问交票人是否印鉴相符，并留下联系人姓名和联系电话；本宾馆不接受私人支票，如由宾馆经理以上人员担保接受的支票，该支票出现问题时，由担保人承担一切责任。

4.3.3 发票、兑换水单、作废账单的使用细节描述

发票、兑换水单、作废账单的使用细节描述，如表 4-3-3 所示。

表 4-3-3 发票、兑换水单、作废账单的使用细节描述

项目	规范内容
发票使用细节描述	（1）每位收银员领用的发票由本人保管及核销，不得他人代领和代核销。领用发票第一本使用完后，要及时送财务部核销，再领用第二本备用；核销时作废的页号拆开，其作废号码要填入发票封面背后的发票检查记录栏内，依此类推。 （2）发票金额要凭客人联的消费单金额填写（经办人在发票的有关项目中，要签上姓名的全称），客人消费单要附在发票副联的后面。 （3）核销发票时，如发现发票副联没附上客人联的消费单或发票不连号时，经管人除要附上书面说明，还要承担由此而产生的一切经济损失。 （4）丢失发票要及时以书面形式上报财务部，丢失发票声明作废的登报费用由经管人负责。

续表

项目	规范内容
兑换水单操作细节描述	（1）兑换水单由本人领用和保管，用完45套后，要及时到出纳处再领，由出纳员根据收银员上交报表和水单负责核销。 （2）根据客人要求兑换的外币要辨别真假，按金额填写水单。填写时，一式三联，写明外币金额、币别，按当天汇率折算人民币的金额、日期及经办人，并请客人签名，注明外币编号，写明房号和证件号码；水单不得涂改，兑换时不得不开水单，私自套换外币者作严厉处理；遗失兑换水单的视同套换外币处理。 （3）作废的水单必须一式三联注明作废，并由领班以上证实签名并上交出纳处核销。
作废账单操作细节描述	（1）收银员当班结束时，对于经过电脑操作记录的调整单、作废单等都应送审计稽核，作废单必须由领班以上人员签名证实，注明作废原因。 （2）如事后发现有差错，但又查不到保存的账单，其经济责任应由收银当事人承担，同时还要追究原因。

4.3.4 散客结账服务工作细节描述

散客结账服务工作细节描述，如表4-3-4所示。

表4-3-4 散客结账服务工作细节描述

程序	规范内容
核实入住信息	核查总台传来的住客登记单是否有接待员及输单员的签名，并与电脑上客人姓名、房号、抵/离日期、房价、折扣签字、付款方式等资料进行核对，是否与住客登记单相符。
收取预付金	对上门客人，因没有交托单位或信用担保人，应在客人办理入住手续时，收取预付金。预付金的收取原则上按住店期间的全部房费计算。 （1）现金结算 根据接待员开出的房价、入住天数等收取预付金，并开出预付款收据。 （2）信用卡结算 应检查信用卡的真伪、收受范围有效性，核对银行公布的止付名单，并把信用卡压印在签购单上或在POS机上做预授权，同时开出预收款收据，并写明信用卡种类、号码。 （3）支票结算 应检查支票的收受范围及有效性，并请客人出示身份证或有效证件，查对后做好记录，同时开出预收款收据，写明支票种类及号码。 （4）持记账凭证（Voucher）结算 应认真查验Voucher的有效性，是否带有有效人的签字，并核对Voucher注明的酒店名称、住店日期、房间类别、数量等与实际登记的是否一致，超额部分也要收取预付金。 （5）转账结算 应核对转账结算名册中是否有客人姓名，并检查付款授权书中接待单位的认可签字及同意转账的项目，超出转账项目范围的也要收取预付金。 预收款收据一式三联：一联交客人做离店结账凭证，一联随现金支票交财务部入账，其中收取信用卡和记账凭证的一联留总台结账处，待客人结账后再交财务部入账，另一联存根备查。 预付金收取后应在登记单上签名，并注明种类和金额，一联同其他单据放入房间账卡内，另一联退总台，总台接待员看到收款员的签名，即将房间钥匙交给客人。

续表

程序	规范内容
核对客人消费账目	客人在酒店餐厅等营业场所的消费项目，除设有与总台结账电脑联机的以外，需用手工输入的，要做到： （1）收到收银机联机的账单后，应认真核对账单上的签字、房号与账卡内住宿登记单上的房号、签字是否相符，与账单登记单上的金额是否一致，再打开电脑，核实账单上的内容是否已全部输入客人的账户后，将账单插入客人的房间账卡内。 （2）收到未联机的账单后，也应按上述要求认真核对账单和登记单，再打开电脑，将账单内容输入客人账户，并将账单插入客人的房间账卡内。 （3）账单登记单一式二联，签字核对后，一联留总台结账处，一联退有关收银点。
结账	客人结账时，应主动礼貌问好，当问清客人确是离店结账后，应立即通知楼层服务员（或服务中心）检查该客人房间的小酒吧等其他项目消费情况，催开消费单据或用电话报账。将客人房间账卡内的入住登记单、账单等资料全部取出，工作细节描述如下： （1）检查客人钥匙上的房号与入住登记单、账单上的房号是否一致。 （2）检查取出的账卡资料内有无附件，有否宾客同意转账单。 （3）检查客人刚刚发生的其他费用是否已入账。 （4）打开电脑核对客人的全部账单是否已输入账户，特别要检查那些未能与总台结账联机的费用发生点。 （5）账单内容确定无误后，将客人离店的时间输入电脑，并打印账单，账单打印出后，应复核一遍，确实无误后递交给客人确认签字，客人如对账单中的某些项目提出争议，应报告主管处理。 （6）向客人收回预收款收据，并核对，如客人的预收款收据遗失，而查核确有预收款的，请客人在预收款收据遗失单上签字。 （7）根据客人在订房委托书上选择的付款方式收取款项，如用信用卡付款的，应查看是否超过信用卡的限额，如果超过限额，要看是否已有授权，如无授权应马上与信用卡公司取得联系授权，并请客人在签购单上签名，用现金结算的，如预收的预付金额小于或大于实际费用数，应请客人补付差额或把余额退给客人，并请客人在现金支出单上签字，同时核对该单上的签字与入住登记表上的签字是否相符；用转账方式结算的，应检查转账结算名册里印鉴样本与该客人在账单上的签字是否一致，转账项目标准是否与订房委托书一致，如有超出委托书范围以外部分，应收取费用，并将转账付费与自理费用分别打印账单。 结账后在客人入住登记单上盖上“已结账”章，并在电脑里做“Checkout”，关闭国内外长途电话，防止漏账。
交款、编卡	（1）清点当班取得的现金支票、信用卡等，按款项类别分类填写缴款单，一式二联，送交总出纳员签收后，一联退换交款人备查。 （2）采用封包交款的，应将核对无误后填制的交款单连同现金支票、信用卡等装入特制的信封内封好，投入指定的保险箱内，并请在场的其他收银员在登记表上签字见证。 （3）把已离店结账或挂账的账单以及预付单据等按现金支票、信用卡等分类整理，并计算出每一类合计金额。 （4）编制收银员报告，与各类账单一起交夜审员审核，报告中要列明发票账单的使用情况。

4.3.5 团队结账工作细节描述

团队结账工作细节描述，如表 4-3-5 所示。

表 4-3-5 团队结账工作细节描述

程序	规范内容
1	（1）接到销售部转来团队预订资料时，应核对旅行社、主账号、团号、国籍、抵/离日期、人数、用房数、房价、餐费标准、联系人及联系电话，如有不符，销售部填全，然后按日期顺序插入团队账卡内。 （2）如遇团队预订有变化，销售部应及时前来更改或取消，对取消的团队收取费用，应要求销售部写明收取方法及金额，然后送信用催收员。如不收取费用，销售部经理应签字确认。
2	接到团队通知后，应待前厅部做完该团的登记，即打印出到店团房价表，与资料卡进行核对，如发现有疑问或差错，应及时与有关人员核对无误后，开出团队结算单，连同资料卡、到店团队通知一起，根据离店日期插入团队账卡中。
3	及时与当天到店团队的陪同联系，一起核对该团人数、房间、就餐及离店时间等事宜，并请陪同在团队结算单上签字。
4	夜班结账员于清晨打出当天离店团队自费付款金额，并在该团离店前一小时与陪同联系上，督促客人在离店前付清个人应付款项。
5	当天离店的团队走后，将资料卡、到店团通知单及账单一起转信用催收，电脑中通过做 DB，将寓客账转到外客账中。

4.3.6 长包房结账工作细节描述

长包房结账工作细节描述，如表 4-3-6 所示。

表 4-3-6 长包房结账工作细节描述

程序	规范内容
结账	（1）每天整理长包房发生的有关费用账单，并分别插入住房账卡中，每月最后一天分别打出当月长包房的房费、餐费、电话费等分项明细账单，确认后做账目压缩，并通过电脑转入信用催账的电脑账中。 （2）根据分项账单，开列长包房欠账通知单，附上分项明细单一份（另一份要妥善保管，以备查用），每月 5 日前送到长包房中，如前一个月欠款未付清，应一并列入欠账通知单上。 （3）通知单交给长包房时，应请签字给回执，同时了解长包房何时能付款。如需要长包房签字的账单，应马上提供，结账收款一般在总服务台，也可应长包房要求上房间去收取。 （4）款收到后，并给收款收据，并连同编制的当天交款报告一并交总收款处。
催账	（1）上班时，要核对总台交接记录本，检查前台代收款的情况，查看是否有错。 （2）每月核对合同及电脑中的有关数据，注意长包房的离店时间，为结账做好准备，如有新入店客人，应及时与销售部联系，拿到合同资料后，须核对电脑中房价、日期等有关资料，按合同规定催收客人预付金，收到后开出预收款收据，并打入电脑中的订金户退订金时，要核对预收款收据，并由负责人签字后方可办理有关结账手续。 （3）每周打印一份住店总表，发现假长包房时，要与前厅部、销售部联系解决。 （4）每月上旬做一份长包房欠款情况表。分别报部门经理和财务部经理，对拖欠一个月以上的客户催收无效后，须打专门报告，财务部经理和总经理及时采取措施。 （5）收到客户欠款后，按规定在电脑中做收回。如需调账或冲账，应由主管经理审核确认签字后方可执行，不得私自在电脑中更改任何账目。

4.3.7 零星收款工作细节描述

零星收款工作细节描述，如表 4-3-7 所示。

表 4-3-7 零星收款工作细节描述

程序	规范内容
1	零星收入是指行李寄存费、客衣洗烫费、代办费、客房用品、纪念品费以及赔偿款等。
2	收款时要唱票。
3	其余工作如上述收款流程。

4.3.8 外币兑换工作细节描述

外币兑换工作细节描述，如表 4-3-8 所示。

表 4-3-8 外币兑换工作细节描述

项目	规范内容
兑换周转金出入库程序	（1）根据宾馆与银行签订代兑换外币业务协议内容规定。 （2）银行地区分行向宾馆提供一定数量的兑换周转金，由兑换领班专人管理，单设保险柜，并建立严格出入库手续，确保外币兑换工作的顺利进行。 （3）外币兑换周转金通常每天入库一次，出库两次。每笔金额出入库都要做到签字手续齐全，准确无误。
兑换前准备工作细节描述	（1）收银员每天早上要按时收听并录音中国银行公布的外汇牌价，及时更改当天的外汇牌价表。 （2）领用当天所使用的兑换水单，检查是否连号，是否有短号现象，并办理领用手续。 （3）领用并配备大小面值的兑换周转金，办理出库手续。
外币兑换及承付现金程序	（1）问候："先生/小姐/女士，您好！请问您需要什么帮助？" （2）当客人兑换时，首先请客人出示护照或其他证件，方可填写水单。 （3）经办人接到客人填好的水单时，应注意检查客人的国籍、姓名、护照号码、房间号码、兑换外币金额等内容是否填写齐全，判断识别真假外币，凡是旅行支票，都要检查支票及水单签字与支票背书是否一致。检查后，由经办人根据中国银行卖价或现钞价，核算成外汇人民币转交复核员，经复核员再次审核无误后，即可承付现金交经办人。经办人接现金后，复核承付现金是否正确，无误后连同水单一起呈交客人。 （4）问候："先生/小姐/女士，请您查收，欢迎您下次再来。"
外币兑换营业日报表的编制程序	当一笔兑换业务完毕时，由复核员将水单号码、兑换外币种类及金额分别填写在兑换营业日报表中，编表要求是： （1）按照水单顺序号码一一填写。 （2）外币现金、支票分别填写。 （3）每笔现金、支票金额分别以现钞价或卖价等于兑换外汇人民币金额。

续表

项目	规范内容
兑换员下班前，外币及周转金交接程序	（1）外币交接程序：兑换营业日报表编制完毕后，兑换员应将外币日报表包捆好装入现金袋内封好，并在口袋封口处签上自己的名字，放在指定保险箱内，待第二天领班查处、清点、汇总。 （2）兑换周转金的交接程序：当A班下班后将兑换周转金余额清点好转交给B班兑换员，并办理交接签字手续；当B班工作结束时，将兑换周转金余额清点好装入现金袋内，袋内现金应与现金袋上记录及兑换营业日报表周转金余额一致，与外币现金袋一同放到指定保险箱内。

4.3.9 现钞兑换工作细节描述

现钞兑换工作细节描述，如表4-3-9所示。

表4-3-9 现钞兑换工作细节描述

程序	规范内容
1	按规定时间，每日早上根据中国银行公布的外汇行情，调整好外汇牌价表。
2	请客人填写外汇兑换水单一式三联，要求填写国籍、姓名、护照号、房号及日期。
3	收到外汇后要认清币种、面值，鉴别真伪、唱票收取，发现可疑，应及时与中国银行联系。
4	根据客人所兑外币，填写在客人已填写的兑换水单上，要求分栏填明现金、外币符号及金额，按当日公布的外汇现钞牌价，计算出应兑人民币金额。
5	根据计算出金额付给客人人民币，将第二联兑换水单给客人，第一联送中国银行，第三联留存。

4.3.10 夜审工作细节描述

夜审工作细节描述，如表4-3-10所示。

表4-3-10 夜审工作细节描述

程序	规范内容
夜审班前准备	班前必须了解日审工作有关交班事宜，检查打印机和电脑是否正常，从事箱中将各营业点的缴款凭证和账单分类，主要有三部分： （1）前台客房结账单及收银日报表。 （2）餐厅缴款凭证及账单。 （3）其他部门缴款凭证及附件单：游泳馆、游泳保健、保龄球馆、台球厅等。
夜审工作过程	（1）查看收银员的缴款凭证，并同电脑报表核对。审计员要查看缴款凭证的各类明细填写同电脑报表是否一致，如果数据有修改，收银员应说明原因。没有收银机的缴款凭证，要统计附件单的数据与收银员填写的缴款凭证是否相符。 （2）打印出《今日入住客人报告》，根据入住报告，审核当日入住的每一间房房价输入与开房单上的价格是否一致，折扣房手续是否完整。如有错误应立即通知接待员调整，并将情况写入夜审报告交日审处理。 （3）打印出“今日非平账离店报表”，审核非平账离店的原因，确认责任人。

续表

程序	规范内容
夜审工作过程	（4）打印出“今日调整账目表”，审核调整账目的原因，调整账目单需负责人签字。 （5）查询各收费点转账是否正确：将每一笔转账（未结账部分）账单上的客人签名同开房单上客人的签名及电脑记录进行核对，查看是否相同、是否转错房间。如果是签名不同，则要提醒收银员结账时注意；如果是转错房间，则要立刻调整。 （6）打印出《今日离店客人报告》（交日审查半天房费用）。 （7）夜审审计资料维护：将当日数据复制到“c”盘或“d”盘，为夜审顺利进行做好准备。 （8）进入夜审数据统计：营业组审核（打印出“营业点总班结账表”），完成预审报告，完成自动过费，审核账务报告两遍，终审。 （9）数据整理。 （10）出具夜审报表。 ① 编制“××宾馆营业日报表”。 ② 编制“今日非平账离店报表”“今日调整报表”各一份。 ③ 填写“夜间审计报告表”：将夜审过程中发生的每件事记录下来，需日审协助处理的要注明清楚，填写时要认真。 （11）当班结束：各项工作完成后，将资料进行整理分类后，交到日审办公室。 （12）在账务审核完毕后，做电脑系统夜审及夜审准备，过房费及报表生成，最后完成“营业组成报表”“应收款日明细报表”“营业日报表”“客房经营日报表”、《内部招待报告》《酒店餐饮分析报告》。 （13）做电脑系统数据备份。 （14）根据应收款日明细报表核对收银员应收款账单，若有问题做好记录。 （15）整理各类报表，做好夜审记录及审核过程中发现收款工作中存在的问题，并及时报告日审及有关领导尽快处理解决。

4.3.11 日审工作细节描述

日审工作细节描述，如表 4-3-11 所示。

表 4-3-11 日审工作细节描述

程序	规范内容
处理夜间遗留问题	（1）每天接到“夜间审计报告表”后，对遗留问题要及时处理。 （2）及时填写审计通知书，通知责任人所在的部门主管，并负责落实解决。 （3）将解决的情况写在通知书的第一联上，最后将通知书编号存档，月底统计后，注上处理意见报财务送经理处理。
账单核销	（1）接到收银员的结账单后，检查所付的账单是否齐全，然后按照账单的号码，在票证核对表上按号划销。 （2）如有缺号，调整作废单据手续不齐，则要写入《夜审报告》交日审处理。

续表

程序	规范内容
核对餐厅结账单	客房结账单是由前台收银员为住店客人结账所打印的账单，反映向客人收取的房租、餐费及其他费用。收银员收银明细表是反映当天所结房客账（包括向客人收取的现金、信用卡、支票、外汇、转会议账）的汇总表。 （1）核对餐厅结账单时应注意：账单与附件单的核对，点菜单中每一项都要同电脑结账单相核对，如果不符，则要找收银员查明原因，并进行处理。附件单如有修改，则应由修改人在单上说明修改原因，并由厅面管理人员签名证实，收银员应起监督作用。 （2）核对营业对账表：要查看表中填写的数据与收银员上缴的附件单据中的数据是否一致，核对表中的收银员填写的数据与厅面其他相关人员填写的数据是否一致，如有不符，则应立即向收银员查明原因并及时做出处理，确保营业收入的正确反映。 （3）打折手续应完整：用宾馆优惠卡打折的，要在账单上注明卡号及客人签名；如果是宾馆管理人员为客人打折的，则要有管理人员签名并注明所打折扣。审计员在核对时，要注意收银员所打的折扣是否正确，如果不正确，则要找收银员查明情况，及时做出处理。 （4）免费接待是否符合标准：各级管理人员在宾馆免费接待，签单的权限应对照各级管理人员权限表。查看各级管理人员是否在权限范围内签单接待，如果发现接待超标，则应立即找其补办手续，否则上报财务经理处理。
核对其他部门的缴款凭证及收费单	其他部门（包括康乐中心的游泳馆、保龄球馆、棋牌室、台球厅，商务中心，咖啡厅等）的收银员在营业结束后，根据收银单汇总填制缴款凭证，缴款凭证各项金额与所附收费单金额合计应相符。 (1)收费单必须按号顺序使用，审计员对各部门每日交来的收费单按号在“票证使用单”上逐张划销，发现不连码使用的，应向收费单使用人查询原因，及时催交。作废单必须由领班以上人员签字方可。 （2）核对商务中心缴款凭证：要查清收费单中各项收费项目金额的正确性，定期到商务中心采集机器上的数据，做到账实相符。
检查夜审人员制作的营业报表	负责检查夜间审计人员所做的各项报表的正确性，如数据计算有误，应立即修改，并追究夜间审计员责任。
对各营业点进行检查	检查收银员及厅面其他操作人员是否按规范程序操作，营业款是否如实反映，现金是否如实上缴。如果发现收银员或其他操作人员不按规范操作的，则应立即纠正，并将情况及处理意见及时反映到部门经理和财务经理及质检部门，以防止情况再发生，确保宾馆不受损失。
报表装订	按日期顺序将“收银员操作记录”“各收费点缴款凭证”以及各收费点原始账单装订成册，封面上注明起止日期存档。

4.3.12 账务处理工作细节描述

账务处理工作细节描述，如表 4-3-12 所示。

表 4-3-12 账务处理工作细节描述

项目	规范内容
每日营业收入传票的编制	编制收入传票的依据是每日销售总结报告表和试算平衡表。 收入凭证的编制方法是： ① 借：应收账款——客账 ② 应收账款——街账——明细 ③ 应收账款——团队 ④ 银行存款 贷：营业收入 应付账——电话费
街账、客账分配表统计	（1）街账、客账包含外单位宴会挂账、员工私人账、优惠卡及应回而未回账单等内容，收入核数员每天要填写街账、客账统计表，进行分配。 （2）及时准备将费用记录到每一账户中。 （3）做到日清月结，为月末填写街账、客账汇总表做准备。
客人清算应收款后账务处理	（1）客人接到宾馆催款通知后，规定在 30 天之内向宾馆结算应收账款。 （2）当客人付款时，宾馆应开正式收据呈交客人，作为结算凭证。 （3）收入核数员便根据客人付款内容及金额，每天进行账务处理。 （4）在编制记账凭证前，首先查明该公司账号、账项参考号码及付款内容，并填写在每日现金收入记录表中。
超 60 天应收款挂账催款	（1）根据月结应收款对账单记录及账项，分析报告内容。对凡是超两个月以上应收款挂账客户，进行再次催款，催款前首先了解尚未付款的账项具体内容，并将情况向财务经理汇报。 （2）由财务经理签发催款信，连同缴款通知副本寄给客人；对客人提出的问题要及时给予答复，协商解决办法，为尽快清算应收账款排除障碍。
录入系统	负责将编制的记账凭证输入财务电脑系统。

4.3.13 物资验收、保管工作细节描述

物资验收、保管工作细节描述，如表 4-3-13 所示。

表 4-3-13 物资验收、保管工作细节描述

程序	规范内容
工作准备	上岗后先仔细阅读当天进货单，做到对当天应到的物品品种、规格及数量心中有数。同时应做好磅秤校验和仓库清洁卫生工作。
确认验收货品	物品到货后，应先确认是否有申购计划，然后对物品进行验收。
核对货单	先清点或过磅核对物品数量是否与到货单或发票相符，其中水产类鲜活货需滤去水分再过磅。
逐项验收	（1）包装的食品原料要检查是否注明生产厂家、厂址、生产日期、保质期限、质量标准、包装规格及等级等，进口食品还要检查中文标签和防伪标识。 （2）大批鲜活货或有疑义的食品要由采购员、厨师长、食品卫生检验员、验收员会同验收。 （3）其他物品要按订货封样和要求由使用部门、验收员和仓保员拆箱抽样检验，并共同签字认可。

续表

程序	规范内容
确认验收结果	（1）符合数量和质量标准的物品，由验收员填写验收单，价格根据采购员报价单填写，仓保员收货时根据发票和验收单复核实物，直接进厨房的要按规定办理领用手续。 （2）经检验不合格物品应及时向部门主管及采购部报告，区别情况及时处理。
入库	入库的物品要办理入库单，发货要凭手续齐全的领料单，仓保员每天应根据入库单、领料单及时登记账、卡。

4.3.14 年度预算编制工作细节描述

年度预算编制工作细节描述，如表 4-3-14 所示。

表 4-3-14 年度预算编制工作细节描述

程序	规范内容
提出计划	酒店总经理、财务经理提出下年度的经营目标（GOP 前），明确酒店的经营计划、方针及设想。
成立预算委员会	总经理召集预算管理委员会成员，提出预算大纲及指导思想。
各部门编制支出预算	（1）人力资源部根据培训计划，编制教育培训费货币支出预算报工作小组。 （2）人力资源部根据福利费开支规定及要求，编制福利费货币支出预算报工作小组。 （3）财务部根据各部门销售成本、费用、财产购置预算及库存控制目标编制采购预算报工作小组。 （4）财务部根据酒店要求，编制非经营费用支出预算报工作小组。 （5）工程部、行政管理部门、销售部根据销售预算及费用控制目标，编制能源消耗、市场推广、管理财务费用预算报工作小组。 （6）客房部、餐饮部根据销售预算、劳动力成本预算、维修费预算，编制各经营部门成本、营业费用、税金及部门经营利润预算并进行汇总报工作小组。
各部门编制收入及费用控制目标	（1）销售部根据市场预测及经营目标，编制总销售预算及各营业部门销售预算报工作小组。 （2）工程部根据销售预算及维修控制目标，编制各部门维修费预算报工作小组。 （3）人力资源部根据销售预算及劳动力成本控制目标，编制各部门劳动力成本预算报工作小组。 （4）财务部根据经营情况，编制其他业务收入预算报工作小组。
预算初稿达成	工作小组汇总各部门预算并经测算、平衡、审核后将预算初稿报预算管理委员会。
提出修改意见	预算管理委员会讨论初稿，提出修改意见。
下达修改意见	工作小组汇总召集各有关部门，下达预算管理委员会的修改意见。
各部门提意见	各有关部门按照工作小组意见，进行修改后再报工作小组。
上报预算委员会	工作小组再次汇总修改后的各部门预算，将酒店经营总预算及货币资金收支预算报预算管理委员会。
审批	预算管理委员会通过预算并报总经理审批。
预算下达执行	工作小组综合平衡后将销售预算、劳动力成本预算、维修费预算下达各有关部门。

4.3.15 收入核算工作细节描述

收入核算工作细节描述，如表 4-3-15 所示。

表 4-3-15 收入核算工作细节描述

程序	规范内容
账目汇总	总台结账、餐厅账台、康乐中心及其他营业收入定期汇总。
分类别处理	（1）现金支票、信用卡、交款单一并交给出纳，出纳送解银行，并收银行回单。 （2）交款单、营业报表、账单，要进行审核。
制证	应收账款、应收票据、营业收入及其他。
复核	应对所收票款、账单进行复核。
录入电脑	复核完毕，确认无差错后，将账目信息录入电脑。
存档	存档

4.3.16 支出核算工作细节描述

支出核算工作细节描述，如表 4-3-16、4-3-17 所示。

表 4-3-16 现金支出操作细节描述

程序	规范内容
上缴原始凭证	原始凭证
审核	根据上缴的原始凭证，对收料单、审批手续等情况进行审核。如不符合要求，则发退票凭证
制证	审核通过，将该项情况填写记录到表中，待复核。
复核	将上面的原始凭证及报销款项进行核对。
报销	符合零星报销规定，出纳予以报销。 超零星报销规定范围，由财务部经理核准。
付款	（1）资金管理员根据资金情况开具委托款或付款支票。 （2）财务部经理审核签字并盖印鉴章。 （3）出纳付款。
记录凭证	电脑记账
存档	存档

表 4-3-17 支票核算规范表

程序	规范内容
1	申请人或部门填写支票申请表。
2	申请部门经理签字。
3	财务部经理签字。
4	总经理签字。

续表

程序	规范内容
5	资金管理员根据资金情况填写支票。
6	财务部经理审核并签章。
7	（1）支票正本交申请人支款。 （2）支票申请表核销存档。 （3）支票存根及原始凭证交会计制证。

4.3.17 成本控制核算工作细节描述

成本控制核算工作细节描述，如表 4-3-18 所示。

表 4-3-18 成本控制核算工作细节描述

程序	规范内容
上报审批	编制酒店成本费用计划并上报审批。
落实	分解落实到各经营管理部门。通过多种方法，加强成本控制措施的有效性，主要做到以下几点。 （1）健全原始记录。 （2）了解实际情况。 （3）各厨房调拨成本。 （4）核算餐料和酒成本率。 （5）经常做到信息及时反馈。 并将以上的调查结果，以书面报告形式表述出来，加以研究分析。
监督执行	（1）实地盘点抽查。 （2）各部门逐月核算成本费用。 （3）各部门进行成本费用、分析。
评估	各部门成本、费用控制工作实绩，提出降低成本、费用和加强管理措施的建议。

4.3.18 工资核算工作细节描述

工资核算工作细节描述，如表 4-3-19 所示。

表 4-3-19 工资核算工作细节描述

项目	规范内容
1	职工工资的发放，是根据上个月考勤情况计算出来的。
2	人力资源部按时向财务部提供升、降、缺勤工资变动表，工资核算员则根据工资的变动内容，编制工资表。
3	工资核算员以部门为核算单位编制工资表，然后填写工资汇总表，作为编制工资记账的凭证。
4	负责将编制的记账凭证输入财务电脑系统。

4.3.19 结账收款工作细节描述

结账收款工作细节描述，如表 4-3-20 所示。

表 4-3-20 结账收款工作细节描述

项目	规范内容
1	严格按照工作细节描述进行，使酒店各项营业收入及时收取，岗位卫生达标。
2	确保各营业点的账款收取正确，不遗漏，不错算。
3	确保所收款项与开出的发票、填报的营业报表相一致。
4	为客人提供满意、准确、高效、礼貌的收银服务。

4.3.20 收入审计工作细节描述

收入审计工作细节描述，如表 4-3-21 所示。

表 4-3-21 收入审计工作细节描述

项目	规范内容
1	严格审查各项营业收入，确保所收款项正确。
2	确保房租过账正确。
3	确保编制的各项营业报表正确。
4	对每日查出的问题经核实要及时进行相应的数据调整。
5	正确反映收入折扣数，对不符合手续的折扣、免费项目查明原因，如实反映。

4.3.21 资金管理工作细节描述

资金管理工作细节描述，如表 4-3-22 所示。

表 4-3-22 资金管理工作细节描述

项目	规范内容
1	货币资金管理必须符合有关制度规定。
2	库存现金不以“白条”抵库，不坐支现金，及时做好差错记录，按权限审批处理。
3	现金、银行付款手续完备并在原始凭证上加盖“现金付讫”“银行付讫”章。
4	现金、银行支票收入必须在交款单上加盖收款员私章，收入现金要仔细辨别真伪；收入支票要验看有无身份证登记，大小写金额是否相符，印鉴是否清晰等。
5	空白支票与酒店银行印鉴分人保管。
6	按日核对与银行存款余额是否相符，银行未达款项及时核对入账。
7	往来核算账目清晰、无呆账、坏账。

4.3.22 会计核算工作细节描述

会计核算工作细节描述，如表 4-3-23 所示。

表 4-3-23 会计核算工作细节描述

项目	规范内容
1	会计核算的原始凭证、记账凭证规范，符合要求。
2	会计账簿记录完整、清晰、账账相符。
3	会计报表、统计报表数据出一处，及时准确，表账一致。
4	会计核算的内容全面，数据真实可靠。
5	票据、单据印刷规范，管理严格。
6	税金、费用计提正确，上缴及时。

4.3.23 固定资产购置及报废处理规范

固定资产购置及报废处理规范，如表 4-3-24 所示。

表 4-3-24 固定资产购置及报废处理规范

项目	规范内容
购置	（1）固定资产购置，必须是年度购置预算批准后的采购项目。 （2）固定资产购置无论是进口还是从本地购买，到货后，经收货部办理验收手续，由验收人、使用部门经办人签字，资产核算员根据收货记录及固定资产价值填写固定资产登记表，将固定资产名称、型号、金额、固定资产类别及使用地点等填写清楚。 （3）凭此资料建立固定资产明细账，按月计提折旧。
报废	（1）由使用部门填写固定资产报损单。 （2）转交工程部做技术鉴定，经实地检验认可，属于既不能修理，又不能再使用的，提出报损意见，送报财务部。 （3）由资产核算员填写固定资产原值，已提折旧额及固定资产净值，将报损单送交财务经理、总经理批准，整套手续完成后，方可进行账务处理。 （4）复印该固定资产明细账，报损单作为固定资产提前报损的凭证，编制记账。 （5）负责将编制的记账凭证输入财务电脑系统。

4.4 酒店财务管理工作实用表格图例

4.4.1 餐饮成本、毛利率测算表

餐饮成本、毛利率测算表，如表 4-4-1 所示。

表 4-4-1　餐饮成本、毛利率测算表

年　　月　　日

餐厅及酒吧	食品																	
	本期（当日、三日、七日、十日）					本月累计					本期（当日、三日、七日、十日）							
	食品销售	免费餐	合计	成本	毛利率	食品销售	免费餐	合计	成本	毛利率	饮品销售	免费餐	合计	饮品销售	免费餐	合计	成本	毛利率
总计																		

填写人：　　　（成本核算员）　　　用途：测算餐饮成本、毛利率　　　单位（元）

联数：一式四联，（1）餐饮部（2）财务部（3）财务部经理/总经理（4）留底

制表人：

4.4.2　收银员缴款登记表

收银员缴款登记表，如表 4-4-2 所示。

表 4-4-2　收银员缴款登记表

年　　月　　日

营业部门	班次/交款时间	金额	交款人	证明人	备注

填写人：　　　（收银员）　　　用途：收银员缴款时用

联数：一式一联

总出纳签字：　　　　　　　　证明人签字：

4.4.3　客账日报表

客账日报表，如表 4-4-3 所示。

表 4-4-3　客账日报表

年　月　日

本日项目		发生金额			本日金额	
本日		发生	昨日余额		本日金额	
项目		金额			楼别	金额
房金			本日发生			
加床						
服务费			小计			
客房会场						
食品			本日收回			
			现金			
			支票			
			使用卡			
汽车			财务催收			
长电						
洗衣费						
理发						
服务费			小计			
会场			本日余额			
导游迎送						
代垫						
电传电报					合计	
小酒吧						
俱乐部						

其他	发生金额	补充资料	楼别	出租率	外宾人数	中宾人数
小计						

填写人：　　（夜间收入稽核员）　　用途：反映寓客账发生、收回情况

联数：一式二联，（1）财务部（2）留存

制表人：

4.4.4 财产缴回单

财产缴回单，如表 4-4-4 所示。

表 4-4-4 财产缴回单

部门　　　　　　　　　　　　　　　　　　　　　　　　年　月　日

名称及规格	单位	数量	原值金额	净值金额	缴回原因及意见

填写人：　　（部门文员或财产管理员）　　用途：各部门追回财产

联数：一式四联，（1）财务部（2）仓库（3）二级账（4）三级账

成本财产部经理：　　　　财产管理员：　　　　记账员：　　　　经办员：

4.4.5 转账支票领用单

转账支票领用单，如表 4-4-5 所示。

表 4-4-5 转账支票领用单

年　月　日

领用部门		领用人		部门经理	
收款单位				支票号码	
用途					
金额	（大写）　万　仟　佰　拾　元　角　分				
审批				财务经办人	

填写人：　（支票领用人）　用途：作领用支票凭据

联数：一式一联

注：转账支票领用后，领用人应尽快办妥核销手续。

4.4.6 借款单

借款单，如表 4-4-6 所示。

表 4-4-6 借款单

年　月　日

借款部门		经办人		部门经理	
借款内容		审批意见			

续表

金额	（大写） 仟 佰 拾 元 角 分			（大写）	
财务部经理		财务审核		领款人签字	

填写人：　　　（借款人）　　用途：作借款凭据

联数：一式一联

注：供款后，借款人必须在两周内到财务部输核销手续。

4.4.7 冲账单

冲账单，如表 4-4-7 所示。

表 4-4-7　冲账单

客人姓名：　　　　　　　　　　　　序号：　　　　　　　　　　　　年　月　日

项目	金额		备注	
Total PEC			大写总数	

填写人：　　　　（夜审员）　　　　　用途：冲账用

联数：一式一联

经办人：　　　　交款：　　　　　收银主管：

4.4.8 采购用款申请单

采购用款申请单，如表 4-4-8 所示。

表 4-4-8　采购用款申请单

年　月　日

项目	单位	数量	单价	币种	金额合计	用途说明

主管部门经理签名		采购部或工程部会签		财务会计主管意见		财务部经理意见		总经理意见	

填写人：　　（部门经理）　　　用途：采购用款审批用　　　经办人：

联数：一式三联，（1）采购部（2）仓库（3）留存

4.4.9 存货盘点明细表

存货盘点明细表，如表 4-4-9 所示。

表 4-4-9 存货盘点明细表

填报单位　　　　　　　　　　　　　　仓库

材料类别　　　　　　　　　　　　　　盘点时间：　年　月　日　　　　　　　金额单位：　元

序号	品名	规格型号	存放地点	计量单位	单价	仓库账面收		实际盘点数		盘盈				盘亏				计算方法及公式	结账后收据补抵量
										其中积压		其中报拨							
						数量	金额	数量	金额	数量	金额	数量	金额	数量	金额	数量	金额		

填写人：　　　（盘点部门）　　　　　　　用途：物资盘盈盘亏账面调整凭证

联数：一式四联，（1）财务部（2）二级账（3）三级账（4）留存

盘点小组长：　　　　　　保管员：　　　　　　盘点员：　　　　　　审核员：

第　页　共　页

4.4.10 食品原料进货报告单

食品原料进货报告单，如表 4-4-10 所示。

表 4-4-10 食品原料进货报告单

第　号

附单据　张　　　　　　　　　　　　　　年　　月　　日

类别	品名	数量	单位	单价	金额	小计	客户名称

填写人：　　　（仓库保管员）　　　　　用途：食品原料入库支票款凭据

联数：一式三联，（1）财务部（2）仓库记账（3）留存

仓库保管员：　　　　　　　　验收员：　　　　　　　　记账：

4.4.11 食品原料入库单

食品原料入库单，如表 4-4-11 所示。

表 4-4-11 食品原料入库单

NO： 年 月 日

单位名称	发票号码	货名	单位	单价	数量	金额	备注

填写人： （仓库保管员） 用途：食品原料入库

联数：一式三联，（1）财务部（2）仓库记账（3）留存

部经理： 主管： 记账： 验收：

4.4.12 物资验收入库单

物资验收入库单，如表 4-4-12 所示。

表 4-4-12 物资验收入库单

物资类别	

年 月 日 连续号：

交原单位及部门		发票号码或生产单号码			验收仓库			入库日期		
编号	名称及规格	单位	数量		实际价格		计划价格		价格差异	
			交库	实收	单价	金额	单价	金额		
合计										

填写人： （仓库保管） 用途：原材料入库

联数：一式三联，（1）财务部（2）仓库记账（3）留存

成本财产部主管： 记账： 保管部门主管：

验收： 单位主管： 缴库：

4.4.13 零星物品申购单

零星物品申购单，如表 4-4-13 所示。

表 4-4-13 零星物品申购单

部门： 年 月 日

品名		规格	
数量		估计单价	
申购理由	使用部门负责人：		
维修 更新 添置			
备注			

填写人： （申购部门） 用途：零星申购

联数：一式四联，（1）财务部（2）采购部（3）仓库（4）留存

总经理： 财务部经理：

4.4.14 部门申请购物单

部门申请购物单，如表 4-4-14 所示。

表 4-4-14 部门申请购物单

申购部门： 年 月 共 页 第 页

名称规格	单位	数量	单价	金额	添置	更新	备注

填写人： （申请部门） 用途：各部门每月设备添置申请

联数：一式三联，（1）财务部（2）采购部（3）留存

说明：各部门申购下月所需物品须在当月 26 日前将此单交采购部，非特殊急用物品不得另行申购。

总经理/财务部经理： 采购部： 部门经理： 申购经手人：

4.4.15 物资计划采购表

物资计划采购表，如表 4-4-15 所示。

表 4-4-15 物资计划采购表

编号： 编制日期： 年 月 日

品名	规格	单位	单价	月末库存	核定储备量	采购		备注
						数量	金额	

填写人： （仓库保管员） 用途：物资用品计划采购

联数：一式三联，（1）财务部（2）采购部（3）留存

总经理： 财务部经理： 成管部主管： 保管员：

4.4.16 客房优惠收费通知单

客房优惠收费通知单，如表 4-4-16 所示。

表 4-4-16 客房优惠收费通知单

客房优惠收费通知单
（存根） 现有单位__________，__________等人，客房收费__________。 部门经理： 总经理审核意见： 年 月 日

4.4.17 发票购买领用记录表

发票购买领用记录表，如表 4-4-17 所示。

表 4-4-17　发票购买领用记录表

发票种类：

年月日	发票名称	本数	起讫号码	领票人签章	摘要（或领用部门）	领用数		经手人			存根回收记录
						本数	起讫号码		本数	起讫号码	

4.4.18　酒水进销存日报表

酒水进销存日报表，如表 4-4-18 所示。

表 4-4-18　酒水进销存日报表

餐厅　　　　　　　　　　　　　　　　　　　　　　　　　　　　　　月　　日

酒水名称	单位	单价	进货数	销货数	销货金额	当月盘存	昨日盘存
					总计		

填写人：　　（餐饮核算员）　　　　用途：计算酒水销售毛利率、控制酒水成本

联数：一式三联，（1）财务部（2）餐饮部（3）留存

复核：

4.4.19　总出纳报告表

总出纳报告表，如表 4-4-19 所示。

表 4-4-19　总出纳报告表

日期：

审计平衡表

现金________　　支票________　　差额________　　备注________

前厅

姓名	现金	信用卡	支票	其他	备注

续表

姓名	现金	信用卡	支票	其他	备注
前厅小计					

营业点

姓名	现金	信用卡	支票	其他	备注
营业点小计					
总计					

当日存入银行合计：

制表总出纳：

复核：

日审：

4.4.20 现金收入日报表

现金收入日报表，如表 4-4-20 所示。

表 4-4-20 现金收入日报表

年 月 日

部门	交款单号	现金	支票	信用卡	备注
合计					
代垫及支出					
解：工商行					
解：					
解：					
上期结存					
本期收入					
合计					

续表

部门	交款单号	现金	支票	信用卡	备注
本期支出					
本期结存					

复核： 制表人：

4.4.21 营业日报表

营业日报表，如表4-4-21所示。

表4-4-21 营业日报表

年 月 日

项目	本日发生额		本月累计		去年同月累计		今年累计		去年同期累计	
客房部	房租	出租率%	房租	出租率%	房租	出租率%	房租	出租率%	房租	出租率%
小计										
餐饮部	餐费	其他	餐费	其他	餐费	其他	餐费	其他	餐费	其他
小计										
康乐部	营收	其他	营收	其他	营收	其他	营收	其他	营收	其他
其他										
小计										
其他收入										
其他收入	营收	其他	营收	其他	营收	其他	营收	其他	营收	其他
商务中心										
小计										
合计										

填写人： （夜审员） 用途：反映酒店营业收入情况

联数：一式四联，（1）总经理（2）财务部经理（3）财务部（4）留存

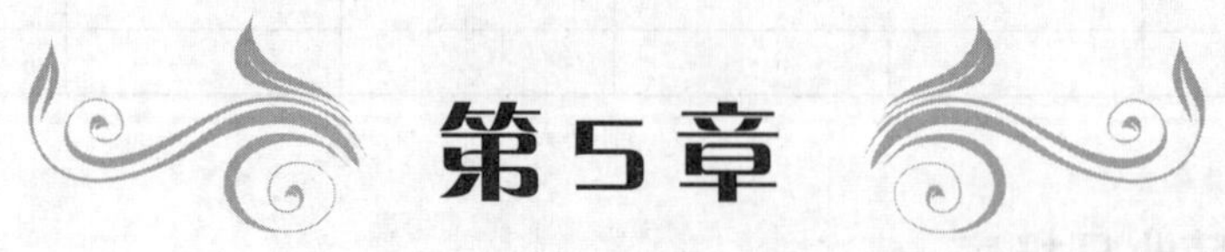

第5章 人力与行政精细化管理细节

5.1 人力与行政管理工作职责划分说明

5.1.1 人力资源经理职位描述

人力资源经理职位描述，如表 5-1-1 所示。

表 5-1-1 人力资源经理职位描述

直接上级：总经理	
直接下级：劳资福利主管、培训主管、人事外勤主管	
岗位职责	（1）执行酒店总经理的工作指令，向总经理负责并报告工作。 （2）全面负责酒店劳动定员定编，制定酒店人事管理、工资福利分配政策，制定和完善培训、考核、晋升、奖励等各项制度。 （3）根据酒店经营目标和工作需要，组织本部工作人员编制人力资源年度工作计划、长远规划与人工成本、培训费用核算，并组织实施和监控。 （4）主持本部门工作例会，听取、汇报、督促工作进度，协调和解决工作中的问题，提出阶段性工作计划和要求，并督促执行和落实。 （5）组织收集人才劳动力市场信息，随时掌握员工需求、人事调配、劳动工资、人员培训等方面的动态，负责组织和合理有效运用酒店的人力资源。 （6）负责协调和指导酒店各部门制订人力资源需求计划，掌握和控制酒店的人员编制总量，组织制订劳动定员定编方案，按编制合理安排和调配余、缺人员，做好员工录用、调动、晋级、辞退等工作事宜。 （7）掌握劳动力市场价格和同行业人均分配水平等信息，根据酒店经济效益和工资总额情况，组织制订劳动工资管理办法和分配方案，并适时提出酒店员工工资调整方案；负责会同酒店财务部制订各营业、管理部门的奖金分配方案以及制定相关的福利政策并监督实施。 （8）负责人才的开发、引进和培训。在酒店内建立分层次的培训网络，负责制订培训计划和培训管理制度。重视新员工的系列培训，教育和督促员工执行酒店的各项规章制度；加强员工的职前培训，不断提高员工的业务技能和外语水平。

续表

岗位职责	（9）负责酒店主管以上管理人员的考核、考察、聘任呈报工作和本部门员工的工作考察评估工作。 （10）负责建立和完善劳动用工规章制度，严格依法用工，切实保障员工的合理权益，减少劳动争议的发生，针对员工提出正当合理的要求，认真、妥善处理和解决有关人力资源方面的问题；努力改善员工的工作环境和生活条件，不断增强员工的凝聚力。 （11）努力提高员工的素质，关心员工生活，做好政治思想工作，抓好部门文明建设和计划生育工作。
任职资格	（1）大专以上学历。 （2）身体健康，精力旺盛，仪表端庄。 （3）熟悉酒店人力资源管理工作。 （4）熟练使用电脑及其他办公自动化设备。 （5）熟悉掌握政府或劳动部门有关人事方面的方针、政策、法规等。 （6）有较强的计划、组织、领导、协调、控制、督导能力。

5.1.2 培训主管职位描述

培训主管职位描述，如表 5-1-2 所示。

表 5-1-2　培训主管职位描述

直接上级：人力资源经理 直接下级：培训教师	
岗位职责	（1）在人力资源经理领导下，全面负责培训部管理、培训、督导工作和酒店各级管理人员、员工的培训工作。 （2）根据酒店经营方针和酒店在管理、服务上存在的问题，分析培训需求，协助人力资源经理制订酒店年度培训规划和月度培训计划。 （3）负责酒店年度、月度培训计划实施的组织、协调工作。 （4）制订酒店年度培训预算。 （5）负责按期向人力资源经理反馈酒店培训实施结果。 （6）负责建立并完善酒店二级培训体系。 （7）安排各部制订年度、月度培训计划。 （8）组织和主持重要的培训活动。 （9）负责同教育机构建立友好的工作关系。 （10）审批修订各种培训教材。 （11）负责员工板报宣传栏的出版，定期向企业杂志提供知识性文章。 （12）负责建立酒店培训档案。 （13）具体负责绩效工作的计划、组织与监督，采取有效措施，提高服务质量。
任职资格	（1）大专及以上学历。 （2）能按照酒店经营发展对人才的需要，制订酒店总体培训规划和实施计划。 （3）有较强的文字综合能力和口头表达能力。具有专业上岗证书。 （4）掌握电化教育的方法，能熟练操作计算机。 （5）了解酒店员工的服务工作细节描述和质量标准的要求。

5.1.3 劳资福利主管职位描述

劳资福利主管职位描述，如表 5-1-3 所示。

表 5-1-3 劳资福利主管职位描述

直接上级：人力资源经理 直接下级：工资员兼文员	
岗位职责	（1）执行人力资源经理的工作指令，具体负责执行国家制定的有关工资、福利、劳保等方面的政策、规章和制订酒店岗位工资等规定及解决员工有关劳动人事方面的问题和投诉。 （2）管理员工人事档案，负责办理员工的转正、定级、定职、考核、晋级的工资变动事宜。 （3）负责办理员工调动的工资手续，调入员工的工资标准的审定工作。 （4）负责办理员工退休、内退手续及管理工作。 （5）负责劳动用工年检工作，编排有关人事台账、年度人员工资报表、人员情况的卡片登记等管理工作。 （6）负责酒店主管以上管理人员的聘任、解聘、奖惩等相关资料的档案建立工作。 （7）负责各类专业技术人员的职称评定工作，建立健全技术档案并完成年度考核评估。 （8）负责各类技术工人等级的审报考核、评定工作，建立健全技术工人档案。 （9）严格酒店劳动工资管理，建立健全员工工资一览表，掌握各类人员的工资变动情况和人员增减情况。 （10）负责员工劳动保护、劳动安全、工伤申报等工作。 （11）负责员工奖惩、超时工作，节假日加班和各种假期工资的审核、报批工作，及时登记造册，并监督和检查其发放使用情况。 （12）负责酒店医药管理工作。 （13）负责拟定酒店员工劳保用品，各类工作服的发放范围、数量和标准。 （14）关心员工的工作环境和劳动条件，及时提出改进意见和建议，保障员工身心健康。 （15）完成人力资源经理交办的其他工作。
任职资格	（1）大专及以上学历。 （2）受过劳动人事部门专业培训。 （3）熟练使用电脑及其他办公自动化设备。 （4）熟悉掌握政府或劳动部门有关人事方面的方针、政策、法规等。

5.1.4 人力资源主管职位描述

人力资源主管职位描述，如表 5-1-4 所示。

表 5-1-4　人力资源主管职位描述

直接上级：人力资源经理	
岗位职责	（1）执行人力资源经理的工作指令。具体负责执行酒店岗位工资、福利、劳保等方面的规定和员工调入调出手续、计划生育管理及内勤管理等工作。 （2）负责酒店员工有关人事档案资料的管理，做好员工婚姻状况、家庭住址等变更记录，并及时在电脑中输入调整有关人事资料，做到资料、档案完备准确。 （3）做好有关人事资料统计分析工作，准确、及时地填报各类报表。 （4）负责各类文件的文字处理工作，做好各类文件、通知、信件、报表和信息资料的收发登记、传阅及保管工作，及时分类立卷。 （5）做好部门或部门经理召开的各种会议的会务工作，做好会议记录，掌握会议决定的落实情况。 （6）处理各类往来公文及信函，接待并解决来电来访事务。 （7）负责本部门财产管理，做到账物相符，账账相符。制订本部门所需办公用品的计划，并做好领取、发放和登记工作。 （8）熟悉店内各类员工的数量、结构等基本情况，了解和掌握各部室人员余缺动态，提出店内人员余缺调剂意见。 （9）保持与劳动就业部门和人才交流中心、服务技校等有关业务单位的联系、沟通工作，保证各类用工渠道的畅通。 （10）负责劳动合同的管理，做到劳动合同的签证、签订、续订、终止工作。 （11）负责员工的招工录用、调动、辞职，合同终止等手续办理以及人事档案的转递。 （12）负责酒店内部员工入店、离店、调职等手续办理。 （13）负责员工养老保险、医疗保险、失业保险、独子保险等各项福利费用的填报、审核、管理、缴纳工作。 （14）检查并完成酒店每月考勤统计及每月酒店岗位工资的申报工作。 （15）负责每月员工餐卡发放及统计上报工作。 （16）负责酒店员工体检工作。 （17）会同各部门做好员工违纪处分或处理，做到事实清楚，适用条款合理。 （18）做好人力资源经理交办的其他工作。
任职资格	（1）大专及以上学历。 （2）具有较强的人力资源开发，人力调配、考核，合同管理等综合人事管理能力，能建立人才信息库和网络。 （3）有较好的文字表达能力，能熟悉操作计算机。具有专业上岗证书。 （4）具备人才学、社会学、管理心理学、行为学、公共关系学、人事统计、财务会计等专门知识的储备。 （5）熟悉人力资源有关政策、法规和《经济法》《企业法》《合同法》《婚姻法》、社会保险、劳动工资等政策。

5.1.5　人事外勤主管职位描述

人事外勤主管职位描述，如表 5-1-5 所示。

表 5-1-5　人事外勤主管职位描述

直接上级：人力资源经理	
岗位职责	（1）负责办理员工的入职和离职手续。 （2）办理员工的劳动合同签署、续签工作。 （3）负责建立、完善、更新、保管全体员工的档案和电脑数据库。 （4）负责每周、每月的人事统计报表填写工作。 （5）员工报纸征稿、出版工作。 （6）协助人力资源经理做好招工、面试与招聘实习生工作。 （7）负责人力资源部所有固定资产的统计管理工作。 （8）起草、打印一般性人事发文。 （9）完成人力资源经理临时委派的其他工作。
任职资格	（1）大专以上学历。 （2）身体健康，仪表端庄。 （3）熟练使用电脑及其他办公自动化设备。 （4）熟悉、掌握政府或劳动部门有关人事方面的方针、政策、法规等。

5.1.6　工资员兼文员职位描述

工资员兼文员职位描述，如表 5-1-6 所示。

表 5-1-6　工资员兼文员职位描述

直接上级：劳资福利主管	
岗位职责	（1）执行有关员工福利、待遇、工资、津贴方面的规章制度。 （2）负责接听人力资源经理办公室电话并代理留言、答复、传呼、转达。 （3）负责安排、准备、提醒人力资源经理的日常约会、例会及外访时间。 （4）负责建立、完善、更新、保管各种文件档案。 （5）审核员工考勤、加班补休、工资/奖金等。 （6）负责电脑考勤、工资数据库的建立与维护工作。 （7）负责申领、管理人力资源部的文具、书籍、仪器、设备。 （8）完成领导临时委派的其他工作。
任职资格	（1）中专以上学历。 （2）身体健康，仪表端庄。 （3）熟练使用电脑及其他办公自动化设备。

5.1.7　行政经理职位描述

行政经理职位描述，如表 5-1-7 所示。

表 5-1-7 行政经理职位描述

<table>
<tr><td colspan="2">直接上级：总经理
直接下级：行政主管、员工餐厅主管</td></tr>
<tr><td>岗位职责</td><td>（1）执行直接上级的工作指令，全面负责酒店员工宿舍、更衣室、理发室和员工餐厅及其他员工服务设施的管理工作。
（2）负责本部门相关管理制度、费用开支并督导管理执行。
（3）负责做好与有关业务单位和酒店有关部门的沟通、协调工作。
（4）做好员工的政治思想工作，关心员工生活。
（5）做好总经理安排的其他工作。</td></tr>
<tr><td>任职资格</td><td>（1）大专以上学历。
（2）有较好的文字和语言表达能力。
（3）能熟练操作计算机。
（4）具有专业上岗证书。</td></tr>
</table>

5.1.8 行政主管职位描述

行政主管职位描述，如表 5-1-8 所示。

表 5-1-8 行政主管职位描述

<table>
<tr><td colspan="2">直接上级：行政经理
直接下级：员工理发师、宿舍管理员、更衣室管理员、员工浴室管理员、员工俱乐部管理员、驾驶员、绿化卫生员</td></tr>
<tr><td>岗位职责</td><td>（1）执行直接上级的工作指令，具体负责酒店员工的宿舍、更衣室、理发室和员工餐厅及其他员工服务设施的管理工作。
（2）负责单身宿舍的住宿安排。
（3）负责更衣室、员工浴室、单身宿舍、员工俱乐部的管理工作，并要经常督促检查。
（4）负责酒店员工档案管理。
（5）负责房管处和其他有房屋关系的单位的业务接洽。
（6）负责员工住房安排的投资。
（7）负责员工住房、暖气、管理煤气费的投资管理。
（8）做好上级领导安排的其他工作。</td></tr>
<tr><td>任职资格</td><td>（1）大专以上学历。
（2）熟悉《公司法》《经济合同法》《企业法》以及房产政策方面的知识。
（3）有较好的文字和语言表达能力。
（4）能熟练操作计算机。
（5）具有专业上岗证书。</td></tr>
</table>

5.1.9 员工餐厅主管职位描述

员工餐厅主管职位描述，如表 5-1-9 所示。

表 5-1-9　员工餐厅主管职位描述

<table>
<tr><td colspan="2">直接上级：行政经理</td></tr>
<tr><td>岗位职责</td><td>（1）协助行政经理抓好厨房的各项管理工作，执行其工作指令，并报告工作。
（2）主持制定员工餐厅的各项规章制度，加强对员工餐厅领班、厨师及服务员的检查和考核，不断完善员工餐厅管理和菜点质量管理。
（3）制订员工餐厅的业务计划，审阅各类业务报表，根据季节和市场需求，编写员工食堂每周食谱。
（4）负责经营成本的分析和核算，坚持食品原料日清日结，制订合理的毛利率指标，掌握餐饮市场信息，货源供应和库存情况，实行预算管理，加强菜点质量控制，认真落实员工餐厅的各项工作。
（5）负责员工餐厅厨师的业务技术培训，组织对菜点的研究、改良和创新。追踪拜师活动的实效，开展技术交流和学先进找差距活动，提高厨师队伍的业务素质。
（6）负责搞好员工餐厅的食品卫生、清洁卫生和安全消防工作，并按照《食品卫生法》和《食品卫生五四制》来执行，督促员工餐厅主管、厨师、服务员严格执行有关规定和制度，定期组织检查和考核。
（7）参与员工餐厅的更新和改造，负责员工餐厅各类设备和财产的管理。
（8）做好思想政治工作，关心员工生活，抓好员工餐厅的文明建设。
（9）做好行政经理安排的其他工作。</td></tr>
<tr><td>任职资格</td><td>（1）高中以上学历。
（2）熟悉食品操作规范和营养卫生常识及《食品卫生法》。
（3）懂得行政管理及供销、采购、保管、财务等业务知识。能有效地组织员工餐厅的正常工作。</td></tr>
</table>

5.1.10　员工宿舍主管职位描述

员工宿舍主管职位描述，如表 5-1-10 所示。

表 5-1-10　员工宿舍主管职位描述

<table>
<tr><td colspan="2">直接上级：行政经理
直接下级：宿舍管理员、宿舍维修工</td></tr>
<tr><td>岗位职责</td><td>（1）协助行政经理管理员工宿舍。
（2）负责员工宿舍管理员的排班、考勤及日常管理。严格按照分配标准安排员工入住，坚持原则。
（3）组织召开本组管理员的每周例会，及时向上汇报工作情况，并向下传达上级的要求。
（4）负责申领清洁用品。
（5）负责员工宿舍固定资产保管及每月盘点清查。
（6）协助行政经理做好寝室的日检、周检、月检工作。
（7）做好管理员的消防培训，并做好宿舍消防预防工作。
（8）完成上级交办的其他任务。</td></tr>
<tr><td>任职资格</td><td>（1）高中以上学历。
（2）有责任心，有一定的管理才能。
（3）身体健康，仪表端庄。</td></tr>
</table>

5.2 酒店人力资源及行政管理工作制度描述

5.2.1 考勤管理制度描述

公司考勤制度

总 则

第一条 为了加强劳动纪律和工作秩序，特制定本制度。

公司作息制度

第二条 公司上班时间为 8：00～12：00，13：00～17：00（可分为夏季、冬季作息时间）。

工作制

第三条 公司（总部）一般实行每天 8 小时标准工作日制度。实行每周 5 天标准工作周制度，周工作小时为 40 小时。

第四条 其他工作时间制度。

（1）缩短工作时间。主要针对特别繁重和过度紧张劳动，夜班工作，哺乳期的女职工。

（2）计件工作时间。按计件定额工作。

（3）不定时工作时间。主要为公司领导、外勤、部分值班人员、推销员、司机、装卸工等，因工作性质需机动作业的工作岗位。

（4）综合计算工作时间。工作性质为连续作业和受季节影响的岗位。按标准工作日换算为以周、月、季、年等周期计算工作时间。

第五条 遵照国家双休日及法定节假日制度。（依酒店情况而定）

（1）每周公休日#天。

（2）法定节假日。

① 元旦，放假#日。

② 春节，放假#日。

③ 国际劳动节，放假#日。

④ 国庆节，放假#日。

⑤ 法律、法规规定的其他节假日，如妇女节、青年节、建军节、少数民族节日等。

考勤范围

第六条 公司除高级职员（总经理、副总经理）外，均需在考勤之列。

第七条 特殊员工不考勤须经总经理批准。

考勤办法

第八条 在有条件的情况下，采用考勤机打卡制度。未采用考勤机的，可填写员工考勤表。

第九条 任何员工不得委托或代理他人打卡或签到。

第十条 员工忘记打卡或签到时，须说明情况，并留存说明记录。

第十一条 考勤设置种类。

（1）迟到。比预定上班时间晚到。

（2）早退。比预定下班时间早走。

续表

（3）旷工。无故缺勤。

（4）请假。可细分为几种假。

（5）出差。

（6）外勤。全天在外办事。

（7）调休。

第十二条　员工须出示各类与考勤有关的证明材料。

考勤统计及评价

第十三条　行政主管负责每月填写月度考勤统计表。

第十四条　公司通过打分法综合评价每位员工的出勤情况。

第十五条　考勤计分办法。

（1）迟到。迟到10分钟扣2分，迟到10～30分钟扣5分，迟到30～60分钟扣10分，迟到60分钟以上扣20分。

（2）早退。早退10分钟扣2分，早退10～30分钟扣5分，早退30～60分钟扣10分，早退60分钟以上扣20分。

（3）旷工。旷工一次扣20分。

（4）请假超期。请假超期一天扣20分。

以100分为基数扣除，考勤成绩分为五级。

优：90分以上；良：80～90分；中：70～79分；及格：60～69分；差：60分以下。

第十六条　公司依据员工考勤成绩决定员工的考勤奖励、处罚。

附 则

第十七条　公司行政部会同人事部执行本制度，经公司总经理批准颁行。

5.2.2 员工奖惩管理制度描述

员工奖惩管理制度

员工的奖励制度

第一条　积极运用科学的激励手段，坚持精神鼓励为主、物质激励为辅，两者有机结合，激发员工的主动性、积极性和创造性。

第二条　人力资源部积极协同各部门建立明确而切实可行的岗位责任制，以此作为每位员工工作绩效评估的依据。

第三条　人力资源部要积极指导部门做好员工的考核培训工作，尤其是对业务骨干、管理人员、要采取多种形式，使其得到学习深造，以期实现员工的求知奖励，为酒店造就后备人才。

第四条　人力资源部制定主管以下人员的晋升考核标准。在填补职位时，考虑提拔或调动现岗员工，由所在部门提出推荐意见，报人力资源部审核，经店级领导审批决定，从而使晋升成为人人可追求的目标。

第五条　在酒店经营管理或提高服务质量中有重大贡献或在精神文明建设中表现突出、产生良好社会效益的员工，在授予精神鼓励的同时，要有相应的物质重奖鼓励。在实施奖励中，应有明确的奖励标准，划分相应等级。奖励的等级分为部门级、酒店级。在社会上获得的荣誉奖励，可根据实际情况参照酒店级标准进行奖励。

续表

员工的处罚制度

第六条　对违纪员工的处罚，应坚持以思想教育为主，经济和行政处罚为辅的原则，旨在使每位员工都能自觉地把自己置于企业主人翁的地位，维护酒店的利益，提高员工素质。

第七条　对违纪员工的处罚，必须做到：违纪事实清楚，适用条款合理。

第八条　奖励与处罚的具体规定可参照《员工手册》的有关条款，也可结合本酒店实际制订的具体细则。

5.2.3　社会保险与员工福利管理制度描述

社会保险与员工福利管理制度

社会保险

第一条　社会保险是由国家规定的具有社会性、强制性、互济性和福利性的一种制度。酒店按规定参加社会养老保险、医疗保险、失业保险等有关保险。人力资源部应认真执行或配合有关部门做好各项保险的结算、统计工作，促进社会保险制度改革的健康发展。

第二条　各项保险费用的提取、缴纳、使用、管理按规定办理。酒店计提的工资总额，按上级有关部门的政策规定执行，计算口径应与年报工资总额相一致，开支必须与财务部门的实际支出相一致。

第三条　在处理社会保险待遇工作中，应正确计算工龄，区别一般工龄和连续工龄；掌握工伤与非工伤的界限。

员工福利

第四条　员工福利是员工分配部分的延伸。在社会主义市场经济条件下，福利措施使酒店人事政策的重要性愈加明显，它不仅是调动员工积极性的激励措施，也是稳定员工队伍、增强企业内部凝聚力的一种重要手段。

第五条　员工福利分为集体福利和个人福利。集体福利包括员工集体文化福利、员工集体生活福利，即员工在店工作期内的工作服、工作餐、培训等；个人福利包括探亲假、婚丧假，以及女职工产假、哺乳假等待遇。同时，社会保险也是员工福利的一项重要内容。

5.2.4　人力资源部办公室管理制度描述

人力资源部办公室管理制度

第一条　所有人力资源部职员必须按时上下班，不得迟到、早退，有事及生病必须向上级请假。

第二条　严格遵守酒店内部及人力资源部内部的一切规章制度，如有触犯则从重处罚。

第三条　爱护人力资源部的公共设施及物品，上下班锁好本人职责内的一切门窗及柜子。最后离开的员工要关掉办公室的一切应该关掉的电器。

第四条　上班时间不得做与工作无关的事情，暂时离开要知会同事或向经理请假。

第五条　上班时间必须穿工服，佩戴工牌，工服必须干净、整洁，仪表整洁、大方。

第六条　责任内的工作要在当天完成，做好工作记录，每周末在本部例会上汇报工作。

续表

第七条　所有在职人员不得利用职权谋取私利。

第八条　对待领导及员工有礼貌，切记“员工就是上帝”。

第九条　团结同事、努力工作。

第十条　对员工的违纪行为要进行处理，切不可视而不见。

第十一条　要有高度的责任感和严谨的工作态度，不得推卸责任。

5.2.5 奖罚管理制度描述

奖罚管理制度

拥有众多员工的酒店坚持规章制度是非常重要的，对于那些违反规章制度，将给予纪律处分。处罚步骤：

（1）口头警告：适用于任何较小过失。

（2）第一次书面警告：触犯任何较大过失或重复触犯较小过失。

（3）第二次书面警告：重复犯任何较大过失。

（4）最后书面警告：重复触犯任何过失。

（5）停职检查：触犯任何严重过失。

（6）解除劳动合同：触犯严重过失或重复触犯任何过失。

扣款标准：可以采用扣分制，1 分等于 1%的基本工资，并在当月工资中体现，不允许现金罚款。如有违反，将追究部门最高负责人的责任。

过失详情可参阅酒店的各项管理规定或《员工手册》。

5.2.6 员工工牌管理制度描述

员工工牌管理制度

为了加强管理、提高服务质量，更好地体现出酒店员工的职业风范，凡员工上岗必须佩戴工牌。

第一条　发放范围：在酒店任职的正式员工、试用期人员和实习生。

第二条　部门经理级及以上人员佩戴集团标志。

第三条　部门经理级以下人员佩戴工牌，以中英文名为主，牌面上标明员工本人的工号及部门。

第四条　试用期内人员及实习生佩戴“TRAINEE”牌。

第五条　员工在工作岗位上必须将工牌端正地佩戴于左上胸。

第六条　凡不佩戴工牌者将处以罚款。

第七条　不得互换工牌，凡发现佩戴其他员工工牌者，将给予警告，并处以罚款。

第八条　佩戴一年以上，磨损不能使用的工牌在更换时不收费。佩戴不足一年因磨损不能使用的工牌，视磨损程度收取一定的工本费。

第九条　凡属丢失或故意损坏的需要更换工牌者需要缴纳工本费。

第十条　离职人员需将工牌交回人事部，不能交回者需在工资中扣回工本费。

5.2.7 考勤管理制度描述

考勤管理制度

第一条 酒店各部门按定员标准配备兼职考勤员，具体负责部门考勤工作，做到记录准确。考勤的期限以一个月为一个周期。

第二条 人力资源部是主管酒店考勤工作的归口部门。负责制定和修改考勤制度，对各部门进行业务指导，帮助处理有关考勤方面的问题，组织检查和分析考勤制度的执行情况，掌握员工的出勤状况，按月填报出勤率报表，定期向酒店领导汇报。

第三条 酒店员工建立考勤卡，一人一卡，要求做到天天有考勤，月月有汇总。考勤卡当年部门内保存，次年送人力资源部统一保存。员工办理离店时，考勤应随《离店通知书》一起交人力资源部。

第四条 员工考勤内容有：出勤、迟到、早退、旷工、事假、病假、丧假、婚假、产假、探亲假、工伤假、哺乳假、调休等。

第五条 酒店实行符合国家规定的工时制度。在员工自愿的情况下，周六可加班，并按国家规定的工时制度。在员工自愿的情况下，周六可加班，并按国家规定计发工资。员工按规定时间上下班。由部门根据工作情况和特点决定工作班次，经人力资源部审核批准后执行，由人力资源部统一报劳动部门批准后实行。

以下情况的处理：

（1）工作时间严禁从事与工作无关的活动。各部门如在工作时间组织活动，须报酒店分管领导批准。

（2）员工请假必须事先办理请假手续。未办理请假手续、无故缺勤，视为旷工。旷工包括：未经请假或请假未得到批准不到岗者；不服从组织调动，擅自不到岗并停止工作者；假满无故不到岗者。

第六条 管理人员在工作时间因公临时外出的，部门正职须经分管领导批准；部门副职及以下管理人员须向部门正职请假；部门正职因公或因私外出 4 小时以上的需总经理批准；一般工作人员应逐级请假。并均应在部门考勤表上如实记录。

第七条 员工因病或非因工负伤而请假的考勤凭证。急诊可到指定医院治疗，取得病假证明方可办理请假手续。

第八条 凡因病连续停工满两个月以上的病假员工，确实需要停工医疗的，应凭指定医院证明办理续假手续，每次续假时间一般以一个月为限，并根据本人实际参加工作年限和在本单位工作年限，给予 3 个月到 24 个月的医疗期。医疗期的期限认定按照劳动部《企业职工患病或非因工负伤停工医疗期规定》的精神办理。

第九条 员工加班一般应在第二天予以同等时间休息。如工作离不开，则部门可在一个月内安排补休。

第十条 员工请假应提前填写请假单，待批准后生效，特殊情况除外，审批程序按酒店规定执行。否则作旷工处理。请假归来需向主管或部门经理销假。

第十一条 请事假天数的审批权限按以下规定办理。

（1）部门经理可批准本部门员工请假三天。

（2）请假三天以上由部门经理签署意见，经人力资源部审核，报分管领导审批。

（3）部门经理请假，需报分管经理，并经总经理批准。

第十二条 酒店各部门经理要具体分管负责考勤工作，做到一级抓一级。主管、领班要天天查考勤，部门每月要做到检查一次，人力资源部将组织有关部门进行定期或不定期的检查。

第十三条 凡因各类假期涉及工资、奖金的扣款标准，按酒店有关规定办理。

5.2.8 员工职前培训工作制度描述

员工职前培训工作制度

总 则

第一条　为提高新进员工素质和技能，推行职前培训体制，特制定本办法。

适用范围

第二条　凡公司新进初、中级员工均须进行职前培训。

培训程序

第三条　在新进员工报到后，全体新进员工进行一定时间的集中培训。

第四条　由公司人事部主持职前培训，制订职前培训计划，并经公司领导批准后实施。

第五条　新进员工应积极参加职前培训，并填写新进员工职前培训表。

第六条　各部门应配合人事部对新进员工的培训工作。凡涉及介绍本部门职责、功能的，均应认真准备。

第七条　新进员工培训毕，将其培训成绩记录在案。各位员工职前培训表在员工签字及各级主管评价后留存人事部。

第八条　对在职能培训中表现极差的，公司可予以辞退。

培训内容

第九条　培训内容。

（1）公司简介（概况、公司历史、公司精神、经营理念、未来前景、公司组织说明）。

（2）公司人事规章和福利（作息、打卡、门卫检查、用餐、服饰、礼仪、休假、加班、奖惩）。

（3）《员工手册》说明。

（4）财务会计制度（费用报销）。

（5）办公设备使用和材料采购、申领、报废。

（6）消防安全知识普及，紧急事件处理。

（7）本岗位职责、工作内容、工作规程。

（8）投诉及合理化建议渠道。

（9）参观有关工厂现场、企业荣誉室。

（10）引领到本人岗位工作场所，并与同事见面。

（11）指引存车处、乘车处、更衣处、厕所、就医处、食堂、饮水点等位置及注意事项。

注意事项

第十条　新员工抵达公司时，公司应营造欢迎新员工的热烈气氛，专人迎接，并贴标语。

第十一条　培训过程中介绍情况先务虚、后务实，按轻重缓急安排培训内容。

第十二条　培训中书面讲解、参观现场、操作示范相结合。

第十三条　在新进的前半个月中指定人员对新进员工进行个别辅导，及时解答其疑问，肯定成绩，指出不足，帮助解决。

附 则

第十四条　本办法由人事部解释、补充，经公司总经理批准颁布施行。

5.2.9 档案管理制度描述

档案管理制度

根据《中华人民共和国档案法》及有关法规的规定，酒店的人力资源部应该做到有关档案的管理工作。

档案管理实行“统一领导，分节管理”的原则，维持档案的真实、完善与安全，便于将来使用。

第一条 员工档案。

员工档案由酒店的人力资源部统一管理，人力资源部应全面掌握酒店员工基本情况的收集、鉴别、管理和利用工作。为做好考察、培养、使用工作提供重要的依据。员工档案主要分以下两类：

（1）员工人事档案。

员工人事档案是人力资源部以个人为单位集中保存起来的反映个人一定时期的社会经历和德才表现的文件资料。主要包括以下基本内容：员工履历、自传、鉴定、考核、考察资料，学历和评聘专业技术职称及专业工种技术等级考核或鉴定材料；党团、奖励处分材料；任免、工资、录用、离店等审批表及其他有关重要材料。

① 员工人事档案的收集、整理和保管。

员工人事档案的整理应按有关方面规定的十大类进行。整理、装订成册的材料必须具有一定保存价值，还要符合进入员工人事档案的规定。

员工人事档案必须存放在可靠安全的场所，做好防霉、防潮、防火、防蛀、防盗工作，并实施专人保管。

② 员工人事档案的查阅和借用。

查阅人事档案，必须办理查阅登记手续，查阅一般员工人事档案，由人力资源部总监批准；查阅管理人员人事档案按管理权限办理审批手续。

外单位人员需要查阅、借用人事档案时，必须出示有效的证明，并经有关领导批准。查阅和借用人事档案的人员必须严格遵守保密制度，不准向无关人员泄露或向外公布档案内容，违反者视情况轻重，予以批评教育直至纪律处分。

③ 员工人事档案的转递。

在员工录用和离店时，人力资源部应及时办理员工人事档案的转递，做到转递手续完备，材料完整。

④ 员工人事档案的转递不得由本人办理。

（2）员工工作档案。

从员工进入酒店开始，记录员工在为酒店工作过程中各个阶段的个人经历、思想品德、业务表现、教育培训、奖惩记录的综合情况。材料包括：员工求职申请、招聘录用、劳动合同和有关离店记录等资料；教育培训记录、专业特长与爱好的资料；工资福利资料；劳动业绩、服务工作评估资料；出勤记录、工作岗位流动等资料。

员工工作档案由员工所在部门负责收集、整理和管理，人力资源部负责指导。每一年由人力资源部负责指导部门对员工的各种资料进行汇总、鉴别、分类和归档。员工离店或部门之间调动时由所在部门将员工工作档案转入人力资源部。

第二条 部门工作档案。

人力资源部的工作档案分为人力资源档案、工资福利档案、教育培训档案和行政人事档案等四个部分，分别记录人力资源部的工作。

（1）人力资源档案。

有关请示、批复、报告、通知等文件、工作计划，以及员工招聘录用或离店的审批材料，劳动合同资料包括签订、续签、变更、解除、终止劳动合同的有关资料，岗位变更资料等。

续表

（2）工资福利档案。

有关请示、批复、报告、通知等文件、工作计划，以及工资、奖金分配办法、考核资料，福利发放及变更记录、月度员工考勤汇总等。

（3）教育培训档案。

有关请示、批复、报告、通知等文件、工作计划，教育培训工作、教育管理等活动中产生的，经整理并保存下来的具有价值的文字资料、授课讲义、考试资料、图表、照片和音像资料等。

（4）行政人事档案。

有关请示、批复、报告、通知等文件、工作计划，卫生防疫检查记录、员工健康检查资料、食品卫生检查资料、员工餐厅有关管理资料等。

人力资源部的工作档案按年度建立索引、装订成册。

5.2.10 单身宿舍管理制度描述

单身宿舍管理制度

为了加强集体宿舍的正规化管理，给员工创造一个文明、卫生、安静、安全的休息环境，提高员工的精神文明素质，将做如下规定：

第一条　服从宿舍管理人员的管理，严格遵守宿舍的各项规定。

第二条　如工作调动，则离店人员必须在停止工作后三日内办好手续搬出宿舍，再将宿舍钥匙交到行政部，每超一天收取十元宿舍租金。

第三条　自觉维护宿舍内外及楼梯走廊、通道、公共卫生间的秩序、安全、卫生，不准乱扔垃圾、随地大小便、随手倒污水，应自觉将垃圾置入垃圾桶内，争创文明宿舍。

第四条　维护宿舍内外的设施设备，不准乱拿乱借，乱拉乱接，一旦损坏应立即报告，保证各种设施设备的完好。

第五条　宿舍 23：00 关门，如有因工作需要晚回宿舍者，则须持有部门经理因公加班的证明信，方可进入宿舍，否则视为违反宿舍规定一次。

第六条　宿舍不准会客，如有直系亲属来探访，必须在宿舍值班室小理登记手续，探访时间不得超过 21：00，否则禁止入内，同学、朋友等非直系亲属无特殊情况一律禁止入内。

第七条　有直系亲属来访需过夜者，必须到行政部申请批准后在不超过三天的情况下可以入住，但留宿者必须遵守有关规定。

第八条　宿舍内禁止大声喧哗，听收音机或录音机以及看电视不得影响他人休息。

第九条　宿舍内禁止打扑克、打麻将、酗酒、打架斗殴、赌博及变相赌博。

第十条　男女员工不得以任何理由串宿舍。

第十一条　宿舍实行轮流值班日制，当天的值日生负责搞好宿舍内、门口外的卫生，宿舍要保持每时每刻干净整齐。

第十二条　住宿员工不准私自移动宿舍床位或私自调换宿舍。

第十三条　不准乱拉电线，以及私自使用电炉子、电褥子、热得快、60W 以上灯泡。

第十四条　对浪费水、电，造成一定经济损失者，按工程下达的有关规定处理，有浪费现象罚款 50 元。

第十五条　宿舍内各种物品摆放整齐，床面、地面要整洁。

续表

第十六条　在宿舍内禁止带入有皮、核的食品或零食。 第十七条　宿舍内打内线电话不得超过三分钟。 第十八条　凡未经各部门经理批准同意值班除外，严禁整宿不归在外过夜者。 凡违反上述规定，第一次除给予书面警告处分，还将给予 10～20 元的经济处罚，第二次除给予最后警告处分，还将给予 30～50 元的经济处罚，情节严重及屡教不改者，除给予留店察看或者开除之外，还要根据情节给予一定的经济处罚。 以上规定从分到宿舍之日起请遵照执行。

5.2.11 员工餐厅管理制度描述

员工餐厅管理制度

仓库管理和卫生制度

第一条　外省、市采购的食品必须经卫生防疫检验，并持有合格证。

第二条　食品进、出库必须坚持先进先出。做好质量验收、验发工作，并登记入账。

第三条　食品必须按类堆放，做到定置管理，注明数量及入库日期。

第四条　调味品、辅料必须存放在有盖容器内，并标明品名，做到无虫、无霉变。

第五条　冰库、冰箱由专人负责，定期保洁、无异味。存放的食品必须堆放整齐，隔墙离地。环境无油垢、无蟑螂、无鼠迹。

面点间卫生制度

第六条　所用原料必须做到卫生、新鲜、无杂质、无腥味。

第七条　加工用具、容器、蒸笼（格）必须整洁完好。

第八条　冰箱内生、熟食品和半成品要分开，成品要专格盛放。

第九条　操作间内环境卫生做到整洁、无虫害，地面无油垢、无积水。

第十条　工作人员要保持工作衣帽整洁，不留长指甲、不涂指甲油、不戴首饰。上岗必须戴口罩。

厨房间管理和卫生制度

第十一条　严禁加工、烹调有害和变质的食品。菜肴成品必须保证质量，生、熟食品盛器有标记，并严格分开使用。

第十二条　墙面、盛器、用具、工作台等无积尘、无油垢，地面无积水。

第十三条　冰箱内食品分类用盘存放，不叠盘，生熟分开，内外保持整洁无油垢、无异味。

第十四条　成品橱内整洁、无积尘、无蟑螂、无鼠迹。

第十五条　辅料、调味品必须放置在盛器内，做到无霉变、无虫害，用后加盖。

第十六条　垃圾桶加盖密封，周围清洁、无蝇，垃圾及时清除。

第十七条　工作人员保持工作衣帽整洁，不留长指甲、不戴首饰。上岗必须戴口罩。

5.2.12 车辆管理制度描述

车辆管理制度

第一条 车辆维修保养、年审均需提前上报各种计划，做出明细预算，报总经理办公室待总经理批准后方可到酒店指定的车辆维修厂进行维修保养，如驾驶员不经批准擅自到厂家维修的，一切费用由驾驶员个人负责。车辆维修的质量、效果由驾驶员负责检查，结算时凭修车明细、发票和总经理批示报总经理办公室核批后，由财务部支出。

第二条 车辆的油耗按派车单所去的目的地所行驶的里程（如遇特殊情况除外，如车辆逐渐陈旧，机械老化耗油），桑塔纳车按年平均每百公里 10 升油，面包车按年平均每百公里 15 升油补发油票，不按照规定派车和不按目的地行驶里程耗油（特殊情况除外，如修路绕行）由驾驶员个人负责。车辆每次派车所行里程和目的地，应由乘车人给予签字确认。

第三条 未经申报酒店总经理批准，驾驶员不得将车辆私自使用或私自借给他人使用，违者将按《员工手册》有关规定处理，并给予（目的地）实际公里油耗两倍的罚款，如车辆出现意外事故，由违规驾驶员承担全部经济责任。

第四条 为保障车辆存放安全，未经分管领导批准，驾驶员不得擅自将车辆开回家过夜，违者按《员工手册》有关规定处理，并给予实际公里油耗两倍的罚款，并作为工作考核依据，如车辆出现意外损失，违规驾驶员视情节将承担全部经济损失。

第五条 停车费、过路（桥）费、驾驶员出差补助费，以及因工作需要经总经理批准的加班费用的报销，均于次日的 5 日内办理，无特殊情况，不得拖延或提前。对于不附明细、不符合规定或说服力的均不予报销（过路、过桥费的背面应注明时间和地点）。

第六条 驾驶员的出车、出差补助费等相关费用，均按酒店“关于差旅费开支的有关规定”执行。

第七条 驾驶员要积极参加安全行车竞赛活动，对全年安全行车万公里以上无责任事故，无人为故障者，将给予精神鼓励和物质奖励。

5.3 酒店人力资源及行政管理日常工作细节描述

5.3.1 补充员工工作细节描述

补充员工工作细节描述，如表 5-3-1 所示。

表 5-3-1 补充员工工作细节描述

程序	规范内容
申请	部门以书面形式申请补充员工。
审核	人力资源部根据该申请部门的编制和实际需要进行审核。
审批	报总经理审批，并获通过。
确定员工来源	一般员工的来源包括确定员工来源各类学校、人才交流中心、职业介绍中心、推荐、招聘洽谈会及其他途径。
筛选	筛选合适的应聘人员资料。

续表

程序	规范内容
发面试通知	在通知上写清楚面试的时间、地点及需带材料。
接待面试	基本确定人选。 （1）填写“应聘人员情况表”。 （2）用人部门经理及人力资源经理进行面试。 （3）考核语言能力、业务知识、专业技能。
后续处理	（1）政审（户籍地派出所）。 （2）体检（市卫生防疫站）。
录用完毕	通知录用、办理报到。

5.3.2 员工报到、工作分配工作细节描述

员工报到、工作分配工作细节描述，如表5-3-2所示。

表5-3-2 员工报到、工作分配工作细节描述

程序	规范内容
1	收取（留存）各类凭证：人力资源部负责留存所录用身份证、失业证、暂住证、计划生育证明（女工）、照片四张、养老保险手册、养老保险、公积金等转移单等。
2	办理入职手续：填写员工登记表，签订培训合同，领用工牌、餐卡、《员工手册》，上岗前培训。
3	分配入职员工： （1）客房部，领取工服。 （2）财务部，交押金、培训费。 （3）行政部，安排宿舍、领用工柜钥匙。
4	上岗培训。
5	分配。
6	报到。

5.3.3 办理员工录用手续工作细节描述

办理员工录用手续工作细节描述，如表5-3-3所示。

表5-3-3 办理员工录用手续工作细节描述

程序	规范内容
确定录用方式	录用员工一般有三种形式，包括调动、社会招聘、社会分配。
确定录用渠道	不同层次的人才有不同的录用渠道，一般主要有两个。 （1）专业技术人员，一般通过人才交流中心可以招聘到，此类人才需要提交资料，包括毕业生协议书、报到证、落户证明等。 （2）一般人员，该类人员通过职业介绍中心可以获得，需要该类人员提交资料，包括劳动合同、合同制工人花名册、报到证（技校学生）等。
后续工作	确定录用人员，办理录用手续，提取员工档案。

5.3.4 合同到期员工签订劳动合同工作细节描述

合同到期员工签订劳动合同工作细节描述，如表5-3-4所示。

表5-3-4 合同到期员工签订劳动合同标准工作细节描述

程序	规范内容
征询意见	合同到期前两个月发征询意见书到部门及员工本人。
做出决断	人力资源部提出是否续签合同及期限，若合同终止，需要提前一个月通知员工并提出终止意见。
审批	将决断结果报总经理核准。
双方签字、盖章	一份员工保存（签收），一份存入员工档案。

5.3.5 办理社会保险工作细节描述

办理社会保险工作细节描述，如表5-3-5所示。

表5-3-5 办理社会保险工作细节描述

程序	规范内容
核定当月缴费人员	（1）增加人员，转入或新进人员开户。 （2）减少人员，转出或终止、封存。
上报审批	人员变更情况、保险应交费总额测算报总经理审批、财务审核后，领取支票。
办理社会保险	按规定时间到社会保险事业处办理各种保险的变更、核批、交费手续。
操作个人交费、扣费工作	根据保险个人的交费比例，于当月工资中扣除个人各项交费余额。

5.3.6 办理员工离店手续标准工作细节描述

办理员工离店手续标准工作细节描述，如表5-3-6所示。

表5-3-6 办理员工离店手续标准工作细节描述

程序	规范内容
下发通知	人力资源部下发《离店通知书》给员工。
办理离职手续	员工在接到通知三日内到相关部门办理有关手续。 （1）人力资源部：交回《员工手册》、工牌、餐卡，清算当月工资，通知停发下月工资，离店员工有关手续、资料，清除人事电脑记录。 （2）行政部：退宿舍，交工柜钥匙。 （3）客房部：返还工服。 （4）财务部：退还所领取的酒店工具、设备用品，员工领取押金。 （5）本部门：交接工作，收回职工考勤。
后续工作处理	（1）人力资源部：办理停交各种保险或转移，向人才交流中心、职业介绍中心或有关单位移送人事档案，办理计划生育交接，为职工办理失业等手续。 （2）行政部：办理住房公积金转移。

5.3.7 编制培训计划工作细节描述

编制培训计划工作细节描述，如表 5-3-7 所示。

表 5-3-7 编制培训计划工作细节描述

程序	规范内容
调查	每年年底针对如下四个因素进行调查、研究、分析。 （1）酒店经营管理和发展对人才的需求。 （2）总经理提出的任务和要求。 （3）对员工素质现状进行抽样调查评估。 （4）当年培训工作成效与不足。
确定培训目标	根据调研结果确定培训目标并对总目标进行分解，即按不同人员分解为： （1）管理人员。 （2）专业技术人员。 （3）技术等级工和其他员工。
拟订培训计划	拟订年度计划讨论稿，年度计划内容包括培训目标、培训大纲、师资、教材、措施、时间安排及经费等。
征求意见	征求各有关部门意见、汇总修改。
审核	上报人力资源经理审核。
批准执行	上报酒店领导批准执行。

5.3.8 解除员工合同工作细节描述

解除员工合同工作细节描述，如表 5-3-8 所示。

表 5-3-8 解除员工合同工作细节描述

程序	规范内容
1	合同期内一方提出解除合同，需提前一个月书面通知对方（试用期内除外）。员工要求解除合同，应支付违约金与执行其他赔偿条款。酒店要求解除合同，应按合同约定与有关规定办理。
2	所在部门、人力资源部审批。
3	酒店领导审批。
4	办理离店手续。
5	劳动争议处理： （1）双方协商解决。 （2）一方或双方向单位所在地仲裁机关申请仲裁。 （3）不服仲裁方可在 15 天内向法院诉讼。

5.3.9 办理员工除名、辞退、开除工作细节描述

办理员工除名、辞退、开除工作细节描述，如表 5-3-9 所示。

表 5-3-9　办理员工除名、辞退、开除工作细节描述

程序	规范内容
1	部门提出申请。
2	人力资源部调查核实提出处理意见。
3	听取工会意见。
4	公布决定。
5	办理离店手续。
6	劳动争议处理： （1）双方协商解决。 （2）一方或双方向单位所在地仲裁机关申请仲裁。 （3）不服仲裁方可在 15 天内向法院诉讼。

5.3.10　车辆管理工作细节描述

车辆管理工作细节描述，如表 5-3-10 所示。

表 5-3-10　车辆管理工作细节描述

项目	工作规范
车辆安排	（1）酒店各部门用车应提前一天办理用车手续，填写用车单，经部门负责人签字后，做出用车计划安排。 （2）必须确保酒店领导用车。 （3）各部门遇有突发事件或业务亟须用车，也应填写用车单。按紧急情况用车处理。 （4）夜间用车由值班经理审批。 （5）车辆出境，必须经酒店总经理批准。
车辆使用	（1）驾驶员凭办公室用车单出车，领取车辆钥匙，用车结束，由驾驶员填写行车记录，连同用车单及时交还。 （2）驾驶员必须严格遵守交通规则，确保行车安全。 （3）驾驶员如遇装卸酒店货物，应协助随车工作人员一起装卸货物。 （4）车辆应停放在指定、安全可靠的地点，夜间一律不准在外停放过夜，如确因工作需要，须经酒店总经理批准同意。 （5）车辆使用情况，按月向酒店总经理报告。
车辆的维护保养	（1）车辆建档立卡，做到“一车一卡”。按计划进行年检和维护保养。做好车辆登记卡。 （2）驾驶员坚持“一天一查”工作制度。用车前和接班时按《车辆日常维护保养手册》规定进行检查；下班前和用车后要检查和及时补充油料、水、电和冷却液，清洁车辆和烟灰盒，锁好门窗及尾盖；由专人定期对车辆维护保养进行抽查。
油料、物料的领用与保管	（1）油料、物料、工具和车辆零件要由专人保管，并负责领发。 （2）油料、工具、物料和车辆零件的购进与发放要建立账册，领用要填写领用单。
特殊情况的处理	车辆如发生交通事故，驾驶员应迅速与办公室取得联系，及时派出人员，采取措施进行处理。

5.4 人力及行政管理实用表格图例

5.4.1 招聘面试评分表

招聘面试评分表，如表 5-4-1 所示。

表 5-4-1 招聘面试评分表

<table>
<tr><td colspan="2">姓名</td><td colspan="2"></td><td>性别</td><td></td><td>编号</td><td></td></tr>
<tr><td colspan="2">报考部门</td><td colspan="3"></td><td>报考工种</td><td colspan="2"></td></tr>
<tr><td colspan="2">志愿</td><td colspan="6">1. 2. 3.</td></tr>
<tr><td colspan="2">评分等级</td><td colspan="6">1.优 2.良 3.中 4.差</td></tr>
<tr><td colspan="2">项目</td><td colspan="3">第一次面试</td><td colspan="3">第二次面试</td></tr>
<tr><td colspan="2"></td><td>评分</td><td colspan="2">评语</td><td>评分</td><td colspan="2">评语</td></tr>
<tr><td colspan="2">外貌/仪表</td><td></td><td colspan="2"></td><td></td><td colspan="2"></td></tr>
<tr><td colspan="2">性格/个性</td><td></td><td colspan="2"></td><td></td><td colspan="2"></td></tr>
<tr><td colspan="2">礼貌/态度</td><td></td><td colspan="2"></td><td></td><td colspan="2"></td></tr>
<tr><td colspan="2">灵活性/反应</td><td></td><td colspan="2"></td><td></td><td colspan="2"></td></tr>
<tr><td colspan="2">自信心</td><td></td><td colspan="2"></td><td></td><td colspan="2"></td></tr>
<tr><td colspan="2">智慧/判断力</td><td></td><td colspan="2"></td><td></td><td colspan="2"></td></tr>
<tr><td colspan="2">工作知识</td><td></td><td colspan="2"></td><td></td><td colspan="2"></td></tr>
<tr><td colspan="2">健康状况</td><td></td><td colspan="2"></td><td></td><td colspan="2"></td></tr>
<tr><td colspan="2"></td><td></td><td colspan="2"></td><td></td><td colspan="2"></td></tr>
<tr><td colspan="2"></td><td></td><td colspan="2"></td><td></td><td colspan="2"></td></tr>
<tr><td colspan="2"></td><td></td><td colspan="2"></td><td></td><td colspan="2"></td></tr>
<tr><td rowspan="3">外语</td><td>英语</td><td></td><td colspan="2"></td><td></td><td colspan="2"></td></tr>
<tr><td></td><td></td><td colspan="2"></td><td></td><td colspan="2"></td></tr>
<tr><td></td><td></td><td colspan="2"></td><td></td><td colspan="2"></td></tr>
<tr><td colspan="2">面试意见</td><td colspan="6">□录取/推荐部门□推荐第二次面试/笔试
□可以考虑□不接受</td></tr>
<tr><td colspan="2">主考签名/日期</td><td colspan="2"></td><td colspan="2">人力资源部意见/日期</td><td colspan="2"></td></tr>
</table>

填写人：（招聘考核员） 用途：用于招聘人员时的面试记录

联数：一式一联，由人力资源部审核处理

5.4.2 求职人员登记表

求职人员登记表，如表 5-4-2 所示。

表 5-4-2 求职人员登记表

姓名		性别		出生年月		文化程度	
政治面貌		婚否		民族		健康状况	
家庭地址				联系电话			
户口所在地				档案所在地			
毕业学校					学制	年	
第一外语语种		程度		第二外语语种		程度	
现任职务工种			现有工龄			身高	
本人简历							
家庭主要成员							
本人求职意向							
用人部门意见		人力资源部意见			总经理批示		

填写人：　　　　（求职人员本人）　　　　用途：登记求职人员使用

联数：一式一联

5.4.3 员工登记表

员工登记表，如表 5-4-3 所示。

表 5-4-3 员工登记表

<table>
<tr><td rowspan="3">照片</td><td>姓名</td><td></td><td>性别</td><td></td><td>民族</td><td></td><td>出生年月</td><td></td></tr>
<tr><td>文化程度</td><td></td><td>政治面貌</td><td></td><td>身份证号码</td><td colspan="3"></td></tr>
<tr><td>部门</td><td></td><td>工号</td><td></td><td>职务</td><td></td><td>进店时间</td><td></td></tr>
<tr><td colspan="2">籍贯</td><td colspan="7"></td></tr>
<tr><td colspan="2">现在住址</td><td colspan="3"></td><td>联系电话</td><td colspan="3"></td></tr>
</table>

<table>
<tr><td rowspan="6">家庭主要成员</td><td>关系</td><td>姓名</td><td>性别</td><td>出生日期</td><td>工作单位、职务、政治面貌</td><td>电话</td></tr>
<tr><td></td><td></td><td></td><td></td><td></td><td></td></tr>
<tr><td></td><td></td><td></td><td></td><td></td><td></td></tr>
<tr><td></td><td></td><td></td><td></td><td></td><td></td></tr>
<tr><td></td><td></td><td></td><td></td><td></td><td></td></tr>
<tr><td></td><td></td><td></td><td></td><td></td><td></td></tr>
<tr><td rowspan="3">学习简历</td><td>何年何月至
何年何月</td><td>学校名称</td><td colspan="2">专业</td><td colspan="2">懂何种外语及程度</td></tr>
<tr><td></td><td></td><td colspan="2"></td><td colspan="2"></td></tr>
<tr><td></td><td></td><td colspan="2"></td><td colspan="2"></td></tr>
<tr><td rowspan="4">工作简历</td><td colspan="2">何年何月至何年何月</td><td colspan="2">工作单位、部门、职务</td><td colspan="2">离职原因</td></tr>
<tr><td colspan="2"></td><td colspan="2"></td><td colspan="2"></td></tr>
<tr><td colspan="2"></td><td colspan="2"></td><td colspan="2"></td></tr>
<tr><td colspan="2"></td><td colspan="2"></td><td colspan="2"></td></tr>
</table>

<table>
<tr><td>用人部门意见</td><td>人力资源部意见</td><td>总经理批示</td></tr>
<tr><td>年月日</td><td>年月日</td><td>年月日</td></tr>
</table>

填写人：　　　（员工本人）　　用途：掌握员工本人和家庭基本情况

联数：一式一联

5.4.4 招聘人员业务技术考核登记表

招聘人员业务技术考核登记表，如表 5-4-4 所示。

表 5-4-4　招聘人员业务技术考核登记表

姓名		性别		出生年月		文化程度	
工作单位		原工种		技术等级			
家庭住址				技术职称			
考核内容：							
考核经办人评语： 部门领导签名： 年　月　日							
人力资源部意见： 部门领导签名： 月　日							
备注：							

填写人：　　（招聘考核成员）　用途：记录招聘人员业务技术考核情况

联数：一式一联，人力资源部审核处理

5.4.5　特殊工种工作人员登记表

特种工种工作人员登记表，如表 5-4-5 所示。

表 5-4-5　特殊工种工作人员登记表

姓名		性别		年龄		部门		工种	
进店日期		参加本工种年月		何时起获得证书					
家庭住址		健康状况		现持证书号码					
参加培训情况									
备注									

填写人：　　（特殊工种人员）　　用途：反映和掌握特殊工种人员基本情况

联数：一式二联，（1）人力资源部（2）用人部门

填写日期：　　年　　月　　日

5.4.6 续签劳动合同审批表

续签劳动合同审批表，如表5-4-6所示。

表5-4-6 续签劳动合同审批表

姓名	性别	出生年月	学历	首次合同签订日	本次合同到期日	现岗位或职
工作评估部门填写						
本部门意见是否续签及期限						
人力资源部意见：						
总经理意见：						

附：个人工作总结和个人申请

填写人：　　　（用人部门）　　　用途：向员工所在部门征求续签劳动

联数：一式一联，用人部门签署意见后报人力资源部

5.4.7 解除/终止劳动合同通知单

解除/终止劳动合同通知单，如表5-4-7所示。

表5-4-7 解除/终止劳动合同通知单

同志：__________

你与星级酒店签订的劳动合同工，因____________________________________

____

于_____年_____月_____日解除/终止劳动合同，请接通知后在_____年_____月_____日来酒店人力资源部办理相关手续。

特此通知

人力资源部

填写人：　　　（人力资源部）　用途：通知员工解除/终止劳动合同时用

联数：一式二联，（1）交被通知人（2）留存

5.4.8 请假单

请假单，如表 5-4-8 所示。

表 5-4-8 请假单

姓名		部门		工号	
请假日期	自 年 月 日至 年 月 日止共 天				
假类					
请假事由					
请假人签名 年 月 日	部门意见 年 月 日	人力资源部签字 年 月 日	酒店领导意见 年 月 日		

5.4.9 职工考勤表

职工考勤表，如表 5-4-9 所示。

表 5-4-9 职工考勤表

年度

工作部门　　姓名　　工号

月份/日期	一月份			二月份			三月份			四月份			五月份			六月份		
	上午	下午	注	上午	下午	注	上午	下午	注	上午	下午	注	上午	下午	注	上午	下午	注
1																		
2																		
⋮																		
⋮																		
28																		
29																		
30																		
31																		
短缺工时																		
事假																		
病假																		
旷工																		
产假																		
婚假																		
探亲假																		
公假																		
备注																		

续表

月份/日期	七月份			八月份			九月份			十月份			十一月份			十二月份		
	上午	下午	注	上午	下午	注	上午	下午	注	上午	下午	注	上午	下午	注	上午	下午	注
1																		
2																		
3																		
4																		
⋮																		
⋮																		
28																		
29																		
30																		
31																		
短缺工时																		
事假																		
病假																		
旷工																		
产假																		
婚假																		
探亲假																		
公假																		
备注																		

填写人：　　（部门考勤员）　　　用途：记录员工个人全年出勤情况

联数：一式一联，年终报人力资源部汇总备案

部门经理：　　　　　　　　　　考勤员：

5.4.10　人员状况统计表

人员状况统计表，如表 5-4-10 所示。

表 5-4-10　　　年　月人员状况统计表

部门	本月月末人数					备注
	固定	临时	实习	外聘	合计	
总经办						
人事部						
经管部						

续表

部门	本月月末人数					备注
	固定	临时	实习	外聘	合计	
财务部						
行管部						
销售部						
工程部						
前厅部						
客房部						
康乐部						
餐饮部						
保安部						
其他						
合计						
备注						

5.4.11 客人投诉日报表

客人投诉日报表，如表 5-4-11 所示。

表 5-4-11 客人投诉日报表

大堂副理专用

姓名	序号	服务质量	设施设备	仪容仪表	卫生	处理结果

每日 17：30 前由大堂副理报绩效主任

填写人：（大堂副理） 用途：客人投诉记录

联数：一式一联

5.4.12 服务质量检查周报表

服务质量检查周报表，如表 5-4-12 所示。

表 5-4-12 服务质量检查周报表

年 月 日—— 月 日	
质量检查存在主要问题	

填写人： （绩效主任） 用途：服务质量检查汇总

联数：一式二联

5.4.13 每月各部门奖罚情况一览表

每月各部门奖罚情况一览表，如表 5-4-13 所示。

表 5-4-13 每月各部门奖罚情况一览表

部门	编制人数	表扬		奖励		轻微过失		过失		严重过失		重大过失		备注
合计														
建议														

填写人： （绩效主任） 用途：奖罚情况汇总

联数：一式一联

人力资源经理： 绩效主任：

5.4.14 派车通知单

派车通知单，如表 5-4-14 所示。

表 5-4-14　派车通知单

年　月　日　时　分

车号	
到达地点	
要车人	
乘车人	
核算单位	
收车时间	月　　日　　时　　分
行驶公里	
备注：	

填写：________驾驶员　　　　　用途：记录酒店用车情况

联数：一式三联，（1）存根（2）收费证明（3）统计

5.4.15　月度出车统计表

月度出车统计表，如表 5-4-15 所示。

表 5-4-15　月度出车统计表

日　期	车　型	用车部门	日出车里程	月度累计里程、油耗	备　注
				累计里程： 油　　耗	

填写：__________行政经理　　　　　用途：统计各车司机工作量

联数：一式二联，（1）存根（2）报总办

第6章 酒店康乐部精细化管理细节

6.1 酒店康乐部管理工作职责划分说明

6.1.1 康乐部经理职位描述

康乐部经理职位描述，如表6-1-1所示。

表6-1-1 康乐部经理职位描述

直接上级：总经理 直接下级：各部门主管	
岗位职责	（1）接受总经理的督导，直接向总经理负责，贯彻酒店各项规章制度和总经理的工作指令，全面负责康乐部的经营和管理。 （2）根据酒店规章制度和各设施项目具体情况，提出部门管理制度，以及主管、领班的具体工作任务、管理职责、细节描述，并监督实施，保证部门各项娱乐设施及各项管理工作的协调发展运转。 （3）分析各设施项目的客人需求、营业结构、消费状况及发展趋势，研究并提出部门收入成本与费用等预算指标，报总经理审批。纳入酒店预算后，分解落实到各设施项目，并组织各级主管和领班完成预算指标。 （4）研究审核各设施项目的服务项目、质量标准、操作规程，并检查各设施项目各级人员的贯彻实施状况，随时分析存在的问题，及时提出改进措施，不断提高服务质量。 （5）根据市场和客人需求变化，研究并提出调整各设施项目的经营方式、营业时间、产品和收费标准等管理方案。配合酒店销售活动，配合有关部门组织泳池边食品销售、网球、壁球、保龄球比赛等销售活动，适应客人消费需求变化，提高设施利用率和销售水平。 （6）审核签发各设施项目主管的物品采购、领用、费用开支单据，按部门预算控制成本开支，提高经济效益。 （7）做好各设施项目主管、领班工作考核，适时指导工作，调动各级人员积极性。随时搞好巡视检查，保证康乐部各设施项目管理和服务工作的协调发展。 （8）制订部门各设施项目人员编制，安排员工培训。根据业务需要，合理组织和调配人员提高工作效率。

续表

岗位职责	（9）随时收集，征求客人意见，处理客人投诉，并分析康乐部服务质量管理中带倾向性的问题，适时提出改进措施。 （10）搞好康乐部和酒店各部门的协调配合，完成总经理交办的其他工作任务。
任职资格	（1）大专及以上学历。 （2）掌握酒店管理基础知识，懂得成本管理与核算，熟悉康乐设施管理，了解市场营销学和公关知识。 （3）熟悉工商管理法规、治安消防条例及音像管理规定。 （4）具有组织、指挥、计划、控制和协调的能力。 （5）有拓展市场、发展业务的能力。 （6）有较好的文字组织和语言表达能力。 （7）外语会话流利。 （8）熟练使用电脑等办公自动化软件。

6.1.2 康乐部副经理职位描述

康乐部副经理职位描述，如表 6-1-2 所示。

表 6-1-2 康乐部副经理职位描述

直接上级：总经理\康乐部经理 直接下级：康乐部各部门主管	
岗位职责	（1）贯彻执行上级下达的各项任务，以及酒店各项规章制度，全面负责康乐部的经营和管理。 （2）负责组织各级主管和领班完成预算指标。研究审核各设施项目的服务项目、质量标准、操作规程，并检查各设施项目各级人员的贯彻实施状况，随时分析存在的问题，及时提出改进措施，不断提高服务质量。 根据市场和客人需求变化，研究并提出调整各设施项目的经营方式、营业时间、产品和收费标准等管理方案。配合酒店销售活动，配合有关部门组织泳池边食品销售，网球、壁球、保龄球比赛等销售活动，适应客人消费需求变化，提高设施利用率和销售水平。 （3）负责本部门的日常管理工作，制订工作计划，对下属进行业务培训。根据酒店规章制度和各设施项目具体情况，提出部门管理制度和主管、领班的具体工作任务、管理职责细节描述，并监督实施，保证部门各项娱乐设施及各项管理工作的协调发展运转。 审核签发各设施项目主管的物品采购、领用、费用开支单据，按部门预算控制成本开支，提高经济效益。 （4）常跟班，勤巡查，现场督导，发现问题及时解决，或及时向经理汇报。 （5）做好各设施项目主管、领班工作考核，适时指导工作，调动各级人员积极性。随时搞好巡视检查，保证康乐部各设施项目管理和服务工作的协调发展。主持定期考评，奖勤罚懒。 （6）每月上交“营业分析”报告。进行客源、客情分析，向部门经理提出整改意见。随时收集、征求客人意见，处理客人投诉，并分析康乐部服务质量管理中带倾向性的问题，适时提出改进措施。

续表

岗位职责	（7）对工程卫生方面的监督检查及对安全的重视和认识。管理直接面向的是人，对人员的管理应根据制定标准－系统培训－不定期考核－监督指导－要求效率，科学的五步进程法制定管理模式及具体流程在实际操作过程中出现的特殊情况及对于工作管理的完善和创新需要。 （8）搞好康乐部和酒店各部门的协调配合，完成总经理交办的其他工作任务。
任职资格	（1）大专及以上学历。 （2）掌握酒店管理基础知识，懂得成本管理与核算，熟悉康乐设施管理，了解市场营销学和公关知识。 （3）熟悉工商管理法规、治安消防条例及音像管理规定。 （4）具有组织、指挥、计划、控制和协调的能力。 （5）有拓展业务的能力。 （6）有较好的文字组织和语言表达能力。 （7）熟练使用电脑等办公自动化软件。

6.1.3 咖啡厅主管（领班）职位描述

咖啡厅主管（领班）职位描述，如表 6-1-3 所示。

表 6-1-3 咖啡厅主管（领班）职位描述

直接上级：康乐部经理 直接下级：咖啡厅服务员	
岗位职责	（1）负责咖啡厅的日常管理工作。 （2）布置、安排下属工作任务并监督贯彻实施，并保证各项管理制度的贯彻实施。 （3）负责制订部门各设施项目人员编制，根据业务需要合理组织调配人员，提高工作效率。 （4）负责安排本部员工培训工作。 （5）负责开具物品采购、领用及费用开支单据，按部门预算控制成本开支，提高经济效益。 （6）负责召集和主持本部门工作会议，加强工作总结及疏漏问题的解决。 （7）负责指导和检查下属工作。 （8）保持与宾客的良好关系，随时征求、处理客人意见，适时提出整改措施。 （9）完成总经理交给的其他工作任务。
任职资格	（1）大专及以上学历，接受过咖啡服务方面的专门培训。 （2）良好的语言和沟通能力。 （3）能够灵活处理咖啡厅突发事件的处理。

6.1.4 茶餐厅主管（领班）职位描述

茶餐厅主管（领班）职位描述，如表 6-1-4 所示。

表 6-1-4　茶餐厅主管（领班）职位描述

直接上级：康乐部经理	
岗位职责	（1）全面负责和主持茶餐厅的日常管理工作，贯彻公司各项规章制度和总经理的指令，保证各项任务的顺利完成。 （2）根据公司的规章制度和各项设施的具体情况，提出部门管理制度和布置下属工作任务并监督贯彻实施，保证各项管理工作的协调发展。 （3）负责制订部门各设施项目人员编制，根据业务需要合理组织调配人员，提高工作效率。 （4）负责安排本部员工培训工作。 （5）根据市场和客人要求变化，研究并提出调整各设施项目的经营方式、营业时间、产品和收费标准等管理方案。 （6）负责开具物品采购、领用及费用开支单据，按部门预算控制成本开支，提高经济效益。 （7）负责召集和主持本部门工作会议，检查、督促、指导各岗位的工作。 （8）保持与宾客的良好关系，随时征求、处理客人意见，适时提出整改措施。 （9）完成总经理交给的其他工作任务。
任职资格	（1）大专以上学历。 （2）接受过茶艺服务方面的专门培训，具有餐饮管理、心理学、市场营销学等方面的知识。 （3）良好的语言和沟通能力，能够与客人进行有效交流。 （4）熟识茶艺服务项目和标准，以及茶席设计、茶器选择、茶艺表演、茶汤质量。 （5）熟悉各种茶品文化。 （6）了解餐厅菜单的品名、价格、原料、味型、烹饪方式、制作过程。 （7）具有一定的号召力和凝聚力，能够调动餐厅员工的积极性和主动性；具有一定的沟通能力，能够帮助员工提高自身服务水平。 （8）有一定的财会知识，能够制作各种与餐厅有关的财务报表。 （9）了解有关餐饮服务方面的法律法规。

6.1.5　康乐部领班职位描述

康乐部领班职位描述，如表 6-1-5 所示。

表 6-1-5　康乐部领班职位描述

直接上级：康乐部经理 直接下级：康乐部服务员	
岗位职责	（1）认真落实部门经理下达的工作指令，贯彻酒店及本部门的各项规章制度，保证管辖范围的日常活动正常进行。 （2）巡视检查下属的出勤、工作态度、服务质量及对客关系。坚持现场督导，执行奖罚制度，随时向经理汇报工作情况并提出整改方法及处理意见。 （3）制订排班表，科学合理地安排人力，最大限度地提高工作效率。 （4）考核下属工作情况，按时向部门提供评估报表。

续表

岗位职责	（5）制订培训计划，按照岗位服务细节描述及工作技能要求培训下属，使之尽快了解和掌握各项规定，提高员工素质。 （6）根据本管区服务项目的特点和经营活动中的情况进行客源客情分析，收集客人意见，改进工作方法，了解专业技术新动向及发展，努力完成部门下达的营业指标任务。 （7）负责安全检查工作，为客人活动提供优良的设备及良好的环境。 （8）按时参加部门例会，及时汇报工作，向下传达会议精神，并认真地落实。
任职资格	（1）高中及以上学历。 （2）熟悉康乐服务和成本管理，了解康乐服务规范和质量标准，懂得卫生消毒和安全救护知识。 （3）熟悉公共娱乐场所公安管理法规和卫生条例。 （4）有较好的业务指导和组织协调能力。 （5）有较好的文字和语言表达能力，外语会话流利。 （6）熟练使用电脑等办公自动化软件。

6.1.6 桑拿浴场主管职位描述

桑拿浴场主管职位描述，如表6-1-6所示。

表6-1-6 桑拿浴场主管职位描述

直接上级：康乐部经理 直接下级：桑拿浴场服务员	
岗位职责	（1）全面负责和主持洗浴中心的日常工作，贯彻公司各项规章制度和总经理的指令，保证各项任务的顺利完成。 （2）根据公司的规章制度和各项设施的具体情况，提出部门管理制度和布置下属工作任务并监督贯彻实施，保证各项管理工作的协调发展。 （3）负责制订部门各设施项目人员编制，根据业务需要合理组织调配人员，提高工作效率。 （4）负责安排本部员工培训工作。 （5）根据市场和客人要求变化，研究并提出调整各设施项目的经营方式、营业时间、产品和收费标准等管理方案。 （6）负责开具物品采购、领用及费用开支单据，按部门预算控制成本开支，提高经济效益。 （7）负责召集和主持本部门工作会议，检查、督促、指导各岗位的工作，调动各级人员的积极性，保证本部门日常经营工作的正常运行及各设施、项目管理和服务工作的协调发展。 （8）保持与宾客的良好关系，随时征求、处理客人意见，适时提出整改措施。 （9）完成总经理交给的其他工作任务。
任职资格	（1）大专及以上学历，接受过浴场服务方面的专门培训。 （2）具有浴场管理、心理学、市场营销学等方面的知识。 （3）熟识浴场服务项目和标准。 （4）具有一定的号召力和凝聚力，能够调动餐厅员工的积极性和主动性。 （5）有一定的财会知识，能够制作各种与餐厅有关的财务报表。 （6）了解有关浴场服务方面的法律法规。

6.1.7 桑拿浴场组长职位描述

桑拿浴场组长职位描述，如表 6-1-7 所示。

表 6-1-7 桑拿浴场组长职位描述

直接上级：桑拿浴场领班	
岗位职责	（1）负责浴区的日常服务管理工作 （2）负责浴区环境卫生的督导工作。 （3）认真执行考勤制度，随时检查仪容仪表。 （4）应随时检查、督促服务员，以优质的服务对待每一位客人。 （5）随时检查本部门员工劳动纪律的遵守情况，如发现员工违纪应及时处理并上报部长或经理。 （6）负责服务中出现的意外事故、客人投诉等的及时处理。 （7）负责监督更衣室对客更衣服务工作。
任职资格	（1）高中及以上学历，接受过浴场服务方面的专门培训。 （2）身体健康， 五官端正。 （3）了解有关浴场服务方面的法律法规。 （4）良好的语言和沟通能力，能够与客人进行有效交流。 （5）熟识浴场服务项目和标准。

6.1.8 球类及棋牌室服务员职位描述

球类及棋牌室服务员职位描述，如表 6-1-8 所示。

表 6-1-8 球类及棋牌室服务员职位描述

直接上级：球类、棋牌中心领班	
岗位职责	（1）服从领班的工作安排，按照球类及棋牌室细节描述和质量标准，做好球类及棋牌室的工作。 （2）了解每日预订情况，及时做好营业前的各项准备工作。 （3）维护和保养好各类设施和器具，发现问题及时报修，确保完好有效。 （4）严格执行娱乐场所治安管理制度，认真做好球类及棋牌室的治安管理及安全、消防工作。 （5）交接班时，应将预订情况和未完成工作交代清楚，保证工作无差错。 （6）及时补充备齐营业用品，并做好记录。
任职资格	（1）高中以上学历。 （2）熟悉球类及棋牌服务知识，掌握竞赛规则和娱乐方法，掌握有关设备器材的使用保养知识。 （3）能按服务细节描述和质量标准独立进行工作。

6.1.9 游泳池部领班职位描述

游泳池部领班职位描述，如表 6-1-9 所示。

表 6-1-9 游泳池部领班职位描述

直接上级：康乐部主管 直接下级：游泳池服务员	
岗位职责	（1）负责制订游泳池的营利计划，批准后执行。 （2）负责制订游泳池员工岗位技能培训计划，批准后，协助培训部进行实施、考核。 （3）负责救护员、教练员、机房管理员、服务员的工作岗位调配，报康乐部主管批准后执行，并转入人力资源部备案。 （4）负责布置救护员、教练员、机房管理员、服务员工作任务。 （5）巡视、检查游泳池的各项工作，记录救护员、教练员、机房管理员、服务员的考勤情况。 （6）填写救护员、教练员、机房管理员、服务员的过失单和奖励单，根据权限，按照项目进行处理。 （7）关心救护员、教练员、机房管理员、服务员的思想、生活、工作。 （8）负责每日召集救护员、教练员、机房管理员、服务员进行营业前布置，营业后总结。 （9）负责处理救护员、教练员、机房管理员、服务员在工作中的争议。 （10）负责巡视、检查游泳池的各项工作。 （11）向游泳池的客人说明有关规定和注意事项，劝阻客人的违规行为和不文明举动，维持游泳池的正常营业秩序。 （12）拒绝不符合规定的客人（如醉酒等）进入游泳池。 （13）受理客人对游泳池工作人员的投诉，按照项目进行处理。 （14）根据服务员提供的记录，整理出客人消费的账单，按照项目请客人付款或签单。 （15）审批机房管理员提出的报修单，检查维修的结果，掌握设备运作的状况。 （16）记录游泳池营业状况的流水账，统计出每日的营业额以及成本费用。 （17）按照工作项目做好与相关部门的横向联系。
任职资格	（1）有游泳馆管理经验。 （2）熟悉游泳池各种设备，熟悉游泳池各岗位的工作，掌握一定的救护技术。

6.1.10 健身部主管（领班）职位描述

健身部主管（领班）职位描述，如表 6-1-10 所示。

表 6-1-10 健身部主管（领班）职位描述表

直接上级：康乐部经理 直接下级：健身部服务员	
岗位职责	（1）负责定期调查会员对健身部所安排健身课程的满意程度，并以报告的形式上交部门领导。

续表

岗位职责	（2）合理安排并协调所有的巡场教练和专职健身操教练的工作班次与休息日。 （3）根据会员意见与健身计划，协助私人教练做好课程安排。 （4）对所有新聘任的健身部员工进行初步专业培训。 （5）依据俱乐部和部门的相关规章制度，协助领导管理健身部的员工。 （6）制订并改进合理的健身部工作项目。 （7）定期召集本部员工开会，传达俱乐部政策规定和领导的指导意见。 （8）负责整理健身部的文档和工作报表，包括与财务部门协调的费用制订和审核预算。 （9）月底核算私教课程提成，经领导核实后上交财务部。 （10）对集体课教练的职业水平进行定期业务综合评估，根据评估的结果和工作表现，制订相应课时佣金和奖惩制度，并严格贯彻执行。 （11）每月月底做好团体操教练课时佣金统计表，经部门领导核实，上报财务部。 （12）确保所有授课设施的清洁卫生及设备的维修与保养，以保证集体课程的正常进行。 （13）提前电话确定集体操教练的到岗，如有特殊情况，及时找人代替上课，或进行课程调整，及时通知客服部，并发布调课通知。
任职资格	（1）较好的语言沟通能力，仪容整洁，精神饱满，身体健康。 （2）持有国家颁发的相关职业证书，例如体适能证书、专业营养师证书或中、高级私人教练证书；专业院校毕业者优先考虑。 （3）良好的团队协作能力、沟通能力、服务意识及管理能力。 （4）掌握和讲解健身器材操作规程，善于引导客人参加健身运动。

6.1.11 台球室领班职位描述

台球室领班职位描述，如表 6-1-11 所示。

表 6-1-11 台球室领班职位描述

直接上级：康乐部经理或分部主管 直接下级：台球室服务员	
岗位职责	（1）负责制订台球室的营利计划，批准后执行。 （2）制订台球室员工岗位技能培训计划，批准后，协助培训部进行实施、考核。 （3）负责台球室管理员、服务员的工作岗位调配，报康乐部主管批准后执行，并转入人力资源部备案。 （4）负责布置台球室管理员、服务员的工作任务。 （5）巡视检查台球室的各项工作，记录台球室管理员、服务员的考勤情况。 （6）填写台球室管理员、服务员的过失单和奖励单，根据权限，按照项目进行处理。 （7）负责每日召集台球室管理员、服务员进行营业前布置，营业后总结。 （8）负责巡视、检查台球室的各项工作。 （9）向台球室客人说明有关规定和注意事项，劝阻客人的违规行为和不文明举动，维持台球室的正常营业秩序。 （10）拒绝不符合规定的客人（如醉酒等）进入台球室。 （11）受理客人对台球室工作人员的投诉，按照项目进行处理。

续表

岗位职责	（12）根据服务员提供的记录，整理出客人消费的账单，按照项目，请客人付款或签单。 （13）审批机房管理员提出的报修单，检查维修的结果，掌握设备运作的状况。 （14）记录游泳池营业状况的流水账，统计出每日的营业额以及成本费用。
任职资格	（1）高中及以上学历。 （2）熟悉康乐服务和成本管理，了解康乐服务规范和质量标准，懂得卫生消毒和安全救护知识。 （3）熟悉公共娱乐场所公安管理法规和卫生条例。 （4）有较好的文字和语言表达能力。外语会话流利。 （5）取得电脑证书。

6.1.12 网球场领班职位描述

网球场领班职位描述，如表 6-1-12 所示。

表 6-1-12 网球场领班职位描述

直接上级：康乐部经理 直接下级：网球场服务员	
岗位职责	（1）负责制订网球场的营利计划，批准后执行。 （2）负责制订网球场员工岗位技能培训计划，批准后，协助培训部进行实施、考核。 （3）负责网球场管理员、服务员的工作岗位调配，报康乐部主管批准后执行，并转入人力资源部备案。 （4）负责布置网球场管理员、服务员的工作任务。 （5）巡视、检查网球场的各项工作，记录网球场管理员、服务员的考勤情况。 （6）填写网球场管理员、服务员的过失单和奖励单，根据权限，按照项目进行处理。 （7）负责每日召集网球场管理员、服务员进行营业前布置，营业后总结。 （8）负责处理网球场管理员、服务员在工作中出现的争议。 （9）负责巡视、检查网球场的各项工作。 （10）向网球场客人说明有关规定和注意事项，劝阻客人的违规行为和不文明举动，维持网球场的正常营业秩序。 （11）拒绝不符合规定的客人（如醉酒等）进入网球场。 （12）受理客人对网球场工作人员的投诉，按照项目进行处理。 （13）根据服务员提供的记录，整理出客人消费的账单，按照项目，请客人付款或签单。 （14）审批机房管理员提出的报修单，检查维修的结果，掌握设备运作的状况。 （15）记录游泳池营业状况的流水账，统计出每日的营业额以及成本费用。 （16）学习网球场管理技巧，了解本行业其他网球场经营状况。 （17）熟悉网球场各种设备，熟悉台球活动规则。
任职资格	（1）高中以上学历，受过网球专业培训。 （2）能够搞好设施设备日常维护。 （3）具备用一门外语同客人进行简单交流的能力，客际关系良好。 （4）身体素质较好，能较长时间地进行体育运动。

6.1.13 保龄球馆主管职位描述

保龄球馆主管职位描述，如表 6-1-13 所示。

表 6-1-13 保龄球馆主管职位描述

<table>
<tr><td colspan="2">直接上级：康乐部经理
直接下级：保龄球馆服务员</td></tr>
<tr><td>岗位职责</td><td>（1）负责制订保龄球馆的营利计划，批准后执行。
（2）制订保龄球馆员工岗位技能培训计划，批准后，协助培训部进行实施、考核。
（3）负责保龄球馆管理员、服务员的工作岗位调配，报康乐部主管批准后执行，并转入人力资源部备案。
（4）负责布置保龄球馆管理员、服务员的工作任务。
（5）巡视、检查保龄球馆的各项工作，记录保龄球馆管理员、服务员的考勤情况。
（6）填写保龄球馆管理员、服务员的过失单和奖励单，根据权限，按照项目进行处理。
（7）负责每日召集保龄球馆管理员、服务员进行营业前布置，营业后总结。
（8）负责处理保龄球馆管理员、服务员在工作中出现的争议。
（9）负责巡视、检查保龄球馆的各项工作。
（10）向保龄球馆客人说明有关规定和注意事项，劝阻客人的违规行为和不文明举动，维持保龄球馆的正常营业秩序。
（11）拒绝不符合规定的客人（如醉酒等）进入保龄球馆。
（12）受理客人对保龄球馆工作人员的投诉，按照项目进行处理。
（13）根据服务员提供的记录，整理出客人消费的账单，按照项目请客人付款或签单。
（14）审批机房管理员提出的报修单，检查维修的结果，掌握设备运作的状况。
（15）记录游泳池营业状况的流水账，统计出每日的营业额以及成本费用。</td></tr>
<tr><td>任职资格</td><td>（1）高中以上学历，受过保龄球专业培训。
（2）能够搞好设施设备日常维护。
（3）熟悉国际、国内保龄球比赛的发展趋势及有关规则，掌握客人心理，掌握各种技术和发球技巧，具有较丰富的实际操作经验。
（4）能用一门外语进行简单交谈。
（5）身体素质较好，能较长时间地进行体育运动。</td></tr>
</table>

6.1.14 棋牌室领班职位描述

棋牌室领班职位描述，如表 6-1-14 所示。

表 6-1-14 棋牌室领班职位描述

<table>
<tr><td colspan="2">直接上级：康乐部经理或分部经理
直接下级：棋牌室服务员</td></tr>
<tr><td>岗位职责</td><td>（1）负责制订棋牌室的营利计划，批准后执行。
（2）负责制订棋牌室员工岗位技能培训计划，批准后，协助培训部进行实施、考核。
（3）负责棋牌室管理员、服务员的工作岗位调配，报康乐部主管批准后执行，并转入人力资源部备案。</td></tr>
</table>

续表

岗位职责	（4）负责布置棋牌室管理员、服务员的工作任务。 （5）负责巡视、检查棋牌室的各项工作，记录棋牌室管理员、服务员的考勤情况。 （6）负责填写棋牌室管理员、服务员的过失单和奖励单，根据权限，按照项目进行处理。 （7）负责每日召集棋牌室管理员、服务员进行营业前布置，营业后总结。 （8）负责巡视、检查棋牌室的各项工作。 （9）向棋牌室客人说明有关规定和注意事项，劝阻客人的违规行为和不文明举动，维持棋牌室的正常营业秩序。 （10）拒绝不符合规定的客人（如醉酒等）进入棋牌室。 （11）受理客人对棋牌室工作人员的投诉，按照项目进行处理。 （12）根据服务员提供的记录，整理出客人消费的账单，按照项目，请客人付款或签单。 （13）审批机房管理员提出的报修单，检查维修的结果，掌握设备运作的状况。 （14）记录游泳池营业状况的流水账，统计出每日的营业额以及成本费用。 （15）学习棋牌室管理技巧，了解本行业其他棋牌室经营状况。
任职资格	（1）高中及以上学历。 （2）熟悉棋牌室各种设备及活动规则。 （3）较好的人际关系处理能力，善于处理与客人之间的关系。 （4）懂得棋牌室一些管理技巧。

6.1.15 游戏机室领班职位描述

游戏机室领班职位描述，如表 6-1-15 所示。

表 6-1-15 游戏机室领班职位描述

直接上级：康乐部经理 直接下级：游戏机室服务员	
岗位职责	（1）负责制订游戏机室的营利计划，批准后执行。 （2）负责制订游戏机室员工岗位技能培训计划，批准后，协助培训部进行实施、考核。 （3）负责游戏机室管理员、服务员的工作岗位调配，报康乐部主管批准后执行，并转入人力资源部备案。 （4）负责布置游戏机室管理员、服务员的工作任务。 （5）巡视、检查游戏机室的各项工作，记录游戏机室管理员、服务员的考勤情况。 （6）填写游戏机室管理员、服务员的过失单和奖励单，根据权限，按照项目进行处理。 （7）按照工作项目做好与相关部门的横向联系。 （8）负责每日召集游戏机室管理员、服务员进行营业前布置，营业后总结。 （9）负责处理游戏机室管理员、服务员在工作中的争议。 （10）负责巡视，检查游戏机室的各项工作。 （11）向游戏机室客人说明有关规定和注意事项，劝阻客人的违规行为和不文明举动，维持游戏机室的正常营业秩序。

续表

岗位职责	（12）拒绝不符合规定的客人（如醉酒等）进入游戏机室。 （13）受理客人对游戏机室工作人员的投诉，按照项目进行处理。 （14）根据服务员提供的记录，整理出客人消费的账单，按照项目请客人付款或签单。 （15）审批机房管理员提出的报修单，检查维修的结果，掌握设备运作的状况。 （16）记录游泳池营业状况的流水账，统计出每日的营业额以及成本费用。
任职资格	（1）高中及以上学历。 （2）熟悉游戏机室各种设备及活动规则。 （3）懂得游戏机室一些管理技巧。 （4）较好的人际关系处理能力，善于处理与客人之间的关系。

6.1.16 高尔夫球区领班职位描述

高尔夫球区领班职位描述，如表 6-1-16 所示。

表 6-1-16 高尔夫球区领班职位描述

直接上级：康乐部经理 直接下级：高尔夫球区服务员	
岗位职责	（1）负责制订高尔夫球场的营利计划，批准后执行。 （2）负责制订高尔夫球场员工岗位技能培训计划，批准后，协助培训部进行实施、考核。 （3）负责高尔夫球场管理员、球童和服务员的工作岗位调配，报康乐部主管批准后执行，并转入人力资源部备案。 （4）负责高尔夫球场管理员、球童和服务员的工作任务布置。 （5）巡视、检查高尔夫球场的各项工作，记录高尔夫球场管理员、球童和服务员的考勤情况。 （6）负责填写高尔夫球场管理员、球童和服务员的过失单和奖励单，根据权限，按照项目进行处理。 （7）负责每日召集高尔夫球场管理员、球童和服务员进行营业前布置，营业后总结。 （8）负责处理高尔夫球场管理员、球童和服务员在工作中的争议。 （9）巡视、检查高尔夫球场的各项工作。 （10）向高尔夫球场客人说明有关规定和注意事项，劝阻客人的违规行为和不文明举动，维持高尔夫球场的正常营业秩序。 （11）拒绝不符合规定的客人（如醉酒等）进入高尔夫球场。 （12）受理客人对高尔夫球场工作人员的投诉，按照项目进行处理。 （13）根据球童和服务员提供的记录，整理出客人消费的账单，按照项目请客人付款或签单。 （14）审批机房管理员提出的报修单，检查维修的结果，掌握设备运作的状况。 （15）记录游泳池营业状况的流水账，统计出每日的营业额以及成本费用。
任职资格	（1）熟练掌握高尔夫球场工作内容、工作秩序。 （2）熟悉高尔夫球场各种设备，熟悉台球活动规则。

6.1.17 多功能厅服务员职位描述

多功能厅服务员职位描述，如表 6-1-17 所示。

表 6-1-17 多功能厅服务员职位描述

直接上级：康乐部领班	
岗位职责	（1）熟悉本厅设施、设备、项目的特点。负责本厅客人各类活动的接待工作，向客人提供优质的服务。 （2）热情、主动、有礼貌地接待来客，引导、安排客人入座。善于运用语言技巧为宾客提供最佳服务，解决客人提出的要求和疑难问题。 （3）负责多功能厅的清洁卫生。在领班安排下，每日清洁多功能厅室内、设施设备卫生，保持多功能厅环境整洁，空气新鲜，符合质量标准。 （4）负责维护多功能厅设施设备及用料物品。保证营业需要，如有需补充的用品，填好申领单，报领班审批后按时领取。设备损坏，及时报告维修。 （5）遵守酒店和康乐部规章制度，按时上下班。做好交接班工作。上班期间不串岗，不脱岗，不做与工作无关的私事。
任职资格	（1）高中及以上学历。 （2）熟悉本岗位业务和服务规范，懂得服务礼仪，知晓急救、消防、安保知识。 （3）能按康乐部工作服务规范和质量标准，独立完成各项工作。 （4）有较好的语言表达能力。

6.2 酒店康乐部管理工作制度描述

6.2.1 康乐部工作质量管理制度描述

康乐部工作质量管理制度

第一条 康乐部工作质量管理工作实行“逐级向上负责，逐级向下考核”的质量管理责任制。各中心的负责人是中心质量工作的主要负责人。

第二条 严格执行康乐部服务细节描述和质量标准，既是以客人为主体开展优质服务工作的保证，也是质量管理考核的主要依据。

第三条 质量管理工作最活跃、最重要的要素是员工。各级管理人员必须切实做好员工的工作，既要加强对员工岗位业务的培训，提高业务工作技能，同时也要关心员工的思想和生活，积极沟通与员工的感情，搞好员工福利，帮助员工解决困难，从而使员工情有所依，心有所属，劲有所使，真正焕发出工作的热情。有了一流的员工，一流的服务工作质量才有了保证。

第四条 各级管理人员应认真履行职责，从严管理，把好质量关。要坚持服务工作现场的管理，按照细节描述和质量标准，加强服务前的检查、服务中的督导及服务后的反馈和提高，以规范作业来保证质量，以工作质量来控制操作，使各项服务工作达到规范要求和质量标准。

续表

第五条　各个中心的领班应做到上班在现场。除参加会议和有其他工作任务外，应坚持在服务工作现场巡视、检查和督导，并将巡查情况、发现的问题以及采取的措施和处理意见，记录在每天的工作日志中，报部门经理审阅，每月汇总分析整理，形成书面报告。部门经理每天至少应抽出 3 小时，深入各管区中心进行巡视和督导，每月应将部门的质量管理情况向总经理汇报。

第六条　经常征询客人的意见，重视客人的投诉。客人的意见是取得质量信息的重要渠道和改善管理的重要资料。全体员工要结合各自的工作，广泛听取和征求客人的意见，并及时向上级反映和报告，各级管理人员要认真研究，积极采纳。对客人的投诉要逐级上报，并采取积极的态度，妥善处理。客人投诉必须做到件件有交代，事事有记录。

第七条　康乐部质量管理工作应列入本部门和各中心日常工作议事日程，列入部门工作例会的议事内容，列入对员工和各级管理人员的考核范围。

第八条　部门的管理质量要主动接受酒店质检人员的监督、检查和指导。积极参加酒店召开的质量工作议会，按照酒店的工作部署，认真做好工作。

6.2.2 康乐部客用出租物品管理制度描述

康乐部客用出租物品管理制度

第一条　客用出租物品应分类编号，摆放整齐，保持清洁、完好、有效。

第二条　出租客用物品应办理租借手续，填写客用物品出租登记单，以备查考。

第三条　各类出租客用物品应在租借规定时间内使用，过时应办理续借手续。

第四条　出租客用物品仅限在本酒店内使用，未经许可不得将出租客用物品带出规定使用场所。

第五条　出租客用物品用毕后，应及时收回，并核查物品数量和完好情况，发现问题应及时汇报、解决。

第六条　出租客用物品应定期检查、保养，发现损坏应及时维修或更新，确保出租客用物品的完好有效。

6.2.3 康乐部客用更衣柜管理制度描述

康乐部客用更衣柜管理制度

第一条　客用更衣柜和更衣柜钥匙须由专人负责保管，并保持清洁、完好和有效。

第二条　客用更衣柜是客人专用服务设施，应做到专柜专用，不得存放其他物品。

第三条　在办理更衣柜租用手续时，应向宾客明示，请勿存放贵重财物。遗失概不负责。

为保证客用更衣柜的正常使用，宾客活动结束后立即将钥匙收回，如需长期租用，应办理长期租用手续。

6.2.4 康乐部球类运动陪练制度描述

康乐部球类运动陪练制度

第一条　熟悉和遵守运动场所有关规定和运动规则，爱护场地设施设备和器材，陪练时应穿着运动服和白色运动鞋。

第二条　接受陪练任务时对客热情、礼貌、谦虚，细心观察客人体质和球艺状况，时刻牢记以客为主。

第三条　陪练服务过程中，应精力集中，精神饱满，不得随意中途退场。听从领班和部门经理安排，不得自行联系客人，不得自作主张收取陪练费用。

6.2.5 康乐部器械设备维修保养制度描述

康乐部器械设备维修保养制度

第一条　操作人要严格按照操作规程进行操作。

第二条　当班人员要做好设备运行工作情况汇报表，即交接班记录。

第三条　每天定时对设备线路情况进行检查，遇有障碍及时排除。

第四条　营业前要开机运转并调试好设备，遇有障碍及时排除。

第五条　每天利用非营业时间做好设备保养工作。

6.2.6 舞厅、KTV 包房管理制度描述

舞厅、KTV包房管理制度

第一条　文明服务规定

（1）服务员上岗时，必须做到仪容端正、仪表整洁，按规定着装，佩戴工号牌，不得随意离岗、闲聊。

（2）服务员必须做到礼貌待客、微笑服务，不得向客人索取小费。

（3）服务员严禁“三陪”，杜绝色情活动。

（4）服务员不得与客人吵架斗殴，做到“骂不还口、打不还手”。

第二条　安全制度

（1）员工必须定期进行消防技能培训，确保所有员工都会使用消防设备，提高防火灾能力。

（2）有关安全设备、器材按规定配齐，并定期检查和保养。

（3）员工必须熟悉紧急情况处置方案，保证突发事件发生时，能采取有效的安全措施。

（4）设专职安全保卫人员 2～3 人，加强巡视，确保开市安全。

（5）倡导文明消费，积极维护各娱乐场所的秩序，对违反规定的行为及时规劝。对规劝无效、有意破坏者，应迅速与公安部门取得联系，果断采取治安措施。

（6）收市后，必须由专人负责检查各娱乐场所的安全情况，将烟头清除，将各种电器设备的电源线、开关放到安全位置，彻底消除火灾隐患。并设有专人值班。

6.2.7 健身房管理制度描述

健身房管理制度

第一条 酒店的健身房对住客免费开放。

第二条 酒店在使用健身房设施时，如有任何损伤，责任自负。

第三条 酒店不负责客人的私人物品的遗失补偿。

第四条 外来客所有付款，概不退还。

第五条 如健身房需要重建或维修，酒店有权停止营业。

第六条 严禁携带宠物入内。

第七条 食物和饮品须在本房消费。

第八条 严禁在健身房内随地吐痰、乱扔垃圾、喧哗及言语粗俗。

第九条 客人如损毁健身房内任何财物，必须承担责任。

6.2.8 桌球室管理制度描述

桌球室管理制度

第一条 营业时间为每天上午 10：00 至晚上 12：00。

第二条 预约客和住本店客人有使用桌球室之优先权。

第三条 18 岁以下未成年人恕不接待，谢绝参观。酒店管理人员有权拒绝不受欢迎的人士入桌球室。

第四条 每台桌球最多限 4 人使用。

第五条 每组最多限租用桌球台两张，时间早时，延长时间与否，视当时桌球台租出情况而定。

第六条 严禁携带宠物入内，食物及饮品在本室消费，严禁赌博。

第七条 严禁在室内大声喧哗、聚众斗殴及进行非法或不道德行为。

第八条 自觉维护室内卫生，严禁随地吐痰、丢烟头及杂物。如损坏设施，当事人须照价赔偿。

第九条 客人在桌球室内发生意外或私人物品遗失，责任自负。

第十条 如维修方面等原因，酒店方面有权停止部分或全部设施的使用。

第十一条 使用者必须遵守本室规则，任何违例者都将被请离本桌球室。

6.2.9 棋牌室管理制度描述

棋牌室管理制度

第一条 营业时间为每天上午 10：00 至晚上 12：00。

第二条 预约客有使用棋牌室的优先权。

第三条 棋牌室不对非本酒店客人开放。

第四条 18 岁以下未成年人恕不接待，谢绝参观。酒店管理人员有权拒绝不受欢迎的人士进入棋牌室。

续表

第五条　严禁携带宠物入内，食物及饮品在本室消费，严禁赌博。
第六条　严禁在室内大声喧哗、聚众斗殴及进行非法或不道德行为。
第七条　自觉维护室内卫生，严禁随地吐痰、丢烟头及杂物。如损坏设施，当事人须照价赔偿。
第八条　客人在棋牌室内发生意外或私人物品遗失，责任自负。
第九条　如维修方面等原因，酒店方面有权停止部分或全部设施的使用。
第十条　使用者必须遵守本室规则，任何违例者都将被请离本棋牌室。

6.2.10　按摩室管理制度描述

按摩室管理制度

按摩人员工作制度

第一条　严格遵守公安部门关于按摩室治安管理的规定，自觉接受公安部门的检查和社会监督，做到文明服务，礼貌待客。

第二条　按摩人员未经主管批准，严禁私自进入客房进行按摩服务。

第三条　按摩人员必须身着白色工作服上岗，严格遵守和衣、盖布实施按摩的规定。

第四条　按摩人员严禁借机与客人乱拉关系、互留地址和电话号码，谢绝客人的宴请和馈赠，不准向客人索取小费。

第五条　遇到客人提出违章要求时，应严词拒绝，遇有越轨行为者应中止按摩，并及时报告保安部门处理。

第六条　应尊重客人正当的要求，尽力提供满意的服务。

来按摩室的客人须知

第七条　自觉遵守公安部门关于按摩室治安管理的规定，不得提出无理要求，严禁越轨行为，做文明客人。

第八条　主动协助按摩人员执行好和衣、盖布按摩的规定，严禁赤背裸身按摩。

第九条　严禁使用不正当手段、行为挑逗、引诱按摩人员，不准在酒后失态的情况下要求按摩服务。

第十条　做到自尊、自重、自爱、自控，不讲污言秽语，注意保持自身良好形象。

6.3　酒店康乐部管理日常工作细节描述

6.3.1　KTV 服务工作细节描述

KTV 服务工作细节描述，如表 6-3-1 所示。

表 6-3-1　KTV 服务工作细节描述

项目	规范内容
营业前准备工作	（1）打卡签到，整理好自己的仪容仪表。 （2）按时参加班前会，接受领导检查和工作任务的分派。 （3）清洁整理环境卫生，做到地面洁净无杂物，服务台上各类物品按类摆放整齐。 （4）将营业时间、客人须知、价格表等以中英文对照书写，置于明显位置。 （5）将钟表时间核对准确。 （6）检查所有服务设备设施是否齐全，运转是否正常。 （7）查看 KTV 内的设备。 （8）备好上班所需要的工具（笔、火机、开瓶器、酒水单）。 （9）班前例会内容：上交工作日记，汇报前日工作中的突发问题，公布前日违章处理结果，分配当日的工作岗位及安排工作任务，检查员工的仪容仪表和营业用具。
迎接服务工作	（1）营业前十分钟按标准服务姿态站立于规定位置。 （2）当客人到来时主动热情地问候客人。 （3）引领客人至服务台办理登记手续。 （4）征询客人的具体需求，开出单据，引领客人交款。 （5）询问客人有无其他要求。 （6）引领客人进 KTV 包间。 （7）主动为客人调试设备。
KTV 服务工作	（1）开启电器设备。 （2）上生果、小食。 （3）点单。 （4）随时提醒客人消费多少，还差多少消费。 （5）酒水促销。
送客服务	（1）客人唱歌结束后，服务员应主动跟随。 （2）征询客人是否需要酒店其他服务。 （3）在客人休息的过程中，随时注意客人的需求，及时提供必要的服务。 （4）当客人准备离开时，提醒客人不要遗忘所携带的物品。 （5）客人离开时，服务员应将客人送至门口并主动道别。
营业结束收尾工作	（1）早班与晚班交接班时，首先填写交接班记录并签字。 （2）交接班记录应将交接情况记录清楚，不能因交接不清而出现工作混乱情况。 （3）交接班时应召开班前会，将工作任务布置清楚。 （4）晚班服务员上岗后应对环境卫生做简单的整理及清洁。 （5）晚班服务员应迅速进入工作角色，不能让客人产生服务断档的感觉。 （6）营业结束前服务员应将营业用品整理归位。 （7）将客人使用过的话筒套取下，放到指定处理地方。 （8）将当日营业单据核对并统一交康乐部主管。 （9）营业结束时，认真填写交接班记录。 （10）清洁整理 KTV 包间，关闭电源，锁门下班。

6.3.2 KTV 服务注意事项

KTV 服务注意事项，如表 6-3-2 所示。

表 6-3-2 KTV 服务注意事项

项目	规范内容
1	服务时要牢记先女士后先生和先老后幼的原则。
2	在接过传送员送来的出品时，应检查出品是否正确，若出品是经过冰冻的应准备好杯垫。
3	遇到客人说话时，在上酒水之前应说："对不起。"提醒客人留意以免发生事故，上完出品后，应按规范向客人说"请慢用"，并采用后退式离开。
4	上出品时应单膝跪下，以方便服务。从托盘内拿出品时，应面向客人侧面身，左手要随同向外侧移动以保持托盘平行和身体平衡，上出品时要注意场合，如客人在唱歌，则不应挡住客人的视线。
5	注意及时更换烟盅和随时帮客人添加饮品，在客人同意的情况下，及时收走空果盘以及不用的酒杯、空酒瓶和清理桌面杂物，以保持台面的清洁。
6	无论是为客人上出品，还是清理台面，必须使用托盘。
7	如出品需要配料和汁酱应跟食物一齐上台。
8	下完 order 时，一定要重复 order，以防错漏，减少失误。
9	员工因事离开岗位，必须知会同事或上级，请求协助，避免出现"真空"现象。
10	服务时要做到眼勤、手勤、腿勤、嘴勤，同时还应做到"嘴动纸巾到，烟到火机到，声到谢谢到"。
11	配制洋酒要征询客人的意见，是浓或是淡。
12	客人调换位子，应及时做好跟杯服务。
13	服务啤酒时，斟完一轮酒后，大房要开 4～6 支，中房开 1～3 支，小房开 1～2 支，找相应的位置放好，以方便下一轮斟酒。
14	当客人的酒水剩下 1～3 支时，及时询问客人是否需要添加酒水。
15	任何时候托盘都不准上台。
16	上出品时应从客人右边上，若房间人多可视实际情况灵活处理，上出品时应遵循先低杯后高杯，先热后冻的原则，带杯垫的应先放下杯垫，后用右手拿住杯具的下端轻放在台上，以避免发出碰撞声。同时报出品的名称，以避免出现差错。
17	上完出品起身后，应按规范向客人说"请慢用"，并采用后退式离开。
18	主管买单时注意假钞、破钞，如有疑问可以礼貌询问客人："先生/ 小姐，可以换一张吗？"

6.3.3 KTV 突发事件处理细节描述

（一）对不配合的客人的处理细节描述，如表 6-3-3 所示。

表 6-3-3　对不配合的客人的处理细节描述

类别	规范内容
客人要求小姐（或男性服务员）坐台	“对不起，先生/小姐，本公司没有这项服务。”如客人坚持要求的话，还是重复刚才所说的话，并再次致歉（回报组长，如包厢内皆为男生，建议女性同仁不要单独进入该包厢服务）。
当客人强行要求指定人员来服务	“对不起，先生/小姐，因为本公司采用的是走动式服务，服务员是不固定的，真的不好意思。”
客人在消费完毕时，提出赠送大量的笔和打火机留念	“对不起，先生/小姐，笔和打火机是供客人消费时使用的，而非赠送品，所以数量有限，真的不好意思。”
客人自带酒水、食物	这时，应向客人解释公司不接受客人自带酒水及食物，如客人一定要的话，应通知上司解决。可收取相应的开瓶费，或请客人将自带酒水、食物存放在寄存处，并在酒单上写明开瓶费及相应价钱。
客人询问是否可按照他的意思打字幕（属于不符合规定的字幕）	“对不起，先生/小姐，因为电脑项目的因素，目前字幕机只能打‘生日快乐’‘寻人’‘寻车’‘新婚快乐’‘节日快乐’‘身体健康’‘学业有成’的字幕等，谢谢。”
我朋友过生日你们有什么可以招待的	“先生 / 小姐您好，首先代表公司祝您的朋友生日快乐，我们可以为您朋友在电视屏幕上打‘生日快乐’字幕，以及播放《生日快乐》歌，并可代为订蛋糕。”
外场发现客人在包厢内有赌博等违法行为发生时	马上报备主管领导，主管说词：“对不起，先生/小姐，因为这里经常会有相关单位来检查，为了避免您不必要的麻烦，请您配合，谢谢!”
客人要拿走钱柜杂志	“先生 / 小姐，不好意思，因为杂志数量有限，所以暂时仅供大堂阅览，真的对不起。”
为什么现在包厢内没有打火机了	“对不起，稍等一会儿，马上帮您送过来。”
客人不坐沙发，站在大理石桌上乱摇	“对不起，打扰了，先生/小姐，为了您的安全，麻烦您尽量不要站在桌子上，当心摔倒，真的不好意思。”
我不小心打碎一只杯子，是否需要赔钱	“先生 / 小姐，没关系，请问您有受伤吗？我马上帮您收拾一下。”
为什么你们这里不能兑换外币	“因为本公司没有授权许可合法的外汇买卖，所以没办法兑换外币，真的不好意思。”
客人在消费当中给小费的时候	“先生 / 小姐，您好，为您服务是我们应该做的，您不用客气了。”
客人在买单后给小费的时候	“谢谢您，欢迎你们下次再来，我们会尽心为您服务的。”
今天我们董事长来，有没有水果招待	“非常荣幸能光临本公司，我们虽没有招待，但一定会提供最好的服务给各位，祝您消费愉快！”
客人问到的是你不了解或不确定的事时	“对不起，先生，我马上出去帮您询问，请稍等一下。”
是否免费供应润喉糖	“对不起，先生/小姐，本公司还未提供此项服务，不过您的建议我们会反映给公司的，谢谢！”
为什么现在服务员这么少？服务铃按那么久都没人来	“不好意思，让您久等了，请问有什么需要服务的吗？”
如何处理喝醉酒到处闹事的客人	应马上通知喝醉酒客人的朋友，把其劝回自己房间或先将其送走，不得已的情况下才通知保安，以免把事情闹大。

续表

类别	规范内容
如何处理客人发生口角、打斗	发现客人开始发生口角，应立即通知经理马上出面调解，如发生打斗应马上通知上司，如情况严重的及时通知保安，让保安把打斗的客人送出门口并注意事态的发展。
客人在场内到处走动，到处张望不消费怎么做	发现此情况应上前询问客人是哪间房的，如没有位置消费应马上通知咨客带位，让其消费，经理应通知保安注意客人动态，有可能是小偷。
客人损坏公司财物应该怎样处理	应留服务员保护现场，让另一位服务员通知该区经理，耐心向客人解释物品的贵重，如电视机、音响之类应照价赔偿，如客人继续其损坏行为，应通知保安将其送到公安机关处理。
客人在房间有不雅动作应怎么做	服务员应经常出现在房内，以进房服务让客人不方便进行，使客人有所避忌，如继续有不雅动作出现，应立即通知经理，经理上前劝阻并警告。
客人醉酒后闹事怎么办	经理先稳定其情绪，并尽量将闹事者拉开，如能自行控制场面则不通知保安，以免事情再扩展恶化，但客人还是继续其行为不肯罢休，则要观察当时的情况会否恶化，若事态严重应立即通知保安部，让保安经理先上前调解，其余的保安员站立在客人看不到的地方，以便在需要时予以支援。
若客人有不轨动机、行为，服务员应怎样回避	在不得罪客人的情况下，坚决地跟客人说“No”，请客人顾及身份，在表明立场之后，如果对方还纠缠不休，应通知上司，进行临时岗位调换，避开客人干扰。
为什么你们公司不能打牌、跳舞	“对不起，因为这是配合相关单位的一些规定，本公司只能依照执行，真的对不起。”（回报组长）
为什么没有牌和骰盅	“先生，对不起！因为相关部门有规定，KTV 等娱乐场所不准提供此项服务，真的不好意思。”
为什么包厢不可以关灯	“对不起！因为相关部门规定，所以麻烦您一下，需要将包厢电灯打开，谢谢您的配合，谢谢。”
客人反映自带蛋糕，可否借其刀子切蛋糕	“先生/小姐，若您要切蛋糕我们可为您代劳，请问要切几块呢？”（若客人要自己切，则提供塑料刀）
客人回店里找遗失物	“请问您是否知道原先消费的包厢号码及消费时段？……好的，我马上帮您查一下，您请稍等。”（服务员的感觉要比客人还急——查看遗失簿是否有登记，并询问相关人员，若此包厢无其他客人则立即进包厢找寻）若完全找不到：“先生 / 小姐，真的不好意思，目前我们服务员都找过了，还是没有找到，如果您方便的话请先留下您的联络电话，找到后我们会马上通知您的，或者晚一点再请您打电话来询问看看。”
客人带宠物来消费	“对不起，先生/小姐，带宠物是无法进娱乐场所消费的。真的不好意思。”如客人执意坚持则提供客人纸箱，建议客人把宠物放入纸箱内。
在营运繁忙的时候，客人买单后不走	“先生/小姐，对不起，您是否还需要续唱？”要续唱：“好的，那我帮您开续唱单。” 不续唱：“对不起，现在有很多预约客人正在等候，真的不好意思。”（若客人还是不走，则回报组长）

（二）KTV 应急事件处理细节描述，如表 6-3-4 所示。

表 6-3-4　KTV 应急事件处理细节描述

项目	规范内容
客人遗失物品怎样处理	服务员应马上通知经理，负责该段的服务员要站在现场等经理及保安来解决，经理应协同保安部人员仔细检查客人所使用过的地方，询问清楚客人到过的地方以及和哪些朋友在一起，是否朋友拿了去用，同时也检查该服务员，询问当时情况，并立即通知保安检查该员工储物柜，如还没有找到就叫保安做记录，以便以后有线索可以联系到该客人，下班后认真检查员工手袋。
客人在洗手间跌倒或晕倒怎么办	此时，厕工应马上扶起客人，通知经理，如客人有伤即扶到安全的地方稍作休息，用药物稍作治疗，情况严重的应叫保安将该名客人送到附近医院就医，事先厕工要经常留意洗手间的卫生，保持地面干爽清洁。
发现假酒，但酒已打开怎么办	应认真和酒吧讲清楚是否有假，如发现卖的是假酒应马上向客人道歉，即通知经理到酒吧换取新酒给客人，亲自在客人面前开启及让客人亲自尝试该酒，然后到酒吧把该酒情况稍作书面报告，留作第二天把酒交给供应商换取新酒，酒吧应注意供货商来货质量。
打破玻璃或将酒水倒洒在地上，服务员应该怎样做	服务员应马上站在现场，提醒过往客人注意，另一位服务员立即通知清洁部清洁现场，有异味应喷空气清新剂。
客人自己将酒水倒在桌面上，服务员应该怎样做	客人不小心自己倒酒的，应马上递上毛巾（纸巾）擦掉水迹，再递上纸巾，吸干污物。
客人投诉房间音响效果怎么办	在服务过程中应注意音响的现场效果，有问题即通知总控室处理，如房间音响经调试仍需转房，但房间已满，服务员应先用礼貌用语安顿好客人，即通知经理，经理知会咨客，若有空房即马上安排转房，自己亲自入房道歉及通知总控室尽量搞好该房间音响，直至有房转。
节目表演时间，怎样追踪客人行踪，以免跑单	记住客人的外貌特征、服饰打扮。是否留有贵重物品，是自然来客，还是司仪或司仪经理的订房客人，要加以注意与判断。如是包房消费客人，一定至少要留一位客人在房内。
开爆啤酒时服务员该如何处理	如发生此类事件，服务员马上说："对不起，我帮你换另外一瓶。"把房间内的事情安排好后，通知上司到酒吧处理。在事情发生前服务员要注意开酒的技能和手势要正确，减少耗损。
当客人从包房转向酒吧消费时，你应做些什么工作	点清客人人数，知会领班，通知康乐，把客人台面剩余的东西送入酒吧，然后马上返回岗位，清理台面、地面卫生，摆好台面，迎接下一批客人。
当客人携带手提包及其他物品时，你应如何处理	主动提醒客人如果方便，请把东西拿去寄存，如果不需要，应提醒客人小心保管好自己的物品，以免遗失，造成不必要的麻烦，引起客人不开心，同时让客人感到服务员良好的职业道德和服务态度。
当班时间，客人盛情邀请服务员跳舞或饮食时，怎样处理	应先谢谢客人的盛情邀请，然后婉转地告诉客人，公司规定上班时间是不能跳舞和吃东西的，否则会受到公司的处罚，请客人原谅。
当客人不小心摔坏杯子，你应做些什么	以和蔼的语气安慰客人"没关系，请问有没有割伤"，并请客人小心离开座位，立即清理现场，把碎杯扫干净再请客人坐回到座位，让客人感到服务员处处关心、帮助客人排忧解难的周到服务。

续表

项目	规范内容
凡主管以上人员签送食品时，你应怎样向客人表明情况	当你将赠送食品送到客人台面前时，应主动说："这是我们×××领导送的东西，请慢用。"
当客人不满意食物或饮品时，你应怎样做	上前询问客人意见，找出问题所在，如果食物或饮品有质量问题，应马上跟客人道歉："不好意思，我马上帮您换。"撤走东西，然后通知上司，送回出品检查，如果食物或饮品没问题，只是口味问题，应该跟客人解释："对不起，我们公司的出品是这样的，如果您不满意，我会向经理汇报，希望下次能够使您满意。"然后设法补救，有必要时请上司出面。
当客人饮醉酒，呕吐物满地都是或发酒疯时，你应采取哪些措施	知会上司通知保安部，让保安协助客人离场，然后通知清洁部，并协助清洁人员清理现场，迅速擦干净。
当全部客人离开厅房而未埋单时，你应怎样处理	（1）上前询问客人是否埋单，当回答说不是，而是去看节目时，应找借口说"请问你们全部走开，是不是留下一两个人看包，避免贵重物品不见了"，而客人说不用时，应设法通知上司协助，看清客人去向，如果客人是看节目，应派人看住客人，如果客人离场，即时通知上司及保安协助埋单。 （2）怎样辨认客人当晚谁埋单。 ① 从订房人那里问一下，今晚谁是主人。 ② 从DJ服务员或同厅房一起玩的且比较容易沟通的客人那里问。 ③ 察言观色从服务过程中知道。 ④ 有客人主动问你房间消费情况。 ⑤ 从客人礼仪中或从客人的介绍、讲话中看出来。
若客人向我们提出宝贵意见，你怎样做	在表示虚心接受的同时，应说："非常抱歉！感谢你们的宝贵意见，我马上向我们经理汇报，希望下次能够使你们满意，谢谢！"最后将意见反馈给上司。
客人因事与邻房客人发生争执打架，并损坏了公司物品，你怎么办	迅速禀报上司及公司领导，以防事情恶化延续。注意安全，看客人有否受伤，是否需要急救；打坏的东西，根据上司的意见，按公司规定价格赔偿。
无人引领的客人进入营业区，你怎么办	当看到无人引领的客人进入营业区域，感到茫然时，迅速上前问候客人，并询问情况，看有什么需要帮助的，并介绍本公司节目及消费情况，开房、开台、知会康乐。
客人提出找××老总时怎么办	礼貌地询问客人贵姓、在哪里发财，了解客人找××老总的意图，然后根据情况向客人要找的××老总反映，看是否接见客人。
你下单时不小心写错了饮品的名称，该怎么办	及时跟踪查单，如果饮品已经到了房间，应向客人道歉，并征求客人要不要更换。
当客人与员工或公司利益发生冲突时应该怎么办	应做到"你恼我不恼"，用婉转语言同其讲明事情，不得态度蛮横、粗言以对，并立即通知上级。

续表

项目	规范内容
若你不小心将酒水洒在客人身上或客人不小心将酒水洒在你身上，你应该怎样做	诚恳地向客人表示歉意，并想法进行补救，在获得客人允许的情况下为客人擦拭衣服，女客人应由女服务员擦拭，动作要轻柔适宜。如果客人都不是很满意，应该请上司出面，不能跟客人发生冲突。如果是客人不小心将酒洒在你身上，应大方地笑一笑说：“没关系，我到外面擦擦就行了。”
上班时间，需要离开工作岗位，你该怎么办	向领班请假，知会在岗同事照看，尽快返回。
怎样为客人转房	当客人需要转房时，首先礼貌请客人稍等，然后通知康乐查一下有没有空房，再答应客人是否能转。千万注意不要不经康乐私自带客人转房，以免搞乱工作项目，造成不良影响。

（三）KTV突发事件处理细节描述，如表6-3-5所示。

表6-3-5　KTV突发事件处理细节描述

项目	规范内容
发生火警	当发生火警，不论事态严重与否，都必须采取如下措施： （1）保持镇静，不能惊慌失措、大喊大叫。 （2）第一现场员工必须稳住客人情绪。对客人讲：“各位贵宾，我们公司应急服务员正在扑灭火患，目前正得到控制，请诸位不要惊慌。” （3）了解客人有无埋单，并知道消费情况。 （4）呼唤附近同事援助，帮助看好该区的客人动向，防止跑单。 （5）通知保安（附近的），说出火警发生的具体地点及火情。 （6）在安全的情况下，利用就近的灭火器，配合保安尽力将火扑灭。电器起火用“1211”型号灭火器或干粉灭火器；香烟未熄灭而引起的火灾，用“1211”型号灭火器；因漏电短路而引起的火灾，切记不能用水和泡沫液体型灭火器，一定要用“1211”型号干粉灭火器。 （7）关掉一切电源开关（含电器用具类）。 （8）如果火势蔓延，必须配合保安、公司领导及同事引导客人按正确的安全通道撤离火警现场，以免客人受到损伤。
客人打架、斗殴	客人打架、斗殴时，根据事态情况，酌情分级处理： （1）第一时间通知就近的保安部工作人员，让他们第一时间赶到事发现场，并控制场面，防止事态扩大。 （2）详细了解争执原因，并尽快把事态经过商报主管、经理，由管理人员安排和协调，并视情况不同分级分别处理。 （3）轻度冲突的处理方法（一般打架、争执）。 如发现顾客之间发生轻度摩擦，应尽快加以劝阻，并以中间人的立场加以双方面的劝慰，避免事态升级。 （4）中度冲突的处理。 以最快的方法第一时间通知有关部门到现场，控制双方人员冲突的可能，并尽量将客人安排到相隔远些的位置。让保安留意客人行为，防止再度引发冲突。

续表

项目	规范内容
客人打架、斗殴	（5）极度冲突的处理。 通过保安部门，尽量压制事态，如发生流血事件，则督促其迅速离开，并采取一些基本的急救措施。同时第一时间检查公司物品有无损坏，如有损坏，客人需照价赔偿，通知收银打单，主管埋单，确定客人的物品是否全部带齐离场。如有遗失，则上交所属部门经理处理，等候客人回来认领。
大厅、通道区域客人站得水泄不通，服务员应该怎么办	向客人道歉解释，请客人到客台或没有人的非服务通道观看节目。
若发生停电故障，应怎样处理	在台面增置蜡烛杯，点蜡烛的过程中安慰客人："没事，很快就会有电，可能是有点小问题，我们的工程部正在抢修，请先坐一会儿，再说我们公司有发电机。"
不法分子来势汹汹地在公司门口叫嚣或闯入公司，员工应如何处理	保持镇定，不要慌张，先通知保安部主管，经理打110报警，即时汇报给部门主管经理，便于安排员工做好安全防备及采取相应措施。
公司场内出现警察例行检查，员工应如何处理	保持镇定，不要慌乱，稳住各区域内的客人，防止跑单。汇报给主管、经理埋单的情况，等候高层领导的指示，同时调亮灯光，转换轻音乐，以灵活的方式服务客人。
公司场内突然有人因兴奋、过度刺激而引发自身死亡或饮酒过量导致休克，应如何处理	立即通知保安和管理人员维护现场，打110报警或打120急救电话（在安全情况下，不要移动现场物品和尸体或病人）。在发生意外的地方，加设标记防止他人进入。
中途服务怎样进行第二次促销	在服务过程中，当客人所点的酒水或小食只剩余一两支或少量时，要轻轻地来到主客面前，礼貌、小声地告诉他："酒水快喝完了，是否需要添加。" （1）不要等客人所点的酒水喝完后再询问。 (2)在不知道主客消费意图时，不要当着很多客人的面大声告诉主客"酒水没有了"，以免客人尴尬。 （3）要告诉主客账单的此刻消费情况。 （4）不要不询问客人是否同意，而私自帮客人下单、点取酒水。
怎样为客人斟第一轮酒水	（1）当客人刚刚到来，坐下饮第一杯酒时，服务员要首先请主客品酒认可后，把酒杯一字排列，全部斟满后，然后一杯一杯双手捧给客人（顺时针、先宾后主、先女后男）。 （2）不要斟一杯酒给客人，再斟第二杯……；斟第一杯酒不要过量。（一般为1/3杯或少许）
怎样为冻饮或冰镇酒水提供杯垫服务	杯垫服务是夜场的一种高雅服务方式，反映了夜场的服务质量和档次以及管理水平。当为客人上冻饮或冰镇酒水时，首先礼貌示意客人，然后先轻而优雅地放下杯垫，再把冻饮放在杯垫上，请客人慢用。
清点客人为什么叫续单	在夜场服务中，客人埋单后，没有离开KTV房或卡座，还要点酒水、小食进行消费，通知收银第二次开房、开台。称之为续单。
什么叫补卡	在服务过程中，由于其他原因，厅房或台的消费记录卡丢失，通知康乐补开一张消费卡。称为"补卡"。（补卡开出以后，服务员要补写之前账单消费的内容）

续表

项目	规范内容
对喝醉酒或饮酒过量的客人我们提供怎样的服务	我们除了关心慰问外，还要为醉酒客人提供热茶、热鲜奶等让客人醒酒之服务。必要时要为客人递上热毛巾或进行松骨服务。
对患感冒的客人我们提供怎样的服务	（1）为客人关小空调。 （2）为客人提供披巾服务，处处关心客人。 （3）为客人点用“可乐煲姜”，让其饮用或去医务室拿感冒药给客人服用。
什么是夜场服务中先知先觉、后知后觉、不知不觉	（1）先知先觉指在夜场服务中，客人没告诉你应该怎么做，你看见了，第一时间没等客人开口已经圆满完成。也就是说各项服务在客人没提出之前。称之为“醒目”。 （2）后知后觉是指在服务过程中，客人发现或提出的，而告知你后才去完成的服务。 （3）不知不觉是指在服务过程中，客人要求的服务告诉你，你后来知道而又没去做的服务。
咨客开错卡怎么办	（1）直接向经理承认错误，请经理取消此卡。 （2）告诉订房人，看是否可以确认或转房。 （3）如果不能取消，查看一下有没有人订这间房。
怎样大声感谢客人	当客人给你小费或小费特别多时，要大声、礼貌地感谢客人，说：“××先生/小姐，谢谢您的小费，您的小费太多了，让我受宠若惊！”让当场的客人都能听到，使给小费的客人面子大增。
怎样大胆礼貌地介绍公司管理人员	当公司领导或管理人员进你所服务的厅房，向客人敬酒时，你作为服务员应礼貌大方地介绍公司领导：“先生/小姐！这位是我们公司的××领导，他听说您在这里，特意来看您来了。”
怎样才能掌握客人称呼与爱好	（1）向订房人询问或向服务过他们的服务员询问。 （2）礼貌地向客人身边的朋友、兄弟询问。 （3）观察细致。 （4）认真聆听客人相互介绍。 （5）从咨客或订房卡上发现。
开台订食（水果、小食、纸巾）要收费，当客人提出不要时，服务员应该怎么办	礼貌地向客人讲清楚开台订食是开台时直接跟配的，公司规定不可以取消。如果客人坚持，则告诉上司出面解决。
电脑点歌时未按客人点歌播放应怎么办	首先稳住客人情绪，可说：“不好意思，可能是比较多客人点这首歌，造成重碟了。我马上为您联系电脑技术人员。”
当客人点新歌而电脑没有时怎么办	“不好意思，您点的歌非常流行，现在不能满足您的要求，我做了登记反馈给公司，下次您来首先为您点播此歌。”
客人向新员工提出问题，而新员工不知道怎样回答怎么办	“先生/小姐，对不起，我是新手，不太清楚。如果不介意，我找主管来，他一定能帮到您。”

续表

项目	规范内容
服务员怎样才能做到成功推销	（1）熟悉各种食品、饮品的价格。 （2）熟悉各种饮品的制作过程、准备时间和原料。 （3）熟悉各种饮品的制作方法。 （4）知道每日特别推荐项目。 （5）掌握酒水牌中的任何变化。 （6）语言技巧及微笑礼貌的沟通方式。
客人围绕在领台桌旁该如何处理	（1）安抚客人请至沙发稍坐。 口语："先生（小姐）麻烦您至沙发稍坐一会儿，稍待就有包厢，麻烦先看报纸或杂志，谢谢您！" （2）将屏幕调至自己可看之亮度。
连续来数批大包厢客人	（1）了解目前买单中大包厢，与进场时间做一个分析。 （2）人数之确定与选择包厢须正确。 （3）包厢饱和人数与客人之意愿须符合。（若包厢较小，询问客人是否能接受先帮其准备小圆椅，等有包厢时再帮其转包？）
客人至现场排候位而不愿在现场等候	（1）先给予一个顺位编号。 （2）告知大约等候时间。 （3）给予电话号码，请其可以打电话询问候位状况。
客人预约包厢，到达时却无包厢可唱	（1）立刻诚心道歉并安排第一顺位，同时说明。先安抚客人，用一个善意的说辞，例如，告知为其保留之包厢因上批客砸蛋糕，包厢较脏，正在清理中，请其稍后×分钟，立刻为其安排包厢。 （2）领台人员可即刻视状况给予客人补偿，补偿时间以 30 分钟为上限，随后并将补偿内容告知领班及相关单位。请其大厅稍坐，优先安排顺位。 （3）通知楼层，若有客人离场加速出清。 （4）给予客人适当补偿以表歉意。例如，通知主管及相关单位以利后续作业。
客人坚持有预先订位，却找不到订位资料	（1）先安抚客人，诚心道歉，决不可与客人争执。 （2）请其大厅稍坐，优先安排顺位。 （3）通知楼层，若有客人离场，加速出清。 （4）给予客人适当补偿以表歉意。例如，通知主管及相关单位以利后续作业。
客满而人潮不断时，如何安抚等待不安之客人	（1）招待饮料给客人。 （2）万分歉意之肢态语言。 （3）包厢状况反应的告知。 （4）站在客人立场着想。 （5）主动帮助客人询问各店状况。 （6）递上店卡，提醒或建议下次记得预约订位。 （7）可以 Call 主管，请求支持另一名人员协助安抚。
临检	（1）请检警人员出示证件查明来意后，先请检警人员至大厅稍待。 （2）立即通知主管处理，招待检警人员饮料并说："请稍等一下，我们主管马上过来。谢谢！" （3）安抚现场客人说明这是例行临检，请客人不要惊慌。

续表

项目	规范内容
停电	（1）先查明是电源故障还是地区限的停电。 （2）立即通知主管说明情况。 （3）安抚大厅客人，请客人不要惊慌。
计算机坏了	（1）先将电源重开一次，确定是否死机。 （2）确定死机后，立即通知主管处理。 （3）跟大厅客人说明稍候就正常，请客人稍待。 （4）立即招待大厅饮料。 （5）以手写单方式继续工作，但须与楼层联系，并详细登录包厢号码、时间、人数等资料。
冷气故障	（1）万分歉意地跟客人说明。 （2）随即招待大厅饮料。 （3）若客人愿意消费应给予优惠，例如，开果招。 （4）跟客人表达万分感谢的肢体语言，感谢客人消费欢唱。
包厢维修	（1）先询问楼层为何维修。 （2）立即将包厢状况告知主管处理。
消防警铃响	（1）检视火灾收信总机指示何种状况，并立即通知主管处理。 （2）安抚现场客人。 （3）听从指挥官指示，依据消防标准作业项目执行。
接受消费者当面抱怨	（1）做一个优秀的领台要准备妥微笑、倾听、体贴、耐心。 （2）双眼目视对方，诚恳倾听并适时点头，鼓励对方畅所欲言。 口语："您好！""是的！" （3）找出抱怨的重点及症结所在。 口语："您的意思是……"（简要重复问题或抱怨）。 （4）无法直接回答的问题或抱怨，立即请主管处理，向消费者说明一定会答复处理该问题或抱怨。

6.3.4 酒吧工作细节描述

酒吧工作细节描述，如表 6-3-6 所示。

表 6-3-6　酒吧工作细节描述

项目	规范内容
营业前准备工作	（1）打卡签到，整理好自己的仪容仪表。 （2）按时参加班前会，接受领导检查和工作任务的分派。 （3）清洁整理环境卫生，做到地面洁净无杂物，服务台上各类物品按类摆放整齐。 （4）将营业时间、客人须知、价格表等以中英文对照书写，置于明显位置。 （5）将钟表时间核对准确。 （6）检查所有服务设备设施是否齐全，运转是否正常。 （7）将各种表格、单据和文具准备齐全，放于规定的位置。 （8）检查酒吧内的用具、餐具、酒具和酒水及小食品的准备情况。

续表

项目	规范内容
迎接服务工作	（1）营业前十分钟按标准服务姿态站立于规定位置。 （2）当客人到来时主动热情地问候客人。 （3）引领客人至服务台办理登记手续。 （4）征询客人的具体需求，开出单据，引领客人交款。 （5）询问客人有无其他要求。 （6）为客人指示位置。 （7）主动向客人介绍本酒店特色酒的品种。
酒吧服务工作	（1）客人点酒。 （2）调酒服务。 （3）送酒服务。 （4）示瓶。 （5）为客人解释酒的特点。
送客服务	（1）客人消费结束后，服务员应主动征询客人是否需要酒店其他服务。 （2）引领客人到休息室休息。 （3）在客人休息的过程中，随时注意客人的需求，及时提供必要的服务。 （4）当客人准备离开时，提醒客人不要遗忘所携带的物品。 （5）客人离开时，服务员应将客人送至门口并主动道别。
营业结束收尾工作	（1）早班与晚班交接班时，首先填写交接班记录并签字。 （2）交接班记录应将交接情况记录清楚，不能因交接不清而出现工作混乱情况。 （3）交接班时应召开班前会，将工作任务布置清楚。 （4）晚班服务员上岗后应对环境卫生做简单的整理及清洁。 （5）晚班服务员应迅速进入工作角色，不能让客人产生服务断档的感觉。 （6）营业结束前服务员应将营业用品整理归位。 （7）将客人使用过的布件类用品点清数量送交洗衣房。 （8）将当日营业单据核对并统一交康乐部主管。 （9）营业结束时，认真填写交接班记录。 （10）清洁整理桑拿浴室，关闭电源，锁门下班。

6.3.5 咖啡厅服务细节描述

咖啡厅服务细节描述，如表6-3-7所示。

表6-3-7 咖啡厅服务细节描述

项目	规范内容
营业前准备工作	（1）打卡签到，整理好自己的仪容仪表。 （2）按时参加班前会，接受领导检查和工作任务的分派。 （3）清洁整理环境卫生，做到地面洁净无杂物，服务台上各类物品按类摆放整齐。

续表

项目	规范内容
营业前准备工作	（4）将营业时间、客人须知、价格表等以中英文对照书写，置于明显位置。 （5）将钟表时间核对准确。 （6）检查所有服务设备设施是否齐全，运转是否正常。 （7）将各种表格、单据和文具准备齐全，放于规定的位置。 （8）查咖啡厅内的用具、餐具、酒具和酒水及小食品的准备情况。
迎接服务工作	（1）营业前十分钟按标准服务姿态站立于规定位置。 （2）当客人到来时主动热情地问候客人。 （3）引领客人至服务台办理登记手续。 （4）征询客人的具体需求，开出单据，引领客人交款。 （5）询问客人有无其他要求。 （6）为客人指示位置。 （7）主动向客人介绍本酒店的特色咖啡。
咖啡厅服务工作	（1）落单。 （2）服务餐前饮品。 （3）听取点菜。 （4）服务面包和牛油。 （5）听单。 （6）根据菜式调整餐具。 （7）根据客人用餐节奏上菜。 （8）席间服务。 （9）上咖啡或茶。 （10）上甜品。
送客服务	（1）客人消费结束后，服务员征询客人是否需要本酒店其他服务。 （2）引领客人到休息室休息。 （3）在客人休息的过程中，随时注意客人的需求，及时提供必要的服务。 （4）当客人准备离开时，提醒客人不要遗忘所携带的物品。 （5）客人离开时，服务员应将客人送至门口并主动道别。
营业结束收尾工作	（1）早班与晚班交接班时，首先填写交接班记录并签字。 （2）交接班记录应将交接情况记录清楚，不能因交接不清而出现工作混乱情况。 （3）交接班时应召开班前会，将工作任务布置清楚。 （4）晚班服务员上岗后应对环境卫生做简单的整理及清洁。 （5）晚班服务员应迅速进入工作角色，不能让客人产生服务断档的感觉。 （6）营业结束前服务员应将营业用品整理归位。 （7）将客人使用过的布件类用品点清数量送交洗衣房。 （8）将当日营业单据核对并统一交康乐部。 （9）营业结束时，认真填写交接班记录。 （10）清洁整理咖啡厅，关闭电源，锁门下班。

6.3.6 咖啡厅应急事件处理细节描述

咖啡厅应急事件处理细节描述，如表 6-3-8 所示。

表 6-3-8 咖啡厅应急事件处理细节描述

项目	规范内容
食物或饮料泼洒到客人身上	（1）马上道歉。 （2）提供干净的餐巾给客人自己擦拭。 （3）提供安抚客人的方法。 （4）通知当值经理。 （5）检查客人的满意度。
食物温度不对或火候不合要求	（1）马上道歉。 （2）马上更换。 （3）通知当值经理和厨师长。 （4）通知客人重新制作所需的时间。 （5）确认更换的菜式符合要求。 （6）检查满意度。
上错食品/饮料	（1）马上道歉，重复点单。 （2）确认点单的正确。 （3）和厨房/吧台联系，确认重新更换所需时间，通知厨师主管及当值经理。 （4）通知客人需等待的时间。 （5）在上菜的时候，再次道歉并感谢客人的等待及理解。
客人等待时间过长	（1）马上道歉。 （2）通知厨师主管及当值经理，确认制作时间。 （3）通知客人所需时间。 （4）提供免费纯净水，确认食品的制作情况。 （5）在上菜的时候，再次道歉并感谢客人的等待及理解。
账单错误	（1）马上道歉。 （2）核对账单，并纠正错误。 （3）再次感谢客人的提醒及等待。 （4）通知当值经理。
餐桌/椅上有异物	（1）马上道歉。 （2）清理台面。 （3）感谢客人的提醒。
客人发现菜中有异物	（1）马上道歉，确认客人无受到伤害。 （2）坚持替客人更换食品，若客人不喜欢同样菜式，可更换其他的菜式。 （3）提供免费茶水或水果。 （4）通知当值经理/厨师长，确保更换菜式的卫生。 （5）上菜时，再次道歉。
客人投诉杯具/餐具的清洁或有破损	（1）马上道歉。 （2）提供更换。 （3）感谢客人的提醒。

续表

项目	规范内容
客人投诉咖啡的口感	（1）马上道歉。 （2）马上更换。 （3）确认满意度。 （4）感谢客人的提醒。
客人指出位置不佳	（1）咖啡厅已满。 ① 向客人道歉。 ② 告知客人一有空台，马上更换。 ③ 更换后，再次感谢客人的理解及等待。 （2）有座位。 ① 向客人道歉。 ② 检查有无预订。 ③ 马上替客人换台。 ④ 通知领位。
处理退换的食物或酒水	（1）马上向客人道歉："不好意思，这道菜（酒水）不合您的口味。" （2）询问客人有关菜式、酒水的详细情况。 （3）通知厨师主管及当值经理。 （4）当值经理亲自呈递更换好的食物或酒水。
处理投诉应有的态度	（1）永远不要和客人争执，让客人发表意见。 （2）马上通知当值经理。 （3）仔细聆听，试图找到投诉原因，保持目光接触，尽量称呼客人的姓。 （4）礼貌地道歉，表示同情心。 （5）告诉客人处理的情况和时间（与当值经理确认后）。 （6）当值经理检查客人的满意程度。

6.3.7 茶餐厅服务细节描述

茶餐厅服务细节描述，如表 6-3-9 所示。

表 6-3-9 茶餐厅服务细节描述

项目	规范内容
迎接客人	（1）欢迎客人。 ① 打开大门，立于领位台内；走向顾客，并问顾客人数，便于安排台位。问顾客是否到齐，是否定位。 ② 见到客人走至 2 米外后，走出咨客台，左手握菜牌；走在顾客前面，频回头，离顾客一臂距离，留意顾客是否受引导。 ③ 向客人微笑，打招呼，如是常客，则以某某先生/小姐称呼。如有必要则随时向顾客介绍当日特惠。 ④ 常用语言："请问您有几位/请问是否到齐了/请这边走……"

续表

项目	规范内容
迎接客人	（2）询问预订：询问客人是否预订。接受预订时，问清楚客人姓名、订座人数、就餐时间、联系方法和客人的特殊要求。 （3）如客人已预订，带其到事先已订好的桌前。 （4）如客人未预订，按客人要求和人数带入相应的餐桌。 ① 询问客人是否吸烟，并分别带入吸烟区或非吸烟区。 ② 询问客人有否其他爱好，如靠窗或角落位子。 （5）引导入座。 ① 为女士拉椅，等其入座后，将椅子推入。 ② 将餐巾对折成三角，铺于客人大腿上（和厅面服务员合作做）。 ③ 打开菜单及饮料单从右边递至客人。 ④ 倒退两步，转身离开，迅速回到领位台。 ⑤ 将水给予顾客按女士、长者、其他客人、主人等顺序。
结账	（1）到收银处，清楚地报出台位，检查品种、数量是否有误差。 （2）当场报出金额数目，并当主人面前清楚地点收现金数目。 （3）将现金收入银夹或呈报收银员交接清楚。 （4）将账单呈于客人，将多余的余额给予客人。 （5）报出价格并附动作将手指向账单的小计处。 （6）观察客人对账单是否有疑问。 （7）常用语言："请您稍候，马上就来/收您……人民币/找您……人民币/谢谢您的惠顾/先生（小姐），这是您的账单/请问哪位先生买单？"
送客	（1）为客人拉椅，注意顾客遗忘的物品，及时送还客人。 （2）与客人告别，欢迎客人再次光临。尽可能，将顾客送至大门。 （3）常用语言："请走好，欢迎您再次光临/请问这是不是您遗忘的物品？"

6.3.8 茶餐厅应急事件处理细节描述

茶餐厅应急事件处理细节描述，如表6-3-10所示。

表6-3-10 茶餐厅应急事件处理细节描述

项目	规范内容
茶水泼洒到客人身上	（1）马上道歉。 （2）提供干净的餐巾给客人自己擦拭。 （3）提供安抚客人的方法。 （4）通知当值经理。 （5）检查客人的满意度。
食物温度不对或火候不合要求	（1）马上道歉。 （2）马上更换。 （3）通知当值经理和厨师长。 （4）通知客人重新制作所需的时间。 （5）确认更换的菜式符合要求。 （6）检查满意度。

续表

项目	规范内容
上错茶品	（1）马上道歉，重复点单。 （2）确认点单的正确。 （3）和餐厅前台联系，确认重新更换所需时间，通知厨师主管及当值经理。 （4）通知客人需等待的时间。 （5）在上茶的时候，再次道歉并感谢客人的等待及理解。
客人等待时间过长	（1）马上道歉。 （2）通知茶艺师及当值经理，确认制作时间。 （3）通知客人所需时间。 （4）提供免费纯净水或其他食物，确认茶的冲泡情况。 （5）在上茶的时候，再次道歉并感谢客人的等待及理解。
账单错误	（1）马上道歉。 （2）核对账单，并纠正错误。 （3）再次感谢客人的提醒及等待。 （4）通知当值经理。
餐桌/椅上有异物	（1）马上道歉。 （2）清理台面。 （3）感谢客人的提醒。
客人发现茶中有异物	（1）马上道歉，确认客人无受到伤害。 （2）坚持替客人更换茶品，若客人不喜欢同样茶品，可更换其他的茶品。 （3）提供免费食物或水果。 （4）通知当值经理/厨师长，确保更换茶品的卫生。 （5）上茶时，再次道歉。
客人投诉杯具/餐具的清洁或有破损	（1）马上道歉。 （2）提供更换。 （3）感谢客人的提醒。
客人投诉茶的口感	（1）马上道歉。 （2）马上更换。 （3）确认满意度。 （4）感谢客人的提醒。
客人指出位置不佳	（1）茶餐厅已满。 ① 向客人道歉。 ② 告知客人一有空台，马上更换。 ③ 更换后，再次感谢客人的理解及等待。 （2）有座位。 ① 向客人道歉。 ② 检查有无预订。 ③ 马上替客人换台。 ④ 通知领位。

续表

项目	规范内容
处理退换的食物或酒水	（1）马上向客人道歉："不好意思，这道菜（酒水）不合您的口味。" （2）询问客人有关菜式/酒水的详细情况。 （3）通知厨师主管及当值经理。 （4）当值经理亲自呈递更换好的食物或酒水。
处理投诉应有的态度	（1）永远不要和客人争执，让客人发表意见。 （2）马上通知当值经理。 （3）仔细聆听，试图找到投诉原因，保持目光接触，尽量称呼客人的姓。 （4）礼貌地道歉，表示同情心。 （5）告诉客人处理的情况和时间（与当值经理确认后）。 （6）当值经理检查客人的满意程度。

6.3.9 多功能厅会议服务细节描述

多功能厅会议服务细节描述，如表 6-3-11 所示。

表 6-3-11 多功能厅会议服务细节描述

流程	规范内容
工作前准备	（1）上岗前做好自我检查，做到仪容仪表端庄整洁，符合要求。 （2）备齐各类用料物品，检查各种设施、设备，确保完好、有效，室内卫生符合酒店标准。 （3）查阅客人订单，了解客人情况，根据预订情况，摆好会议桌及椅子。 （4）做好最后检查，精神饱满，时刻做好迎客准备，有礼貌地接待每一位客人。
迎接客人	面带微笑，主动招呼客人。 主动引领客人，帮助客人拉椅让座。
会议服务	（1）会议前十分钟将水摆好，将毛巾摆好。 （2）根据客人要求，准确给客人提供服务。 （3）会议期间每隔 30 分钟至 40 分钟续一次水。 （4）坚守岗位，随时提供服务，不能随便进出多功能厅。 （5）如会议中间休息，要尽快整理和补充物品。 （6）会议结束，服务员应站立两侧，点头微笑 （7）主动提醒客人不要遗忘物品。 （8）客人活动结束，准确为客人结账。

6.3.10 多功能厅服务工作细节描述

多功能厅服务工作细节描述，如表 6 3 12 所示。

表 6-3-12　多功能厅服务工作细节描述

项目	规范内容
岗前准备	（1）去保安部值班室领取大门钥匙。 （2）换好工作服并签到。 （3）打扫卫生（大厅、看台、办公室）。 （4）检查各项设备是否完好，设施有无损坏。 （5）将前一日工作日志交至办公室。 （6）由领班召集班前会。 ① 检查仪表、仪容。 ② 总结前日工作情况。 ③ 布置当日工作。 ④ 及时总结前一段出现的问题，并提出相应的改进措施。 （7）提前十分钟到岗。
门岗行为规范	（1）精神饱满，彬彬有礼，微笑服务。 （2）热情、礼貌地接待顾客。 （3）耐心解答顾客的问题，与顾客对话时眼睛要正视顾客，音量适中。 （4）使用敬语，不与顾客争辩，更不能与顾客争吵。 （5）站姿标准，双手轻握，自然交叉在前或自然下垂于身体两侧，不叉腰，不抱肩，不插兜，不倚靠他物。
大厅流动岗行为规范	（1）引导顾客入座。 （2）随时打扫厅内卫生。 （3）协助顾客在厅内的一切活动。
	下岗后及时反映岗上所出现的问题及其他一些情况。
	如有大型活动，岗位设置可有所变化。活动结束时，全体人员列队于门口，欢送顾客。
	活动结束后，及时清理场地，搞好卫生。
	经主管或领班确认无事后，方可签退下班。

6.3.11　桑拿浴场应急问题处理细节描述

桑拿浴场应急问题处理细节描述，如表 6-3-13 所示。

表 6-3-13　桑拿浴场应急问题处理细节描述

项目	规范内容
按摩过程中客人有不轨行为	（1）在健身过程当中，按摩是一项迅速解除疲劳、恢复体力的健身方式，由于其不可避免地要通过身体接触，因而应预防有的客人出现不轨的行为。 （2）若发生不轨行为情况，服务员应沉着冷静，首先以和善的态度巧妙地转移事态，例如提出“我帮您先去倒杯茶。您先翻转过来，做腰部推拿”等等。给予客人适当的台阶下，大可不必惊慌失措，不可严词厉语。 （3）若遇到自己处理不了的要及时报告场地值班经理，由其出面向客人解释，服务员回避即可，并委婉地告知客人由于业务忙，暂时无法继续提供服务。 （4）按摩室应为一个光线适中、较为通敞的室居，并悬挂必要的宾客须知，提供给工作人员和客人一个文明健康、优雅的健身环境。

续表

项目	规范内容
住店客人提出上房按摩	（1）原则上，酒店一般不提倡服务员上房按摩。 （2）健身服务台在接听客人按摩预订要求时，应首先礼貌邀请客人来指定的健身中心按摩，原则上不接受上房按摩要求。 （3）如遇特殊情况，例如客人伤病、过度疲劳等原因，报值班场地经理，同意后，原则上可安排一名同性按摩人员或两名异性按摩人员进行上房按摩，由值班服务台开具表单，标明按摩起始时间段，收费标准。 （4）按摩人员必须持证、挂牌上岗，进入客房前应到楼房值班台登记。 （5）进入客房后，按标准项目和指定时间为客服务。 （6）结束后，应立即离开，不要随意逗留客人房内。
洗浴顾客损坏物品	（1）赔偿原则。 ① 正常洗涤可去除的棉织品污染，一般情况下可不向客人索赔。 ② 特殊洗涤工艺可去除的血、茶、咖啡迹等小面积（5cm×5cm 以内）棉织品污染，实行半价赔偿，其他每件赔偿 30 元。超出以上污染面积，赔偿费用同比增长。 ③ 特殊洗涤工艺可去除的血、茶、咖啡迹等大面积（20cm×20cm 以上）污染，无法洗涤的报废棉织品均按原值赔偿。 ④ 客人无意损坏的低值易耗品（茶杯、烟缸等）按原值赔偿，VIP 客人可酌情免赔。 ⑤ 客人不慎损坏的设备设施、家具，能够修复继续使用的，根据具体损坏情况按其原值的 20%～50%予以赔偿。无法修复使用的按其原值赔偿。 ⑥ 客人在室内抽烟造成的地毯烫洞按 100 元/个赔偿；棉织品烫洞按原值全额赔偿。桌、椅等家具烫洞视情况按原值 30%～100%赔偿。 ⑦ 确属客人原因造成浴场物品丢失的，按其原值赔偿。 （2）以上赔偿原则只对无意造成损坏的客人有效，对恶意造成损坏的客人加倍赔偿。
忽然停水	（1）做好一切停水前期准备，保证突然停水对顾客的安抚工作。 （2）值班经理得知突然停水的消息时，应立即赶赴现场。 （3）通知工程维修部落实弄清停水情况，并立即维修故障设备及通知有关部门联络处理有关事项。 （4）立即上报总经理。 （5）通知洗浴部、洗涤部、休闲部等相关部门维持好营业现场。回答客人的查询，向客人做好解释工作。 （6）工程维修部派人巡查各部门营业场所，发现问题及时处理，并做好记录。 （7）各部门之间要随时保持联系，了解情况发展，直到水力恢复正常为止。 （8）供水后检查各管道设备是否恢复正常运行。 （9）检查有关设备有无被损坏。 （10）如有客人投诉，则做好解释工作。 （11）做好记录。 （12）填写《意外报告》，报告总经理。

续表

项目	规范内容
忽然停电	（1）做好一切停电前期准备，保证突然停电后的照明。如夜间停电，应立即安排应急照明灯；如白天停电，立即检查维修使供电正常。 （2）值班经理得知突然停电的消息时，应立即赶赴现场。 （3）通知工程维修部落实弄清停电情况，并立即维修故障设备及通知有关部门联络处理有关事项。 （4）立即上报总经理。通知康乐部、保安部、洗浴部、休闲部、娱乐部、洗涤部等相关部门维持好营业现场，并采取其他照明形式。 （5）回答客人的查询，向客人做好解释工作。 （6）检查电梯是否运行正常。 （7）保安部派人携带对讲机巡查各部门营业场所，发现问题及时处理，并做好记录。 （8）各部门之间要随时保持联系，了解情况发展，直到电力恢复正常为止。 （9）供电后检查各电器设备是否恢复正常运行。 （10）检查有关设备有无被损坏。 （11）如有客人投诉，则做好解释工作。 （12）做好记录。 （13）填写《意外报告》，报告总经理。
出现火警	（1）一旦接到火警通知，值班经理和部门领班立即奔赴现场。确认火警真实性后，报告总经理。 （2）如确实出现火情，应视情况组织疏散客人，组织员工灭火。若灭火器无法将其熄灭，火速打 119 电话。 （3）协同在现场的消防保安及工程维修部人员一起检查火源，了解火灾原因。 （4）如果包间内有客人，则由值班经理进入房间检查，要求客人暂时离开，并做出解释。 （5）由值班经理填写《意外报告》，报告总经理。
忽遇浴客急病、伤亡	（1）楼层服务员在得悉客人有急病时，要通知部门主管或值班经理，并做到以最快速度赶到现场。 （2）组织保安及有关人员封锁现场。 （3）立即通知值班经理和相关部门主管。 （4）当客人感到严重不适时，需要的时候立即请医生到现场，并协助医务人员工作。 （5）值班经理组织人员带引搬迁急病或伤亡者的医务人员行走时，要尽量避开客人的路线。 （6）在没有医生指示的情况下，切勿移动病人和给药物让病人进食。 （7）如病人是女性时，则宜用女员工负责照料病人，避免尴尬。 （8）在可能的情况下，通知并安抚客人的单位或家属。 （9）协助有关部门办理有关手续并做好记录。 （10）填写《意外报告》，报告总经理。

续表

项目	规范内容
浴客失窃	（1）接到客人投诉后，值班经理应立即通知部门经理及保安部。发现可疑人员，应与保安人员密切联系并注意监视。 （2）值班经理、部门经理协同保安部人员到现场了解情况。 （3）不得擅自移动现场内的任何物品。 （4）保留现场，禁止无关人员进入（包括客人）。 （5）记录客人及当值领班、服务员提供的所有情况。 （6）记录有关失窃物品及其价值。 （7）询问客人有关情况，以查找线索。 （8）如需要，在客人同意及在场的情况下，由保安人员检查周边有关环境因素。 （9）如果客人需要报告公安部门，则由保安部负责联系。 （10）根据客人意见，共同协商提出失窃事件的处理解决方案，以使客人满意。 （11）填写《意外报告》，报告总经理。
治安事件	（1）突然遇有行凶、抢劫、团体斗殴事件，发现爆炸可疑物品或发生爆炸事件、突发事件时，立即通知保安部和部门经理、值班经理，出面进行制止，将当事人交保安部处理。 （2）立即通知总经理。 （3）如情况危急或有宾客围观起哄，应立即疏散客人离开，并做好解释安抚工作。 （4）保安和部门经理、值班经理立即赶赴现场，控制人员，封锁现场；若事态严重，保安合力制止不住时，则应立即报告公安机关、拨打 110 报警协助处理。 （5）企业保安及有关负责人处理事件时，立场要公正，千万不可偏袒或加入其中一方。 （6）尽量劝说对方，以理服人。 （7）协助公安机关控制事态，提供线索，填写报案表。 （8）如有客人投诉，做好安抚、解释工作。 （9）填写《意外报告》，报告总经理。

6.3.12 健身房服务工作细节描述

健身房服务工作细节描述，如表 6-3-14 所示。

表 6-3-14 健身房服务工作细节描述

项目	规范内容
营业前准备工作	（1）打卡签到，整理好自己的仪容仪表。 （2）按时参加班前会，接受领导检查和工作任务的分派。 （3）清洁整理环境卫生，做到地面洁净无杂物，服务台上各类物品按类摆放整齐。 （4）将营业时间、客人须知、价格表等以中英文对照书写，置于明显位置。 （5）将钟表时间核对准确。

续表

项目	规范内容
营业前准备工作	（6）检查所有服务设备设施是否齐全，运转是否正常。 （7）检查更衣柜是否留有杂物。 （8）将各种表格、单据和文具准备齐全，放于规定的位置。 （9）将营业时的客用毛巾、浴巾、短裤等准备齐全。 （10）检查酒吧内的用具、餐具、酒具和酒水及小食品的准备情况。
迎接服务工作	（1）营业前十分钟按标准服务姿态站立于规定位置。 （2）当客人到来时主动热情地问候客人。 （3）引领客人至服务台办理健身活动的登记手续。 （4）征询客人的具体需求，开出单据，引领客人交款。 （5）询问客人有无其他要求，是否租借酒店提供的物品。 （6）为客人指示更衣间的位置。 （7）引领客人进入健身场地。 （8）主动向客人介绍各种健身器具的性能及效用，由客人自我选择健身器具锻炼身体。
健身服务	（1）客人选择好健身器具后，服务员应主动为客人对健身器具进行调试，检查计量单位是否准确。 （2）为客人准确、及时地提供健身指导工作，讲解明确，动作规范。 （3）对初次来健身房的客人或常客遇到新型的健身器具，服务员应提供示范，同时向客人讲明注意事项。 （4）在客人健身活动的过程中，服务员设法做些安全保护措施，以防意外事故的发生。 （5）根据客人需要为客人健身提供辅助服务，如为比赛的客人记分、排名次。 （6）在客人运动的间歇期间，及时向客人提供面巾和酒水饮料服务。
交接班及营业后结束工作	（1）早班与晚班交接班时，首先填写交接班记录并签字。 （2）交接班记录应将交接情况记录清楚，不能因交接不清而出现工作混乱情况。 （3）交接班时应召开班前会，将工作任务布置清楚。 （4）晚班服务员上岗后应对环境卫生做简单的整理及清洁。 （5）晚班服务员应迅速进入工作角色，不能让客人产生服务断档的感觉。 （6）营业结束前服务员应将营业用品整理归位。 （7）将客人使用过的布件类用品点清数量送交洗衣房。 （8）将当日营业单据核对并统一交健身房主管。 （9）营业结束时，认真填写交接班记录。 （10）清理健身房现场，将各种运动器械清洁整理归位。 （11）关闭健身房电源，锁门下班。

6.3.13 健身房应急问题处理细节描述

健身房应急问题处理细节描述，如表 6-3-15 所示。

表 6-3-15 健身房应急问题处理细节描述

项目	规范内容
客人不会使用健身器材	（1）康乐部应为健身房提供一套关于正确使用健身器材和正确健身的图片与文字。 （2）健身房服务员对初来健身房、不熟悉设施的客人应主动热情地讲解各种运动器具的性能、作用和使用方法，推荐适合客人需要的运动器械，并为客人进行必要的示范、操练。 （3）对以减肥为锻炼目的的客人提示他们先称好体重，以便经过一段时间的锻炼后进行比较，从而增进对锻炼的兴趣和信心。 （4）对年老体弱的客人，要提醒他们休息。 （5）劝阻客人使用超过力所能及的运动器械作超负荷运动。 （6）客人锻炼时，服务员要站立于健身房内，留心观察，及时正确指导客人，使客人在循序渐进的基础上得到满意的锻炼效果。
遇见客人外出血	在健身过程中，外出血并不常见，但为避免不必要的恐慌，服务员应掌握几种止血的方法。 （1）抬高伤肢法 抬高伤肢的位置，可以使小动脉、小静脉处稳中有降，减少或停止出血。较大的血管出血，此法不易生效。 （2）压迫法 第一，直接压迫法，用无菌纱布块及棉花垫盖伤口，再用绷带加压包扎；也可用手指直接压在伤口的出血点上。 第二，间接压迫法。用手指压迫出血动脉的近心端处，以达到止血的目的，也可采用特制的止血带或代用品（如橡皮管、毛巾、宽布等），缚扎伤口的近心端。 （3）冷敷法 借低温作用使血管收缩，达到止血目的。要用冰袋、冷水袋直接放于伤处。 以上几种方法是服务员应掌握的几种应急措施，如果出现大面积流血或内出血状况，服务员不应自作主张上去帮忙处理，而应立即报告值班经理，请来酒店医务人员，联系就近医院，协助客人出外就医。
因设备问题使客人受伤	（1）由于健身运动专业技术性较强，因而，积极保护广大宾客的人身安全，显得尤为必要。 （2）由于健身设备的损坏、老化故障而造成客人受伤。出现这类问题，服务员应上报场地值班经理，联系医务室，并立即上前搀扶客人躺下或坐下来休息。 （3）对于皮表性创伤，应协助立即止血，如遇上内伤或较为严重的骨伤，服务员不应帮助进行护理，而应由专业医师进行处理。 （4）如酒店医师无法处理，应迅速联系附近医院，想方设法仔细护理客人前去就医，并上报酒店值班经理，由酒店领导出面携带水果、鲜花，前往探望。 （5）酒店应承担客人的医疗费用，有关人员应记下事件详细经过，备案。 （6）立即报修相关器械，以杜绝下次类似事故发生。
客人过度超负荷运动	（1）由于健身运动专业性较强，有必要为参与的宾客主动提供切实的咨询服务，并保护客人的人身安全。 （2）当发现客人过度使用器材设备时，服务员应立即上前加以劝阻，主动热情、耐心地讲解该器材的设备的性能、作用和正确的使用方法，并做必要的示范与操练。 （3）提醒客人过度使用器材设备，不仅会引发客人自身安全问题，还会造成不必要的器材损坏。 （4）在正确引导客人循序渐进使用的基础上，使其充分领略运动的神奇功效。

续表

项目	规范内容
运动时损伤的预防	（1）健身中心各项目在使用中会出现一些意外问题。要求配备专业的教练，以及经专业培训的服务员和医师。 （2）教练员应视情况为顾客设计一个简单或详细的健身计划和健身方法。 （3）在顾客使用健身设施或者教练员协助其完成运动时，一定要严格按照正确的操作项目操作健身设备。超负荷运动、注意力不集中、设施操作不正确等都会导致运动损伤。 （4）定期（每周一次）检查、保养设施设备。同时，保持与设施建设方、器材供应方的有效沟通是必要的。
对意外损伤的处理	（1）酒店健身中心工作人员要求具备处理一般损伤的常识和药品的配备。 （2）擦伤、挫伤、扭伤、碰伤是健身活动中常见的事情，出现类似情况，要及时消毒、包扎；损伤较重或顾客要求，应及时送往医院处理。 （3）对于可能出现的较重伤害，如骨折、严重体内挫伤、脊柱伤害等，工作人员要保持镇静，应及时拨打急救电话120，同时不能随意搬动或翻转伤者身体或局部，应使伤者脱离危险境地并进行简单的止血处理和包扎。 （4）对心脑血管疾病患者谨用的项目，应有明确提示。

6.3.14 游泳池服务工作细节描述

游泳池服务工作细节描述，如表6-3-16所示。

表6-3-16 游泳池服务工作细节描述

程序	规范内容
营业前的准备工作	（1）打卡签到，整理好自己的仪容仪表。 （2）按时参加班前会，接受领导检查和工作任务的分派。 （3）清洁整理环境卫生，检查水温、水质。 （4）将水质、水温情况写在公告栏上，如是室内游泳池还应向客人公布室内温度、湿度。 （5）检查更衣柜、救生器材和所有服务设备设施是否齐全，运转是否正常。 （6）将各种表格及必需品准备齐全，放于规定的位置。
游泳服务	（1）礼貌地问候每一位来消费的客人。 （2）将购票须知摆放于服务台显眼位置，便于客人依据自身优惠条件购票消费。 （3）告知客人每场的时间限制。 （4）将更衣柜的钥匙交于客人，并为客人指示更衣间的位置，主动为客人提供拖鞋和浴巾。 （5）提醒客人将更衣柜锁好，以免物品丢失。 （6）下水前提醒客人做简单运动并用冷水淋浴，以增强身体的适应能力。 （7）提醒客人由强制喷淋通道和消毒浸脚池通过进入游泳池。 （8）提醒带有小孩的客人注意照看好自己的小孩。 （9）随时注意游泳池内的客人，如有异常，应立即救护，以保证客人的安全。特别注意老年人、儿童和妇女的游泳情况。

续表

程序	规范内容
游泳服务	（10）根据客人需要，及时向客人提供软饮料和休闲小食品服务。注意开单和使用托盘送上。饮料服务严禁使用玻璃和陶瓷器皿。 （11）服务员应注意及时擦干台面和地面的水迹，以免客人滑倒出现意外。
清场及收尾工作	（1）客人结束游泳时，服务员应注意检查更衣柜，查看有无客人的遗留物品。 （2）及时清理更衣柜和更衣间内杂物和垃圾，保持良好的卫生状况。 （3）提醒客人交还更衣柜钥匙。 （4）游泳池开放完毕后要及时进行清场。 （5）服务员应使用自来水对地面和客人冲凉间进行冲洗，清除异味，并喷洒消毒液进行消毒。 （6）将更衣间内客人使用过的布巾类物品及时送酒店洗衣房进行洗涤。 （7）将其他营业用品入柜上锁保管。 （8）注意检查游泳池，确认没有客人后再关灯锁门。

6.3.15 救生员工作细节描述

救生员工作细节描述，如表6-3-17所示。

表6-3-17 救生员工作细节描述

项目	规范内容
1	每天上班后必须及时刷净高温冲凉池，并排放温泉水，启动高温冲浪泵。
2	有客人游泳时，救生员必须坚守岗位给客人提供安全感。
3	救生员每周必须下水进行游泳练习，每月组织实战救生练习和体外心脏按压复苏练习。
4	救生员必须每天进行四次池水余氯的测定，以便及时控制水中的药物成分。

6.3.16 溺水事故应急处理细节描述

溺水事故应急处理细节描述，如表6-3-18所示。

表6-3-18 溺水事故应急处理细节描述

项目	规范内容
1	立即清除溺水者口鼻内的污物，检查溺水者口中是否有假牙。如有，则应取出，以免假牙堵塞呼吸道。
2	垫高溺水者腹部，使其头朝下，并压拍其背部，使吸入的水从口、鼻流出。这个过程要尽快，不可占过多时间，以便进行下一步抢救。
3	检查溺水者是否有自主呼吸，如没有，应马上进行人工呼吸。方法是：使溺水者仰卧于硬板或地面上，一只手托起其下颏，打开气道，另一只手捏住其鼻孔，口对口吹气，每分钟16～18次。
4	在做人工呼吸的同时，检查溺水者的颈动脉，以判断心跳是否停止。如心跳停止，则应进行人工呼吸的同时进行体外心脏按压。方法是：双手叠加对溺者心脏部位进行每分钟60～80次的挤压。
5	迅速将溺水者送医院急救，在送医院途中不要中断抢救。

6.3.17 台球室服务工作细节描述

台球室服务工作细节描述，如表 6-3-19 所示。

表 6-3-19 台球室服务工作细节描述

项目	规范内容
营业前的准备工作	（1）打卡签到，整理好自己的仪容仪表。 （2）按时参加班前会，接受领导检查和工作任务的分派。 （3）清洁整理卫生环境，包括地面、台案等。 （4）将台球案罩布折叠整齐，放在规定的位置上。 （5）检查台球及辅助用品是否齐全。 （6）各岗位服务员到岗，等候客人的到来。
迎接工作	（1）迎宾员问候，引领客人到台球场地。 （2）服务台人员为客人做好登记，并收取押金。 （3）将客人引领至球台。 （4）如果是团体客人，则台面安排应尽量隔着球台，以免相互干扰。
台球服务	（1）打开球台照明灯。 （2）按照客人的要求，码放好台球，摆好台面。 （3）将球杆和记分板为客人准备好。 （4）如果客人是进行比赛，则服务员应主动当好裁判。 （5）如果客人是初学者，则服务员要认真、耐心、细致地向客人讲解台球的规则并做好示范。 （6）服务过程中服务员应勤于巡视，维护好场内的良好秩序。 （7）服务员应主动征询客人需要何种饮品，做好推销工作。
送客服务工作	（1）客人消费结束时，服务员应清点台球，擦拭台面，收好球杆，并将球台照明灯关闭。 （2）请客人到服务台结账，收银员应唱收唱付。

6.3.18 网球场服务工作细节描述

网球场服务工作细节描述，如表 6-3-20 所示。

表 6-3-20 网球场服务工作细节描述

项目	规范内容
营业前准备工作	（1）打卡签到，整理好自己的仪容仪表。 （2）按时参加班前会，接受领导检查和工作任务的分派。 （3）清洁整理环境卫生，做到地面洁净无杂物，服务台上各类物品按类摆放整齐。 （4）将营业时间、客人须知、价格表等以中英文对照书写，置于明显位置。 （5）将钟表时间核对准确。 （6）将气温、湿度及日照情况写在公告栏上，如是室内网球场则还应向客人公布室内温度、湿度。 （7）检查所有服务设备设施是否齐全，运转是否正常。 （8）检查更衣柜是否留有杂物。 （9）将各种表格及必需品准备齐全，放于规定的位置。

续表

项目	规范内容
迎接服务工作	（1）营业前十分钟按标准服务姿态站立在规定位置。 （2）当客人到来时主动热情地问候客人。 （3）引领客人至服务台办理网球运动登记手续。 （4）主动协助客人挑选网球拍和网球。 （5）引领客人进入网球场地。
网球服务	（1）为需要陪练的客人提供陪练服务。 （2）为进行比赛的客人担当裁判工作。 （3）为初学的客人做网球运动示范。 （4）对客人出色的击球报以掌声鼓励。 （5）在客人运动的间歇期间，及时向客人提供面巾和酒水、饮料服务。
结束收尾工作	（1）客人运动结束时，检查客用设备是否完好。 （2）依据标准迅速为客人办理结账手续。 （3）礼貌地向客人道别，并欢迎客人下次光临。 （4）营业结束时，认真填写交接班记录。 （5）清理网球场，将各种运动器械归类入库保管。 （6）关闭网球场电源，锁门。

6.3.19 保龄球馆服务工作细节描述

保龄球馆服务工作细节描述，如表6-3-21所示。

表6-3-21 保龄球馆服务工作细节描述

项目	规范内容
营业前的准备工作	（1）打卡签到，整理好自己的仪容仪表。 （2）按时参加班前会，接受领导检查和工作任务的分派。 （3）清洁整理卫生环境，包括发球区、球道、置瓶区、回球机、球沟、客人休息座椅、记分台、球架、公用鞋、公用球、场地地面、换衣间、吧台。将各种表格及必需品准备齐，放在规定的位置。 （4）将公用鞋按尺码大小排列整齐，并填写数量表。
保龄球服务	（1）礼貌地问候每一位来消费的客人。 （2）保龄球售票采取计时收费和按局收费两种形式，客人前来消费时须交付一定的押金。客人消费结束后服务员按时或按局数进行收费。 （3）提醒客人换上保龄球专用鞋，注意不允许穿用非保龄球鞋打球。 （4）为客人开机，使保龄球机处于正常运转状态。 （5）打开电子计分器，为客人进行分数统计。 （6）提醒客人依据自身体重选择保龄球（一般球重为使用者体重的1／10）。 （7）提醒客人在取拿保龄球前，用手蘸一下松香粉或滑石粉，以防止保龄球从手中滑落。 （8）正确辅导初学者，使客人掌握基本的打球要领和正确的姿势；提醒客人可以发球的时间。

续表

项目	规范内容
保龄球服务	（9）当客人打出好球时，应鼓掌表示祝贺。 （10）提醒客人不要进入球道，以免出现意外和影响他人打球。 （11）打球过程中如遇机器故障，应请客人稍候，立即同维修人员联系，尽快排除故障。 （12）当客人所购局数已满时，电子计分器将自动关闭。如客人欲继续打球，应请客人到服务台购票开机。
结束收尾工作	（1）客人打球结束后，服务员应提醒客人穿好外衣，拿好随身物品。 （2）结账后，提醒客人将保护球鞋交还服务台。 （3）向客人指示洗手间的方位，清洗手上松香粉（或滑石粉）。 （4）礼貌地与客人道别，并欢迎客人下次光临。 （5）迅速将球道清理洁净，擦拭保龄球机，除去污渍与汗渍。 （6）将保龄球在球架上码放整齐，为下一批客人的使用做好准备工作。

6.3.20 壁球房服务工作细节描述

壁球房服务工作细节描述，如表 6-3-22 所示。

表 6-3-22　壁球房服务工作细节描述

项目	规范内容
岗前准备工作	（1）上岗前作自我检查，做到仪容仪表端庄、整洁、符合要求。 （2）开窗或打开换气扇通风，清洁室内环境及设备。 （3）检查并消毒酒吧器具和其他客用品，发现破损及时更新。 （4）补齐各类营业用品和服务用品，整理好营业所需的桌椅。 （5）查阅值班日志，了解宾客预订情况和其他需要继续完成的工作。 （6）最后检查一次服务工作准备情况，处于规定工作位置，做好迎客准备。
迎宾	服务员面带微笑，主动问候客人，并询问客人是否有预订，如有预订则将客人引领至预订位置，如无预订则将客人引领至客人选择的位置，并请客人在场地使用登记表上签字。
室内服务	（1）为客人办好活动手续，并提醒客人换好专用的球服和球鞋。 （2）客人换好专用的球服和球鞋后，引领客人至选定球台，打开照明灯，为宾客准备好球和球拍。 （3）根据客人活动单上的服务要求，为客人提供客人所需的陪打服务。 （4）客人要求陪打时，服务员要认真提供陪打服务，视客人球技控制输赢，以提高客人打球兴趣。 （5）当客人无陪打要求时，服务员应站在指定位置，随时听候客人吩咐，并主动征询客人意见，及时提供面巾、饮品等服务。 （6）当客人示意结账时，服务员要主动上前将账单递送给客人。 （7）如客人要求挂账，服务员要请客人出示房卡并与前台收银处联系，待确认后要请客人签字并认真核对客人笔迹，如未获前台收银处同意或认定笔迹不一致，则请客人以现金结付。 （8）客人离别时要主动提醒客人不要忘记随身物品，并帮助客人穿戴好衣帽。
送别客人	（1）服务员将客人送至门口，向客人道别。 （2）迅速整理好场地，准备迎接下一批客人的到来。

6.3.21 棋牌室服务细节描述

棋牌室服务细节描述，如表 6-3-23 所示。

表 6-3-23 棋牌室服务细节描述

项目	规范内容
营业前准备工作	（1）打卡签到，整理好自己的仪容仪表。 （2）按时参加班前会，接受领导检查和工作任务的分派。 （3）清洁整理环境卫生，做到地面洁净无杂物，服务台上各类物品按类摆放整齐。 （4）将营业时间、客人须知、价格表等以中英文对照书写，置于明显位置。 （5）将钟表时间核对准确，将跳表复位。 （6）检查所有服务设备设施是否齐全，运转是否正常。 （7）将各种表格、单据和文具准备齐全，放于规定的位置。 （8）核对、补充游戏纪念品以及奖品。 （9）营业前应将温度调控在 18～20℃，湿度在 50%～60%间。 （10）准备工作完成后，接受领班的检查验收。
预约服务	（1）棋牌室内设服务预约电话，电话预约，电话铃响三次内接听。 （2）预订棋牌室服务，应准确记录客人手牌号、使用时间及其他特殊准备，复述清楚，取得确认。 （3）及时通知有关人员做好准备，使客人有方便感。
迎接服务工作	（1）按标准服务姿态站立在规定位置。 （2）当客人到来时主动热情地问候客人。 （3）引领客人至服务台办理登记手续。 （4）征询客人的具体需求，计时开单，引领客人交款。 （5）为客人打开房间，询问客人有无酒水及其他要求，简单向客人介绍棋牌室情况并为客人指示卫生间的位置。 （6）提醒客人遇有问题及时通知服务员。 （7）主动向客人介绍一些棋牌自动机器的操作方法和棋牌的比赛规则。
服务过程	（1）服务员应主动为客人对一些自动棋牌机器进行调试，检查是否运转正常。 （2）为客人准确、及时地提供咨询指导工作，讲解明确、规范。 （3）在客人娱乐活动的过程中，服务员勤巡视，及时发现客人需求，予以帮助解决。 （4）在客人间歇期间，及时向客人提供面巾和酒水、饮料服务。 （5）对进行赌博的客人及时予以制止，如制止不了，则应及时向有关负责人汇报。
送别客人	（1）服务员将客人送至门口，向客人道别。 （2）迅速清洁桌面，整理好桌椅，准备迎接下一批客人的到来。
交接班及营业后结束工作	（1）早班与晚班交接班时，首先填写交接班记录并签字。 （2）交接班记录应将交接情况记录清楚，不能因交接不清而出现工作混乱情况。 （3）交接班时应召开班前会，将工作任务布置清楚。 （4）晚班服务员上岗后应对环境卫生做简单的整理及清洁。 （5）晚班服务员应迅速进入工作角色，不能让客人产生服务断档的感觉。 （6）营业结束前服务员应将营业用品整理归位。 （7）将客人使用过的布件类用品点清数量送交洗衣房。 （8）将当日营业单据核对并统一交主管。 （9）营业结束时，认真填写交接班记录。 （10）清理现场，关闭电源，锁门下班。

6.3.22 游戏机室服务工作细节描述

游戏机室服务工作细节描述，如表 6-3-24 所示。

表 6-3-24 游戏机室服务工作细节描述

项目	规范内容
营业前准备工作	（1）打卡签到，整理好自己的仪容仪表。 （2）按时参加班前会，接受领导检查和工作任务的分派。 （3）清洁整理环境卫生，做到地面洁净无杂物，服务台上各类物品按类摆放整齐。 （4）将营业时间、客人须知、价格表等以中英文对照书写，置于明显位置。 （5）将钟表时间核对准确。 （6）检查所有服务设备设施是否齐全，运转是否正常。 （7）将各种表格、单据和文具准备齐全，放于规定的位置。 （8）核对、补充游戏纪念品以及奖品。 （9）上述工作完成后，接受领班的检查验收。 （10）营业前十分钟，接通游戏机电源，打开游戏机开关。
迎接服务工作	（1）按标准服务姿态站立于规定位置。 （2）当客人到来时主动热情地问候客人。 （3）引领客人至服务台办理登记手续。 （4）征询客人的具体需求，开出单据，引领客人交款。 （5）协助客人兑换游戏币。 （6）询问客人有无酒水及其他要求，简单向客人介绍游戏机室情况。 （7）引领客人进入场地。 （8）主动向客人介绍游戏机的操作方法和比赛规则，由客人自主选择游戏机。
服务过程	（1）客人选择好游戏机后，服务员应主动为客人对游戏机进行调试，检查是否运转正常。 （2）为客人准确、及时地提供咨询指导工作，讲解要明确、规范。 （3）对初次来的客人或常客遇到新型的游戏设备，服务员应提供示范，同时向客人讲明注意事项。 （4）在客人娱乐活动的过程中，服务员应勤巡视，以便及时发现客人需求，予以帮助解决。 （5）对破游戏记录的客人表示祝贺，并予以登记，按规定发放奖品。 （6）在客人间歇期间，及时向客人提供面巾和酒水、饮料服务。 （7）对违章使用游戏设备、赌博以及使用假游戏币的客人及时予以制止。
送别客人	（1）服务员将客人送至门口，向客人道别。 （2）迅速清洁桌面，整理好桌椅，准备迎接下一批客人的到来。
交接班及营业后结束工作	（1）早班与晚班交接班时，首先填写交接班记录并签字。 （2）交接班记录应将交接情况记录清楚，不能因交接不清而出现工作混乱情况。 （3）交接班时应召开班前会，将工作任务布置清楚。 （4）晚班服务员上岗后应对环境卫生做简单的整理及清洁。 （5）晚班服务员应迅速进入工作角色，不能让客人产生服务断档的感觉。 （6）营业结束前服务员应将营业用品整理归位。 （7）将客人使用过的布件类用品点清数量送交洗衣房。 （8）将当日营业单据核对并统一交主管。 （9）营业结束时，认真填写交接班记录。 （10）清理现场，关闭电源，锁门下班。

6.3.23　高尔夫球场服务工作细节描述

高尔夫球场服务工作细节描述，如表 6-3-25 所示。

表 6-3-25　高尔夫球场服务工作细节描述

项目	规范内容
营业前的准备工作	（1）打卡签到，整理好自己的仪容仪表。 （2）按时参加班前会，接受领导检查和工作任务的分派。 （3）清洁整理卫生环境，包括地面、台案等。 （4）将高尔夫球球杆和球放在规定的位置上。 （5）检查高尔夫球及辅助用品是否齐全。 （6）各岗位服务员到岗，等候客人的到来。
预订服务	（1）要用规范语言主动、热情地接待客人预订。 （2）客人电话预订，铃响三声内接听，如因工作繁忙，则请客人稍候。 （3）准确记录客人姓名、房号（酒店宾客应登记房号）、使用时间，并复述清楚，取得客人认可。 （4）对已确认的客人预订，要通知有关服务员提前做好安排。
迎接工作	（1）迎宾员问候，引领客人至高尔夫球场地。 （2）服务台人员为客人做好登记，并收取押金。 （3）将客人引领至球场。 （4）如果是团体客人，则尽量避免相互干扰。
高尔夫球服务	（1）按照客人的要求，码放好高尔夫球。 （2）将球杆和记分板为客人准备好。 （3）如果客人是进行比赛，则服务员应主动当好裁判。 （4）如果客人是初学者，则服务员要认真、耐心、细致地向客人讲解高尔夫球的规则并做好示范。 （5）服务过程中服务员应勤于巡视，维护好场内的良好秩序。 （6）服务员应主动征询客人需要何种饮品，做好推销工作。
送客服务工作	（1）客人消费结束时，服务员应清点高尔夫球，收好球杆。 （2）请客人到服务台结账，收银员应唱收唱付。

6.4　酒店康乐部管理实用表格图例

6.4.1　客人租用物品押金单

客人租用物品押金单，如表 6-4-1 所示。

表 6-4-1　客人租用物品押金单

NO.

宾客姓名：	证件号码：
使用场地：	房号：
租用物品名称/数量：	租用时间： 起：　日　时 至：　日　时
备注：	收取押金数额：
	客人签字：
	日期：
经办服务员签名：	工号：

填写人：　　（康乐部服务员）

用途：记录客人租用物品登记情况

联数：一式二联，（1）客户（2）存根

6.4.2　客人租用物品记录表

客人租用物品记录表，如表 6-4-2 所示。

表 6-4-2　客人租用物品记录表

日期	房号	退房日期	经办人	借出物品	借出时间	借用客人签名	收回时间	责任心	备注

填写人：　　　（当班服务员）

联数：一联，用途：用于记录供客租用物品借出和收回情况

6.4.3　康乐部报修记录表

康乐部报修记录表，如表 6-4-3 所示。

表 6-4-3　康乐部报修记录表

年　月　日

部位	报修时间	报修人	报修内容	工程部接报人	修理到位时间	修完时间	修理结果	验收人

续表

部位	报修时间	报修人	报修内容	工程部接报人	修理到位时间	修完时间	修理结果	验收人

填写人：　　　（领班）

联数：一式二联，（1）工程部（2）留存　　　　用途：由当班领班填写此表报工程部

6.4.4 客用品领用、借用记录表

客用品领用、借用记录表，如表 6-4-4 所示。

表 6-4-4　客用品领用、借用记录表

日期	领用或借用物品	领用人	归还日期	归还人	备注

填写人：　　　（康乐部领班）

用途：用于记录客用品的情况　　　　制表人：

6.4.5 洗布件单

洗布件单，如表 6-4-5 所示。

表 6-4-5　洗布件单

班　　　年　月　日

布件名称	数量	备注
毛巾		
桌布		
品布		
保龄球		

填写人：　　（当班员工）

联数：一式二联，用途：交洗衣房布件时填写此单

验收人：　　　　经手人：

6.4.6 康乐部营业日报表

康乐部营业日报表，如表6-4-6所示。

表6-4-6 康乐部营业日报表

班组名称	接待人数		本日发生数				本日累计数
	预订客人	未预订客人	现金	信用卡	转账	支票	
保龄球室							
网球场							
壁球室							
乒乓球室							
高尔夫球室							
台球室（美）							
台球室（英）							
游泳池							
健身房							
保健室							
多功能厅							
钓鱼中心							
婴幼儿活动室							
其他							
合计							
备注							

填写人： （领班）

联数：一式二联，（1）交办公室（2）留存　　用途：记录当天营业收入金额

日期：　　制表人：

6.4.7 康乐部营业月报表

康乐部营业月报表，如表6-4-7所示。

表6-4-7 康乐部营业月报表

班组名称	本月累计数	与去年同期相比		本月金额累计数
		月人累计数	月金额累计数	
保龄球室				
网球场				
壁球室				
乒乓球室				

续表

班组名称	本月累计数	与去年同期相比		本月金额累计数
		月人累计数	月金额累计数	
高尔夫球室				
台球室（美）				
台球室（英）				
游泳池				
健身房				
保健室				
多功能厅				
钓鱼中心				
婴幼儿活动室				
其他				
合计				
备注				

填写人：　　　　（领班）

联数：一式二联（1）交办公室（2）留存　　用途：记录当月营业收入金额

日期：　　　制表人：

6.4.8 当日工作情况汇报一览表

当日工作情况汇报一览表，如表6-4-8所示。

表6-4-8 当日工作情况汇报一览表

年　月　日

<table>
<tr><td></td><td colspan="6">项目</td><td colspan="6">内容</td></tr>
<tr><td rowspan="5">考勤</td><td colspan="3">上班时间</td><td colspan="3">姓名</td><td colspan="3">下班时间</td><td colspan="3">姓名</td></tr>
<tr><td colspan="3"></td><td colspan="3"></td><td colspan="3"></td><td colspan="3"></td></tr>
<tr><td colspan="3"></td><td colspan="3"></td><td colspan="3"></td><td colspan="3"></td></tr>
<tr><td colspan="3"></td><td colspan="3"></td><td colspan="3"></td><td colspan="3"></td></tr>
<tr><td colspan="3"></td><td colspan="3"></td><td colspan="3"></td><td colspan="3"></td></tr>
<tr><td rowspan="3">钥匙物品交样情况</td><td colspan="4">早班</td><td colspan="4">中班</td><td colspan="4">夜班</td></tr>
<tr><td colspan="4">交收</td><td colspan="4">支收</td><td colspan="4">交收</td></tr>
<tr><td colspan="4">备注：</td><td colspan="4">备注：</td><td colspan="4">备注：</td></tr>
</table>

续表

检查情况	设备设施检查	
	电源切断	
	门窗检查	
	消防安全	
	客人活动意见反馈	
	若其他项目有问题请注明	

填写人：　　　（当班服务员）

联数：一联　　　用途：用于记录当日工作情况汇报

注：若无任何问题，请写“一切正常”，并由当班人员签字

当班负责人签字：

6.4.9 教练/陪练服务通知单

教练/陪练服务通知单，如表 6-4-9 所示。

表 6-4-9　教练/陪练服务通知单

No.

服务场所		宾客姓名	
联系电话		性别	
联系地址、房号			
服务时间			
服务要求			
备注			

教练、陪练员签收：　　　　　　　　　　经办人：

日期：

填写人：　　　（教练员或陪练员）　　用途：记录要求教练/陪练服务通知情况

联数：一式二联，（1）教练员/陪练员（2）存根

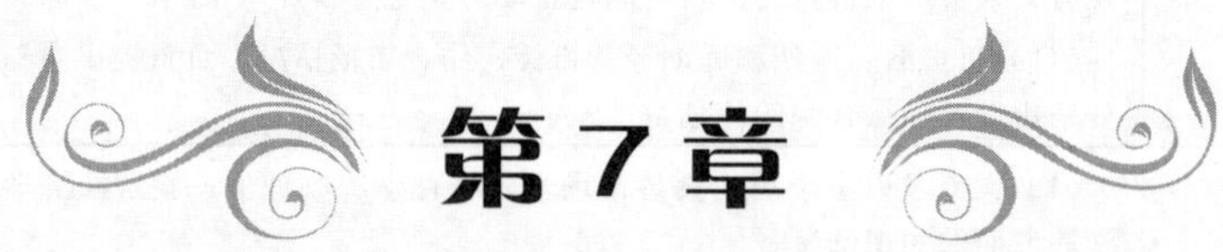

第7章 酒店公关营销精细化管理细节

7.1 酒店公关营销管理工作职责划分说明

7.1.1 公关营销总监职位描述

公关营销总监职位描述，如表 7-1-1 所示。

表 7-1-1 公关营销总监职位描述

直接上级：总经理 直接下级：公关经理 市场营销经理	
岗位职责	（1）全面负责酒店的公关营销工作，制订公关营销计划，组织客源，掌握市场信息，做好内外协调沟通，确保酒店取得良好的经济效益和社会效益。 （2）研究和掌握国内外旅游市场的动态和顾客的潜在需求，汇集整理对外销售策略，定期向总经理提交书面报告。 （3）保持同上级旅游管理部门、中外旅行社、航空公司、铁路客运站及驻本地外国商社、办事处、政府外事部门的密切联系，并同各客户间建立长期稳定的良好合作关系。 （4）负责酒店的宣传推广工作，积极参与酒店产品的更新改造和组合开发，提高酒店的声誉和影响力。 （5）指导酒店对内、对外的各种广告活动，制订酒店短期和长期的宣传推广计划，并经总经理审批后执行。 （6）与各部门建立良好的协作关系，广泛听取客户意见，处理重大投诉，以确保销售计划的实施和落实。 （7）选择并培训不同年龄和不同层次的酒店销售队伍，指导销售人员不断学习，更新专业知识，提高销售技巧，以适应市场的变化。 （8）定期对下属人员进行绩效评估，不断提高本部人员的思想素质、专业技能、组织活动能力和开拓进取精神，培养销售人员的高度责任感。 （9）审阅每天业务报表，了解当天出租率和 VIP 接待情况，检查各部门接待 VIP 情况，按规定要求接待好 VIP。

续表

岗位职责	（10）向总经理提交参加重要销售活动和公关活动的计划，经总经理审批后，组织有关人员，准备宣传资料，制定行动方案进一步加以推广。 （11）负责酒店近期和远期经营目标，结合市场情况，负责提出参与制订酒店对外销售以及招徕客源的计划。
任职资格	（1）大专及以上学历，具备市场学、管理学、心理学、旅游经济学、公共关系学等方面的知识储备。 （2）要具有较强的事业心、责任感及良好的职业道德，待人宽容、真诚、友善。有坚韧不拔的毅力和勇于开拓的精神。 （3）掌握对外销售业务的方针、政策、经济合同及外国人出/入境管理条例等相关法规。 （4）熟练掌握有关政策法规，熟悉国际、国内和地方政府有关旅游的法规。 （5）具有较广的社会交往，信息来源广泛，熟悉各国驻本地领事馆以及海外驻本地商社、公司等主要客户的基本状况，同客户保持良好的人际关系。 （6）能合理地安排本部门人员的业务工作，能协调与各有关部门之间的关系。 （7）具有较强的判断能力、决策能力和人际交往能力。能根据所掌握的信息和数据，果断地加以分析、做出策略。能适时推出酒店的促销措施并及时制订和调整产品价格。

7.1.2 公关经理职位描述

公关经理职位描述，如表 7-1-2 所示。

表 7-1-2 公关经理职位描述

直接上级：公关营销总监	
岗位职责	（1）在公关营销总监领导下，全面负责酒店市场开发、客源组织和产品销售等方面的工作。定期组织市场调研，收集市场信息，分析市场动向、特点和发展趋势。制定市场销售策略，确定主要目标市场、市场结构和销售方针，并在报总经理审批后组织实施。 （2）根据酒店的近期和远期目标，财务预算要求，协调与前厅部、客房部的关系，提出销售计划编制的原则、依据，组织销售部人员分析市场环境，指定和审核酒店客房出租率、平均房租及季节销售预算，提出酒店价格政策实施方案，向销售部人员下达销售任务，并组织贯彻实施。 （3）掌握国内外旅游市场的动态，每周在总经理的主持下，分析销售动态、各部门销售成本、存在问题、市场竞争发展状况等，提出改进方案和措施，监督销售计划的顺利完成。 （4）协调销售部和各经济组织的关系，经常保持同上级旅游管理部门及各大旅行社、航空公司、铁路客运站和本地的商社、办事机构、政府外事部门的密切联系，并同各客户建立长期稳定的良好协作关系。 （5）提出酒店重要销售活动和参加国际、国内旅游展销活动实施方案，组织人员、准备材料，参加销售活动，广泛宣传酒店产品和服务，对销售效果提出分析，并向上级领导报告。

续表

岗位职责	（6）联系国外驻本地区商社、公司等客户和国内外旅游商，掌握客户意向和需求，提出签订销售合同、包房合同意向和建议，并提出销售计划和价格标准。 （7）定期检查销售计划实施结果，定期提出销售计划调整方案，报总经理审批后组织实施。 （8）掌握酒店价格政策的实施情况，控制公司团体、散客及其不同季节的价格水平，定期检查平均房租计划实施结果，及时提出改进措施，保证酒店较高的平均房租水平。 （9）密切联系国内外客户，了解市场供求情况，客户意向和需求，积极参加国内外的旅游宣传、促销活动，与各地区客户建立长期稳定的良好合作关系，不断开拓新市场、新客源。 （10）定期走访客户，征求客户意见，分析销售动态，根据市场变化提出改进方案，把握饭店的营销政策，提高饭店平均房价和市场占有率，掌握其他酒店的出租率、平均房价水平，分析竞争态势，调整酒店销售策略，适应市场竞争需要。 （11）参加酒店收款分析会议，掌握客户拖欠款情况，分析原因，负责客户拖欠款的催收组织工作，减少长期拖欠的现象。 （12）培训和造就一支不同年龄和不同层次的酒店销售专业队伍。 （13）指定销售部管理制度、工作项目，并监督贯彻实施，严格控制酒店销售费用开支，签发开支范围和标准，监督销售费用的使用。 （14）协调各部门之间的关系，加强横向沟通，配合做好接待、销售工作。 （15）合理调配使用部门内部人员，调动员工的积极性，不断提高员工的工作效率和业务水平。 （16）了解和收集旅游市场信息，沟通内部关系。 （17）制订部门工作计划、管理制度、工作细节描述并督促下属贯彻执行。 （18）完成上级领导交办的其他工作任务。
任职资格	（1）大专及以上学历，具有一定的管理知识。 （2）掌握国际、国家和地方政府有关旅游的法规。掌握对外销售业务的方针、政策、经济各同及外国人出/入境管理条例等相关法规。 （3）具有较强的判断能力、人际交往能力，能合理地安排本部门人员的业务工作，能协调与各有关部门之间的关系。 （4）决策能力强，能根据掌握的信息和数据，果断地做出分析，制定策略。及时制订和调整产品价格。

7.1.3 公关副经理职位描述

公关副经理职位描述，如表 7-1-3 所示。

表 7-1-3　公关副经理职位描述

直接上级：公关经理	
岗位职责	（1）根据部门经理制定的销售方针，具体执行对该市场的旅行团队、商务、散客的销售工作。 （2）掌握本地区及国内外商务、散客市场及旅游市场的动态，根据市场动态定期向部门经理提出销售调研报告，提出具体的市场销售计划和切实可行的方案。

续表

岗位职责	（3）根据饭店的整体销售计划，结合市场的特点，提出具体的促销工作细则。 （4）扩大市场的销售网络，熟悉该地区的旅游机构、旅行社、交通、预订销售网络的业务特点和操作方式。了解各饭店集团的发展趋向。与该地区的客户、旅游机构建立长期稳定的合作关系。 （5）协助部门经理做好旅行团的销售和产品分配管理工作，提高入住率和经济效益。 （6）按计划走访客户，了解客户对饭店的意见，增强与客人的沟通，建立良好的客户关系。 （7）检查、督导销售代表的工作，带领销售代表完成规定的营业销售计划。 （8）根据市场和旅行社的业务变化，负责对销售代表的培训工作。 （9）每月向部门经理汇报当月的销售情况和提出下月的工作计划。 （10）完成部门经理交办的其他工作任务。
任职资格	（1）大专及以上学历。具有一定的管理知识。 （2）掌握国际、国家和地方政府有关旅游的法规。掌握对外销售业务的方针、政策、经济合同及外国人出/入境管理条例等相关法规。 （3）信息来源广泛，熟悉海外驻本地商社、公司等主要客户的基本状况， （4）较强的人际交往能力，同客户保持良好的人际关系。 （5）能合理地安排本部门人员的业务工作，能协调与各有关部门之间的关系。

7.1.4　公关经理助理职位描述

公关经理助理职位描述，如表 7-1-4 所示。

表 7-1-4　公关经理助理职位描述

直接上级：公关经理	
岗位职责	（1）配合公关经理做好公关接待工作，协助经理制订营销计划。 （2）负责市场调查和市场推广策划，做好部门的日常管理工作。 执行酒店确定的房价策略，组织公关营销员有效地开展销售活动，并根据淡、旺季控制团队、散客客源构成比例。 （3）与客户商谈租约、合同，经总经理审核、批准后签约。 （4）经常开展对内对外的公关活动，督导公关营销员完成具体的销售指标，明确酒店在不同时期的销售重点。 （5）制订本部门的培训计划，按时完成培训任务。 （6）定期进行市场分析，报告市场动向和酒店市场占有率，提出客房出租率、平均房价、团队与散客客源的合理比例，建议适当调整房价。 （7）协助经理加强内部管理，定期评估和考察公关营销员的销售业绩和美工作业的实际效果。 （8）参与策划并制订市场营销计划，拟订销售方针和策略，提供市场竞争信息。
任职资格	（1）大专及以上学历。 （2）掌握市场动态，熟悉酒店经营策略和顾客需求方面的知识。了解酒店竞争手段、价格水平和客户状况，善于提出应变措施。 （3）熟知国际、国家和地方政府有关旅游的法规，掌握对外销售业务的方针、政策、经济合同及外国人出/入境管理条例等有关法律知识。 （4）具有较强的组织协调能力，能协调与各有关部门之间的关系。

7.1.5 内勤兼文员职位描述

内勤兼文员职位描述，如表 7-1-5 所示。

表 7-1-5 内勤兼文员职位描述

直接上级：公关经理	
岗位职责	（1）协助部门经理处理销售部业务和行政工作。负责将饭店的各项文件和指令送达有关人员，将部门的报告、文件汇总上报或送达有关部门。协助经理做好月度、季度及年度总结。协助经理做好销售业务统计计划。 （2）负责部门的业务及行政档案分类存放，收集市场信息，供部门业务人员参阅。 （3）准备好各种销售文件、备忘录、租房协议、合同和销售契约等。负责各种文件的打印、下发和上报工作。 （4）协助部门经理做好客源成分、流量和成本分析。 （5）负责部门的日常事务，办理部门人员国内外出差的有关安排。 （6）协助部门经理协调与各部的工作关系。 （7）负责兼管商务中心的设施设备及相关业务。 （8）协助经理处理来访、来电、来函及接待等行政事务。 （9）做好部门考勤、员工餐券发放等日常工作。 （10）做好有关会议记录、整理、打印等文秘工作。 （11）回答客户的一般询问，并在自己的职责范围内帮助客户解决问题。 （12）完成经理交办的其他工作。
任职资格	（1）熟悉酒店各类契约、合同的格式和内容。 （2）较高的语言文字能力，并能熟练进行打字和电脑操作，掌握电信知识，能帮助经理处理本部门的文字工作。 （3）要掌握一定的统计、预测、会计、文秘等方面的知识。 （4）具有一定的外语水平，能够阅读预订函电并进行接待服务。 （5）熟悉公关营销部的业务，能协调各岗位的工作。 （6）具有一般的公关和社交能力。

7.1.6 美工设计师职位描述

美工设计师职位描述，如表 7-1-6 所示。

表 7-1-6 美工设计师职位描述

直接上级：公关经理	
岗位职责	（1）在公关部经理的领导下，具体负责、绘制酒店各种美术宣传品、广告、推销材料、菜单等工作。 （2）负责酒店各种广告、招牌、招贴、装潢、徽标、工艺美术宣传的加工制作工作。 （3）配合酒店接待任务，负责美术设计、环境布置、内部装潢等工作。 （4）处理好对外广告宣传工作，树立为企业经营服务思想，扩大对外影响。

续表

岗位职责	（5）负责收集有关酒店美术、广告业务信息、技术资料。 （6）负责各种美工、宣传品和器材的保管，并提出购买计划，填写领料单等工作，降低成本，减少开支。
任职资格	（1）大专及以上学历。 （2）了解装潢、工艺美术等方面的专门知识，掌握广告宣传及美术知识，具有较强的主体审美能力。 （3）了解旅游业及国内外各民族的风俗习惯、名胜古迹、文学艺术等，懂得酒店经营常识。 （4）具有设计制作大型美工制品的能力。 （5）有较强的想象能力和创造能力。

7.1.7 公关销售员职位描述

公关销售员职位描述，如表 7-1-7 所示。

表 7-1-7 公关销售员职位描述

直接上级：公关经理	
岗位职责	（1）负责餐饮部与外界的联系工作，保证餐厅、酒吧客源，努力做好宣传工作，在社会上树立起良好的公司形象。 （2）了解本部门的出品情况和各项设施，有针对性地向客人介绍餐厅、酒吧的特色经营，搞好销售工作。 （3）建立客人档案，对 VIP 客人和常客要求较详尽的资料，并表明客人的爱好、习惯口味、性格等，保证客人满意。 （4）与外单位广泛联系，与外单位签订用餐优惠、宴会合约，须经餐饮部经理签字认可。 （5）广泛收集客人对本部门的经营服务意见，对本部门的业务工作提出改进建议。 （6）完成餐饮部经理交派的其他任务。
任职资格	（1）高中及以上学历。 （2）形象良好，语言表达能力强，普通话标准。 （3）熟悉酒店产品特点及销售技巧。

7.1.8 市场营销经理职位描述

市场营销经理职位描述，如表 7-1-8 所示。

表 7-1-8 市场营销经理职位描述

直接上级：公关营销总监	
岗位职责	（1）领导营销部全体员工努力贯彻落实公关营销总监的经营决策和各项计划，全面负责营销部的质量控制和日常运转工作。

续表

岗位职责	（2）负责制订营销部的工作计划，根据酒店的近期和远期经营目标，负责提出并具体制订酒店对外销售、招揽客源的营销计划，经总经理批准后组织实施。 （3）定期向公关营销总监提交市场调研报告，掌握旅游市场动态，汇集整理对外推销、对内促销过程中得到的反馈信息。 （4）调整和完善本部门各项规章制度、岗位工作项目和岗位职责以适应酒店的发展。 （5）组织实施员工培训，使员工保持良好的业务技能状态，指导下属不断学习，更新专业知识，适应市场变化。 （6）编制酒店的市场销售预算报告，并以预算为标准在工作实施中控制各项支出。 （7）每天查阅各类报表，掌握酒店的各项经营情况，对每个细分市场制订销售目标，保证销售工作遵循潜在市场需求的有效发展，按营销情况修订酒店的促销策略。 （8）经常保持同上级主管部门、新闻单位、中外旅行社、本地企事业单位政府部门的密切联系，并同各客户建立长期、稳定、良好的合作关系。 （9）负责酒店对客户的宣传、推销工作，参与研究酒店的产品的价格制订和产品的组合开发并及时对目标市场开展宣传、促销推广。 （10）制订员工销售指标，及时测量和评定部门及个人的销售业绩，激励员工的销售热情。 （11）出席酒店的每日/每周例会，主持本部门的每日例会，将酒店的有关规定及时送达本部门的员工。 （12）根据销售计划组织下属对潜在客户访问安排次数和时间，陪同重要客户参观、了解酒店设施和服务。 （13）代表酒店对外签订客房销售合同及会议宴会合同。 （14）密切和酒店有关部门合作，安排好客户预订的住宿、餐饮、娱乐、服务和特别活动。 （15）编制并每月上交工作报告和下月工作计划，包括销售工作动态、市场信息反馈和竞争者活动以及其他专项汇报工作。 （16）发挥工作主观能动性，积极完成上级领导交办的各项任务。
任职资格	（1）大专以上学历。 （2）从事前台或销售工作5年以上。经过本岗位资格培训，取得“岗位培训证书”。 （3）具备酒店销售学、酒店管理学、旅游经济学，旅游心理学、公共关系学方面的理论知识储备。 （4）熟悉旅游市场动态、特点和发展趋势。 （5）熟悉国家和酒店有关销售价格调控和工商行政管理的法规和政策。了解主要客源国的旅游法规，熟悉《合同法》和有关旅游法规。 （6）具有较强的社交能力，善于市场调查和信息沟通，能在各种场合与不同层次人员进行交谈，能圆满解决客人的要求，取得客户的信任，能争取各有关方面的支持和帮助。 （7）能起草销售部的业务报告、销售计划，草拟部门的管理制度和工作项目，撰写专题报告、工作总结。 （8）熟练掌握一两门外语，能熟练运用外语与客人交谈、谈判和进行业务工作，阅读有关业务书信、资料。 （9）仪表端庄，身体健康。

7.1.9 销售部秘书职位描述

销售部秘书职位描述，如表 7-1-9 所示。

表 7-1-9 销售部秘书职位描述

直接上级：市场营销经理	
岗位职责	（1）协助部门经理处理销售部业务和行政工作。 （2）负责将酒店的各项文件和指令送达有关人员，将部门的报告、文件汇总上报或送达有关部门。 （3）协助经理作好月度、季度及年度总结。 （4）协助经理作好销售业务统计工作。 （5）负责部门的业务及行政档案分类存放，收集市场信息，供部门业务人员参阅。 （6）协助部门经理作好客源成分、流量和成本分析。 （7）负责部门的日常事务，办理部门人员国内外出差的有关安排。 （8）协助部门经理协调与各部门的工作关系。
任职资格	（1）中专以上学历。 （2）熟悉秘书业务，了解统计及档案管理的基本知识。 （3）了解酒店的销售业务，掌握计算机的应用知识。 （4）根据部门经理的要求，按照部门管理工作规定，能妥善做好文秘及档案工作。能熟练运用相关知识起草有关部门的报告、通知和工作汇报。 （5）能根据酒店营销发展的需要，收集各有关经济、社会、旅游业和酒店的信息，并分类入档，供业务人员参阅。 （6）通过本岗位资格培训，取得“岗位培训证书”。 （7）身体健康，精力充沛，仪表端庄。

7.2 酒店公关营销管理工作制度描述

7.2.1 接待管理制度描述

接待管理制度

第一条　公关客人的范围

（1）来店视察、指导工作的中央、省、市领导人。

（2）上级旅游主管部门及世界旅游组织的负责人和知名人士。

（3）与酒店有合作关系或能为酒店带来效益及良好声誉的客人。

（4）曾为酒店作过贡献的名画家、书法家、艺术家。

（5）酒店邀请的客人。

（6）为酒店提供帮助、方便的单位，如民航、车站、港口等有关单位，但一般工作关系及私人朋友不在此例。

续表

(7) 为酒店带来客源的旅行社及有关客户等。

第二条 接待分工及项目

(1) 上述范围公关客人原则上由市场营销安排接待。

(2) 总经理室的客人由总经理安排或由行政办将公关客人详细情况、接待要求通知市场营销，市场营销负责接待。

(3) 各部门的公关客人需在酒店食宿的，必须事先填写公关单，报总经理批准。

(4) 需参观酒店的部门公关客人，由该部门经理签字，注明公关单位人数，由市场营销签发参观单，由该部门自行负责派人接待。

(5) 公关客人参观酒店一律凭市场营销签发的接待单，否则各点不予接待。

(6) 特殊情况，报总经理审批。

第三条 接待规格和费用标准

(1) 中央、各部委办以上领导。(VV)

用餐标准：100元/人天（早餐20元，午、晚餐各40元）。

用餐地点：宴会餐厅或包间。

住房标准：150～200元/人天。

对此类客人可提供用车，总经理的宴请标准为120元/人餐。

(2) 省、市重要领导人。(VA)

用餐标准：80元/人天（早餐10元，午、晚餐各35元）。

用餐地点：宴会餐厅或包间。

住房标准：120～150元/人天。

对此类客人可提供用车，总经理的宴请标准为100元/人餐。

(3) 与酒店密切的同行饭店总经理，世界旅游组织知名人士。(VB)

用餐标准：60元/人天（早餐10元，午、晚餐各25元）。按40元/人天收费，餐饮部按成本向财务部结算。

用餐地点：宴会餐厅或包间。

住房标准：100～120元/人天。

对此类客人可提供用车，总经理的宴请标准为80元/人餐。

(4) 旅行社总经理及国内外知名人士等。(VC)

用餐标准：50元/人天（早餐10元，午、晚餐各20元）。按30元/人天收费，餐饮部按成本向财务部结算。

用餐地点：宴会餐厅或包间。

住房标准：80～100元/人天。

对此类客人可提供用车，总经理的宴请标准为60元/人餐。

(5) 与酒店关系密切的非同行客人如新闻媒介、民航等。

用餐标准：35元/人天（早餐5元，午、晚餐各15元）。按10元/人天收费，餐饮部按成本向财务部结算。

用餐地点：零用餐厅。

住房标准：60～80元/人天。

(6) 接待同行饭店人员食宿。

用餐标准：15元/人天，按10/人天收取。

用餐地点：待定。

续表

住房标准：50～60 元/人天，特殊情况酌情处理。

（7）部门经理可在咖啡厅招待临时公关客人，餐厅提供茶、咖啡，接待后应签公关单。

（8）部门接待的公关客人，一般不宴请，视情况可以陪餐。标准为 50 元/人，提供地方酒水及饮料，特殊情况报总经理室批准。

第四条　公关开支的原则和结算

（1）公关费开支，以厉行节约、讲究实效为原则。

（2）接待公关客人必须按先报批后消费的项目办理。

（3）所有餐饮、客房、用车等公关费用一律由提供服务的部门开出收费单据并转财务部结算。

第五条　公关客人参观的接待

（1）国家部、委、办级以上的领导来店参观，按省、市领导的要求，由总经理室派人员接待，市场营销具体执行。（视需要准备签字本、拍照片等，作为酒店的历史资料存档）

（2）一般领导人来店，由市场营销接待，遇有特殊情况，上报总经理后再定。

（3）同行的总经理或上级主管部门，由市场营销上报总经理后负责接待。

（4）新闻媒介单位由市场营销接待。特殊情况上报总经理。

（5）民航、车站、港口等单位的接待，由营销公关部负责。

（6）客户单位的参观，由市场营销负责接待。

（7）参观范围：除第一条可全面性参观外，其他各条视情况而定。

星级VIP级别	各星级VIP客人范围	各星级VIP客人房间所放物品
VC	旅行社总经理及国内外知名人士等。	鲜花、总经理欢迎卡、宣传册、二色水果
VB	与酒店关系密切的同行饭店总经理，世界旅游组织知名人士。	鲜花、总经理欢迎卡、宣传册、三色水果、巧克力
VA	省、市重要领导人。	鲜花、总经理欢迎卡、宣传册、四色水果、巧克力、晚安卡全套饭店宣传册
VV	中央、各部委办以上领导。	鲜花、总经理欢迎卡、宣传册、五色水果、巧克力、晚安卡全套饭店宣传册、什锦果盘、葡萄酒

7.2.2　营销部资料管理规定细节描述

营销部资料管理规定

第一条　管理内容。营销部在日常业务活动中需要使用和接触的资料很多。主要包括酒店基本情况介绍、宣传小册子、宴会和会议宣传册、餐饮促销资料、房价表、明信片、营销手册、来往电函、传真、信件、协议书、合同副本、客户档案、各类报表、记事本、营销报告等，为了提高工作效率，适应市场竞争，应搞好资料管理。

第二条　资料分类。可分为：宣传资料类；经营表格类；协议合同类；业务通信类；内部通启、工作请示类、文件类；客户档案类；重点客户档案类；团队客人类；会议客人类；散客类；长包房客人类等其他类别。

第三条　建立资料档案。营销部应有专门的资料档案柜。应选用抽屉式档案柜，经常查用的档案以字母顺序或其他索引方法排列。

续表

(1) 客户档案内容包括：抵/离店日期、房间种类、所住房号、生日、实收房价、特殊爱好、禁忌、投诉、宴请次数、规格等。 (2) 潜在客户档案内容包括公司名称、地址、背景、法人姓名、生日、个人爱好、拜访次数、拜访结果需求和要求等。 第四条　建立资料的保管和使用。公用资料，不涉及商业机密的资料，如宣传册、内部报表等，由销售代表领取保管和使用；合同书、协议书等文件由秘书保管。本部门人员查阅在当天必须归还，不得带出办公室；外部门人员查阅有关资料，须本部门经理认可并办理借阅手续，重要资料必须当日归还。

7.2.3　营销部例会制度描述

营销部例会制度

第一条　销售分析例会。

市场营销例会每月召开一次，参加人员为：总经理、驻店经理、营销部、前厅部经理、财务总监、餐饮部经理、康乐部经理。

会议内容如下：

(1) 上月例会决定的落实情况，营销任务完成情况。

(2) 分析上月酒店客源构成、消费结构、平均房价，存在的问题和原因。

第二条　营销经理和前厅部经理分别报告市场状况、同类酒店的出租率、平均房价、市场营销情况和市场竞争动态。

分析上月以来的市场动向、特点、趋势，酒店市场营销策略和价格政策是否与市场竞争相适应，存在的问题，如何调整，以及下月如何实施。

分析销售代表已完成的营销情况、已预订的客房数量；讨论重点活动和重点客人的接待方案。

向总经理汇总，提出指导性意见，指明上月取得的营销业绩和存在的问题，明确下月营销任务，团队、会议、散客的控制比例，以及平均房价标准等。市场营销分析会主要由总经理室秘书打印下发有关部门，例会形成决议，各部门必须执行。

第三条　营销部例会。

营销部例会每周召开一次，由营销经理主持，全体员工参加。

会议内容如下：

(1) 传达酒店每周大例会精神、工作指标和酒店经营信息。

(2) 检查营销指标完成情况，评估上周促销活动成效，分析新市场扩展程度。

(3) 每位营销代表汇报上周工作。接近潜在客户情况；提出工作中的问题。

(4) 分析处理客人投诉，汇集客户对酒店服务的需求，研究新的组合产品。

(5) 讨论大型促销活动的重要客人的接待方案。

(6) 营销经理指示下周营销工作重点和任务指标。

7.2.4 营销工作汇报制度描述

营销工作汇报制度

第一条　重视工作汇报。营销部的工作特点是每个人独立外出，“单兵作战”，所以除对每位营销代表的酒店产品知识、文化程度、工作经验、语言表达能力、公关能力、沟通技巧方面有很高要求外，还必须严格遵守纪律，定期汇报工作。

第二条　每年年底，营销代表要写出年度工作总结报告和下一年度工作计划，上交部门经理。

第三条　周五下午要上交本周工作小结和下周工作计划，部门经理批阅指示后退还营销代表。

第四条　营销代表每次外出营销都必须填写营销报告表。

7.2.5 美工室管理制度描述

美工室管理制度

第一条　自觉遵守酒店各项规章制度。

第二条　美工室为美工人员的专门工作场所，无关人员谢绝入内。

第三条　各部门要求设计、制作广告，须在“美工服务申请表”上写明设计内容、 材料要求、时间等，美工进行成本核算，由部门经理审批后实施制作。

第四条　对外业务联系，须事先向部门经理汇报，征得同意后方可实施。

第五条　保管好酒店内广告架，节约美工费用开支。

7.2.6 公关部接待工作管理制度描述

公关部接待工作管理制度

第一条　接待来访者应视其身份和来访目的确定接待的规格和参观的范围，并严格履行审批手续。

第二条　接待重要客人须备齐有关文件资料，根据政府有关部门的指示和客人的身份制订好接待计划或填写重要客人接待计划表，报总经理批准后严格实施。

第三条　在接待过程中必须严格履行外事接待工作制度和酒店有关规定，自觉维护国家的尊严和酒店的声誉。

第四条　情况有变化必须及时请示报告，不得擅作主张更改接待计划。如情况紧急，事前来不及请示，事后应及时报告，并补办审批手续。

第五条　主动协调好同有关部门的关系，共同做好接待工作。

7.3 酒店公关营销管理日常工作细节描述

7.3.1 旅游团队接待工作细节描述

旅游团队接待工作细节描述，如表 7-3-1 所示。

表 7-3-1　旅游团队接待工作细节描述

项目	规范内容
预报与确认	（1）接到国内外旅行社传真或书信订房，先与前厅部联系，了解要求订房日期是否能安排，然后交领导批示，汇报有关事宜。领导批示后，复传真或书信确认订房。 （2）确认传真、书信发出后，复印一份交前厅部订房。把订房及批复的传真、书信放到该旅行社的档案中，同时要做好工作记录，注意其订房的时间变更及人数增减，及时汇报，并与前厅部联系通知变更情况。
准备工作	（1）按照对方订房单（机、车票、接送服务等）要求，与各部门联系落实。 （2）变更时一定要通知有关部门。 （3）团队抵达前（尤其是一些重要团队及一些代理人入团）要检查房间是否按要求安排好。 （4）落实订餐，记录该团队进餐的地点。 （5）检查机票、车票及提出的要求是否落实。 （6）了解其准确的抵达时间，与有关的旅行社联系或找到该团地陪，搞清有关接送及活动安排，把工作做到前面。
接团	（1）团队抵达时，要与领队联系，了解是否有另外的问题出现或提出什么特别要求。 （2）与行李组联系，迅速把该团的行李送到楼层、房间，记录领队的房号，以便随时联系。 （3）通知餐厅，落实该团进餐时间。

7.3.2 长住客订房接待工作细节描述

长住客订房接待工作细节描述，如表 7-3-2 所示。

表 7-3-2　长住客订房接待工作细节描述

项目	规范内容
了解客人订房的要求	了解客人所需要的房间种类，如办公室、住房等。 （1）办公室 以便向客人推荐低楼层房间或根据客人的需要来定，并向客人报价。 （2）住房 以便向客人推荐高楼层房间或根据客人的需要来定，并向客人报价。
合约	（1）首先了解客户所在公司的性质、信誉、要求和长住时间，之后将定价、报价，经对方承诺后，写进合约。 （2）记录客户的联系地址和联系人，以便调查和联系。 （3）了解客户的付款方式，讲明饭店付款的要求和规定。 （4）合约要注明时间、房号和预付金额。

续表

项目	规范内容
签合约	（1）通知前厅部、财务部和客房部，注明客人抵/离店日期，所租的房间种类、房号和要求。 （2）把客户的联系地址、联系人、付款方式通知财务部。 （3）如客户租用套房和豪华套房，则要通知客房部送鲜花。 （4）建立客户长住卡，填写“White Swan Hotel”表。了解客人的生日，并将其输入电脑，把“White Swan Hotel”表交前厅部。 （5）每月25日出一份长住户名单给前厅部、财务部、客房部、餐饮部，以便客人生日时送鲜花和水果。
财务、结账	长住客有时会推迟付款，所以要经常与财务部联系，随时掌握客人的费用情况。如客人已两个月未交房租，应请财务部与客人联系，向客人说明饭店规定，表明饭店将按照合同办理。如发现客人可疑，应和楼层服务员及保安部联系，随时注意客人的动态，既要做到留住客人，又要避免饭店受损失。

7.3.3 接待重要客人（VIP）工作细节描述

接待重要客人（VIP）工作细节描述，如表7-3-3所示。

表7-3-3 接待重要客人（VIP）工作细节描述

项目	规范内容
准备工作	（1）与饭店前厅部落实贵宾所住的房间，将房钥匙装进写有贵宾名字及房号的信封里，放在客人入住的楼层服务台。 （2）检查VIP房内的设备是否齐全、完好。核实为VIP提供的鲜花、水果、总经理致敬信是否已摆放好，其他物品是否一应俱全。 （3）与餐饮部联系安排贵宾在店期间的餐饮，其中要确定用餐地点、时间、人数、用餐标准等，特殊的客人还要照顾其饮食习惯。 （4）准确掌握贵宾所乘航班抵达时间（包括飞机、车等）。 （5）将以上几点综合归纳后写出报告呈报总经理室，并通知有关部门（如前厅部、保安部等）。
贵宾抵店	（1）销售部经理及有关人员应在大门等候客人的到达。 （2）门口要随时保留停车位。 （3）客人到达后，应主动上前迎接并作介绍，然后带领客人乘电梯到达客人所入住的楼层。 （4）客人在楼层填写入住登记表后，再交付前厅。 （5）督促行李员及时把客人的行李送到房间。 （6）对个别身份较高的客人还要通知保安部做好贵宾的安全保卫工作。 （7）随时与有关陪同保持联系，相互配合好，及时解决突发问题。 （8）贵宾的日常用餐及宴会根据计划安排地点、时间进行，要随时同餐饮部落实好。客人用餐期间，要注意满足客人的临时需要。
贵宾离店	（1）落实客人的离店时间，以便在大堂欢送。 （2）通知行李员，及时将客人的行李送至大堂门口。 （3）协助财务部收款人员对客人在饭店的消费进行结算。 （4）将客人送出门口，直至客人离开为止。

7.3.4 大型活动安排工作细节描述

大型活动安排工作细节描述，如表 7-3-4 所示。

表 7-3-4 大型活动安排工作细节描述

项目	规范内容
1	依据活动主题、内容、规模进行总体构思，初步拟订活动形式、环境布置等内容，做好总费用预算，活动安排要提前尽量使其逐步完善。
2	调查摸底，了解参加人员情况，环境布置所需饰品供应情况和价格情况等。
3	将总体构思编制成初步计划，会同有关部门讨论提出建议，不断完善，然后交总经理审阅后进行修改。
4	根据总经理的修改意见，制订最终活动计划，并交总经理审批。
5	制订具体实施计划，准备备用方案，以应付特殊情况发生。 （1）进行营业预算和开支预算。 （2）细化活动具体内容和项目，明确分工，任务落实到人。 （3）进行内外环境布置（大厅、公共区域、活动场所等），确定各项任务完成的时间。 （4）制订参加活动人员名单、票价、设计请柬、入场券和活动定时宣传单。 （5）明确活动的目标客人，分发请柬，派员上门推销入场券。 （6）联系礼仪队伍、演出人员等。 （7）选择合适的媒体做广告，准备宣传材料和公关礼品并制定发放标准。 （8）与财务、餐饮部确定结账方式。 （9）活动中，大力宣传饭店，联络感情，争取客源并注意收集客人对活动的反应。
6	每月收集其他饭店此类活动的信息，并填写《竞争饭店调查报告》。 大型活动安排的操作标准： （1）由公关经理负责策划、联系、制作、落实、全程跟踪等工作。 （2）主题鲜明，符合饭店整体 CIS 的要求。

7.3.5 公关活动工作细节描述

公关活动工作细节描述，如表 7-3-5 所示。

表 7-3-5 公关活动工作细节描述

项目	规范内容
1	所有公关活动必须坚持先上报、后审批、再执行的原则。
2	各项活动由公关经理负责跟踪、检查、落实。
3	全体人员在整个接待活动中，必须注重仪表、举止、谈吐，维护饭店的整体形象。
4	由公关部经理负责对接待活动建档工作。

7.3.6 销售访问工作细节描述

销售访问工作细节描述，如表 7-3-6 所示。

表 7-3-6　销售访问工作细节描述

项目	规范内容
制订每周销售访问计划	（1）销售人员填写每日销售访问计划表，写上明确的访问对象和访问形式。 （2）注意合理安排访问时间、地点和频率，将计划表于周五下班前交给部门经理审阅。 （3）部门经理审阅计划表了解销售人员安排合理性、紧凑性等，并根据访问对象的重要程度做特别的安排，如亲自与销售人员一起进行访问等。 （4）将经审阅后的计划表返还销售人员保存，出访时随身携带作备忘。 （5）为计划表建档，计划表和访问报告订在一起，按时间顺序放置，以便随时进行查阅和跟踪访问。
销售访问准备工作	（1）根据销售访问计划，确定访问对象。 （2）确定推销时间，安排推销路线。 （3）与客户电话联系，进行预约，保证访问不落空。 （4）查阅有关客史档案。了解将拜访的客户与本酒店的业务关系，有何特殊爱好，以往享受过何种优惠等情况，酌情做出相应的推销策略。 （5）准备推销资料，如宣传小册子、价目表、合同、协议书（一式两份）、纪念品、销售记录本或销售访问情况报告、名片等。 （6）检查自己的仪容仪表。

7.3.7　长住客房销售工作细节描述

长住客房销售工作细节描述，如表 7-3-7 所示。

表 7-3-7　长住客房销售工作细节描述

项目	规范内容
了解	（1）公关营销员应事先了解客人所需要的房间种类，如办公室、住房、公寓等。 ① 办公室：向客人推荐低楼层或根据客人的需要而定，并向客人报价。 ② 住房：向客人推荐高楼层或根据客人的需要而定，并向客人报价。 ③ 公寓：向客人介绍公寓、价格、计费方法及相关服务。 （2）了解客户所在公司的性质和信誉。 （3）记录客户的联系地址和联系人，填制客户资料卡，以便进行调查和联系。 （4）询问客户的付款方式，介绍本酒店付款的有关要求和规定。 （5）合约要注明时间、房号和预付金额。
签约	（1）双方谈妥有关细节后，即可签订长住房合约。 （2）通知前厅部、财务部和客房部，注明客人抵/离酒店日期，所租的房间种类、房号和其他相关要求。 （3）把客户的联系地址、联系人、付款方式通知计财部。 （4）如客户租用套房或公寓，则要通知管家部送鲜花。 （5）建立客户长住资料卡，填写酒店客房预订表，同时将预订表交预订部。 （6）了解客人的生日，并将其输入电脑。 （7）每月出一份长住户名单给前厅部、财务部、客房部、餐饮部，以便在客人生日时向其赠送鲜花和水果。

续表

项目	规范内容
结账	（1）如长住客欲推迟付款，则应与财务部取得联系，并随时掌握客人的费用情况。 （2）如客人已有两个月未交房费，则应请财务及时与客人联系，向客人说明酒店规定，表明酒店将按合同办理。 （3）如发现客人有可疑行为，则应通知楼层服务员和安保部保持密切联系，并随时注意客人的动态，避免酒店遭受损失。

7.3.8　电话推销工作细节描述

电话推销工作细节描述，如表 7-3-8 所示。

表 7-3-8　电话推销工作细节描述

项目	规范内容
1	通话前，确定促销对象和目的，拟好有关促销内容和有关数据，备好预订单和笔。
2	向预订处了解客情，明确能否继续接受预订。
3	通话中热情、礼貌地简要介绍本酒店情况，诚恳地了解对方要求，准确地做好记录。
4	如有预订，及时填写预订单，务必问清以下内容： （1）客人姓名、性别、国籍、人数。 （2）抵/离店时间。 （3）客户数量及种类。 （4）房价（如有协议按协议价）。 （5）付款方式。 （6）预订人姓名、联系电话、单位名称等。
5	重复预订内容，双方予以确认。
6	向客户致谢，待对方挂机后挂机。
7	对所有应答的询问电话，应保证在 24 小时内回复。

7.3.9　会议销售工作细节描述

会议销售工作细节描述，如表 7-3-9 所示。

表 7-3-9　会议销售工作细节描述

项目	规范内容
会议洽谈前	（1）各种会议原则上由市场营销负责，涉及租场、住房、宴会等方面的大型综合活动由市场营销会同餐饮公司等共同接洽承办。 （2）先准备好有关推销资料，如会议价目表、会议宣传资料、餐饮各类菜谱、租用设备价目表、名片、洽谈记录单位等，并按时与客户见面。 （3）带领客户参观会议场地及设施，做好介绍性推销。

续表

项目	规范内容
会议洽谈中	（1）根据预订要求，查阅“会议/团队客情一览表”。 （2）了解会议的性质、名称、时间、人数、举办单位、联系人、电话号码并准确地记录其要点。 （3）确定会场的地点、形式、音响、灯光、服务、项目，所需的横幅、会标、告示牌、花草布置、签到台、迎宾台、欢迎队伍、文艺演出等要求。 （4）确定用餐标准，宴会人数、标准、地点、日期以及会议的茶水、水果、点心、饮料等要求和标准。 （5）确定用房要求，如房间种类、间数、日期、价格等。 （6）确定场租、设备租用以及其他娱乐配套设施的价格。 （7）确定支付方式，并要求会议方支付预算费用的10%作为订金。 （8）确定参会人员泊位数，司机、陪同就餐休息地点。 （9）尽量满足会议方要求，若有困难需事先向客人解释清楚，以免误会。 （10）洽谈结束前，重复各项要点最终确定，签订《会议协议书》，一式二份，双方各执一份。 （11）根据洽谈要求，填写“会议接待通知单”“会议室使用通知单”“用餐通知单”，按所涉及的部门，一式几份，一份留存，其余送到有关部门，要求至少提前三天送达。
会议期间	（1）交换名片，记录客户公司的名称、联络地址等情况。 （2）准确地在“会议通知单”上做要点记录。 （3）了解会议的性质、名称、时间、人数、举办单位、联系人、电话号码、传真号等有关信息，根据情况向客户介绍酒店的会场及设施。 （4）带领客户察看场地及设施，并确定会议的地点、台型布置、音响、灯光设备、服务项目等要求。 （5）确定会议所需的横幅、会标、告示牌、花草布置、签到台、迎宾员、欢迎队伍、文艺演出、班车接送等具体要求。 （6）确定会议的茶水供应、水果、点心、饮料等要求及标准。 （7）确定用餐的要求，如宴会人数、标准、地点、饮料、日期等。 （8）确定住房要求，如房间种类、间数、日期、价格等。 （9）确定场租、设备租用价格以及其他产品和服务的价格。 （10）确定结算方式，以人民币或外币、信用卡或支票结算。确定会议组织单位签字人姓名并记下身份证、工作证号码等。 （11）确定与会人员停车泊位数，司机陪同就餐休息的有关事宜。 （12）确定会议期间的安全要求。 （13）要求客人在会前___天到总台收款处交预订金，款额为总费用的___%，预订金形式可以是现金、信用卡或支票。 （14）力争满足客人的需求，若有困难，向客人解释清楚。 （15）洽谈结束前，重复一下举办会议的各项要点，洽谈记录请客人过目并签字以最终确认。 （16）举办大型会议或国际会议，需双方多次接触并需签订会议协议书。协议书一式二份，双方各执一份。

续表

项目	规范内容
会议结束后	（1）会议结束时，及时与总台收款联系，确保收齐所有款项，处理可能出现的问题，以顺利地结清费用。 （2）征求会议主办单位和与会者的意见，并作详细记录，了解今后的会议及客源情况，并确定下次拜访或联络的时间、地点。 （3）将《会议通知书》、“会议通知单”等归入夹中，每月进行统计，并将统计情况填写在“每日销售报告汇总表”下。 （4）为会议客户单位建档，注明客户的单位、姓名、开会时间、消费项目和费用、参加会议人数、信用情况、会议效果等有关信息，以便今后更有针对性地推销。 （5）每月对会议销售情况进行统计、分析，可列出会议单位（客户）一览表，为下月加强促销工作做好资料准备。

7.3.10 团队推销工作细节描述

团队推销工作细节描述，如表 7-3-10 所示。

表 7-3-10 团队推销工作细节描述

项目	规范内容
收阅订房信函	（1）到传真室收取传真、信函，认真、细致地阅读。 （2）阅读订房传真、信函，理解正确。 （3）弄清订房要求，如有超出本人权限的特殊要求，应向部门经理汇报。 （4）弄清对方与我店是否已有协议。 （5）弄清付款方式。
检查客房状况	（1）根据预订要求，查阅团队客情一览表 （2）如团队用房量较大，还应与总台预订处确认能否接受预订。
寻找客源	与有关单位或部门经常保持联系，及时沟通信息，寻找客源。 （1）经常拜访有关旅行社、社会团体、政府机关、大专院校等团队客源的单位，经常与这些客户保持电话或信函联系，与之建立稳固的业务关系。 （2）邀请客户来本酒店参观或使用本酒店的设施和服务，让其全面了解本酒店的产品。 （3）安排好对口旅行商、旅行代理人或旅行销售经理的住宿、娱乐和交通等接待事宜。 （4）与有关部门和外协单位组合团体包价产品，在淡季积极进行团队市场的推销。 （5）与前厅部共同研究制订出淡、平、旺季每日团队用房量，从而更有效地推销客房。 （6）与餐饮部共同制订团队餐的菜单和价格，并确定团队用餐地点和标准。 （7）选择财务信誉好，能提供一定数量、稳定客源的旅行社及其他团队客源单位，与之签订《团队协议书》，一式三份，双方各执一份，留存的一份归档以备查阅，三份复印的副件分别送至前厅、财务和本部门留存。

续表

项目	规范内容
接受预订	（1）如有协议，而且对方的要求也符合协议条款，可按要求直接给予确认；如超出协议条款和本人权限，应经请示部门经理后与对方商量，达成一致后再予确认。 （2）如无协议，应在自己职权范围内与对方就价格、付款方式等进行协商，达成一致后再予确认。 （3）如对方要求超出本人权限，应向部门经理请示后再与对方协商，达成一致后再予确认。（注：24 小时内给予书面确认，确认内容全面、正确，包括时间、人数、用房数、国籍、价格、订餐人数、付款方式） （4）填写、送发“团队预订通知单”，提前一周以上完成。 ① 根据对方要求，准确无误填写“团队预订通知单”，收件人签字备查。 ② 复核填写内容，如有错误及时纠正。 ③ 将团队预订通知单发至总台预订处等有关部门。 （5）整理归档，及时、完整。 ① 将预订填入年（月）团队一览表，供随时查阅。 ② 将预订通知单放入当月团队资料夹。 ③ 将对方传真归入文件夹，及时转送财务信用组。

7.3.11 团队接待工作细节描述

团队接待工作细节描述，如表 7-3-11 所示。

表 7-3-11 团队接待工作细节描述

项目	规范内容
1	团队到店前 3 小时，对照“团队通知单”仔细核对团队人数、用房数等情况。
2	检查房间、钥匙等的准备工作是否到位。
3	对有特殊要求的客人，应检查是否已按特殊要求做好各项安排。
4	团队到店时，到前台与旅行社陪同及领队联系，互相交换名片，协助办理入住手续。
5	协助总台接待人员的工作，落实团队用房、用餐及其他特殊事项。
6	团队办理退房手续前 15 分钟到总台协助结账，并确保团队客人已结清个人账。
7	送客人离店，与客人道别。
8	团队退房后，将《团队预订确认书》、“团队通知单”归档，由部门文员按每季或每年进行统计，登记在“会议/团队经营情况一览表”上。

7.3.12 公关突发事件处理工作细节描述

公关突发事件处理工作细节描述，如表 7-3-12 所示。

表 7-3-12　公关突发事件处理工作细节描述

项目	规范内容
1	在发生如火灾、死亡、偷盗等其他意外事故时，各级管理者要做出有效的处理。
2	一旦发生意外，立即通知总经理和驻店经理。
3	要备一份饭店高级管理人员的住宅电话号码本，以便在突发事件发生时能尽快联系上。
4	在向新闻媒介发言时，除指定的发言人外，其他任何人不得擅自向新闻记者透露有关信息，对他们的提问要巧妙回避，所有这些工作均由有关指定人员负责处理。
5	拟订一份关于意外事故的报告，内容要详细、真实，送总经理审批后，另写一份新闻发言稿，内容既要反映事实，又要注意维护饭店利益和形象，在新闻发布会上作“无可奉告”的回答，会使饭店处于不利地位。一般用“我们正在调查”给予回避。
6	如意外事故涉及警方，应立即与警方核实，哪些细节可向新闻界透露，哪些应保密。
7	在死亡事故中，要注意保护现场，及时报警，未经警方和直系亲属同意，不透露死者的有关情况。
8	如当场不能明确回答记者的一些问题，而对方坚持要了解，记下该记者的电话号码、地址、姓名，7 天之内给予答复，态度要积极、肯定、真诚。

7.3.13　客户档案建档工作细节描述

客户档案建档工作细节描述，如表 7-3-13 所示。

表 7-3-13　客户档案建档工作细节描述

项目	规范内容
客户分类	对长包房、常住房、职业团队领队、政府首脑、省/市领导等有关情况资料要分别建档。
归档	（1）记载客户的姓名、公司、联系地址和电话等基本情况 。 （3）详细统计客户使用酒店产品的具体情况，如使用酒店产品的日期、数量，以及对产品的要求。 （3）要记载客人每次逗留日期、所住房号、生日日期、实收房价、特殊爱好、宴请以及投诉和建议等情况。
保存	应由专人整理客史档案，备有专用档案柜并以字母顺序或其他索引方法排列，以便查找。定期进行修整和清理。

7.3.14　组织新闻发布会工作细节描述

组织新闻发布会工作细节描述，如表 7-3-14 所示。

表 7-3-14　组织新闻发布会工作细节描述

项目	规范内容
拟订方案	（1）拟订实施方案，做好预算。 （2）将活动方案交营销总监审阅，修改后报总经理批示，经同意后实施。

续表

项目	规范内容
准备工作	（1）拟订记者名单，发邀请函并确认。 （2）通知前厅部、餐饮公司等相关部门领导。 （3）检查、落实会场，确保会议横幅、标牌、场型、指示牌及音响等设备准备齐全。 （4）准备会议新闻稿。 （5）确定会议发言人，准备会议发言稿。
接待工作	（1）迎接记者到场，排发新闻稿。 （2）由指定人主持会议开始，简单介绍情况。 （3）适时进行会议拍照。 （4）做好会务协调。 （5）选择重点记者进行沟通，必要时安排独家采访。 （6）安排工作餐，发送纪念品。
送离客人	送离客人，必要时安排送客车辆。
跟进工作	（1）记录会议情况。 （2）将有关资料、照片存档。 （3）与记者保持联系，了解反映，追踪报道情况，上报酒店领导。
注意事项	（1）此项工作由专人负责联系、落实。 （2）注意平时与各媒体相关联系人处好关系，定期联系、拜访。 （3）提前做好新闻发布会的各项准备工作。 （4）提前准备新闻稿件。 （5）收集媒体对信息的发布情况，并做好剪贴工作。

7.3.15 接待客户参观工作细节描述

接待客户参观工作细节描述，如表 7-3-15 所示。

表 7-3-15 接待客户参观工作细节描述

项目	规范内容
接受预约	确认客户如下信息： （1）来访者的姓名或公司名称。 （2）预约客人的联系电话。 （3）会议的起始时间及结束时间。 （4）人数的相关要求。
准备工作	（1）通知有关部门做好客人参观前的准备工作。 （2）准备酒店的宣传品和简介资料。 （3）在客户来酒店前，首先应通过各种途径和资料了解拜访客户的情况。包括客户所在公司、个人情况和拜访目的。 （4）在了解客户情况的基础上，确定会见客户的议题、议程，并做好相应的准备工作。 （5）客户到来前，接待人员要精神饱满，衣着及修饰得体，落落大方。

续表

项目	规范内容
迎接客人	（1）客户到来时，应认真加以接待，表现出应有的热情和诚意。 （2）自我介绍，互递名片。 （3）详细了解对方会议举办的相关事项。
带领客人参观	带领客人参观各营业场所，一般线路安排如下： （1）重点介绍酒店自管项目，突出酒店服务特色。 （2）根据客人情况决定是否需介绍展示牌。 （3）在接待过程中应注意倾听客人的陈述，及时回答客人提出的问题。对于一时难以回答的问题，应向客人表示歉意，并尽可能在适当的时候给予答复。
送客	（1）对一般参观人员需将客人送至酒店大门并目送客人离开。 （2）根据情况，在事先请示领导同意并已协调车队的前提下，可安排车辆送客（原则上不主动提出）。 （3）根据客户的重要程度，在请示领导同意的前提下，可考虑赠送酒店小礼品。
总结	接待完毕后，应及时整理出本次接待工作中获得的重要信息，必要时还应写出书面报告，提供给营销经理作决策时参考。

7.3.16 大中型促销活动操作细节描述

大中型促销活动操作细节描述，如表7-3-16所示。

表7-3-16 大中型促销活动操作细节描述

项目	规范内容
目标及形式	（1）举办此活动的目的是广泛招揽客源、扩大酒店影响、增加产品销售、提高设施利用率并获得一定的社会效益与经济效益。 （2）酒店应利用每年的国庆节、春节、元旦、圣诞节等节假日举办各种促销活动。 （3）具体形式如下：春节年夜饭、圣诞晚会、中秋赏月晚会等。
成立工作小组	（1）酒店每次大中型促销活动应由营销部、餐饮部或康乐部等部门提出活动创意和初步活动方案，并报总经理批准。 （2）总经理召集各有关部门经理召开专门会议，研究这一促销活动的可行性。具体内容有：活动目的、预订规模、活动方式、工作步骤、所需资金、预期效益等。 （3）如活动内容可行，则由总经理做出举办决定。如可行性较低，特别当预测的经济效益和社会效益均不够理想时，则由总经理和部门经理协商做出取消或暂缓举办的决定。 （4）酒店大中型公关促销活动决定举办后，由总经理召集营销部、餐饮部、康乐部、前厅部等有关部门经理召开专题会议，共同分析这一活动可能达到的规模、客源组织方法、客源多寡、工作步骤等，并在此基础上形成大中型促销活动的具体方案。 （5）根据上述方案，抽调人员组织临时工作小组，落实各有关责任人。
活动准备	（1）根据举办时间、举办地点，由所在部门经理负责场地准备，如餐厅、宴会厅、夜总会等。 （2）场地准备要明确场地使用时间、场地布置要求等，以保证届时活动的需要，同时又尽可能不影响举办前的正常营业。

续表

项目	规范内容
活动准备	（3）根据活动内容、活动方式和场地布置要求，由所在部门经理与工程部、公关营销部美工等共同研究，拟订环境布置方案。 （4）具体环境布置应根据活动内容、活动方式和布置方案而确定，务求做到环境布置与促销活动内容、形式、性质相符，保证环境美观、典雅、舒适，对前来参加的客人有形象吸引力。 （5）酒店大中型促销活动多以食品销售、娱乐活动、酒水销售为主。正式举办活动前，应由餐饮部、康乐部经理根据预测参加的人数，与财务部协商，提前准备好食品原材料、酒水、饮料和客用消耗品。若以餐饮为主，则应提前拟订好菜单，保证原料、用品适合活动的需要。 （6）促销活动举办前一天或当天上午，由总经理、营销部、餐饮部和其他相关部门的经理共同检查活动场地卫生、设备布置、环境布置、桌椅摆放等是否符合要求。若存在问题，应及时提出改进措施，迅速督导落实，保证大中型公关促销活动的如期举行。
活动宣传	（1）根据大中型促销活动的需要，由酒店营销经理负责，提出在报纸、电视、电台上做宣传广告的方案，并与有关媒体取得联系，确定宣传方式、宣传稿件，了解宣传公关所需费用，分析预期效果。在可行性分析的基础上，由营销经理将广告宣传方案与费用预算向总经理汇报，经审批同意后，落实具体方案。 （2）每次活动的广告宣传一般提前15～30天进行。正式活动前7～10天，完成广告促销工作，取得必要的广告宣传品的效果。 （3）酒店大中型促销活动以内部宣传画、招贴画、活动告示牌、门前彩旗、横幅、会标等广告宣传为主。具体工作由营销员、员工与有关部门经理协商，提出设计方案，制作出各种宣传品，并在活动举办前3～5天完成。 （4）宣传画等应在酒店门前、电梯、举办场地门前等适当场地张贴、悬挂，以烘托活动气氛，扩大宣传效果。 （5）根据酒店大中型促销活动需要，除由营销部拟订邀请来宾名单和设计出邀请函件外，还应直接打电话询问，邀请客人参加。
接待来宾	（1）促销活动举办当天，由接待部门落实具体人员，迎接客人的到来。接待人员应主动引导客人进入活动场所。 （2）在准备好食品、饮料和各种用具、用品并在摆放整齐的基础上，由主办部门经理宣布活动开始，总经理向客人致欢迎辞，宣布活动内容、活动方式、活动目的，欢迎客人参加，并由此拉开酒店本次促销活动的序幕。 （3）每次大中型促销活动正式开张后，每天由活动举办部门根据活动方案做好客源组织、客人接待服务等工作，以满足客人的消费需求。 （4）营销员和服务人员应随时征求客人意见，改进服务质量，力争获得良好的经济效益和社会效益。
活动总结	（1）每次大中型促销活动结束后，由财务部收款审计人员统计每天客人数、食品、饮料、娱乐项目收入和分析经营效果，制成报表分送总经理和部门经理。 （2）每次活动结束后，由总经理召集专题会议，总结活动经验、收入效果，分析存在问题，提出改进建议，表扬先进部门和先进员工。 （3）举办活动的部门和营销经理召集本部门主管和有关人员开会，总结部门活动经验，肯定成绩，表扬好人好事，分析存在问题，提出改进措施，推动酒店促销活动的发展。

7.3.17 广告促销操作细节描述

广告促销操作细节描述，如表 7-3-17 所示。

表 7-3-17 广告促销操作细节描述

项目	规范内容
预算	（1）每年 11 月由营销经理和营销员协商，根据本酒店市场开发策略制订公关广告计划，提出制作广告的次数、时间、主要媒体、广告价格，然后做出下一年度的广告预算，并纳入酒店公关营销部的年度预算之中，并经总经理审批，形成酒店广告预算。 （2）广告促销活动根据需要，在年度预算的额度范围内，做出公关经费预算。
制作	（1）每次刊登广告，应由营销员事先联系好广告媒体，谈妥价格并设计广告样式，报经理和总经理审批后，与广告公司或广告媒体签订协议。 （2）请媒体制作广告清样，经营销经理审批后，再正式定稿并予以刊登。
跟踪	（1）酒店广告刊登后，由营销员取得广告宣传样本，留一份存档，其余样本送总经理和有关部门经理，同时调查广告效果、客户反映。 （2）对一些重要的广告应设法请客户观看，以扩大酒店的影响。

7.3.18 会议客户推销工作细节描述

会议客户推销工作细节描述，如表 7-3-18 所示。

表 7-3-18 会议客户推销工作细节描述

项目	规范内容
定位目标客户	根据酒店的星级标准及规模、服务项目等实际情况，确定会议销售的目标客户，如以下这两个例子： （1）国际会议的销售对象以海外中型商业机构、公司社团、办事处等客户为主。 （2）国内会议的销售对象以各省、市政府和各大中型公司等客户为主。
联系客户	（1）由销售代表根据会议市场的客户情况及相关信息，主动上门联系，努力争取客户在本酒店组织举办会议。 （2）在客户联系的基础上，可邀请会议组织者（包括来店洽谈会议的客户）参观酒店各类客房、餐厅、会议、娱乐等服务设施，展示并表明本酒店的会议接待规模、规格和酒店住宿、用餐等内部环境以及相关的交通条件，力争客户进店。
销售洽谈	（1）由公关销售员同会议组织者在参观后对本酒店各方面有充分了解的基础上举行业务洽谈，以进一步了解客户对会议用房、用餐等方面的需求。 （2）洽谈需明确如下内容： ① 房种类、各类客房的数量、会议期限、分批进入酒店的时间、大致预测离店日期。 ② 客房的会议价格。 ③ 会议室的使用次数、会议室租金、应配备的设备及有关接待要求。 ④ 用餐起止日期、用餐标准、用餐人数和每日早、午、晚餐的时间安排。 ⑤ 用娱乐设施项目、次数、租金或收费标准。 ⑥ 预付订金。 ⑦ 结算方式。 ⑧ 违约责任。

续表

项目	规范内容
签订协议	（1）拟订《会议销售协议书》，经客户同意，并报酒店总经理审批后正式签署。 （2）根据协议书拟写《会议通知书》并将协议书复印件作附件，分送前厅部、客房部、餐饮部、厨房部、财务部、保安部、娱乐部等相关部门。

7.3.19 宴会预订推销工作细节描述

宴会预订推销工作细节描述，如表 7-3-19 所示。

表 7-3-19 宴会预订推销工作细节描述

项目	规范内容
联系客户	（1）定位宴会销售目标客户对象，如海外大中型商业机构、公司社团在本地的办事单位和省、市政府及各大中型国内客户等。 （2）客户联系，由公关销售员根据分管市场范围的客户情况，主动上门联系，争取客户在本店举办宴会，并与餐饮部密切配合，及时通报各类情况。 （3）餐饮部也应独立承接宴会预订，并设宴会预订员。 （4）利用喜庆日适时做好促销广告，以招徕喜庆客人。
宴会预订	（1）营销员或宴会预订员应全面掌握酒店宴会服务内容、形式、菜单和预订办法等各种资料和信息，以便于业务工作的开展，并经常与客户保持良好的关系。 （2）在受理预订中，要详细了解客户的单位名称、宴会目的、用餐时间、出席人数、宴会性质、宴会标准、结账方式等客户要求和有关信息。 （3）与客户进行宴会预订业务洽谈和签约时，要明确宴会承办的各个细节，包括约定客人观看宴会厅、餐厅布置，了解客户的特殊要求，并详细填制宴会预订单。 （4）宴会确认后，宴会厅主管、厨师长及有关人员要共同研究宴会实施方案，通报有关部门和人员，做好准备工作，保证宴会顺利按时举行。 （5）客户对宴会预订后，应由营销经理或餐饮部经理签发宴会确认书，送交客户签字确认。 （6）在制订宴会价格时，对老客户可适当予以优惠，对新客户则尽可能提供详细资料和信息，以便稳固长久的关系。 （7）宴会预订员要经常拜访客户，了解客户需求，征求客户意见，掌握客户举办招待会、展览会、宴会等各种活动的日期和需求，以便有针对性地联系宴会预订与销售。

7.4 酒店公关营销管理实用表格图例

7.4.1 竞争酒店调查报告表

竞争酒店调查报告表，如表 7-4-1 所示。

表 7-4-1　竞争酒店调查报告表

姓名　　　　　　　日期

酒店名称　　　　　开业日期

地址　　　　　　　电话　　　　　　传真

管理集团总经理

客房种类	客房数量	门市价	现行价	公司合同价	团体价	长住价
标准房						
豪华房						
行政房						
商务房						
复式套房						
高级套房						
行政商务房						
行政套房						
总统套房						

客房总数：　　　　　可售客房：　　　　　住房率：　　　　　平均房价：

7.4.2　每日销售拜访报告表

每日销售拜访报告表，如表 7-4-2 所示。

表 7-4-2　每日销售拜访报告表

销售代表：　　　　　　　　　　　　　　　　　　　　　日期：

客户名称	联系人	职务	地点	结果	跟进日期

7.4.3　公司散客流量统计月报表

公司散客流量统计月报表，如表 7-4-3 所示。

表 7-4-3　公司散客流量统计月报表

年　　月　　日

公司名称	1	2	3	4	5	6	7	8	9	10	11	12	13	14	15	16	…	合计
接待																		
会议																		
其他																		
共计																		

7.4.4　销售情况统计月报表

销售情况统计月报表，如表 7-4-4 所示。

表 7-4-4　销售情况统计月报表

月份

日期	房间总数	出租总数	空房数	出租率	外宾人数	华侨人数	团体人数	会议人数	散客人数	Walk-in人数	平均房价	日营业收入	累计营业收入
1													
2													
3													
4													
5													
6													
7													
8													
9													
10													
11													
合计													
平均出租率						财务计划营业收入							

7.4.5　重要宾客接待计划书

重要宾客接待计划书，如表 7-4-5 所示。

表 7-4-5　重要宾客接待计划书

制表日期：

<table>
<tr><td rowspan="3">来宾姓名
或
团体名称</td><td rowspan="3"></td><td rowspan="3">人数</td><td>外宾</td><td rowspan="3">男</td><td></td><td rowspan="3">女</td><td rowspan="3"></td><td rowspan="3">合计</td><td></td></tr>
<tr><td>中宾</td><td></td><td></td></tr>
<tr><td>华侨</td><td></td><td></td></tr>
<tr><td>从何处来</td><td></td><td>抵店日期</td><td colspan="3">月　日　时　分</td><td colspan="2">车次或班（包）机</td><td colspan="2"></td></tr>
<tr><td>到何处去</td><td></td><td>离店日期</td><td colspan="3">月　日　时　分</td><td colspan="2">车次或班（包）机</td><td colspan="2"></td></tr>
<tr><td rowspan="13">委托事项</td><td rowspan="9">住房</td><td>标准房</td><td>间</td><td rowspan="9">布置要求</td><td colspan="5"></td></tr>
<tr><td>豪华房</td><td>间</td><td colspan="5"></td></tr>
<tr><td>行政房</td><td>间</td><td colspan="5"></td></tr>
<tr><td>商务房</td><td>间</td><td colspan="5"></td></tr>
<tr><td>复式套房</td><td>间</td><td colspan="5"></td></tr>
<tr><td>高级套房</td><td>间</td><td colspan="5"></td></tr>
<tr><td>行政商务房</td><td>间</td><td colspan="5"></td></tr>
<tr><td>行政套房</td><td>间</td><td colspan="5"></td></tr>
<tr><td>总统套房</td><td>间</td><td colspan="5"></td></tr>
<tr><td>就餐事宜</td><td colspan="2">就餐日期</td><td>就餐地点</td><td>中式</td><td>西式</td><td colspan="2">就餐标准</td></tr>
<tr><td>早餐</td><td colspan="2"></td><td></td><td></td><td></td><td colspan="2"></td></tr>
<tr><td>午餐</td><td colspan="2"></td><td></td><td></td><td></td><td colspan="2"></td></tr>
<tr><td>晚餐</td><td colspan="2"></td><td></td><td></td><td></td><td colspan="2"></td></tr>
<tr><td rowspan="5">费用结算方式</td><td>自理项目</td><td colspan="8"></td></tr>
<tr><td>转账项目</td><td colspan="8"></td></tr>
<tr><td>转账单位</td><td colspan="8"></td></tr>
<tr><td>结算联系人</td><td colspan="5"></td><td>电话</td><td colspan="2"></td></tr>
<tr><td>地址</td><td colspan="8"></td></tr>
</table>

委托单位：

接待单位电话：　　　　负责人：　　　　填表人：

7.4.6　团队预订确认书

团队预订确认书，如表 7-4-6 所示。

表 7-4-6　团队预订确认书

很高兴确认贵社以下团队：　　　　　　　　　　　　　　　　　　　　　日期：

团名	抵/离日期	人数×		间数	房价
		团员	全陪TE		

备注：

签发人：

地址：

电话：

传真：

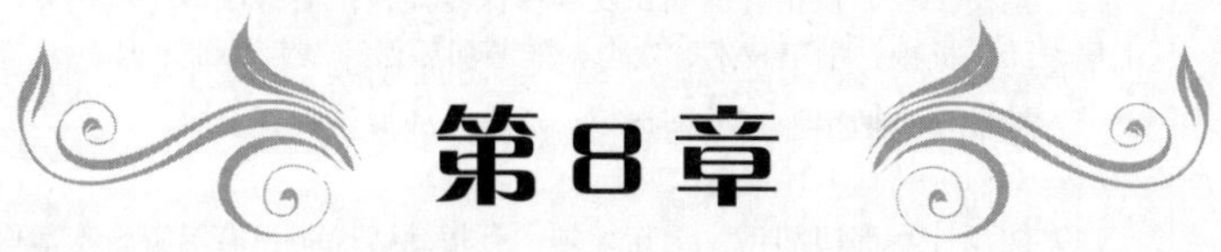

第8章 酒店工程精细化管理细节

8.1 星级酒店工程部管理工作职责划分说明

8.1.1 工程部经理职位描述

工程部经理职位描述，如表8-1-1所示。

表8-1-1 工程部经理职位描述

直接上级：总经理 **直接下级：设备运行维修部经理、电力运行维修部经理、土建装修部经理、综合管理员、调度兼保管**	
岗位职责	（1）执行总经理下达的工作指令，向总经理负责并报告工作。 （2）按照企业专门化管理的要求和所在地有关部门关于设备管理、安全生产、劳动保护、环保管理和能源管理工作的有关规定，制订管理工作的年度计划和目标，经审定后组织实施。 （3）做好各使用部门对设备设施管理的协调和督导工作。保证设备设施管理工作的计划和目标的全面实现。 （4）负责酒店用能供应和维修费用的预算管理，制订全店能源消耗计划、节能措施、用能制度和技改规划，并负责组织和督导各用能部门落实各项计划和制度，做好能耗控制和统计分析工作，抓好能源节约的考核与奖惩工作。 （5）组织与协调各部门落实设备设施管理和维修保养制度及技术培训工作。 （6）审核设备检修计划、设备更新改造计划、设备考核指标、新增设备和报废设备等申请报告，并加强本部门的财产物资管理。 （7）定期召开设备管理、成本核算和费用控制工作会议，研究、改进和完善对设备设施的科学管理方法，并负责解决有关重大设备的问题和厉行节约、降低费用的问题。 （8）定期组织设备检查、评比工作，提高设备完好率。 （9）按照设备事故处理规定，负责处理主要设备和重大设备事故。 （10）掌握设备管理人员的技术业务状况，关心设备管理人员的技术业务提高和更新，逐步使各级设备管理人员的水平向科学化、现代化管理方向发展。 （11）认真贯彻“让客人完全满意”的服务宗旨，使员工确立“后台为前台服务”的思想，着重抓好各部门设备设施报修维修的工作，不断提高维修工作质量和效率，保障酒店经营管理正常开展。

续表

任职资格	（1）大专及以上学历。 （2）熟悉工程、设备管理知识及维修保养知识；懂得成本管理核算，懂得建筑、工程设计、机械、电工技术、安全、能源和环保等专业基础知识。 （3）熟悉《合同法》、劳动保护、能源、环境保护和消防等方面的方针、政策、法规、条例，具有工程师以上职称。 （4）能制订本部门的年度工作计划，有指导、控制和组织实施本部门工作，以及与其他部门沟通协调工作的能力。 （5）有较强的语言表达能力，能凝聚本部门员工。 （6）有成本核算的能力，有效控制各种能源消耗。 （7）通过所属星级酒店英语 A 级考核。 （8）熟悉操作电脑。

8.1.2 设备运行维修部经理职位描述

设备运行维修部经理职位描述，如表 8-1-2 所示。

表 8-1-2 设备运行维修部经理职位描述

直接上级：工程部经理 直接下级：	
岗位职责	（1）负责全酒店的各种能源的供应工作，保证各种能源按时、及时供应，并要求达到节能目的。 （2）根据预算管理和年度设施工作方针、目标、计划，负责制订实施方案和措施。 （3）根据设备设施和能源管理制度，负责制订相应的实施细则。 （4）负责全店锅炉、空调及所管辖设备的维修保养，并按期组织实验。 （5）按照各岗位职责和操作工作细节描述，抓好现场管理和班组长的考核工作，督导各设备操作者严格遵守操作工作细节描述。 （6）根据供热、供冷、供水、供汽等规程规定和要求，以及总平面和设备装机容量、重点设备设施的布局，绘制出图表，并根据变更情况及时进行修改，达到各营业部门的能源及时供应。 （7）定期组织检查设备的技术状态，对不完好的设备进行分析，制订和实施相应的设备更新、修复计划，确保设备处于良好的技术状态。
任职资格	（1）中专及以上学历。 （2）熟悉本岗位专业技术、专业标准，懂得使用、保养、维修技术和成本管理知识。 （3）熟悉安全生产、劳动保护、环境保护、节约能源和防火安全等法规条例。 （4）具有技术员以上职称。 （5）具有组织和指挥员工按工作规程和要求完成设施设备、安全生产、能源管理和维修保养的能力和成本核算的能力。 （6）具有对有关技术方案、报告作评价选择和处理的能力。 （7）有较强的语言表达能力，能写技术工作报告。 （8）通过所属星级酒店英语 B 级考核。 （9）熟练操作电脑。

8.1.3　土建装修部经理职位描述

土建装修部经理职位描述，如表 8-1-3 所示。

表 8-1-3　土建装修部经理职位描述

直接上级：工程部经理	
岗位职责	（1）负责土建、内外装修工程现场施工的监督、维修和管理工作，培训、督导下属技工，确保工作顺利完成。 （2）制订建筑、装饰、装修的年度、季度、月、周维修计划和工作标准，报部门经理审批。 （3）组织、实施对建筑装修面和家具的保养工作。 （4）培训装修技工，使其提高装修技能，保证装修准确、快捷达标。 （5）制订装修工技术考核标准，报部门经理审核。 （6）掌握装修、装饰最新发展动态，及时对酒店的装修装饰改造提出可行性方案。 （7）与仓库保管员密切配合，制订装饰、装修材料储备计划。 （8）经常对下属员工进行职业道德、专业技术知识的培训，考核下属员工的出勤情况，合理调配下属员工。
任职资格	（1）中专及以上学历。具有技术员以上职称。 （2）熟悉本岗位专业技术、专业标准，懂得工程建筑、装修技术和成本管理知识。 （3）熟悉安全生产、劳动保护和防火安全等法规条例。 （4）熟练操作电脑。 （5）能组织和指挥员工按工作要求完成土建工程、安全生产及综合装修的能力。 （6）具有对有关技术方案、报告作评价选择和处理的能力。 （7）有较强的语言表达能力，能写建筑装修工作报告。

8.1.4　电力运行维修部经理职位描述

电力运行维修部经理职位描述，如表 8-1-4 所示。

表 8-1-4　电力运行维修部经理职位描述

直接上级：工程部经理	
岗位职责	（1）执行部门经理的工作指令，向部门经理负责并报告工作。 （2）根据主要设备的管理规定和要求，负责变配电、电梯、强电、弱电系统等设施设备的维护、维修与保养计划的编制，并督导实施。 （3）负责督导变配电、电梯、强电系统和弱电系统等关键设备的运行使用情况和检修工作，制止违章操作和使用。 （4）协助各部门组织设备的大修、技改、更新、改造项目的计划编制、实施、验收、移交工作。 （5）针对各种设备、设施的技术要求和运行情况，负责制订维修、保养（含一、二级保养）、大修改造计划，报部门经理审核和批准后组织实施，并按分级负责的原则，督促和指导各级人员按期完成。

续表

岗位职责	（6）负责指导、督促、检查各种设备设施管理和维修技术人员的业务工作，及时做好各种人员之间技术业务协调工作。 （7）做好管辖技术人员的技术考核，定期组织维修人员的技术培训，定期对营业部门的设施设备操作使用员工进行技术培训。 （8）负责所管辖系统的维修，以及备品备件的计划编制与申购。
任职资格	（1）中专及以上学历。 （2）熟悉本岗位专业技术、标准，懂得酒店各种设施设备的维修保养知识。 （3）熟悉安全生产、环境保护、防火安全等法规条例。 （4）具有技术员以上职称。 （5）能组织和指挥员工按工作要求完成设施设备的维修及抢修的能力。 （6）具有对有关技术方案、报告作评价选择和处理的能力。 （7）有较强的语言表达能力，能写设施设备维修保养工作报告。 （8）熟练操作电脑。

8.1.5 调度兼保管职位描述

调度兼保管职位描述，如表 8-1-5 所示。

表 8-1-5 调度兼保管职位描述

直接上级：工程部经理	
岗位职责	（1）负责本部门维修工作的调配、安排，接听各营业部门维修、急修、报修电话；协调本部门各班组间维修安排工作。 （2）填报酒店内各种设备故障情况、维修项目零部件申购等表格。 （3）负责本部门工作量、派工单等统计工作。 （4）负责对库房用品的入库验收、领发、登记工作。
任职资格	（1）高中及以上学历。 （2）了解工程、设备管理基础知识，熟悉物品保管知识及统计学知识。 （3）了解安全生产、劳动保护、成本控制等方面的知识、法规、条例。 （4）能对部门维修工作进行调配、安排、协调，以及进行本部门各班组间维修安排工作。 （5）能对本部门工作量做出统计。 （6）能对各种物品做好入库、出库及验收工作。

8.1.6 综合管理员职位描述

综合管理员职位描述，如表 8-1-6 所示。

表 8-1-6 综合管理员职位描述

直接上级：工程部经理	
岗位职责	（1）执行部门经理的工作指令，具体负责安全、能源利用和环境保护等综合管理，向部门经理负责并报告工作。 （2）安全管理。 ① 贯彻执行有关安全生产、劳动保护的政策法令，落实各项安全生产管理制度。 ② 配合和协助各部门对员工进行安全生产宣传教育，提高生产安全意识，做好对锅炉工、电工、电（气）焊工和化学危险品保管员等特殊工种的培训、复训和考核工作，严格执行持证上岗制度。 ③ 经常深入生产现场检查安全情况，协助解决各种不安全的隐患；参与酒店和上级主管部门组织的安全生产检查，并对发现的问题按“三定”（定措施、定期限、定责任人）原则进行整改。 ④ 参与酒店新建、改建和扩建工程的“三同时”审查、验收及试运转工作。 ⑤ 负责员工事故的调查分析、处理、统计和上报，认真贯彻“三不放过”原则。 （3）能源管理。 ① 贯彻执行《能源法》及有关政策、法规，落实能源管理制度和奖惩条例。 ② 参与编制年度节能计划，制订能耗定额和考核标准，严格监控耗用预算，努力提高能源利用率。 ③ 参与审查节能措施方案，做好基建和技术改进项目“节能篇”评估的申报工作，负责审核和评价节能项目的效果测定，做好各项能耗、能耗总量、万元营业额能耗等的统计分析。 ④ 负责计划用电、用水指标申请、调整和增容工作，组织开展用水平衡、用电平衡和锅炉热能平衡工作。 ⑤ 会同上级有关部门开展节能技术培训，配合本地区能源监察部门抓好能监工作，做好节能工作总结和节能先进材料的申报工作。 （4）环保管理。 ① 宣传和贯彻环保法令、法规，落实环保管理制度，不断提高员工环保意识。 ② 经常检查和掌握“三废”排放情况，做好监测数据的整理和分析工作；参与“三废”治理项目的可行性分析，以及建设、验收等工作。 ③ 定期检查环保设施运行情况，及时督促进行保养和保修。 ④ 负责编制《建设项目环境影响报告书》和环境保护“三同时”送审单。 ⑤ 按时填报环境年度报表，确保数据准确。
任职资格	（1）高中及以上学历。 （2）了解工程、设备管理基础知识，熟悉应用文写作和档案管理。 （3）了解安全生产、劳动保护、环境保护、节约能源和消防管理等法规条例。 （4）能起草各种业务公文，并有文书档案管理工作的能力。 （5）语言表达能力强。 （6）熟悉电脑操作。

8.1.7 电力维修主管职位描述

电力维修主管职位描述，如表 8-1-7 所示。

表 8-1-7　电力维修主管职位描述

直接上级：电力运行维修部经理	
岗位职责	（1）执行上级经理的工作指令，并报告工作。 （2）带领班组员工严格按照高压、低压用电管理制度和安全操作工作细节描述，做好日常工作。 （3）组织员工做好电气装置的维修管理和技术革新工作，协同有关部门做好新装电气设备的竣工验收工作。 （4）参加电气故障和事故的分析会议，提出整改意见和防范措施。 （5）配合有关部门做好操作人员的业务技术和安全操作培训工作，提高操作人员的技术水平。 （6）负责变压器间以及高、低压配电间的供电配套工作，做好计划用电、安全用电、节约用电的管理工作。掌握和分析每日能耗情况，做好能耗记录。 （7）带领和督促员工做好高、低压配电房的值班巡查维护工作，定期做好清洁工作。 （8）负责制订设施设备电气保养计划。 （9）负责写电气备品、备件申购计划。 （10）负责员工的工作安排和考勤、考核，抓好文明班组建设。
任职资格	（1）高中及以上学历。 （2）熟悉高/低压供电、用电知识，熟悉电气设备的安装、维修使用技术知识，熟悉当地劳动供电和节能部门有关用电、节电方面的政策、法规和标准。 （3）取得当地特殊工种证书。 （4）能独立工作和督导班组员工按工作细节描述和要求做好安全用电、节约用电工作。 （5）能写一般工作报告。

8.1.8　机修组主管职位描述

机修组主管职位描述，如表 8-1-8 所示。

表 8-1-8　机修组主管职位描述

直接上级：设备运行维修部经理 直接下级：机修工	
岗位职责	（1）执行上级经理的工作指令，并报告工作。 （2）按照设备维修操作工作细节描述和维修保养制度，负责做好设备检修及“三级保养”工作。 （3）负责安排检修业务工作，及时协调机修各工种之间技术业务工作。 （4）教育和督促机修工熟悉使用和保管好各种维修机械和维修工具，定期做好保养润滑工作，保证维修工作正常进行。 （5）掌握各种主要设备的备品备件情况，合理控制使用，适时编制申购计划，保证设备维修的需要。 （6）配合有关部门做好机修工的技术培训和特殊工种的定期复证工作。 （7）带领、教育机修工树立为前台服务思想，进入前台检修时要注意礼貌和仪表仪容，维修结束，要做到人走场地清，不沾污地面、墙面和其他部位。

续表

岗位职责	（8）配合上级经理对机修质量进行检查，尤其对主要设备检（维）修后，要进行试车（机），待运转正常后，方可交付使用。 （9）参与有关设备事故的分析会议，及时提出有效的防范、改进措施。 （10）负责员工出/缺勤考勤和工作考核，做好文明班组建设。
任职资格	（1）高中及以上学历。 （2）熟悉各种机械设备的性能，掌握设备的维修和排除故障的专业知识，熟悉各种机械设备的工作规程和制度。 （3）取得机械维修工上岗证书。 （4）具有机械设备运行、操作、保养、维修管理能力。 （5）语言表达能力一般，能书写一般工作报告。

8.1.9 空调、冷冻机房领班职位描述

空调、冷冻机房领班职位描述，如表 8-1-9 所示。

表 8-1-9 空调、冷冻机房领班职位描述

直接上级：设备运行维修部经理	
岗位职责	（1）执行上级经理的工作指令，并报告工作。 （2）带领班组员工严格执行冷冻机操作使用和维修保养规范及有关的管理制度，保证设备完好和正常运行。 （3）在上级经理的指导下，负责做好冷冻机的技术改造和中、大修项目的实施及竣工验收工作。 （4）协助上级经理做好冷气供应的计划和协调工作，掌握和分析冷冻机房每天能耗情况，做好节能工作和能耗记录。 （5）带领和督促员工定时做好冷冻机设备的巡查工作，并做好运行记录；做好冷冻机房的安全防范和清洁卫生工作。 （6）配合有关部门做好冷冻机操作人员的技术培训工作，不断提高操作人员的业务技能。 （7）认真做好冷冻机故障和事故分析及技术资料的汇集归档工作。 （8）负责员工的工作安排和考勤、考核，抓好文明班组建设。 （9）做好交接班工作，交接清楚并有记录。
任职资格	（1）高中及以上学历。 （2）熟悉各种机械设备的性能，掌握设备的维修和排除故障的专业知识，熟悉各种机械设备的工作规程和制度。 （3）取得机械维修工上岗证书。 （4）具有机械设备运行、操作、保养、维修管理能力。 （5）能书写一般工作报告。

8.1.10 锅炉房领班职位描述

锅炉房领班职位描述，如表 8-1-10 所示。

表 8-1-10　锅炉房领班职位描述

直接上级：设备运行维修部经理	
岗位职责	（1）执行上级经理的工作指令，并报告工作。 （2）带领班组员工严格按照检修操作工作细节描述和有关管理制度，做好锅炉及其附属设备的维护保养和定期检修工作以及水质化验的各种动作记录，确保锅炉安全、经济运行。 （3）在上级经理的指导下，负责实施锅炉技术改造、技术革新方案，积极推广新技术。 （4）负责抓好锅炉备品备件和能源物料的使用、管理工作，掌握和分析锅炉房每天能耗情况，做好节能工作和能耗记录。 （5）认真做好锅炉事故分析和技术资料分类归档工作。 （6）负责员工的班次安排和考勤、考核，抓好文明班组建设。 （7）做好交接班工作，交接清楚并有记录。
任职资格	（1）高中及以上学历。 （2）熟悉锅炉运行操作以及处理故障等技术，了解锅炉房安全、经济运行的有关标准和法规。 （3）具有技术员以上职称和取得本地锅炉房管理培训合格证书。 （4）能独立工作和督导本班组员工按照工作细节描述和要求做好锅炉房各项管理工作。 （5）保证锅炉房的运行安全、平稳及减低能耗。 （6）能书写一般工作报告。

8.1.11　修缮组领班职位描述

修缮组领班职位描述，如表 8-1-11 所示。

表 8-1-11　修缮组领班职位描述

直接上级：土建装修部经理	
岗位职责	（1）执行上级经理的工作指令并报告工作。 （2）带领员工落实报修的泥、木、漆、管工、沙发、地毯、铜、白铁工工作，并对每个报修项目的修理情况进行监督和追踪检查，确保工作质量，及时做好考核记录。 （3）熟悉酒店设备和管道的布局，坚持“以养为主，抢修为辅”的原则，组织员工定期对营业场所的设备和管道等进行巡视检查、保养。 （4）沟通协调与有关部门的联系和其他工种间的工作关系。 （5）负责对泥、木、漆、管工等工种的维修材料和工具的管理工作。 （6）按月编制维修工作情况表，及时汇报工作情况。 （7）负责员工的出勤、考勤，抓好文明班组建设。
任职资格	（1）高中及以上学历。 （2）熟悉泥、木、漆、管工操作技术，以及工作细节描述和制度。 （3）取得泥、木、漆、管工等工种的上岗资格证书。 （4）能独立工作和督导本班组员工按照工作细节描述和要求做好泥、木、漆、管工工作的能力。 （5）能书写一般工作报告。

8.1.12 全能技工组领班职位描述

全能技工组领班职位描述，如表 8-1-12 所示。

表 8-1-12 全能技工组领班职位描述

直接上级：土建装修部经理	
岗位职责	（1）执行部门经理和上级经理的工作指令并报告工作。 （2）坚持现场管理，每日逐间逐项检查全能技工维修房间或公共区域设备的工作质量状况，并做好“全能技工工作检查记录”及“周报”和“月报”。 （3）负责制订客房循环维修计划和备品配件计划，并组织实施。 （4）负责全能技工的工作安排和考勤、考核，抓好班组文明建设。 （5）负责与有关部门和其他班组工作沟通联系和协作配合。
任职资格	（1）高中及以上学历。 （2）熟悉全能技工各项操作和维修技术知识与有关全能技工的作业标准的规章制度。 （3）取得全能技工证书及电工操作证书。 （4）能独立工作和督导本班组员工按照工作细节描述和要求做好本岗位工作。 （5）能书写一般工作报告。

8.2 酒店工程部管理工作制度描述

8.2.1 设备、设施管理制度描述

设备、设施管理制度

第一条 酒店设备、设施管理的基本原则

（1）加强设备、设施的管理工作是酒店提高服务质量、经济效益和管理水平的一个重要方面。

（2）酒店设备、设施管理必须采用先进的科学管理方法和维修技术，才能保证设备、设施的正常使用、运转，并发挥最大的经济效益。

（3）酒店工程部对酒店的主要设备和设施的设计、造型、购置、安装、验收、使用、操作、维修、改造、更新，直至报废的全过程进行综合管理工作。

（4）酒店设备、设施管理必须执行“预防为主，维修保养与计划检修并重”的方针，坚持“安排酒店任务和安排好设备、设施维修计划并举”的原则，实行“专业管理与群众管理、专业保养与群众保养”相结合的方法。做到科学管理、正确指导、合理使用、精心维护、定期保养、计划维修，确保设备的正常运行、安全运行、经济运行。

（5）所有设备、设施在全过程管理中，要认真贯彻设备、设施使用、管理、维护、保养的各种岗位责任制和安全操作规程，设备、设施管理考核指标必须纳入各使用部门评比考核内容。对设备、设施管理工作成绩显著的工作人员，要给予必要的奖励；对玩忽职守造成设备重大事故者要给予严肃处理。

（6）对设备管理和操作及维修人员要进行多层次、多渠道的专业技术和管理知识的培训教育，使其不断提高业务技能，并坚持培训合格后才允许上岗操作。

（7）要严格执行特殊工种持证上岗操作制度。酒店锅炉工，电梯维护和维修人员，锅炉水处理工，气割、电焊工以及电工等均属特殊工种。凡从事特殊工种的工人，必须经劳动部门专门培训，考试合格并领取特殊工种操作证后，才能持证上岗操作。对特殊工种的工人除进行三级安全教育外，还应进行特殊工种的安全教育，以杜绝恶性工伤事故的发生。酒店有关部门需要培养特殊工种人员，必须填写特殊工种申请登记表，先由部门领导审核同意后，明确带教人，再由工程部审核批准，方能上岗实习操作。

第二条　设备购置、开箱验收和安装验收

（1）酒店工程部根据酒店年度更新改造计划提出购置设备的书面申请，填写固定资产申购审批表，一式四份。报请财务部经理和酒店领导审核同意后会同负责采购的同志实施，其中一份应交财务部，另三份按规定归档备查。

（2）酒店其他部门购置新设备应由酒店工程部参与选型和质量把关工作。订购设备时必须签订购销合同，大型设备的购置，要符合高效、节能、安全、环保和节约开支等基本条件。大型设备在选型、订购前应向酒店工程部经理室提出书面申请，经审批同意后，并请酒店工程部经理室参与做好选型、价格、质量等把关工作。

（3）新设备到货后应做好开箱验收工作。由设备技术管理人员和综合管理员、设备安装人员以及采购人员按请购单或出厂装箱清单做好清点，并填写“设备开箱验收单”，办理设备会签移交手续。由负责设备档案管理的工程部秘书签字，并由工程部经理在发票上签名后，由采购人员报请财务部经理核转财务会计部付款。

（4）开箱后，设备的所有技术资料均由工程部秘书负责收集，归档备案。安装和使用人员需阅读有关资料，可办理借阅手续。

（5）开箱后，设备所属的所有电机、随机附件及工具等，均由安装部门负责代管和使用（待安装竣工验收后，凭开箱验收单一一清点，移交使用部门）。

（6）清点中发现缺件及资料散失，应由负责采购的人员向供货部门追索。

（7）一般设备的安装由酒店工程部负责；大型和主要设备的安装可委托专业安装施工单位承包，但必须签订设备安装承包协议书（合同），其内容应包括设备安装施工工程的质量标准、施工周期、费用、付款方式、安全等要求。

（8）设备的安装按设备的技术要求进行，严格把好质量关。

（9）新设备安装结束后，须按设备的要求做好验收和试运转工作，待设备运转正常，其性能稳定，才可办理验收手续。设备安装验收后，应填写固定资产验收单，一式五份，由安装、使用、设备档案管理等部门会签后各执一份存档，一份送财务部经理。

（10）新设备安装竣工后，设备购货合同、开箱验收单、说明书、竣工图纸、竣工鉴定验收单等均应由工程部秘书收集、归档备查。

第三条　设备报废

（1）酒店工程部对所有设备除加强日常运转的保养和一、二级保养及定期维修等工作外，还应认真做好设备的更新改造工作，对具有下列情况之一的设备，应予报废。

① 经预测，继续大修后技术性能不能满足（工作）要求和质量要求的。

② 设备老化、技术性能落后、耗能高、效率低、经济效益差的。

③ 经修理虽能恢复精度，但不如更新来得经济的。

④ 严重影响安全，又无法改造，继续使用可能引起事故的。

⑤ 严重污染环境、危害人体健康，进行改造又不经济的。

⑥ 自制设备经长时间生产验证或技术鉴定达不到工艺（工作）要求的。

⑦ 因建筑物改建或工艺布局改变必须拆除又无法利用的。

续表

⑧ 其他应淘汰的设备。

（2）申请设备报废后，由使用部门提出，经酒店工程部技术鉴定后，填写固定资产报废单，经按审批权限批准后，方可由财务部归口管理部门和原使用部门办理注销和清理工作。

（3）经批准报废的设备，由酒店工程部会同财务部负责处理，一般报废的废钢铁、废物料应交有权处理物资回收部门统一收购，并认真填写报废设备处理结果报告表。回收所得资金按有关规定上缴财务部入账，并由财务部和工程部分别在固定资产账中注销，并相应注销设备卡和汇总表。

（4）每年年末工程部要会同财务部对各种设备进行一次盘点清查，做到账账和账物相符。

第四条　设备运行中的工作交接

（1）为保证设备的正常、安全运行，凡实行三班制运行的设备，必须进行交接班制度，并列入责任制考核。

（2）当班设备操作人员下班前必须做好设备和周围环境的清洁工作，并做好当班设备运行状况及日常点检的原始记录，准备向交接班人员交接。

（3）接班人员发现上一班清洁工作未做好，有权拒绝接班，并向班组长汇报。

（4）接班人员必须提前 15 分钟到达本岗位接班，对上班操作的设备进行全面检查，并查看上班运行记录和交班记录，同时听取上一班操作者对设备状况的说明，并清点公用工具及用品。

（5）交接班中，如发现设备损坏或有异常情况，应由交班人员负责排除，接班人员予以配合，并由交班者做好原始记录。

（6）交接班双方在运行和交接班记录上签字后双方即完成交接班工作。如接班后发生设备损坏和设备事故，超过接班时间 15 分钟，则由接班者负责。

第五条　设备事故管理

（1）为了保证酒店正常营业，各部门对生产过程中所发生的设备事故应及时采取有效措施，防止事故扩大和重复发生。并认真吸取经验教训，以达到消灭事故、确保设备安全运行的目的。

（2）设备事故的范围。

非正常性设备损坏造成部分停业或设备损坏，或增加修复费的均属设备事故。

（3）设备事故分类。

① 特大设备事故：设备损坏造成全店停业 3 天以上的，三类压力容器爆炸或设备损坏修复费用达 20 万元以上的，均列作特大设备事故。

② 重大设备事故。

- 设备因非正常损坏，经大修、中修才能恢复性能、效率和使用周期的。
- 设备损坏直接损失费用 5 万元以上的。
- 主要设备单机损坏，影响酒店正常营业达一天的。
- 供电设备损坏而中断供电致使全店停业一天的（由于外界影响造成停电的不作为事故处理）。

③ 一般设备事故。

- 设备因非正常损坏，经过小修可以恢复，并不影响设备性能、效率和运转周期的。
- 直接损失在 2000 元以下的。
- 单机设备损坏影响酒店正常营业不到 4 小时的。

④ 下列情况可不作设备事故。

- 设备发生故障，经事先检查发现需单机停机检修，但通过部门事先采取应急措施处理，并进行检修的可不作设备事故。
- 新设备安装后，设备更新改造和设备进行大修后，在试运行阶段发生设备事故，不作设备事故处理（但一经正式验收并投入正常运行后发生的事故仍按设备事故处理）。
- 停机检修后的设备未做正式交接签字，如发生事故，可不作设备事故处理。

续表

● 设备事故分为责任事故和非责任事故。

➢ 非责任事故：非人力所能抗拒和消除的自然灾害所造成的事故。

➢ 责任事故：凡属违章操作、维修保养不良及人为过失造成的事故。

⑤ 设备事故的处理原则。

酒店安全管理人员和各部门设备、设施管理人员要经常进行监督检查，加强对操作、检修人员进行安全技术和预防事故的教育，使其提高责任心和技术水平，严防设备事故的发生。

发生了设备事故和人身伤亡事故，必须立即向工程部领导、酒店保卫部和店领导报告，对特大、重大设备事故和人身伤亡事故，必须立即报告酒店有关部门，任何人不允许隐瞒事故，对事故隐瞒者必须追究责任。事故处理必须贯彻“三不放过”原则（事故原因未清不放过；事故责任人和群众未受到教育不放过；没有采取防范措施不放过）。对事故责任者要根据事故性质给予经济处罚、行政处分直至追究刑事责任。

⑥ 对一贯爱护设备，消灭事故于萌芽状态，为避免损失做出贡献者，应给予表扬和奖励。

第六条 设备台账和档案管理

设备台账、设备账册和设备档案是设备管理的基础，建立设备台账和档案统称为设备建档。

（1）建档设备的范围、编号、系统。

① 建档设备的范围。

单台设备价值在2000元以上的都要单独建档。价值低于2000元的设备，原则上不建档，归入一般固定资产登记范畴；有些设备虽然低于2000元，却是关键设备或主要设备的主要辅助设备，或是批量较大、较重要的，也要归入建档设备范围。

② 设备的编号。

为了便于设备的统计和管理，对建档范围内的所有设备都要编号，原则是一台设备一个编号，对流水线、成套设备也应按功能尽可能地单机编号。编号确定后不再变动，所配备的电动机等附属设备，统一于主机编号，不再另外单独编号。编号按《设备统一分类及编号目录》进行编制。机电设备分为机械设备和动力设备两项，共十大类，每一大类又分为若干分类，每一分类又分为若干小组，并分别用数字代号表示；设备编号由类别号和三位顺序号两组数字组成，两组数字之间为一横线，表示如下。

锅炉编号：670-001　　　电梯编号：262-001

离心水泵：661-001．002．……

③ 设备系统。

为便于设备系统分类管理和统计，将酒店所有设备依据其所服务的内容划分为13大系统，其代号原则上取汉语拼音第一个字母，个别取英文的第一个字母，分别是：

G——锅炉系统；

L——冷冻、空调系统；

F——配电系统；

D——电梯系统；

C——厨房系统；

R——弱电系统；

X——消防系统；

Y——洗衣设备系统；

T——工具设备系统；

J——给排水系统；

S——运输车辆系统；

P——印刷机械系统；

续表

Q——其他设备系统。

（2）设备台账。

设备档案管理方面的台账主要由机电设备汇总表、设备卡、风机盘管设备汇总表、客房冰箱设备汇总表、电视机设备汇总表、设备登记卡（俗称活络卡）及机电设备编号牌等构成。

① 机电设备汇总表。

此表是酒店机电设备分类统计台账。

● 台账编制：按《设备统一分类及编号目录》中分类号分类、分页顺序由大到小排列填写。

例如，客梯 262-001 至 262-003：P1

货梯 263-001 至 263-002：P2

每一类别也按设备的顺序号大小，由小到大填写。

例如，1 号客梯 262-001 第一行

2 号客梯 262-002 第二行

3 号客梯 262-003 第三行

● 表格填写。

设备类别：《设备统一分类及编号目录》中十大类别，也就是设备编号第一个数字所代表的中文类别含义。

管理类别：按设备在实际使用中所起的作用及危险程度将所有设备分为 A、B、C 三类，实施分类管理；关键设备（A）占酒店全部设备的 5%~10%；主要设备（B）占全部设备的 10%~20%；一般设备（C）占全部设备的大多数。

关键设备（A）——该设备如不能正常运行，将影响整个酒店的正常运行。例如，锅炉、电梯、消防、空调。

主要设备（B）——该设备如不能正常运行，将影响关键设备或一个部门的正常运行，如水泵等。

一般设备（C）——除以上提到的以外的设备。

对特种设备、压力容器和危险性较大的设备的管理级别不得低于 B 类。

设备名称：该设备铭牌上写的名称。

制造单位：应填写到产品的产地，即厂名和所在地。

其他要求：应根据实际填写机电设备汇总表，编制相应目录，装订成册。

● 管理。

对酒店设备管理应每年对照账面复核一次；设备的移动、报废、调拨都应在备注中注明。酒店应设立设备的总台账，各使用部门可根据实际另做部门台账。

② 设备卡。

- 设备卡是该台设备的主要技术参数及运行维修记录卡，按一台设备一张卡的原则，凡是机电设备汇总表上的每台设备均要填写设备卡。
- 设备卡的填写：设备名称、类别、编号、管理类别。
- 配用电机：指该设备的主要电机。将辅助电机填入下面的“主要技术特征及附件”栏中。
- 主要技术特征及附件：指该台设备的主要技术参数及主要附件。例如，水泵的扬程、转速、流量、效率，电梯的速度、层数等主要附件的参数。
- 检修记录：扼要记录设备在运行过程中大修，一、二级保养及事故处理情况。记录应由专人根据维修单和维修情况统一填写。
- 设备卡的右上角：按照设备所属的系统（13 大设备系统）编系统号。
- 设备卡按系统号，分系统编制造册存放，并在册外标识设备系统号（十大系统代号）。
- 每一系统中再分别按设备的类别和顺序号大小排列。
- 设备跨系统调动时，设备卡中的安装地点和右上角的系统号都要相应变更，此卡也应存放至调动后所属设备系统的设备卡册中。

续表

● 为考虑今后电脑管理，特设条形码粘贴处。

③ 风机盘管设备汇总表、电视机设备汇总表、客房冰箱设备汇总表：风机盘管、电视机、客房冰箱因数量较多，而且维修保养和更新大多数是批量进行，因此这类设备不单独列入机电设备汇总表，也不单独填写设备卡。客房冰箱设备汇总表，表中设备、管理类别、设备编号的编制要求与机电设备汇总表相同。

④ 设备登记卡，用于设备资料的缩微，方便查阅、统计和管理。

● 编制：设备登记卡按照 13 大设备系统，分系统进行登记编制，编制造册和方式与设备卡相同。

● 填写：设备登记卡上的类别应填写设备类别，即《设备统一分类及编号目录》中的十大设备类别。

● 空格中用英文字母填写设备所属的 13 大系统号。

● 主项栏用英文字母填写管理类别。

● 名称、设备编号填写同设备卡。

● 设备调动变更应重新填写设备登记卡，每年复核一次。

⑤ 机电设备编号牌。

酒店根据酒店统一格式印制编号牌，粘贴于每台设备的铭牌旁，上面刻该台设备的设备编号、设备管理类别，以便核对统计用。

⑥ 设备资料档案。

● 建档范围内的所有设备都必须具有技术资料档案。

● 设备资料包括：说明书，各种图纸，计算书，各类测试报告，合同副本，使用登记证，合格证，安装、竣工验收资料及批准文件等。

● 卷和存放。

设备资料原则上采取按同型号设备分册编制组卷。对有些不便拆开的成套设备资料，可用复印件或在卷内备考表中注明“原件在某某卷内”。

组卷设备资料按 13 大系统归档，存放顺序同设备卡，并填写档案卷内目录、备考表，在案卷外标写档案号及在档案盒背脊上标写系统号。

● 档案号原则上与设备编号相同，但同型号规格设备组在同卷内，档案号只取其中一台设备的设备编号作档案号，同型号规格的其他设备的档案号也用该设备的档案号。

例如，有三台同型号规格客梯，其设备编号分别为：

262-001 档案号 262-001

262-002 档案号 262-001

262-003 档案号 262-001

● 设备资料档案管理。

设备资料档案应由专人管理，负责资料的收集、整理、造册填写归档和管理。酒店设备的所有资料都是酒店的财产，应及时移交设备档案管理人员，使用部门用复印件。个别设备的资料，如确实很多，复印不便时，则可先由设备档案管理人员立卷归档，然后使用部门办理长期借阅手续，并妥善保管；所有新购置设备的开箱，应事先通知设备档案管理人员到场后方能启封。箱内所有有关资料应立即移交设备档案管理人员并由其整理归档，使用部门用复印件。新建、改建项目竣工验收以后，有关图纸资料、审报批准文件，以及有关合同及投入运行后的年检报告等，都应及时移交设备档案管理人员整理组卷、归档。

所有遗缺资料由原项目经办人员负责对外索取补充，设备管理或项目经办部门负责按档案管理要求将设备资料立卷。

（3）设备账册。

应按要求建立设备账册，做到账物相符，账表相符。

8.2.2 锅炉房管理制度描述

锅炉房管理制度

锅炉设备巡回检查制度

第一条 设立《巡回检查登记手册》，明确定时检查的内容、路线及项目。

第二条 每班进行一次锅炉日常运行检查（每小时运行巡视工作仍然要进行）。

第三条 检查中要严格要求，及时消除隐患，各项记录要完整，严禁弄虚作假。

第四条 分析巡回检查情况，凡不正常情况应及时排除，必要时向班组长或主管汇报，做进一步工作安排。

第五条 巡回检查中的情况及排除故障要详细做好记录。

锅炉房工作的交接制度

第六条 交接班必须在下班前 15 分钟做好下列工作：

（1）实用油罐的油位应在正常位置，有足够的燃料。

（2）除氧水箱、软水箱、冷水箱、锅炉本体的各水位正常。

（3）调整好燃烧器，蒸气压力处于正常状态。

（4）搞好当班所负责的环境、设备的清洁卫生。

（5）填好运行操作和维修保养记录。

第七条 交班时做到气压稳定，炉膛燃烧良好，水位正常，各安全附件、计量仪表指示正确、灵敏可靠。

第八条 接班者必须提前 15 分钟做好接班准备工作，与交班人员共同检查各种记录，检查设备运行情况，若无问题，双方办理交接班手续，并在运行和交接班记录上签字。

第九条 如遇故障未处理完毕，待处理后再进行交接班，但接班者应协同处理。

第十条 接班者未按时到达，交班者不得离开工作岗位，可向班组长人员或部门联系，听候处理。

第十一条 接班后如发现问题，由接班者负责处理，如有事故应由接班者填写事故报告。

第十二条 水处理工交接班时，应将自来水、软化水、炉水的情况以及水处理、化验设备等情况向接班人员交代清楚，做好水处理间及化验间的清洁工作，然后在水处理人员交接班记录上双方签字，即完成交接班手续。

锅炉房安全管理制度

第十三条 锅炉房是要害部门，无关人员一律不准入内。

第十四条 因检查、检修等工作需要进入者，须办理登记手续。

第十五条 外来人员进入锅炉房必须经部门经理同意后签章方可入内。兄弟单位学习人员，应由有关人员陪同进入，未经同意不得乱动各种设备及附件。

第十六条 消防器材应齐全并到位，各过道必须畅通；严禁在油库、油箱等危险区域动用明火或吸烟；确需动火，必须办理动火审批手续。

第十七条 凡进锅炉房内的人员违反有关规章制度，值班人员有权阻止，必要时，应向有关领导反映情况。

第十八条 如遇酒店有重要任务，全体锅炉房人员特别要加强安全保卫工作，增加安全巡回检查次数。

锅炉水质管理制度

第十九条 水处理人员必须通过劳动局专业培训，持有水处理操作证方可上岗。

第二十条 水处理人员按照国家劳动部门颁发的低压锅炉水质标准和方法进行检测，燃油锅炉按燃油锅炉水质标准进行水处理及化验分析。

续表

其水质标准如下：

项目给水炉水

悬浮物 mg/L≤5

总硬度 mg-N/L≤0.03

总碱度 mg-N/L≤10~20

pH 值（25℃）>710~12

含油量 mg/L≤2

溶解氧 mg/L≤0.1

氯根 mg/L 400~800

第二十一条　水处理人员应十分了解交换器、除氧器等水处理设备的工作状况，如有异常必须及时排除或向值班人员提请帮助解决。

锅炉房清洁卫生制度

第二十二条　锅炉房应采光充足，通风良好，地面无积水、无漏油、无积灰。

第二十三条　锅炉房内严禁堆放易燃易爆物品，不准堆放杂物。

第二十四条　门、窗、桌面要定期擦洗，控制柜上无积灰。

第二十五条　水处理每班要清扫水处理设备上的灰尘，化验工作台、地面、化验器皿上要求无积灰。

第二十六条　司炉工每班要清扫锅炉本体、分汽缸等，要求无积灰、无油垢，鼓风机、引风机上要定期清除积灰。

第二十七条　锅炉房更衣室、修理间、控制室，各种泵房（油库）及其他部位的地面、墙面、台面、箱面等都要每天清扫一次，保持整洁。

锅炉房经济运行管理制度

第二十八条　能耗控制

（1）每班要做好油、电、水和累计运行时间记录。

（2）每班要做好油水比、气（水）比、气油比的计算工作。

（3）每班应经常观察排烟浓度，超标时应及时调节风量。

（4）积极做好节能工作，抓好重油燃烧工艺调整和重油添加剂等节约措施的落实。

（5）锅炉房管理人员或班组长每月对运行效率、负荷率进行汇总核算，做好记录并装订在运行记录的封面上，定期向部门经理报告。

第二十九条　热水、蒸气、暖气供应管理

（1）供热水

① 热水一般应全日供应，在开放时间内任何人不得无故断水或放冷水，设备有故障停止供应热水进行检修时，必须向部门领导汇报，得到批准后才能断水修理。

② 热水温度不得低于 55℃，不得高于 65℃。

（2）供蒸气

当班人员要严格控制蒸气开放时间，不得无故提前和推迟供气。在非正常开放时间内遇前台需蒸气时，必须经工程部领导批准后方能开气，不得自行开放。

在热交换器加热时，不得常开疏水阀旁通作“跑气运行”，在热交换中，如疏水阀未能工作，可开启旁通，待正常后必须关闭旁通。

（3）供暖气

根据天气情况和酒店经营情况，在规定供暖时间内不得停放暖气，使用部门如遇特殊情况需要供暖，必须经工程部领导批准，当班人员在未接到部门通知前不得任意开放。暖气的出水温度不得高于 65℃。

续表

第三十条　疏水阀管理

（1）健全酒店疏水阀的管理，充分合理使用蒸气热源，减少浪费。

（2）所有产生凝结水的用气设备和凝结水出口处（包括蒸气管道）都必须安装相匹配的疏水阀。疏水阀的选型应按照用气设备的用气特性合理选择，并对每个疏水阀设置单独的记录卡，记录内容必须完整、准确。

（3）应有人负责疏水阀的建卡管理和日常维护工作，经常进行巡回检查，发现漏气，应及时修复或调换，并做好周期性维护保养及过滤网清洗工作。

（4）投入运行的疏水阀漏气率要求＜5%。

锅炉房的运行记录管理制度

第三十一条　锅炉房必须有下列运行记录：锅炉及附属设备运行日报表。由每班炉工填写，并应每小时巡查记录一次。

第三十二条　运行交接班记录表，交接班记录应规定交接班的具体内容，由交接双方共同验查交接内容，确认交接内容无误后，由双方签字后完成交接班。

第三十三条　水处理设备运行及水质化验记录表。根据水处理设备运行和再生情况及水质化验结果进行记录。

要求：4 吨锅炉，每班化验 1 次软水和炉水；6 吨锅炉，每 4 小时化验 1 次软水和炉水。

第三十四条　锅炉检修及改造记录。用于维修工和司炉工检修，保养锅炉和辅机的记录，一般是修什么，不漏记，不错记。

第三十五条　领导管理人员检查锅炉房记录。酒店分管领导每月要对锅炉房进行检查、指导一次，并做好记录；锅炉房领班每星期对锅炉房工作检查一次。对查出的问题和整改情况要做好记录。

第三十六条　锅炉故障处理记录。锅炉事故劳动部门的事故分类要求，凡确属事故范围的，应认真填写到故障处理记录中。锅炉主要设备检修和事故及修复后的情况，还应记入《锅炉技术登记簿》内。

（1）外来人员登记表。

（2）锅炉安全附件定期校验记录。

（3）锅炉房班组经济核算汇总分析表。

上述各项记录应装订成册保存两年以上。

锅炉房油库管理制度

第三十七条　油库应按照建筑防火规范设计，室内要通风良好，电器采用防爆式电器设备，要有降温措施。

第三十八条　油库场地和门上要有“防火”警告标志，严禁吸烟，严禁带入明火或动用任何火种，确需动火，要严格执行动火审批制度，动火期间要有防火措施和专人监护。

第三十九条　油库内谢绝参观，不准在油库内会客、住宿和停放车辆，不准寄放个人一切物品。

第四十条　当油库进油入库时，要由专人负责现场管理，放油结束，应对进油管和场地进行清理，保证安全和整洁。

第四十一条　油库内防火安全设施不得随便移动，通道不得堵塞，还必须指定专人负责消防器材的检查和维修保养工作。

8.2.3 空调、冷冻系统管理制度描述

空调、冷冻系统管理制度

冷冻机房交接班管理制度

第一条 值班人员应严格遵守交接手续，当班人员详细介绍运行情况及应注意的问题和需要继续进行的工作等，严禁当班人员在接班人员未到之前离开值班岗位。

第二条 交班。在下班前必须做好机房、控制室场的清洁工作。

（1）在交班之前必须将压力、油位、水位及机组设备调整在正常情况下交给接班人员。

（2）主动向接班人员交代本班运转及调节情况，做好上班与下班的服务工作。

（3）要交点公用工具、物品的数量、规格，办好移交。

第三条 接班。接班人员须提前 15 分钟进入工作岗位，做好接班准备工作。如遇停机或第一班开机，应全面检查设备情况，确保设备正常运转。

（1）接班时，对上班设备进行全面检查，并主动了解上一班运转情况，看上一班运转记录表和交班留言，便于本班调节运转情况，接班后，如发现设备有故障，超过接班时间 15 分钟，一律由接班人员负责。

（2）对上班交点的公用工具及用品要清点验收。

冷冻机房定期巡回检查制度

第四条 值班人员应熟悉机组及各系统的作用、原理、性能、技术等，能够正确调节运行参数，满足供冷要求。

第五条 值班人员必须集中思想，认真定期、定点巡回检查，在检查中做到“眼看”“耳听”“手摸”“鼻闻”。“看”各压力表、温度计、流量计等是否在规定的指示范围内，冷却塔风机、补水管运转是否正常。“听”机器在运转时各部位有否异常声音。“摸”冷冻机及各辅助设备有否振动，冷热部位正常情况。“闻”机组设备在运转有否不正常异味，周围环境有否异味等情况。

第六条 认真做好设备运行记录、巡回检查记录、故障处理记录，有问题及时向上级汇报。

空调、冷冻系统故障处理制度

第七条 空调、冷冻系统在运行中发生故障后，应及时采取紧急停机，防止故障扩大，并保持故障现场，立即向班组长或领导报告，重大故障向工程部领导报告。

第八条 故障发生后，由管理人员会同技术人员对故障进行分析，分清事故责任和机械事故，写出故障处理结论。

（1）召开小组故障分析会，找出故障原因，吸取教训，提出防范措施。

（2）组织人员抓紧修理，尽快恢复运转，保证供冷并填写故障处理记录。

第九条 空调、冷冻系统保养

（1）加强空调、冷冻系统保养工作，必须坚持“预防为主”和“维护与计划检修相结合”的原则，做到正确使用、精心维护，使整个系统处于良好状态，以满足使用部门的要求。

（2）操作、维修人员必须具有一定的技术技能，并持有劳动局颁发的等级证书。

（3）保养人员应定时定点上岗检查，随时注意观察设备的运转情况，发现问题和隐患要及时消除，不能立即清除的应及时向班组长汇报。

（4）操作、维修人员应每天进行巡回检查，并做好记录。

（5）在巡回检查中，如发现事故隐患，应及时向班组长汇报，设备的操作、维修人员应认真做好所做日常保养项目记录。

续表

（6）操作、维修人员应用不同的手段对本岗的设备进行点检。

（7）每台设备的点检记录、维修记录由班组长及时上报给主管。

（8）主管按各种点检和维修记录汇总情况，安排对部分运行不良的设备复查修理，凡须停机检修的设备应列入维修计划。

（9）保养。

① 设备年度保养均由领班根据设备的保养项目及周期提出年度计划，由主管负责计划、组织安排，如期实施。

② 凡属一级保养的设备，需对设备外表面和有关部件进行检查、清洗、润滑、紧固、调整和消除不正常运转因素，并认真做好记录。

③ 凡属二级保养，均由维修人员负责拆、检、修复更换部分零件，调整定位空隙，认真做好修理记录，验收合格后，由维修人员填好保养单。

④ 各种保养要如期完成，不得遗漏，保养后要由主管验收合格并签字后，方可投入运行，不得使设备带故障运行。

⑤ 一、二级保养工作要列入岗位考核，主管应对各维修人员定期进行岗位考核。

⑥ 对于外部修理均由领班负责验收合格后，方可投入运行。

冷冻机房安全管理制度

第十条　冷冻机房是酒店制冷、供冷系统的中心，除本机房工作人员外，其他人员不得随意进入。

第十一条　外来人员联系工作欲进机房，必须得到当班人员同意后，并做好登记手续方可入机房。

第十二条　外单位人员联系工作和参观学习，必须在有关部门陪同下，办好登记手续方可入机房。

第十三条　在设备运行期间，冷冻机房内不得使用明火和进行焊接工作，若必须动用明火，一定要向酒店有关部门申报，符合动用明火的规定审批程序，并做出相应安全措施才能进行。

第十四条　凡机油、煤油等危险品必须放在指定地点，严格保管，使用后的废油、油揩布不得乱丢、乱放。

第十五条　冷冻机房场地严禁烟火。

8.2.4 电梯管理制度描述

电梯管理制度

电梯安装、安全运行管理制度

第一条　为保证酒店接待工作正常进行，保证客人和广大员工的生命安全，必须对电梯等危险性较大的设备加强管理。

第二条　电梯的安装必须由持劳动局颁发的电梯、起重机械安装许可证的单位承接。

第三条　电梯安装结束后，须经市劳动局认可的单位验收合格，领取安全使用证后，方可投入运行。

第四条　严格遵守电梯安全运行管理规定，认真填写各项记录。

第五条　电梯属危险性大的设备，应按劳动部门规定按期进行年检，保证安全。

电梯维修保养制度

第八条　电梯委托维修保养工作，必须由经市劳动局审核领取了维修保养许可证的单位进行。酒店自行维修保养的，维修工必须经劳动局进行专业安全培训。

续表

第七条　电梯停驶保养时，首先要关断控制电源，以保安全。

第八条　电梯机房要保持整洁，做到无积灰、无蛛网，地板上无垃圾和灰尘。电梯机房不得堆放杂物和易燃物品，不准闲人进入，不准住人。电梯机房要有明亮的采光，窗玻璃完好无损而且光亮清晰。通风良好，并配备必要的消防器材。

第九条　曳引电动机全部外形要擦净，以做到无灰尘、油垢、黄油，底盘无积油。

第十条　电器控制屏用吹风器或用漆刷轻掸，做到无灰尘，磁铁接触开关无锈蚀、无油垢。如有油垢，用酒精棉花擦净，以防磁铁得电后被粘结吸住不放，造成电动机继续运转。

第十一条　井道底坑如有积水必须首先断电，然后排除。有漏水、渗水情况一定要修好，同时要将垃圾清除干净，不得堆放杂物，保持底坑整洁，确保电梯下越程的极限开关有效动作。

第十二条　轿厢内、外、顶上、底下均须经常擦净，防止生锈腐蚀，要定期油漆，保持清洁美观。

第十三条　各层站厅门及地坎槽要经常清洁，以防门脚阻塞影响厅门畅通。厅门外观要定期擦净，保持整洁卫生。

电梯润滑管理制度

电梯润滑要做到定点、定质、定量、定期、定人，确保安全运行。

第十四条　曳引电动机轴承应每隔 7~10 天添加润滑油 1 次；3~6 个月换油一次，如漏油或轴承温度高，加油次数要多一些。

第十五条　减速器油池内含有足量和黏度适宜的机油，用齿轮油面须保持在蜗杆根线以下，润滑油要纯洁，不可把垃圾油注入油池，如蜗杆轴伸出外的填料盒处，造成漏油过多或过热，可将填料压紧或放松进行调节。

第十六条　蜗轮主轴两端的支架上装有滚动轴承，每月注入 1 次钙基润滑脂，每年要清洗换新一次。

第十七条　轿厢的主导轨与对重铁的副导轨，每月加 1 次钙基润滑脂（又称黄油或牛油），对于干固的老化油垢要用煤油清洗干净，再加新油。采用自动加油杯的应经常添加润滑油。

第十八条　导向轮、轿厢顶动滑轮与对重铁架动滑轮的流动轴承，均须每月注入黄油，注油须机油杯，每周注入 1 次机油。

第十九条　限速器轮的轴与涨蜗轮的轴，每月应注入黄油 1 次。

第二十条　厅门和轿厢门上端轮轨和厅门机械连锁，凡是转动机件必须加油润滑。凡是用黄油的机件部位，如发觉老化干固凝结，应用煤油洗净。

电梯各主要机件、部位检修及清洗润滑周期表如下。

机件名称	部位	清洗加油时间	油脂型号
曳引机	油箱	新梯半年检查一次，一年更换新油。老梯和使用不频繁电梯适当延长。	参考表 22 型号
曳引机	蜗轮轴的滚动轴承	每月挤加一次，每年清洗一次	钙基润滑脂
曳引机	制动器销轴	每周加一次	机油
曳引机制动器	电磁铁可动铁心与铜套间	每月检查，每季加一次	用石墨粉润滑
曳引机	电动机滚动轴承	每月挤加一次，每季度清洗一次	钙基润滑脂
曳引机	电动机滚动轴承	每月挤加一次，每季度更换新油	机油或透平油、思氏 30~45℃

续表

			续表
导向轮、复绕轮、反绳轮	电梯机房、梯进及轿厢	每月加油一次，每季清洗一次	钙基润滑脂
滚动导靴、电梯导轨	导轨工作表面	不应加油	
电梯轿厢	滚动导靴轴承	每季挤加一次，半年一年清洗	钙基润滑脂
电梯开关门装置	吊门滚轮及钩子锁各滚轮轴承	每月挤加一次，每年清洗一次	钙基润滑脂
电梯开关门装置	门导轨	每周或每月清洗一次	少量机油
电梯开关门装置	自动门直流电机轴承	每月挤加一次，每年清洗一次	钙基润滑脂
电梯开关门装置	自动开关门传动机构、皮带轴承和活动臂销轴	每周加油一次，每半年清洗一次	钙基润滑脂
限速器	旋转销轴和涨绳轮	每周加油一次	钙基润滑脂
安全钳	传动连杆	每月加油一次	机械油
安全钳	楔块滚、滑动部分	每月加油一次	钙基润滑油
油压缓冲器	油室	每月检查和补充油量一次	液压油
滑轮导靴、电梯导轨	导轨工作表面	每周加油一次 每年清洗一次	有自动加油装置者用 HJ-40，无者，用钙基润滑脂
选层器	滑动拖板导向轨和传动部分	每月加油一次	钙基润滑脂

电梯机房安全管理制度

电梯机房用来安装曳引机、控制屏、限速器等电梯的主要机电设备，是电梯安全运行的关键场所，根据酒店具体情况和条件，规定以下几点。

第二十一条　机房内除维修人员值班管理，其他人员未经许可严禁入内。

第二十二条　机房内应保持干燥，有良好的通排风，防尘、防有害气体、防潮、防鼠措施，并有充分的照明亮度。

第二十三条　机房内不得用作与电梯无关的储存室，保持整洁，除维修保养所必需的工具物品、灭火器材和电梯备品备件外，不应存放其他物品。

第二十四条　定期清扫，保持清洁整齐，所有通道不得有障碍物，不准堆放易燃易爆物品，要有消防措施。

第二十五条　机房所有门要加锁，门上应有“机房重地、闲人免进”的标志。

第二十六条　机房顶要有金属吊钩，注明最大允许负荷标志。

第二十七条　经有关部门同意、外来人员进入机房需要登记。

续表

电梯定期巡视检查制度

电梯机房的定期巡查是及时发现电梯可能出现的停梯故障和不正常工作状态的必不可少的维修工作的一个方面，使电梯的使用处于良好状态，特规定如下几点。

第二十八条　每周至少一次对机房进行巡视，在高温、防汛季节，台风等恶劣天气情况下，应每天巡查机房。

第二十九条　对机房内的重点维修设备减速机、机械制动器、曳引电动机、速变测量装置、曳引轮、控制柜、电源开关等巡查。

第三十条　检查机房内各类登记本是否正常登记。

第三十一条　检查应急盘车工具、消防器材是否放置在规定位置，应急照明是否正常。

第三十二条　检查机房的门锁及安全管理有无问题。

第三十三条　对机房检查出的问题应及时处理。

8.2.5 设备、设施维修保养制度描述

设备、设施维修保养制度

设备、设施维修保养管理基本要求制度

第一条　加强设备、设施的维修保养工作必须坚持“预防为主”和“维护与计划检修相结合”的原则，做到正确使用、精心维护，使设备经常处于良好状态，保证设备、设施的长期、安全、稳定运转，以满足酒店各项工作的需求，保证正常营业。

第二条　设备、设施使用、操作人员是设备、设施维护保养的责任者，应实行以操作人员为主的设备维护保养责任制。操作人员必须以严肃的态度和科学的方法，正确使用和维护好设备，必须严格执行设备设施使用、管理、维护岗位责任制和各种设备操作规程。

第三条　操作、维修人员要不断学习钻研各岗位业务技术。要定期进行多岗位培训，使操作和维修人员能做到一专多能，要做到“四懂三会”（“四懂”是懂结构、懂原理、懂性能、懂用途；“三会”是会使用、会维护保养、会排除故障）。

第四条　特种设备维修人员须按政府有关部门的规定经过培训、考核合格后发给证书，才能持证上岗操作和维修，从事电气（具）操作。维修人员必须是有证人员，无证者不得单独从事电气（具）维修工作。

第五条　各种设备的操作人员必须严格遵守操作规程，进行设备的启动、运行和停机。设备操作、维修人员必须坚守岗位，严格执行巡回检查制度，认真填写运行、维修等记录，严格执行交接班制度。

第六条　各种设备的维修保养人员应定时定点上岗检查，随时注意观察设备运转情况，发现缺陷和隐患要及时消除，不能立即消除的缺陷要及时向部门经理或设备、设施管理人员汇报并做好记录，而且要立即采取措施，确保正常运转。

第七条　操作和维修人员应该为设备创造良好的运作环境，做好设备环境及劳动保护、安全生产工作，对本岗位的设备、副机等要定期检查维护，并做好清洁工作。

第八条　重要设备应由专人负责定期检查、维修，对在用、备用、封存和闲置的设备，都要定期进行除尘、防潮、防腐蚀等维护保养工作，并做好清洁、润滑和紧固工作，及时消除跑、冒、滴、漏。

第九条　酒店各级设备管理人员必须对各种设备使用、管理、维护保养制度的贯彻执行情况定期进行检查，认真总结操作和维修工作的经验教训，不断改进设备管理工作。

续表

设备、设施的例行保养制度

第十条　各种设备、设施的操作人员对本岗位的设备，应每天进行巡回检查，并做好巡回检查记录。

第十一条　在巡回检查中，如发现事故隐患，应及时向班长汇报，班组长应向部门领导汇报。

第十二条　各种设备的操作人员应认真做好所做日常保养项目的记录。

第十三条　操作人员应通过眼看、手摸、耳听、鼻嗅、身体感觉等不同手段对本岗位的设备，按点检项目和要求认真点检，每天不少于 2 次。

第十四条　每台设备的点检记录、维修记录应由班组长每月汇总一次，上报设备技术管理人员。

第十五条　设备技术管理人员应按各种点检和维修记录汇总情况，安排对部分运行不良的设备定期进行复查维修，凡须停机检修的设备，应列入维修计划，经工程部领导批准后，再安排停机修理。

设备一、二级的保养制度

第十六条　设备一、二级保养均由工程部根据设备的保养项目及周期提出年度计划，由设备技术管理人员负责按年度一、二级保养的计划组织安排，如期实施。

第十七条　凡属一级保养的设备，均以专项计划维修人员为主，由操作人员参与，对设备表面和有关部件进行检查、清洗、润滑、紧固、调整和消除不正常运转因素，并认真做好记录，填写一级保养单。

第十八条　凡属二级保养的设备，均以专项计划维修人员为主，由操作人员参加擦洗，计划维修人员负责拆检、修复、更改部分零件、调整定位和间隙紧固机件等，并认真做好修理记录，经设备、设施技术管理员验收合格后，由计划维修人员填写二级保养单。

第十九条　二级保养要按期完成，不得遗漏，保养后要由设备技术管理人员或有关部门技术人员验收合格并签署后，方可投入运行，不得使各种设备带故障运转。

第二十条　二级保养单，经认真填写后，应及时送交设备运行主管和技术主管各一份。

第二十一条　二级保养工作要列入岗位考核，每半年或一年进行 1 次考核。

设备大修制度

第二十二条　为了保证主要设备能长期安全运行，使设备运转达到正常要求，对大型设备应根据《设备使用、维护手册》规定年限进行大修。

第二十三条　大修是工作量最大的一种计划修理，但设备两次大修间隔应在 1 年以上。

第二十四条　设备大修方案应由工程部会同有关部门共同研究制订，并报店分管领导审核后实施。

第二十五条　设备大修方案内容包括：修理内容、质量要求、工程进度、劳动力、备品配件、材料、特殊工具需要量、试车、验收规程、安全措施等。

第二十六条　主要设备及其主要附属设备在决定大修之前，应分别进行经济效益分析和技术论证，形成书面文件上报酒店工程部及总经理室审核批准后方可实施。

第二十七条　设备大修要严格执行大修方案和检修规程，把好质量关，采取自检、互检、专业检查组合的方法。对主要承压、承载部件、压力表、安全阀等均应有鉴定合格证，锅炉压力容器、电梯等危险性较大的设备检修，除按检修规程或方案进行验收外，还必须执行专项设备管理的有关规定。

第二十八条　设备大修后，经过一定时间的试运转，经过按大修要求验收合格后，填写大修验收报告。

第二十九条　设备大修要有完整的检修记录，大修结束后要有完整的竣工资料，并归入设备档案。

全能技工管理制度

第三十条　全能技工是工程部的一个独立的工种，可直接隶属于土建装修部经理管理。日常管理纳入设备技术管理管区。由一位班组长和若干名全能技工组成。

第三十一条　全能技工应按计划周而复始地对酒店客房、公共区域进行循环维修，全能技工的工作以单项维修时间不超过 4 小时为限，超过 4 小时维修时间的工作，则由全能技工班组长转给工程部派员工转给相应的专项维修工种。

续表

第三十二条　全能技工应由具备多年维修工龄和较全面的技术，熟悉本店设备、设施状况，工作责任心强，思想品德和人际关系好，肯钻研，有培养前途的人员担任。

第三十三条　为方便工作，应配备必要的工具、备品、配件和特制的工作车，并配有一间独立的工作室，以供其进行一些不便在公共营业场所操作的修理工作，并存放部分备件、工具、车辆。全能技工上岗操作时，应着酒店统一规定定制的工作服。

第三十四条　要不断提高全能技工技术水平，全能技工复证工作一般定为2年一次，并且全能技工要采取竞争上岗的机制，从而促进全能技工的技术能不断提高。

工具领用与保管制度

第三十五条　各班组专用工具和公用工具，由班组长或管理人员开列，经审核后负责领用保管（个人专用按规定由个人保管）。

第三十六条　贵重工具、仪器、仪表由班组长或管理人员负责借用保管。

设备、设施领班和技术主管应定期对各班组的专用、公用工具进行抽查核对。

第三十七条　各班组专用、公用工具应建立正式账册，做到账物相符。

第三十八条　专用工具原则上以旧换新，如有缺损应酌情处理。

第三十九条　公用工具一律不得带出酒店，特殊情况经由部门领导批准，办理正式手续后，方可借出。

8.2.6　安全生产管理制度描述

安全生产管理制度

安全生产的基本要求制度

在提高企业效益的前提下，积极发动职工开展技术革新，改善劳动条件，及时消除不安全因素，贯彻“安全第一，预防为主”的方针，健全安全生产工作制度，措施具体，执行认真，检查经常，达到防患于未然，确保安全生产。

安全生产责任制制度

第一条　协助酒店安全生产领导小组推行本单位的安全生产和劳动保护工作，切实贯彻执行国家的劳动保护政策、法规和制度，并结合本酒店具体情况，健全群众性的安全管理组织。

第二条　负责制订酒店和本部门安全生产工作计划，并定期检查计划的完成情况，认真做好各种安全生产管理记录。

第三条　组织、协助制定或完善各级安全生产岗位责任制和各种机械设备的安全操作规程，并对这些制度、规程的贯彻执行情况定期进行监督检查。

第四条　认真做好新职工的安全生产三级教育工作，每季度对职工进行安全生产的宣传教育工作，特别要抓好特殊工种的培训、复训、换/发证工作，严格执行特殊工种持证上岗操作制度。

第五条　定期对酒店工作场所进行安全检查，并协助解决问题，特别对易燃易爆等危险场所和各种机械设备做重点检查，查出的事故隐患应定人、定措施、限期整改。

第六条　发生重大设备事故和因工工伤事故要及时报告上级主管部门，并协助有关人员参加调查和处理，同时要提出防止事故的措施，按期实现。

第七条　做好季节性的安全生产、劳动保护工作，并按规定督促职工合理使用个人防护用品，定期发放保健食品；认真做好防汛防台、防暑降温、防寒保暖和安全用电等工作。

第八条　做好外来施工人员的安全管理工作，并做好安全协议的签订工作。

续表

第九条　督促有关部门做好女职工的特殊劳动保护工作。

安全生产例会制度

第十条　及时沟通、协调各部门各工种安全生产责任制的执行情况，通报上月奖罚和事故隐患，落实整改情况。

第十一条　各部门应根据实际情况定期或不定期召开安全生产会议，贯彻落实酒店安全生产领导小组会议精神。

安全生产检查制度

第十二条　酒店安全生产领导小组每两个月进行一次安全检查，督促检查各部门安全生产开展的情况。

第十三条　酒店安全管理人员定期对配电间、锅炉房、电梯机房、冷冻机房以及易燃、易爆危险场所等进行重点检查。

第十四条　对检查出的隐患及不安全因素，应定人、定措施、限期整改，如发现重大的事故隐患，检查人员有权指令停止生产（或作业），并立即报告领导按店规处理。

第十五条　对酒店新建、改建、扩建工程项目要按劳动部门规定，做好"三同时"审查和验收的送审工作；参加工程验收和试运转工作，并认真做好基建过程中安全检查和监督工作。

第十六条　针对酒店的特点以及季节变化情况，对安全用电、防暑降温、防汛防台、防寒保暖等工作进行预防性的季节大检查，并参加节日前的安全保卫检查。

事故隐患整改制度

第十七条　开展经常性的安全生产检查工作，以查制度、查隐患为内容，依靠职工边检查、边整改、边落实防范措施。

第十八条　职工在工作中要严格执行酒店的各项规章制度和各种安全操作规程，防止人为的事故隐患发生。

第丨九条　发现事故隐患要及时加以整改，并做好整改记录。

第二十条　事故隐患一般要求当天给予整改，凡事故隐患或苗子一时不能解决的，应及时报酒店安全生产领导小组研究决定。

第二十一条　事故隐患整改要及时，整改率达到100%的部门则给予一定的奖励，整改不及时或低于100%的则给予一定的处罚。

高处作业管理制度

第二十二条　高处作业的基本定义。

（1）高处作业：凡在坠落高度基准面2m以上（含2m）有可能坠落的高度进行的作业，均称为高处作业。

（2）坠落高度基准面：通过最低坠落着落点的水平面，称为坠落高度基准面。

（3）最低坠落着落点：在作业位置可能落到最低点，称为该作业位置的最低坠落着落点。

（4）高处作业高度：作业区各作业位置相应坠落高度基准面之间的垂直距离中心最大值，称为该作业区的高处作业高度。

第二十三条　高处作业的级别。

（1）高处作业高度为2~5m时，称为一级高处作业。

（2）高处作业高度为5~15m时，称为二级高处作业。

（3）高处作业高度为15~30m时，称为三级高处作业。

（4）高处作业高度为30m以上，称为特级高处作业。

第二十四条　高处作业的种类和特殊高处作业的类别。

高处作业的种类分为一般高处作业和特殊高处作业两种，特殊高处作业包括以下几个类别：

（1）在阵风风力6级以上的情况下进行高处作业，称为强风高处作业。

续表

(2）在高温或低温环境下进行的高处作业，称为异温高处作业。

(3）降雪时进行的高处作业，称为雪天高处作业。

(4）降雨时进行的高处作业，称为雨天高处作业。

(5）室外完全采用人工照明进行的高处作业，称为夜间高处作业。

(6）在接近或接触带电体条件下进行的高处作业，统称为带电高处作业。

(7）在无立足点或无单靠立足点的条件下进行的高处作业，称为悬空高处作业。

(8）对突然发生的各种灾害事故进行抢救的高处作业称为抢救高处作业。

除特殊高处作业外的高处作业，称为一般高处作业。

第二十五条　审批手续和要求。

在登高作业前，必须按分级管理要求，先向本部门负责人提出，并填写登高作业审批表。高处作业前必须切实落实安全措施，分级管理部门要到现场检查安全措施落实情况，不符合要求的不予批准作业。

第二十六条　高处作业审批范围和权限。

(1）登高在石棉瓦、纤维板瓦、玻璃钢瓦、油毛毡屋或棚以及长期被酸雾腐蚀和年久失修的房屋，登高 2 人以上（含 2 人），或登高 5m 以上（含 5m）必须经店领导批准。

(2）登高一人在 5m 以下，由工程部领导批准。

(3）电工登高一人在 5m 以上，由电工主管批准；夜间登高，由酒店夜间经理批准。

(4）审批者必须对安全负责，应深入现场落实防护措施，并指派专人指挥或监护。参加作业的人员除严格执行操作规程外，应互相配合协调，避免坠落事故发生。

(5）登高作业审批表由安全管理人员签单，经有关领导批准后一式二份，一份由作业部门留存，一份留底备案。

第二十七条　高处作业人员遇有下列情况不准进行作业。

(1）作业人员患有心脏病、高血压、癫痫病、精神病、美尼尔氏症、严重贫血、严重关节炎、手脚残缺伸张僵直及视力低差（近视 600 度）等禁忌症者。

(2）未按规定办理登高作业审批表的。

(3）露天遇雨、雷电、大雾、严重冰冻、下雪和 6 级大风的天气。

(4）没戴安全帽，没系安全带和无人在场监护的。

(5）脚手架、梯子、跳板等登高用具不符合安全要求的。

(6）穿皮鞋、塑料底鞋、拖鞋及携带笨重工具的。

(7）平台没有固定防护栏，夜间没有足够照明的。

(8）临时性设备与建筑物之间的通道跳板没有足够的宽度和强度的。

(9）石棉瓦、纤维瓦、油毛毡、玻璃钢瓦长期被酸雾腐蚀、年久失修等屋面，无安全防护措施的。

(10）高处作业周围的电源线没有绝缘遮拦；被登高的大型机械设备、行车等没有切断电源的。

第二十八条　高处作业人员必须做到的安全要求。

(1）必须遵守高处作业的安全操作规程。

(2）必须戴好安全帽，帽带必须扣好。不准酒后作业。

(3）在离地面 2m 以上（含 2m），无固定栏杆的高处作业时，必须使用安全带（电工调换照明灯、熔丝除外，但使用的梯子必须有人扶好）。

(4）作业面上下不准同时垂直作业。

(5）未经检查的简易屋面、玻璃棚、屋沿口、墙顶不准攀、踏。

(6）凡拆下的实物、需要安装的零部件和工具必须用专用工具传递，严禁任意抛上、掷下。

(7）竹梯严禁两人同时攀登或站立作业。

续表

(8) 高处作业地段，必须用红白旗或红白带画出禁戒线，严禁非工作人员进入禁戒区内，凡有必要进入现场的工作人员，必须戴好安全帽。

(9) 站在竹梯上操作时，梯子底脚应装置防滑垫物，梯子与地面的角度保持 60° 左右。

第二十九条　需要经常在登高操作中使用的机械设备、空中管道、仪表、阀门等，应设置固定扶梯或操作平台，不准使用移动梯子。

第三十条　使用竹梯和人字梯的要求。

(1) 梯子脚应有防滑装置（劳动车外胎包脚），人字梯中下梯档用 8mm 螺栓加固，上下用多股铁丝加固。

(2) 竹梯上端加一根牢固的备用绳，使用时要用绳子系紧，防止操作用力时上端滑动坠落。

(3) 梯子不能有缺档、开裂和霉烂、虫蛀现象，如有上述不符合安全要求的梯子要及时处理掉。

(4) 人字梯中间两侧应有长铁钩钩牢，防止突然张开或收拢。

(5) 梯子长度不够时，不能用凳子、台子、箱子、桶等作为垫具使用，也不准将两只竹梯接长使用。

(6) 梯子与地面的夹角以 60° 为宜，两脚受力面必须均匀。

(7) 竹梯子必须专人扶牢，扶梯子的人不得离开岗位。

(8) 梯子必须实行分级管理、编号、登记、造册，落实专人负责，不准到处乱丢乱放。

动用明火作业的审批管理制度

第三十一条　为了防止火灾和爆炸事故的发生，确保宾客和职工生命和国家财产的安全，酒店必须制定和落实动用明火作业管理制度。

第三十二条　在禁止区域动火，必须提前 24 小时向保卫部门书面申请，审核批准后方可动火。

第三十三条　保卫部接到书面申请后，应派专职人员到实地进行安全检查，并要有书面记录。落实了可靠的安全措施后才能批准动火。

第三十四条　动火期间保卫部门要指定专职人员进行现场监护，并随时注意各种情况，发现有不安全因素应立即阻止动火。

第三十五条　操作人员必须经过培训并持有劳动局下发的有效的特殊工种操作证，操作时必须严格执行安全操作制度。

第三十六条　二、三级动火，保卫部门接到申请后应及时向酒店安全生产领导小组书面汇报，经审核批准后，才能实施动火审批手续，并指定 2 人以上专职人员现场监护。

第三十七条　凡未经保卫部门和安全生产部门批准在酒店动用明火者，一律视为违反酒店安全生产管理制度，对造成重大隐患事故者要处罚。

承发包工程的安全管理制度

第三十八条　酒店工程、基建、动力等部门在发包工程项目的同时，必须签订《酒店装修改造工程安全协议书》和《承发包工程安全管理协议书》。

第三十九条　协议书一式五份，一份送酒店工程部，一份由承包单位留存，一份报工程经理室，一份送所在区劳动部门，另一份存档。

第四十条　发包部门应对承包单位进行店纪、店规和安全生产教育。

第四十一条　发包部门要督促承包单位在施工现场挂有明显的安全标志和配备足够的安全管理人员。

第四十二条　承包单位因工程需要动用明火，应提前 24 小时向发包部门提出申请，经批准后方可动火，动火期间双方必须要有监护人员监护。

第四十三条　承包单位要严格贯彻《酒店装修改造工程安全协议书》的各项条款和《承发包工程安全管理协议书》的条款。

第四十四条　其他事项遵照有关规定执行。

续表

化学危险物品管理制度

第四十五条　化学危险物品主要是指易燃、易爆物品，以及剧毒品、腐蚀品、放射物品、氧化剂等五类。

第四十六条　任何化学危险物品装卸、运输时，必须指派专门车辆、司机和随车押运人员，装卸时应妥善包装，轻拿轻放，严防震动、摩擦、撞击、重击、重压和倾倒，性质互相抵触和灭火方法不同的化学危险物品，不得同车装运，夏季装运应尽量安排在早晨或夜间进行。

第四十七条　所有化学危险物品必须区别性质，科学分类，合理储存在非燃烧材料建成的干燥、阴凉、通风良好并具有防晒、防火、防潮、防高温的专用房屋内，任何部门不得擅自把油漆、酒精等化学危险物品储存在自己部门内任何地方，如确因工作需要，必须通知酒店保卫部，得到同意后才能存放，但应受时间和数量的限制。

第四十八条　管理、保管化学危险物品的人员应经过专门培训，各种化学危险物品入库前应严格执行验收手续，发现标志脱落，包装缺损、不严或重量误差等情况，应立即上报部门领导，妥善处理。

第四十九条　库房使用明火检修设备时，必须将易燃、易爆物品搬离，还必须会同保卫部等部门落实安全防火措施。

第五十条　化学危险物品仓库必须使用防爆电气设备。

安全生产奖惩管理制度

第五十一条　为了教育员工遵章守纪，促进企业安全生产管理，特制定本奖惩制度。下列对象应受表扬和物质奖励：

（1）在安全生产过程中，做出突出贡献的集体或个人。

（2）及时发现隐患，避免工伤事故发生者。

（3）同违章行为做斗争或及时制止违章指挥者。

（4）事故发生后，奋力抢救，减少人员伤亡和财产损失者。

（5）严格遵守安全操作规程，连续半年以上无事故的集体或个人。

下列对象应受到处分和罚款：

（1）发生重伤以上事故的部门、班组及有关人员。

（2）发生轻伤、重大险肇事故的部门、班组及有关人员。

（3）瞒报事故者，谎报事故者。

（4）无证上岗从事特殊工种操作者和违章指挥者。

（5）违章操作者和违章指挥者。

工伤事故管理制度

第五十二条　员工在生产过程和工作过程中发生的伤亡事故，应根据企业职工伤亡事故报告和处理规定要求进行调查、登记、统计上报，不得拖延隐瞒。

第五十三条　凡轻伤事故歇工在一个工作日以上者，必须按规定填写职工伤亡事故登记表，并及时报酒店工程部经理室。

第五十四条　发生事故后，应按照“三不放过”的原则（事故原因分析不清不放过，事故责任者和群众没有受到教育不放过，没有防范措施不放过）做好事故的处理工作。

第五十五条　如发生重大伤亡事故，必须保持现场，并立即报告酒店领导，同时配合有关人员组织事故调查和分析处理。

第五十六条　虽未造成重大事故，但已构成险肇事故，应组织进行调查分析，采取防范措施，做到防患于未然。

第五十七条　对违反安全操作制度，不遵守有关规定而发生事故的责任者，要及时进行批评教育，情节严重的要追究责任，严肃处理。

续表

员工工作时间考勤和休息休假管理制度
第五十八条　职工每日工作 8 小时，每周工作 40 小时，实行这一工时制度，应保证完成生产和工作任务，不减少职工的收入。 第五十九条　因工作性质或生产特点的限制，不能实行每日工作 8 小时，每周工作 40 小时标准工时制度的，可以实行不定时工作制或综合计算工时工作制等其他工作和休息方法，并按照劳动部门《关于企业实行不定时工作制和综合计算工时工作制的审批办法》执行。 第六十条　妥善安排好职工休息休假，做到劳逸结合。

8.3　酒店工程部管理日常工作细节描述

8.3.1　投运前的检查与启动运行的操作工作细节描述

投运前的检查与启动运行的操作工作细节描述，如表 8-3-1 所示。

表 8-3-1　投运前的检查与启动运行的操作工作细节描述

程序	规范内容
投运前检查	（1）检查炉水储量和水温，炉内水量应达到水位表高度的 1/4~1/3，水温接近 40~50℃。 （2）检查水位表、压力表及安全阀、排污阀和各类阀门，应保持灵敏可靠。 （3）检查炉膛、炉壁、烟道和各路管道，保证无泄漏、渗透现象。 （4）检查自动报警系统及其他自动装置，必须动作正常。加足锅炉附机润滑油（剂）。
启动与运行	（1）检查确认无问题后，可以给锅炉缓慢进水，并开启锅炉放空阀，当炉水达到低水位 20mm 时，应停止进水。 （2）启动鼓风机吹扫炉膛 15 分钟后，可准备点火，如长期停炉的锅炉，在使用前需烘炉 24 小时，一般停炉后的锅炉，在使用前 4~8 小时点火。 （3）点火后，应密切监视水位，并缓慢升火加热，当锅炉升压至 0.1Mpa 时，冲洗水位表，排污，并关闭放空阀；升至 0.2Mpa 时，拧紧上下锅筒螺栓，排污；升至 0.3Mpa 时排污，并冲洗水位表；升至 0.4Mpa 时，可以开分汽缸，投入运行。 （4）锅炉运行期间，要勤观察燃烧状况，及时清除垃圾，并根据水质化验情况，合理控制排污量，每班至少进行一次，在供应热水和暖气时，要保持锅炉在一定压力下进行。 （5）每周末晚班要对锅炉烟道进行疏通，清除灰尘，保持锅炉及环境卫生的整洁，认真填好运行日记和交接班记录。

8.3.2　正常停运与紧急停炉的操作工作细节描述

正常停运与紧急停炉的操作工作细节描述，如表 8-3-2 所示。

表 8-3-2 正常停运与紧急停炉的操作工作细节描述

程序	规范内容
正常停运	（1）逐渐减低锅炉负荷，直至低火状态，将控制选择放至手动位置。 （2）关闭控制开关器，停止供给燃油，鼓风机停止运转。关闭油泵电源。 （3）注意切莫关闭水泵电源，以便随时补充锅炉水量。
紧急停炉	（1）紧急停炉范围。 ① 在通风减弱、安全阀已开的情况下，气压仍连续升高。 ② 水位降到下极限以下不熄火或未能自动给水。 ③ 水位涨至上极限以上仍不停止给水。 ④ 水位表、安全阀、给水设备、压力阀等安全装置及设备有损坏。 （2）紧急停炉操作程序如下。 迅速关闭锅炉控制开关，停止燃油供给，切断电源，保持鼓风机工作，通风冷却。 （3）及时向领班、经理报告。

8.3.3 锅炉水质化验操作细节描述

锅炉水质化验操作细节描述，如表 8-3-3 所示。

表 8-3-3 锅炉水质化验操作细节描述

程序	规范内容
定时化验	（1）四吨锅炉每天应进行三次水质化验。 （2）六吨锅炉每 2 小时进行一次水质化验，并对化验数据进行分析，做好记录。
及时排污	当给水硬度≥0.03mg/L 时，应做好交换器树脂再生，盐水浓度控制在 5%～8%；炉水总碱度超过 26mg/L 和氯根超过 800mg/L 时，要及时排污。
定期校验	对化验仪器应定期做好校验和清洁工作，保持水处理设备的整洁，以确保化验数据的准确性。
保持补给	在操作中要保持化学药剂、交换器的树脂和再生用盐的补给，确保水处理和化验工作的连续性。

8.3.4 锅炉设备维修保养工作细节描述

锅炉设备维修保养工作细节描述，如表 8-3-4 所示。

表 8-3-4 锅炉设备维修保养工作细节描述

程序	规范内容
例行保养	由当班锅炉工执行，例行状况要认真填入运行日报表，并在交接班时交接清楚，保养部位如下： （1）检查水位表及旋塞是否正常，保持水位表清洁明亮。 （2）检查压力表、分汽缸压力表与锅炉压力表读数必须相同，表面清晰。 （3）检查安全阀门是否有泄漏，每周第一个早班开启检测一次。

续表

程序	规范内容
例行保养	（4）检查管道阀门是否有泄漏现象，应压紧填料治漏或更换填料，但应避开用气高峰。 （5）检查锅炉本体是否有漏风、漏气情况，保持分汽缸、油温表、排烟温度表和火焰监视器透镜及点火枪的清洁。 （6）保持气泵油位在油位镜一半位置，检查油嘴控制机构、风门执行机构是否灵敏有效，风油比是否合理，并正向和反向旋转重油过滤器的旋把。 （7）每天夜班小心、仔细地对油嘴清洗一次，同时对油过滤器进行排污。 （8）检查烟道闸门启闭是否灵活及有无泄漏现象。 （9）检查鼓风机门调节装置是否有效，并保持鼓风机油位及冷却水畅通。 （10）检查油泵运转是否正常，油罐、油管有无渗漏现象，加温是否良好。 （11）检查除氧器、软水箱水位是否正常，离子交换器阀门启闭是否灵活，有无漏水现象，并保持水处理设备的清洁、完好。
一级保养	一级保养是在例保基础上进行针对性的保养修理，按不同炉种的保养周期要求进行，一般由锅炉工负责执行： （1）检查水位表及旋塞，消除漏水、漏气现象。 （2）检查压力表旋塞及凝结管接头有无泄漏，并及时排除。 （3）检查安全阀有无泄漏，排气管是否畅通，并及时消除。 （4）对分汽缸、管路、阀门进行外表清洁或补漆保温，并进行预防性的更换填料。 （5）清除烟箱、烟管积灰，清洗过滤用的容器及过滤栓，并经自测检查是否需要更换气泵、油漆、气炬的金属棒。 （6）对油泵等油系统及附件进行治漏。
二级保养	二级保养周期按不同炉种的要求进行，由锅炉维修工执行，若维修工由锅炉工兼任，则由锅炉工进行： （1）拆修或更换水位表旋塞，更换填料、填片，清洁水位表内表面，并每月进行一次低水位切断装置的检查及保养。 （2）检查压力表并加铅封，拆检旋塞及凝水管，同时进行外表除锈和油漆，并每月进行一次超压切断装置的检查和保养。 （3）拆修调整安全阀，校检铅封，更换损坏件并油漆。 （4）修理、更换损坏的管路、阀门，并保温、油漆，注意要有明显的涂色标记，指示汽水流向阀门开关方向。 （5）检查锅炉本体焊缝及胀接处和锅壁腐蚀，并进行外表油漆，每年进行一次气密性试验，检查泄漏点并排除故障。 （6）修补燃烧器处的耐火层，拆修、清理油加热器。 （7）检查、清理各电磁阀柱和气泵的滑油过滤器及滑油冷却盘。 （8）检查鼓风机马达及叶轮是否栓紧，清理叶轮积灰，检查调整叶轮与进气罩的间隙。
大修和年修	在二级保养的基础上，每年进行一次大修，同时由政府劳动部门进行年检，大修内容由设备运行经理根据锅炉实际运行状况制订大修方案，报工程部经理审核同意后，委托专门修理单位执行。

续表

程序	规范内容
注意事项	（1）上述燃油维修保养内容，不得有遗留项目，以确保安全、经济运行。 （2）主要部件及安全装置更换、修理及检验必须填入《锅炉技术登记簿》中，其他修理项目填写在维修记录本上。 （3）锅炉长期停炉，应采用干法保养；短期停炉，可采用湿法保养。 （4）在检查受压附件时，不得在有压力的情况下进行。 （5）水位表上的照明应用小于或等于 36V 安全电压，在锅筒或烟道内进行工作时，使用电照明的电压不得超过 12V。

8.3.5 起动前检查与起动运行操作细节描述

起动前检查与起动运行操作细节描述，如表 8-3-5 所示。

表 8-3-5 起动前检查与起动运行操作细节描述

程序	规范内容
起动前检查	（1）做好交接班工作，仔细了解上一班设备运转状况。 （2）检查冷凝水管和冷冻水管阀门开启是否正常，冷凝水泵和冷冻水泵开启后水流动是否正常，冷却水水温是否正常。 （3）检查电压是否在±10%之内。 （4）检查油位是否在正常值内，油温是否在规定范围内，油加热器应在压缩机启动前连续预热达规定时间。
起动与运行	（1）送电。 （2）油泵开关置在自动挡。 （3）放气机构所有控制阀处于正常位置，控制开关置于正常档。 （4）负荷调节开关一般置于 100%的位置。 （5）导阀片控制开关置于自动挡。 （6）将冷冻机水温度调节到空调系统设计要求的温度条件。 （7）机油加热器在开机前若未能达到规定的加热时间而必须开机时，机内冷冻油须更换。 （8）开启冷冻水泵和冷却塔，并确认蒸发器内和冷凝器内水流正常。 （9）按动控制中心的起动开关，制冷机组便会自动按顺序起动。

8.3.6 停机操作工作细节描述

停机操作工作细节描述，如表 8-3-6 所示。

表 8-3-6 停机操作工作细节描述

程序	规范内容
再循环停机	主机在运转中随着冷负荷不断减少，当导叶阀小至关闭时仍无法阻止冷水温度下降并低于设定点温度或低水温开关设定点时，机组电脑会自动控制机组停机，压缩机先停转，油泵将继续运转一段时间后自动停止，冷水泵将继续运转，当冷水出口温度重新升至需要机组运行的设定值后，且防止启动计时器计时完毕时，机组会自动开机。

续表

程序	规范内容
手动停机	按“停机”钮，机组将自动设定顺序停机，使压缩机断电，启运“停机至再启动防止计时”时关闭导叶阀，油泵将继续运转一段时间后自动停止，此时再自动或手动切断冷却水泵或冷却塔风机电源，停机时，应检查油加热器是否开始加热，并使油温维持在规定范围内。
安全保护器跳机	（1）冷水机组一般设有各种停机设备，发生故障安全保护器会自动跳机，并记录故障诊断信号。 （2）操作人员必须了解因各种安全保护而导致的跳机情况，并经过查证证实和排除故障后，方能重新开机，并做好故障处理记录。 （3）对于难度较大需请厂商专业维修人员解决的故障，应报领班或经理，及时与厂方联系。

8.3.7 冷冻机维修保养工作细节描述

冷冻机维修保养工作细节描述，如表 8-3-7 所示。

表 8-3-7 冷冻机维修保养工作细节描述

程序	规范内容
每周	（1）检查冷冻油量，将储油箱内液面在视管上做记录，在每月停机时，检查液面高低，如需添加应及时记录加入量和日期，使用的冷冻油必须符合机组使用规范。 （2）检查油加热器，使油温维持在规定的范围内，指示灯亮起。 （3）在导叶油杯中加润滑油以润滑“O”形杯。 （4）检查视窗中是否有水分，如抽气系统动作过于频繁，说明系统漏气，应找出漏气的地方，予以修补，如有水分，应及时排出，如不断有水排出，必须找出漏水地方，并加以修复，同时记录每次排出水量。
每月	每月对控制系统做一次测试。
每季	（1）更换放气装置的干燥过滤器。 （2）清洗放气气体管、过滤器。 （3）化验冷冻油，发现颜色发黑或有杂质时，须立即更换，同时查找原因。
年度	（1）检查或更换油滤网、滤油器，检查喷嘴是否堵塞，如在平时检查中发现油压减至机油压的 30%时即换滤网，滤网换新后，须开动油泵将油路中可能混入的空气消除，待油压稳定后，将油泵开关回复到自动挡。 （2）换冷冻油过滤器，并进行系统探漏和洗压。 （3）检查冷凝器和蒸发器，有必要时进行水管过滤网及端板和铜管清洗。 （4）检查马达绝缘。 （5）检查抽气系统的所有操作阀开关是否正确，并清洗放气筒和排气喷口。 （6）检查安全保护元件，控制电路元件及起动框。 （7）检查水泵的联轴器、轴封和电机绝缘，并加油润滑。 （8）检查冷却塔。 （9）检查电机风叶转动是否正常，布水器是否正常布水，漂球阀启闭是否正常。

8.3.8 水处理工作细节描述

水处理工作细节描述，如表 8-3-8 所示。

表 8-3-8 水处理工作细节描述

程序	规范内容
水处理	（1）投药处理应根据空调系统的材质及当地水质情况，以除锈、垢而不损坏管材为原则。 （2）水处理应采取清洗和平时投药维护相结合，如果只清洗而平时不投药维护则纯化膜一旦被系统中的细粒划破，就会产生严重的点腐蚀；结垢、锈蚀严重的老系统，清洗速度不宜过快，并加强排污，以防止锈垢一下子大量剥落，随水流动，在细管径处堵塞。
水质化验	水质化验应与投药管理相结合，特别是在清洗和投药初期要勤化验，并做好记录。

8.3.9 长期停机的维护与起动前的检查工作细节描述

长期停机的维护与起动前的检查工作细节描述，如表 8-3-9 所示。

表 8-3-9 长期停机的维护与起动前的检查工作细节描述

程序	规范内容
长期停机的维护	（1）系统压力升至大气压力以上时，所有接头均需探漏，若有漏气，即时修复，方可作长期停机，停机期间应按时探漏。 （2）若停机期间有结冰可能，须将冷凝器、蒸发器及所有水泵中的水完全排除。 （3）如果冷媒留在机内，而水管中的水没有排尽，则每周需检查冷媒液面高度，如有升高则表示可能漏水，应立即查出漏水部位加以修复。 （4）将抽气装置与系统隔绝。 （5）切断所有电源开关。
长期停用后起动前检查	（1）用气体感受器检查是否泄漏冷媒，并修补泄漏点。 （2）检查马达电压是否在±10%之内，相间的不平衡电压是否在±3%以内。 （3）检查压缩机电位相序及马达转向，检查有关各连锁开关的动作是否正常，电线接驳是否牢固。 （4）切断开关的跳脱点应调整适当，起动器起动时间依据主机的起动时间作适当调整。 （5）检查机油加热器是否按规定时间预热及油温是否在规定范围之内，若机油加热器未能连续预热，达到规定的时间而必须开机时，机内冷冻油应予换新，否则不得开机。 （6）检查油面是否在视窗中规定范围内，所有阀门是否在应开启或关闭位置。 （7）检查水泵、冷却塔及各主要阀门等设备是否正常，冷却塔水位及水温是否符合要求。 （8）检查蒸发器进水温度是否符合要求。

8.3.10 空压机操作工作细节描述

空压机操作工作细节描述，如表 8-3-10 所示。

表 8-3-10　空压机操作工作细节描述

项目	规范内容
开机前的检查	（1）一切防护装置和安全附件处于完好状态，否则不得开机。 （2）各处润滑油符合标准。 （3）每月一次的安全阀门自动启动试验，每半年一次的压力表强检，以及每年一次的压力表、储气缸、导管接头外部检查和三年一次的内部检查与水压强度试验等例行检查均符合要求，检查记录齐全。
运转中应注意事项	（1）加强巡视、检查，注意压力表指针变化，禁止超过规定压力。 （2）发生故障或有不正常的气味、响声和振动，应立即停机检查。 （3）机器在运转中或有压力的情况下，不得进行任何修理工作。 （4）在检查、修理时，应注意防止木屑、铁屑、揩布等杂物掉入储气缸及导管里；用机油清洗过机件，必须无负荷运转十分钟，才能投入正常工作。 （5）工作完毕应将储气缸内余气放出。

8.3.11　蒸气夹套锅操作工作细节描述

蒸气夹套锅操作工作细节描述，如表 8-3-11 所示。

表 8-3-11　蒸气夹套锅操作工作细节描述

项目	规范内容
使用前的检查	（1）先验查压力表、安全阀及各种阀门是否安全、灵敏。 （2）打开底部冷凝水阀门，排出冷凝水，确认正常后方可使用。
操作中应注意事项	（1）要缓慢开启蒸气阀，并随时调节压力，以免激烈膨胀而发生事故。 （2）操作中要随时注意安全阀、压力表及冷凝水排放情况。 （3）使用夹套锅、蒸气压力不得高于额定的工作压力。 （4）使用结束后，必须清洗干净，关闭蒸气阀门。 （5）蒸气夹套锅要保温，除节能需要外，更重要的是防止操作人员烫伤，保证安全。

8.3.12　热交换器操作工作细节描述

热交换器操作工作细节描述，如表 8-3-12 所示。

表 8-3-12　热交换器操作工作细节描述

项目	规范内容
1	操作中要加强巡视、检查，并将供应时间、温度做好记录。
2	要严格控制交换器容量、温度。
3	热水温度一般控制在 55～65℃。
4	暖气水温不高于 60℃。
5	回水温度不低于 50℃。
6	热水交换器、暖气交换器要定期清洗保养，并按压力容器要求按期进行检验。

8.4 酒店工程部管理实用表格图例

8.4.1 设备登记卡

设备登记卡，如表 8-4-1 所示。

表 8-4-1 设备登记卡

正面：

<table>
<tr><td>类别</td><td colspan="3"></td><td>档案号</td><td colspan="2"></td></tr>
<tr><td>安装地点</td><td colspan="3"></td><td>主项号</td><td colspan="2"></td></tr>
<tr><td>外形尺寸</td><td colspan="3"></td><td colspan="3"></td></tr>
<tr><td>制造单位</td><td colspan="3"></td><td>制造编号</td><td colspan="2"></td></tr>
<tr><td>制造日期</td><td colspan="3">年 月 日</td><td>进场日期</td><td colspan="2">年 月</td></tr>
<tr><td>使用年限</td><td>年</td><td colspan="2">开用年限</td><td colspan="3">年 月</td></tr>
<tr><td>复杂系数</td><td></td><td>重量（吨）</td><td></td><td colspan="2">电机（台/kW）</td><td></td></tr>
<tr><td>原值（元）</td><td></td><td>年折旧率（%）</td><td></td><td colspan="2">残值（元）</td><td></td></tr>
</table>

设备名称： 型号： 编号：

反面：

<table>
<tr><th colspan="2">配属附机</th><th>大修次数及年月</th></tr>
<tr><td colspan="2"></td><td></td></tr>
<tr><td colspan="2"></td><td></td></tr>
<tr><td colspan="2"></td><td></td></tr>
<tr><td>记
事
栏</td><td colspan="2"></td></tr>
</table>

填写人： （设备运行维修部经理） 用途：便于查阅和统计管理

联数：一式一联

8.4.2 设备、设施急修、报修单

设备、设施急修、报修单，如表 8-4-2 所示。

表 8-4-2 设备、设施急修、报修单

通知部门＿＿＿＿＿＿＿＿＿＿＿＿ 联系人＿＿＿＿＿＿

通知日期＿＿＿年＿＿月＿＿日上/下午＿＿时＿＿分

维修地点＿＿＿＿＿＿＿＿＿＿＿＿

维修内容＿＿＿＿＿＿＿＿＿＿＿＿

＿＿＿＿＿＿＿＿＿＿＿＿

开修时间＿＿日＿＿时＿＿分。完成时间＿＿日＿＿时＿＿分

工作人数＿＿＿＿ 耗工时＿＿＿＿ 金额＿＿＿＿

	名称	单位	单价	数量	金额
耗用材料					

总金额＿＿＿＿＿＿

修理工＿＿＿＿＿＿＿＿＿＿ 验收人＿＿＿＿＿＿

注：维修保养单一式二联，一联工程留存，一联交维修保养检修人，如果需要急修则工程部开单人在检修单上加急修标识即可。

填写人：　　（主管）　　用途：急修、报修用

联数：一式二联，（1）存档（2）检修人

8.4.3 特种设备维修保养申请表

特种设备维修保养申请表，如表 8-4-3 所示。

表 8-4-3 特种设备维修保养申请表

申请部门		日期		地点	
详细要求					
部门经理		总经理审批			
收到申请日期		时间			

续表

优先	1		2		3		4	
完成者								
施工单位								
完成（施工单位签名）								
验收（管理人员签名）								

注：特种设备：锅炉、电梯、冷冻机组、压力容器、分汽缸、冷凝器

填写人：　　（维修工）　　用途：特种设备维修保养申请用

联数：一式二联，（1）存档（2）检修人

反面：

<table>
<tr><td colspan="4">项目的日程安排：</td></tr>
<tr><td colspan="4">材料（包括费用）：

合计：¥</td></tr>
<tr><td colspan="4">工时：

合计：小时</td></tr>
<tr><td rowspan="5">项目预算</td><td>材料</td><td colspan="2"></td></tr>
<tr><td>劳力</td><td colspan="2"></td></tr>
<tr><td>承包工</td><td colspan="2"></td></tr>
<tr><td>其他</td><td colspan="2"></td></tr>
<tr><td>共计</td><td colspan="2"></td></tr>
<tr><td>工程部经理</td><td></td><td>总经理</td><td></td></tr>
</table>

8.4.4 锅炉及设备运行交接班记录表

锅炉及设备运行交接班记录表，如表 8-4-4 所示。

表 8-4-4 锅炉及设备运行交接班记录表

年　月　日

序号	交接项目	各班交接情况		
1	压力表：表具整洁，压力正常			
2	水位表：水位正常，玻璃清洁，无泄漏			
3	安全报警装置：运行正常，无误报			
4	鼓风机、引风机：运行正常，风门调节灵活			

续表

序号	交接项目	各班交接情况		
5	排污阀：无泄漏，启闭灵活			
6	给水泵：运行正常			
7	安全阀：灵敏可靠，无泄漏			
8	炉体：保温良好，无漏烟、漏灰			
9	软水箱：水位正常，无溢出			
10	控制箱：电气线路及各类仪表安全可靠			
11	其他各类泵：运行正常			
12	除氧器：运行温度正常，自控有效			
	交接班：（签名） 接班人：（签名）			

标记：较好√　有问题（可用）△　计划修理▲　故障不能用×　当场处理⊙

填写人：　（岗位技术交接班双方）　用途：交接班

联数：一式一联，存档

8.4.5 锅炉故障处理记录表

锅炉故障处理记录表，如表8-4-5所示。

表8-4-5　锅炉故障处理记录表

年		故障情况及原因	处理意见	签名
月	日			

填写人：　（领班）　用途：记录故障情况、原因、处理意见

联数：一式一联，存档

8.4.6 停送电倒闸操作票

停送电倒闸操作票，如表8-4-6所示。

表8-4-6　停送电倒闸操作票

编号：

日期　　签发时间　　签发人姓名
签发理由
允许操作时间、操作地点

续表

操作时间： 年 月 日 时 分开始， 日 时 分终结		
操作任务		
重要任务审核人意见		
顺序	操作项目	

填写人：　　　　　（2 位操作工）　　　　　　　用途：严格管理倒闸，凭票操作

联数：一式二联，（1）操作人（2）存档

操作人签名　　　　　监护人签名　　　　　时间

8.4.7　变配电间检修工作票

变配电间检修工作票，如表 8-4-7 所示。

表 8-4-7　变配电间检修工作票

编号 工作内容________ 工作地点________ 工作负责人（监护人）________班组________工作班人员________ 计划工作时间：自________年________月________日________时________分 至________年________月________日________时________分 工作条件（停电、部分停电或不停电） 重要任务审核人意见 安全措施（带电部位及注意事项） （1）应做措施　　　　　　　（2）已做措施 （2）有关带电部位及注意事项　　　　（2）实际带电部位及注意事项 工作票签发人________时间________工作许可人________时间________ 所做安全措施已逐项检查完毕，停电部位已验明无电，带电部位及有关注意事项已交代清楚，于________年________月________日________时________分许可开始工作。 工作许可人、工作负责人 工作终结 全部工作于________年________月________日________时________分结束，工作人员已全部撤离，材料工具已清点取出，现场已清扫恢复。

续表

工作许可人、工作负责人 拆除安全措施：拆除时间________ 标示牌（红白Δ旗子）________已拆除 接地线号共组已全部拆除 许可人 填写人：　　　　（值班电工）　　用途：全面记录并联系变配电检修工作任务 联数：一式二联，（1）操作人（2）存档

8.4.8　电话、音像系统设备、设施事故处理记录表

电话、音像系统设备、设施事故处理记录表，如表8-4-8所示。

表8-4-8　电话、音像系统设备、设施事故处理记录表

序号	填表人	责任人	损坏情况及原因	处理情况	事故发生日期	事故处理日期	填表日期
一							
二							
三							

填写人：　　　　　　（电话、音像维修保养）　　用途：反映故障情况

联数：一式一联

8.4.9　内部物料用品领用单

内部物料用品领用单，如表8-4-9所示。

表8-4-9　内部物料用品领用单

领用部门　　　　　　　　　　　　　　年　　月　　日

领料用品类别	品名	单位	数量		单价	金额	备注
			申领	实发			

填写人：　　　（领用人）　　用途：管理

联数：一式二联，（1）存档（2）仓库员

记账：　　　　　　　　仓库员：　　　　　　　　领物部门负责人：　　　　　　领物人：

第9章 酒店安全保卫精细化管理细节

9.1 酒店安全管理工作职责划分说明

9.1.1 安全保卫部经理职位描述

安全保卫部经理职位描述，如表9-1-1所示。

表 9-1-1 安全保卫部经理职位描述

直接上级：总经理 直接下级：保安主管、消防主管	
岗位职责	（1）负责安全保卫部的全面工作，全面贯彻落实总经理下达的各项工作任务，当好总经理安全工作的参谋和助手。 （2）落实上级主管部门的工作布置和检查，及时沟通信息，配合查处各类案件。 （3）与人力资源部配合，负责本部门的人员调配和部门内部人员选拔、聘用、教育、培训、考核、奖惩、辞退等管理工作。 （4）根据“预防为主”的保卫工作方针，在酒店内开展以“四防”（防火、防盗、防破坏、防恶性事故发生）为中心的安全教育和法制教育。 （5）亲自组织和配合调查发生在店内的各类案件和重大事故，并及时将有关情况向总经理汇报，贯彻安全保卫工作“谁主管，谁负责”的原则，落实安全责任制，协助酒店各部门，把安全职责纳入部门管理工作日程当中。 （6）经常深入工作实际，进行调查研究，指导和协助酒店各部门结合工作实际，切实做好安全保卫工作和保卫业务训练，检查和督导本部门的工作人员，严格执行保安工作细节描述和各项安全管理制度描述，维护好酒店的治安秩序，保障人身和财产的安全，并深入开展“学先进，找差距”活动。 （7）负责办理酒店改建、扩建和更新装修工程中有关消防设施的申报审批工作。 （8）发生火警和火灾时，立即赶赴现场，按应急预案和现场指挥要求，组织灭火工作。 （9）主持保安工作例会，写好部门工作日志，督导本部门员工做好各自工作台账，检查工作进度，解决工作中的问题。

续表

岗位职责	（10）根据需要与可能，积极改进和完善酒店的保安技防设施及器材装备，督导属下员工做好财产设备的管理工作，定期清点核对，及时保养和报修，爱惜使用。 （11）负责本部门的预算编制，控制各项费用成本，实现预算管理目标。 （12）关心员工生活，抓好保卫队伍的自身建设和创建文明班组、文明部室的工作。
任职资格	（1）大专及以上学历。 （2）较高的个人修养和良好的人际关系，为人正直，以身作则，不畏强暴，秉公依法办事，遵守酒店的各项规章制度。 （3）男性，28岁以上，身高177～183cm，相貌端正，身体健康，精力充沛。 （4）具有较强的事业心和责任感，有一定的组织协调能力。 （5）特殊要求： ① 在刑侦、消防方面受过一定专业训练。 ② 与公安、消防机关以及各部门之间有很强的沟通和协调能力。 ③ 掌握公安、消防、涉外人员管理、保密工作等方面的法律、法规，并掌握中层管理基础知识。 ④ 具有一定的法律、法规知识。 ⑤ 受过一定擒拿训练，对处理紧急突发事件有快速反应能力。

9.1.2 安全保卫部副经理职位描述

安全保卫部副经理职位描述，如表9-1-2所示。

表9-1-2 安全保卫部副经理职位描述

上级：安全保卫部经理 下级：保安主管、消防主管	
岗位职责	（1）做好分管部门的工作计划和总结，督导下属的工作。 （2）处理值班期间发生的各种治安问题。 （3）负责分管部门员工的培训和考核。 （4）深入了解各保安员的工作情况及思想状况，对全体员工进行思想教育。 （5）组织各类综合性专业训练，提高保安队伍的业务素质。 （6）处理领班及保安员反映的日常工作问题。 （7）完成领导交办的其他工作。
任职资格	（1）大专及以上学历。 （2）较高的个人修养和良好的人际关系，为人正直，以身作则，不畏强暴，秉公依法办事，遵守酒店的各项规章制度。 （3）男性，28岁以上，身高173~180cm，相貌端正，身体健康，精力充沛。 （4）具有较强的事业心和责任感，有一定的组织协调能力。 （5）掌握公安、消防、涉外人员管理、保密工作等方面的法律、法规，并掌握中层管理基础知识。

9.1.3 消防主管职位描述

消防主管职位描述，如表 9-1-3 所示。

表 9-1-3 消防主管职位描述

直接上级：安全保卫部经理 直接下级：消防治安监控领班兼文员、治安安全巡逻领班	
岗位职责	（1）认真贯彻执行国家《消防法》及其实施细则和上级的有关指示、规定。 （2）负责做好酒店消防安全防范工作。 （3）直接参与和带领员工做好日常的消防安全监控工作，发现各种报警信息和可疑情况，立即跟踪监录，并及时报告，迅速、高效地做好工作。 （4）掌握酒店的火灾特点，努力做到“六熟悉”，即熟悉酒店的平面布局、建筑特点、消防通道、消防供水情况；熟悉酒店的火灾危险性和相应的防火措施；熟悉重点消防保卫部位存在的火险隐患和控制方法；熟悉各有关的消防法规、规章制度及其贯彻落实情况；熟悉义务消防组织建设情况及其防火、灭火能力；熟悉消防设施器材、装备状况。 （5）制定消防安全制度，推行逐级防火责任制，并督促落实。 （6）对保安员及酒店员工进行防火宣传教育，提高遵守法规和切实做好消防安全工作的自觉性。 （7）开展经常性的防火检查，发现火险隐患时及时上报并提出整改意见，督促有关部门消除火险隐患，改善消防安全条件，完善消防设施。 （8）协助主管部门对电工、焊接工、油漆工、服务员、保安员等进行消防知识培训和考核工作。 （9）防止各种违反消防法规、制度、规定的行为，根据情节提出处理意见并做好记录上报。 （10）协助安全保卫部经理制订消防工作计划和组织义务消防队的演练与培训。制订灭火作战计划。 （11）监督消防设施、器材的配置、保养、使用等情况，定期做好检查工作，使消防设施、器材处于良好状态。 （12）负责属下员工工作的调配、安排和日常的考勤、考核，做好政治思想工作，抓好班组文明建设。
任职资格	（1）中专及以上学历。 （2）男性，25～40 岁，身高 176～181cm，相貌端正，精力充沛，身体健康。 （3）熟悉酒店消防工作。 （4）熟知消防管理的各种法律法规。 （5）具有消防设备控制、消防工作组织检查、消防事故处理和义务消防队训练调配能力。

9.1.4 保安主管职位描述

保卫主管职位描述，如表 9-1-4 所示。

表 9-1-4 保安主管职位描述

直接上级：安全保卫部经理 直接下级：安全保卫部各班组领班	
岗位职责	（1）在安全保卫部经理领导下进行工作，直接对其负责，执行交办的各项任务和临时授权的其他职责。 （2）协助安全保卫部经理制订各项工作计划。负责对领班的工作进行督促和检查。 （3）负责安全保卫部员工的教育、培训，抓好员工思想教育和法制安全教育，使全体员工团结一致。 （4）协助酒店各部门建立健全安全保卫组织，培训各部门的骨干力量。 （5）做好易燃、易爆、剧毒、放射性物品的监控检查及收缴客人的遗留、违禁物品。 （6）巡查酒店的各项安全制度在各部门的执行情况。发现客人有借酒闹事及出现违法事件的，及时处理。 （7）每天和前台联系，及时掌握外宾、重要客人入住楼层的有关情况，确保宾客安全。 （8）负责酒店要害部位的安全监督，确保安全。 （9）负责检查会客登记制度的执行情况及员工外出登记情况。 （10）负责每天各班交接班记录的检查及存在问题的妥善处理。 （11）每天向安全保卫部经理汇报工作情况及存在的各种问题。
任职资格	（1）中专以上学历，接受过公安专业基本培训。 （2）男性，28 岁以上，身高 177～183cm，仪表端正，身体健康，精力充沛。 （3）熟悉国家安全保卫的方针政策，具备安全管理专业知识和酒店基层管理一般知识，熟悉各种法律、法规知识，有一定的刑侦知识，对处理突发事件有快速反应能力。

9.1.5 安全保卫部各班组领班职位描述

安全保卫部各班组领班职位描述，如表 9-1-5 所示。

表 9-1-5 安全保卫部各班组领班职位描述

直接上级：保安主管 直接下级：各班组员工	
岗位职责	（1）在主管的领导下进行工作，直接对主管负责。 （2）抓好班组思想建设，掌握员工思想和工作情况，团结员工，相互关心，共同提高。 （3）走动管理，随时督导、检查员工在岗期间的仪表、仪容、礼貌、礼仪、警械装备和值班工作质量。 （4）每天上岗前要开班前会，提出要求及注意事项。 （5）熟悉、掌握消防器材的配置和使用方法。 （6）协助其他部门处理好一般性的客人投诉。 （7）严格交接班制度，认真填写交接班记录。
任职资格	（1）中专以上学历，接受过保安专业培训。 （2）男性，24 岁以上，身高 176～182cm，仪表端正，身体健康，精力充沛。 （3）熟悉酒店安全管理工作。

9.1.6 消防、治安监控领班兼文员职位描述

消防、治安监控领班兼文员职位描述，如表 9-1-6 所示。

表 9-1-6 消防、治安监控领班兼文员职位描述

直接上级：消防主管 直接下级：安全监控员	
岗位职责	（1）执行消防主管及部门经理的工作指令，负责做好酒店内部的各项安全防范工作，向部门经理负责，并报告工作。 （2）直接参与和带领员工做好日常的安全监控工作，发现各种报警信息和可疑情况，立即跟踪监录，并及时报告，迅速、高效地做好工作。 （3）接受上级业务主管部门的工作指导，严格执行消防法规，全面做好酒店的防火工作。 （4）贯彻执行各项防火安全制度，经常进行防火检查，落实防火措施。掌握消防中心的操作流程，熟悉消防设施、器材和电视监控镜头的分布位置，做好消防设备、器材的使用管理，定期进行检查，确保完好有效。 （5）经常深入工作实际，帮助和指导各部门落实治安消防管理制度描述，配合做好重大接待任务时有关消防方面的工作，发现不安全的隐患，及时提出意见和整改措施，并向部领导汇报。 （6）带领员工做好监控设备的日常维护和保养工作，发现故障及时报修，保证各种设备运作正常，保持监控室的环境整洁。 （7）熟悉酒店各类应急预案，在发生紧急情况时，按预案和领导指导，进行与各岗位的联络、调度。 （8）在部门领导的直接指导下，配合或参与对各类案件和重大事故的调查工作。 （9）做好交接班工作，交代清楚，并有记录。 （10）做好员工的政治思想工作和考勤、考核工作，关心员工生活，抓好班组文明建设。
任职资格	（1）中专及以上学历，接受过保安专业培训。 （2）男性，24 岁以上，身高 176～182cm，仪表端正，身体健康，精力充沛。 （3）了解酒店基层安全管理知识，熟悉相关治安法律、法规。

9.1.7 安全监控员职位描述

安全监控员职位描述，如表 9-1-7 所示。

表 9-1-7 安全监控员职位描述

直接上级：消防治安监控领班	
岗位职责	（1）服从领班的工作安排，严守工作岗位，严格按照工作流程，密切注意监视画面和各种报警信息，切实做好日常的保安监控工作。 （2）保持监控室整洁，监控设备完好有效，做好清洁、保养工作。 （3）严格执行工作纪律和规章制度，切实做好监控室的保卫、保密工作。

续表

岗位职责	（4）保持治安消防监控中心整洁、安静，设备器具、用品摆放整齐，无积灰。当班工作期间，坚守岗位，坚持24小时轮流值班制，设备及器具完好有效，保养维修及时，运作正常，严格执行治安消防监控中心工作流程，工作无失误和差错。 （5）各班交接工作完善、清楚。
任职资格	（1）高中以上学历，接受过公安部门专业培训。 （2）男性，20～30岁，仪表端正，身体健康，精力充沛，身高178～183cm。 （3）熟悉国家安全保卫工作方针政策和有关法规，具有安全管理知识和酒店一般知识，能够迅速、妥善处理各突发事件。

9.1.8 消防员职位描述

消防员职位描述，如表9-1-8所示。

表9-1-8 消防员职位描述

直接上级：消防主管	
岗位职责	（1）认真贯彻执行酒店有关安全管理的规章制度。 （2）认真落实上级领导临时布置的各项消防工作。 （3）负责对新员工进行消防培训，并对在岗员工进行防火意识教育，宣传消防工作的重要性。 （4）熟悉酒店的地理环境和消防设施（灭火器材、火灾报警装置）的分布位置。 （5）制订计划，购置、维修全店的消防器材。 （6）落实防火安全大检查制度，发现火险隐患及时登记上报并提出整改意见。 （7）配合上级机关和公安消防部门的安全检查工作，协助有关部门查处火灾事故。 （8）审批动火许可证，对施工现场消防安全进行监护。
任职资格	（1）高中及以上学历，接受过公安部门专业培训。 （2）男性，20～30岁，仪表端正，身体健康，精力充沛，身高178～183cm。 （3） 熟悉国家安全保卫工作方针政策和有关法规，具有安全管理知识和酒店一般知识，能够迅速、妥善处理各突发事件。

9.1.9 治安员、内保员职位描述

治安员、内保员职位描述,如表9-1-9所示。

表9-1-9 治安员、内保员职位描述

直接上级：治安领班、内保领班	
岗位职责	（1）在领班领导下，保卫好酒店的安全，执行上级交办的各项安全保卫工作。 （2）负责对客房、餐饮、娱乐等区域的巡逻检查，发现事故隐患，及时处理，并向上级汇报处理情况。

续表

岗位职责	（3）对酒店内、外车辆进行疏导，保证交通畅通。 （4）对来访人员进行询问登记。 （5）负责检查、询问零点以后进入客房区的有关客人的钥匙牌和住房卡。 （6）阻止无关、闲散人员进入酒店。对流氓滋事人员及可疑人员进店，除采取控制外，应立即报告有关部门。 （7）制止一切发生在酒店内的客人争吵、打架、斗殴等不良情况，及时处理，防止事态恶化。 （8）协助财务部做好押送有关款项工作。 （9）制止入住人员携带易燃、易爆、剧毒、放射性物品进入酒店区域，发现后应将物品扣留。 （10）熟练掌握灭火器材的正确使用方法。
任职资格	（1）高中以上学历，接受过公安部门专业培训。 （2）男性，20～30 岁，仪表端正，身体健康，精力充沛，身高 178～183cm。 （3）熟悉国家安全保卫工作方针政策和有关法规，具有安全管理知识和酒店一般知识，能够迅速、妥善处理各种突发事件。

9.1.10 治安安全巡逻领班职位描述

治安安全巡逻领班职位描述，如表 9-1-10 所示。

表 9-1-10 治安安全巡逻领班职位描述

直接上级：消防主管 直接下级：一号通道值班员、流动岗巡逻员	
岗位职责	（1）执行主管的工作指令，并报告工作。 （2）负责本班组保安巡逻员的班次安排和考勤、考核。 （3）主持班前会和班后会，检查员工仪表、仪容和保安通信装备，明确当天的工作重点和任务要求，讲评每天的工作情况，及时纠正工作中的问题，做好工作记录。 （4）保持与保卫部值班人员和各业务管区的联系，保证通信畅通，及时沟通情况和信息，通力协作做好工作。 （5）带领保安巡逻员按既定的工作细节描述和路线，日夜进行保安巡逻，及时发现可疑迹象和安全隐患及漏洞，并随时向主管和部门领导报告。 （6）负责领用保安器材和工作用品，做好保管和维护保养的工作，做到爱惜使用。 （7）做好交接班工作，交代清楚并有记录。 （8）抓好班组文明建设。
任职资格	（1）中专以上学历，接受过保安专业培训。 （2）男性，24 岁以上，身高 176～182cm，仪表端正，身体健康，精力充沛。 （3）熟悉酒店安全保卫工作，了解治安相关法规。

9.2 酒店安全管理工作制度描述

9.2.1 住宿登记管理制度描述

住宿登记管理制度

第一条　前厅部的总台接待问讯员负责接待客人住宿登记工作，每天 24 小时当班服务。

第二条　所有中外旅客一律实行登记，登记率达到 100%。

第三条　零散客人实施登记时必须做到“三清、三核对”。三核对：核对旅客本人和证件照片是否相符；核对登记的年龄与证件的年龄是否相符；核对证件印章和使用年限是否有效。三清：字迹清、登记项目清、证件查验清。

第四条　对 VIP 客人可先引领进房、在房间内办理登记手续，或由接待部门代为填写。

第五条　接待员在实施住宿登记时，应负责协助公安机关切实做好有关通缉、协查核对工作。

第六条　客人在进行住宿登记时，接待员有责任提醒客人，酒店设有贵重物品保险箱，如有贵重财产可代为保管。

9.2.2 客房治安、消防管理制度描述

客房治安、消防管理制度

第一条　客房服务员同时也是保安员，要掌握客情，做好服务保障安全。

第二条　客房内必须标有安全疏散指示图，在摆放的酒店《服务指南》宣传册中，必须有公安部门颁布的《宾馆、饭店旅客须知》。

第三条　客房的管理人员、服务员都应熟悉自己岗位的环境，知道安全出口的方向和消防器材摆放位置以及使用方法，并保持安全通道的畅通（安全通道严禁堆放工作车辆或杂物）。发现应急疏散指示灯、应急照明灯具和配备的灭火器材有故障时，及时报告保卫部。

第四条　严格执行客房清洁流程。清洁房内卫生时将门敞开，严禁查翻客人箱包和衣物。做完清洁离房时，要锁好房间，并在客房清洁报表的打扫栏目内注明进房和离房的具体时间。

第五条　严格执行迎送客人流程。客人退房离店时，及时进房检查，发现遗留物品按客房失落物品处理流程的规定处理。发现其他问题和异常情况迅速报告。

第六条　及时掌握客情。发现挂有“请勿打扰”牌的客房按照对这类客房处理流程的规定妥善处理；发现客人住宿不登记或登记不住宿，以及一人登记多人住宿的情况，及时向领导汇报；发现客房楼层有异味、异声时要查明情况，并向保卫部报告。

第七条　喜庆日子要执行公安消防部门关于严禁燃放烟花爆竹的规定，劝告和提醒客人不要在楼层及房间内燃放，如由此而造成的任何损失则由当事人负责。

第八条　发生火警，保持镇静，迅速报告。讲明火灾地点和燃烧物品，以及火势情况和本人的姓名、工号，并沉着扑救，先救人，再灭火。如是因电器引起的，则要关闭电源，用放置的灭火器材进行扑救。

第九条　注意发现房间未熄灭的烟头或其他火种，不能将未熄的火种丢进垃圾井内，避免引起火灾。

9.2.3 行李房安全管理制度描述

行李房安全管理制度

第一条　客人行李寄存、领取和请他人代领行李以及行李寄存卡遗失时领取行李，必须严格执行行李寄存及领取程序。

第二条　行李房内严禁吸烟、不准存放员工私人物品，非住酒店客人的行李不予寄存。

第三条　在为客人办理寄存行李时，要问讯客人行李包（箱）内是否有易燃、易爆或枪支弹药及放射性物品等危险和违禁物品。如有则应该不予办理行李寄存，视情况及时向保卫部报告。

第四条　在行李房内工作时行李房门要敞开，在工作人员离开时将门锁上。

第五条　行李房门钥匙由行李领班负责掌管，不能随意乱放和带出酒店，交班时必须做好交接记录。如有钥匙丢失，则立即向领导汇报并写出书面报告。

9.2.4 餐厅治安管理制度描述

餐厅治安管理制度

第一条　餐厅的治安管理由各餐厅管理人员负责。

第二条　如有重要宴请或大型活动，由公关部及时通知保卫部，由保卫部指派适当的保卫人员协助维持治安秩序。

第三条　餐厅的桌位应保持适当的间距，对正在用餐的客人，服务员要照看好客人随身携带的物品，并及时提醒客人保管好，以防丢失。

第四条　餐厅客满时，餐厅领台员应请客人去餐厅外等候，不要让客人自己进入餐厅找位。

第五条　餐厅内如发生影响治安秩序的人和事，应及时报告保卫部处理。

第六条　客人用餐完毕，服务员应及时检查用餐现场，发现客人有遗留的物品，应立即送还给客人或上交餐饮部，由餐饮部按客人遗失物品处理流程处理。

第七条　餐厅营业后，在做好结束工作的同时，要认真进行安全检查，防止火灾事故，确保安全。

9.2.5 公共娱乐场所治安管理制度描述（夜总会、酒吧、桑拿浴、康乐）

公共娱乐场所治安管理制度
（夜总会、酒吧、桑拿浴、康乐）

第一条　公共娱乐场所的治安管理由各娱乐场所的管理人员负责。

第二条　各娱乐场所场地装修或改建施工前，图纸需送文化、公安部门核准后施工。

第三条　各娱乐场所建筑必须坚固安全，消防设备齐全、有效，按消防要求摆放，要有两个以上的安全通道，装修材料符合消防要求，并配备相应的治安管理人员。

第四条　各娱乐场所必须严格控制活动人员的数量。如发生醉酒闹事、殴打等影响治安秩序的情况，应立即采取措施予以制止和隔离；发现有可疑人和事应严密监视和控制，并迅速向保卫部或公安部门报告。

第五条　营业结束时，做好全方位的检查，发现客人遗留物品时，及时上缴。按照失落物品的处理流程办理。消除不安全隐患。

9.2.6 财务部办公室安全管理制度描述

财务部办公室安全管理制度

第一条 财务部办公室的门窗应装置报警器，受理收、付款处应设柜台。

第二条 存放现金必须使用保险箱，并专人专管。

第三条 保险箱的钥匙、密码应同时使用，下班时拨乱密码，专管人员工作调动或调离，密码应重新调整。现金存放不得超过银行核定的限额。

第四条 解款、提款必须两人以上，并使用防劫报警箱或报警包，数额大的要派专车接送，保卫部应派保安人员护送。

第五条 支票、票证和凭证的管理，坚持检验复核制度，支票和印章应存放在保险箱和保险柜内，严禁使用空白支票。

9.2.7 物料仓库安全管理制度描述

物料仓库安全管理制度

第一条 物料仓库应有牢固的房顶、墙壁和地面，门窗有可靠的防护装置。房顶及地下管道层不得与其他房间相通。

第二条 仓库内敷设的电线应有铁质套管。严禁使用荧光灯照明，一般物料仓库用白炽灯加防护罩，烟酒仓库使用防爆灯，并将电源开关安装在库外。仓库的工作人员出库时应关闭或切断电源。

第三条 仓库内严禁吸烟，并应设置适量的灭火器材。存放的物品应按防火要求留出“五距”（灯距不小于 0.5m，顶距、墙距不小于 0.3m，柱距、垛距不小于 0.1m）。

第四条 存放贵重物品的仓库，要安装防盗报警器，并配置防撬锁。

第五条 物料仓库存放的各类物品应建立账册，定期盘点，做到账物相符，发现短缺立即上报。

第六条 仓库安全应由专人负责，门钥匙由专人保管，严禁无关人员进入仓库，不得在仓库中会客。

9.2.8 要害部位安全管理制度描述

要害部位安全管理制度

第一条 要害部位是指影响酒店全面安全的部位，包括：锅炉房、空调机房、电梯机房、配电房、电话总机房、保安监控室、电脑房和危险品仓库等。

第二条 非要害部位的工作人员，未经所属的部门经理同意不得入内，经准许进入的人员应进行登记，并注明进/出原因、时间及批准人。

第三条 凡在要害部位工作的人员要忠于职守，熟悉和严格执行岗位责任和作业规程，积极做好安全防范工作，对安全承担责任。

第四条 凡是要害部位，不准乱拉电线。严禁带入和存放易燃、易爆等危险物品，严禁吸烟。不得在其周围堆放杂物，保持通道畅通。油库加油时，油车必须停车熄火。

续表

第五条　要害部门的消防设施和器材要严加管理，保证完好，严禁移作他用，工作人员熟知安全消防知识。

第六条　各种机械设备、仪表/仪器、线路、管道和阀门开关要定期进行保养，班前班后检查，保证安全和正常运作。

第七条　严格执行交接班制度，交接工作清楚，并有记录。

第八条　保卫部要会同有关部门定期对要害部位的安全工作进行检查和督导，发现问题要及时督导整改。

9.2.9　保安器材使用制度描述

保安器材使用制度

对讲机使用制度

第一条　对讲机按编号登记入账，由专人负责管理，并按使用说明的要求做好维护保养。

第二条　对讲机的使用人员实行“谁使用、谁负责”的责任制，交接班时，必须做好交接登记和查验工作，发现故障立即报告，如属人为造成，则应追究当事人责任。

第三条　对讲机原则上不予外借，并在使用中必须严格执行“三禁”规定：一是严禁通话内容涉及工作机密，二是在通话中严禁闲聊或谈论与工作无关的内容，三是严禁将对讲机带回家私作通信工具。

警棍使用制度

第四条　警棍的购置需经酒店分管领导批准，由专人负责管理，编号登记入账，并做好领用登记。

第五条　警棍通常由保安巡逻员佩带，只限于制止犯罪和正当防卫时使用。

第六条　警棍不得外借，并严禁携带外出。

9.2.10　消防治安监控室值班管理制度描述

消防治安监控室值班管理制度

第一条　值班人员要具备高度的工作责任心，对监控情况保持警惕性，发现问题要及时向保卫部或值班经理汇报，对监控内容不准外传，做好保密工作。

第二条　值班员当班期间要做到坚守岗位、认真负责，坚决杜绝脱岗、串岗现象发生。

第三条　值班员在岗期间，不准任何人在监控室内抽烟、打扑克、闲聊、看电视、看书报、听收音机等，上班前和当班时严禁喝酒，上述情况一经发生要严肃处理。

第四条　按规定时间值班员对所监控的重要区域进行录像，设录像带 8 盘，以 7 天为一周期清除重录，留备用一盘，值班人员严格把握住周期，不准将顺序打乱，对录制的可疑情况待查明后，方可清除。

第五条　要做好值班记录。值班员要将每次的值班情况认真填写在《治安监控值班记录簿》内，字迹清晰，不得涂改。

第六条　录像带的管理工作由保卫部统一管理，设专柜分类存放，按规定使用。

第七条　值班员要爱护监控设备，严格执行操作规程。如违反规程，人为造成设备损坏，则追究值班员的责任，并视设备损坏的程度进行经济处罚。

第八条　做好监控室内的卫生保洁工作，要做到勤打扫，并做好对监控设备的清洁维护工作，确保能正常运行。

以上规定，值班人员应严格遵守，如有违反，按《员工手册》办理。

9.2.11 消防监控室录像带管理制度描述

消防监控室录像带管理制度

为确保监控室录像带保管使用工作的保密性和有序性，加大录像资料的管理力度，特制定以下规定：

第一条　监控室共配备治安监控录像带 15 盒，按一周 7 天，每天两盒录像带进行录像，每盒带的录像时间为 24 小时。留一盒录像带做备用带。

第二条　对录像带编号、分类存放、录制，根据一天当中的实际情况进行录制。特别是不能放松对一些治安重点部位的录像。

第三条　未经保卫部经理允许，严禁将录像带带出监控室或私自外借给他人。

第四条　对于已录像的录像带，除值班人员及分管领导外任何人不得随意查看。如需查看，必须经酒店副总经理以上领导批准。

以上规定，各班人员应严格遵守，如有违反，按有关规定处理。

9.2.12 消防中心的值班制度描述

消防中心的值班制度

第一条　服从上司的工作安排及指派的任务。

第二条　值班人员分为三班制，每班三人。

第三条　每天 8 小时工作制，负责做好该班消防中心的值班工作，做好记录。

第四条　每班三个人之中留一人监控闭路电视、接听电话、监控消防主机及其他一切报警设备，其余两人负责巡检施工工地和重点部位，并做好巡检记录。

第五条　服从领班每月考勤排班制度，请假超过一天，休息有薪假者需报保安经理，经人事部批准后，方可休假。上班时间禁止请假外出，用餐时间必须每人轮流用餐。

第六条　上班时间禁止在本中心接待客人或容留无关人员闲谈。

第七条　禁止用本中心的电话打私人电话闲谈。

第八条　禁止带私人物品或易燃品在本中心存放。

第九条　未经批准，禁止带人到本中心参观。

第十条　当消防报警时，应迅速赶到报警地点，查明原因，同时报告消防主管及保安经理、大堂经理，并通知值班经理。

9.2.13 员工宿舍消防管理制度描述

员工宿舍消防管理制度

第一条　遵守国家规定的消防法规、法律。

第二条　宿舍的所有工作人员、住宿人员，都必须熟悉宿舍的地理环境、出/入口位置、消防通道等。

第三条　宿舍的所有工作人员、住宿人员都必须懂得使用灭火器材，懂得如何在紧急情况下怎样报警，怎样进行有效疏散。

续表

第四条　禁止在宿舍抽烟、丢烟头，尤其要杜绝卧床吸烟现象。 第五条　宿舍内严禁私拉、乱接电线，物品摆放整齐有序，保持室内畅通。 第六条　不准在消防通道内堆放物品或将消防通道作其他用途，任何时间，消防通道门都有不能上锁以保证畅通。 第七条　严禁携带易燃、易爆物品进入宿舍。 第八条　严禁在宿舍及宿舍周边燃放烟花爆竹。 第九条　非酒店专业电工，不准在宿舍内擅自接驳电源、线路。 第十条　服从上级和酒店专业人员的管理，爱护宿舍的消防设施及器材，保证各种消防设施和器材能正常使用。 第十一条　住宿人员离开宿舍时，要认真检查室内是否留有火种，并关好门窗，切断电源方可离开。

9.2.14　酒店消防设施的管理制度描述

酒店消防设施的管理制度

第一条　非火警的情况下，未经批准，不准用消防水。

第二条　未经批准，不准随意拆除、损坏安装好的各种消防报警探头。

第三条　未经批准，不准进入酒店消防控制中心或消防水泵房。

第四条　非火警的情况下，不准按动设置，包括在楼层各区域的手动报警按钮及消防防排烟、防火卷帘等按钮，不准随意动用酒店各个区域的消防对讲电话。

第五条　非火警的情况下，或未经批准，不准随意关或开消防栓系统、喷淋系统在正常运作下的阀门。

第六条　非火警的情况下，不准随意使用酒店的消防器材。

第七条　不准在消防通道内堆放垃圾或作其他用途。

第八条　不准随意将酒店内已经安装好的消防应急灯作其他用途。

第九条　不准损坏酒店内已经安装好的疏散指示标识和改动标识的方向，对所有的消防设备、设施专业的工程人员要定期保养、测试，保持正常运作。

第十条　如违反上述规定，造成的事故后果追究法律责任。

9.3　酒店安全管理日常工作细节描述

9.3.1　酒店内部治安日常管理工作细节描述

酒店内部治安日常管理工作细节描述，如表 9-3-1 所示。

表 9-3-1 酒店内部治安日常管理工作细节描述

项目	规范内容
进/出酒店的人员	精神病患者、衣冠不整者、形迹可疑者谢绝入内；携带可疑物品，或带有武器枪支者要劝其将危险物品交安全保卫部代管；不准在酒店院内的车行道或楼层进行娱乐活动，不许外来闲杂人员在酒店喧哗或聚众闹事。
物资的流动管理	对进/出酒店的物资要立即上前进行盘问，弄清情况后方可放行，禁止随便动用一切酒店的机械设备，更不能搬走公家的财产。
酒店公共环境的管理	提醒酒店员工及客人注意保护好酒店的环境卫生，严禁在酒店的大院、大堂、楼层及其他公共场所乱丢纸屑、杂物、烟蒂等，更不能把易燃、易爆、剧毒等危险物品堆放在酒店的大堂或其他公共场所。
酒店的车辆及交通管理	除停车场要有明确的车辆管理规定外，车辆进入酒店限速在每小时 5 公里，大卡车、货车不准进入酒店，单车、摩托车一律放在指定的地点；对进/出酒店的车辆还应做好检查、验证、登记等工作。

9.3.2 安全排查工作细节描述

安全排查工作细节描述，如表 9-3-2 所示。

表 9-3-2 安全排查工作细节描述

程序	规范内容
安全检查的方式	从检查时间上分，有节假日检查、季节性检查和定期检查。从检查范围上分，有自我检查、联合检查、互相检查和不定期抽查等。
开展安全检查的程序	（1）准备阶段，组织检查力量，制订检查计划、目的、要求、检查方法。 （2）检查阶段，按照检查的目的要求，深入被检单位，以看、听、问的方法进行认真、细致的检查。 （3）整改阶段，对发现的隐患、漏洞和不安全因素，研究整改措施，及时解决。 （4）总结阶段，写出检查报告，报告上级领导，备案存查，对检查中发现的重大问题及时解决。

9.3.3 灾害事故预防工作细节描述

灾害事故预防工作细节描述，如表 9-3-3 所示。

表 9-3-3 灾害事故预防工作细节描述

项目	规范内容
1	搞好宣传教育。要利用各种机会，采取各种形式，向员工进行教育，提高员工维护和遵守规章制度的自觉性。
2	领导和员工认真落实安全责任制，做好安全防范工作，切实防止灾害事故的发生。
3	坚持安全检查，堵塞漏洞。要定期或不定期地对管区公共场所，易燃、易爆、危险物品和“五防”安全防范工作进行安全检查，发现不安全的问题，应及时协同有关部门加以解决。
4	对已经发生的灾害事故，要认真查清事故原因，判明事故性质，对制造破坏事故的犯罪分子要严厉打击，对玩忽职守的直接肇事者要报告上级，分清情况给予处理。
5	及时总结管区的预防灾害事故的经验，对好的单位和个人给予表扬和奖励。

9.3.4 巡逻工作细节描述

巡逻工作细节描述，如表 9-3-4 所示。

表 9-3-4 巡逻工作细节描述

程序	规范内容
岗前准备	提前十分钟着装上岗，仪容、仪表端庄、整洁，精神饱满。
召开班前会	做好与上一班组的交接，由领班布置本班具体工作，召开班前会。
准备上岗	检查随身携带的值勤设施（对讲机、警械等）。
执勤	（1）按间隔时间和路线进行巡视，要巡逻到位，路线要灵活掌握，在客人区时，脚步要轻，不要影响客人。 （2）巡逻过程中遇到客人要主动问好，做好文明服务，发现可疑人员要进行礼貌查询，并用对讲机向领班汇报。确有问题的，经值班经理同意后向警方报告。 （3）对餐饮区、库房、各通道巡视时，对门、窗、水电、燃气、燃油做重点检查，发现问题通知相关部门，并做好巡视记录。 （4）正确、恰当地处理好突发事件，随时与值班经理、警方保持联系。
工作交接班	下班时交接班人做好交接，检查执勤设施，做好交接记录，并对本班次工作进行讲评，发扬成绩，纠正不足。

9.3.5 一般案件处理工作细节描述

一般案件处理工作细节描述，如表 9-3-5 所示。

表 9-3-5 一般案件处理工作细节描述

程序	规范内容
赶到现场	发现或接到报告后，第一时间赶到现场，进行果断处理，并向相关领导汇报。（保护好现场）
事件处理	（1）询问物品丢失具体情况并进行排除，查看前台电子锁有关记录，查询服务员是否发现情况，做好各项记录。 （2）对打架的客人进行劝阻，保卫部及时处理，进行调解，避免给其他客人造成惊吓。 （3）发现伤亡事件后，封锁现场。通过第一发现人查找嫌疑人，并派人员到酒店门口引领急救中心和公安人员到来。
配合	（1）配合公安机关工作，积极提供线索，协助调查、取证。 （2）经公安机关同意后由客房服务中心安排清扫现场。

9.3.6 贵宾入店、大型活动接待任务警卫工作细节描述

贵宾入店、大型活动接待任务警卫工作细节描述，如表 9-3-6 所示。

表 9-3-6 贵宾入店、大型活动接待任务警卫工作细节描述

部门	规范内容
保卫部	（1）确保消防设备、器材完好有效。任务前，提前对消防监控及烟感自动报警器、自动灭火喷淋、消防加压设备、消防专用电梯、防火（卷帘）门、消防通道以及安全疏散指示灯、应急照明灯等各类设备、器材按标准要求进行全面检查和测试，保证完好有效。 （2）确保治安监控系统运转正常，通信联络畅通，24 小时运作正常，专人值班。值班电话和对讲机通信器材良好。 （3）对前院停车场和地下停车场进行严格控制和管理，禁止与任务无关的车辆停放，确保任务车辆的停泊车位和进/出通道畅通、安全。 （4）严格会客制度和大堂管理，对来访人员除严格执行登记制度外，还必须随时注意他们的动态，严禁无关人员进入警卫区。加强大堂的保卫力量，观察闲散人员，发现可疑及时报告。 （5）严格控制酒店范围内的制高点和通向各平台的出口，对无法关闭的门及通道，应派专人把守，防止无关人员登高和物品坠落，以及人为地散发各种传单。 （6）合理安排和调配保卫力量，除应设定的固定岗和巡逻力量外，还应安排机动力量，增强检查和巡逻密度，扩大控制范围。 （7）积极做好与各有关部门之间的工作沟通和协调，并与公安局、消防局、国家安全局保持密切联系，做好全方面接待工作。
前厅部	（1）随时做好住房控制的调整准备。 （2）掌握客人住宿的分布情况，及时提供贵宾房间周围的住客情况。
客房部	（1）警戒楼层、指派专人进行全天候的值班及服务工作，并及时记录进房清洁和服务的时间。 （2）禁止无关人员进入警戒区，发现异常情况及时报告。
康乐部	做好各种娱乐设施的接待准备工作，包括场地和设备的安全，确保随时按规定的标准做好接待和服务。
餐饮部	（1）除对食品的加工要严格按照食品卫生法规进行操作外，对食品原料的采购、运输、储藏、烹饪以及采样化验等各个环节还应由专人负责进行监督和把关。 （2）如有外卖任务也按以上要求进行操作。
工程部	（1）任务前要在常规检查的基础上对水、电、气（汽）和通信等有关设备进行一次全面复查，确保设备的安全可靠，运行良好。同时做好高空悬挂设备和物品的安全、严防坠落。 （2）任务期间设备的运行除有正常操作工当班外，还应综合维修配足维修人员。部门各级管理人员要加强工作现场管理，部门领导应在夜间轮流值班，恪守职责，做好工作。
市场部	做好外包租赁单位的管理工作。

9.3.7 重要客人警卫服务细节描述

重要客人警卫服务细节描述，如表 9-3-7 所示。

表 9-3-7 重要客人警卫服务细节描述

项目	规范内容
1	尽量了解客人方面的基本资料，如国籍、年龄、性别、嗜好、风俗习惯、禁忌、住酒店的房号、期间行程安排、在酒店内要去的场所区域及所经路线等。
2	接待外国重要客人，除了解以上资料外，还要了解客人所在国的国际关系情况，以及与客人前后到达的是否有其他敌对国的客人，并报公安机关。

续表

项目	规范内容
3	在客人未到达以前，首先配合公安机关对重要客人所要住的房间进行安全检查，对附近的消防设施、消防通道进行检查。
4	根据受保护客人的保安标准，对房间进行封闭，并留人员看守。
5	如客人在酒店内安排去其他公共场合，则须在重要客人预计要经过的路线用快步、中步、慢步的时间计算出来，将途中所有有可能突然出现人的门、通道等事先检查后，安排保安人员在门口或附近。
6	当重要客人经过或停下来向群众招手时，保安人员一定要背向受保护人，面向群众和其他人员，特别留意人群中的异常情况和面目表情、眼神，并预计如果发生意外事故、险情，将如何紧急处置和用身体掩护等。
7	对客人饮食品应留样待查。
8	重点保护好重要客人的车辆，不允许非接待和保安任务的一切人员和车辆接近。
9	重要客人在酒店的室外活动，事先应对附近的高层建筑物和制高点进行观察，有无缆车、吊船等危险物，对制高点上的人，一定要留意，以防万一，可派保安人员先去检查或暂封闭通往高层建筑物的道路或门。

9.3.8 刑事案件和治安事件处理工作细节描述

刑事案件和治安事件处理工作细节描述，如表 9-3-8 所示。

表 9-3-8　刑事案件和治安事件处理工作细节描述

程序	规范内容
1	在酒店内发生刑事案件和治安事件： （1）电话总机、大堂副理接到报案。 （2）酒店员工发现案情。
2	立即报告保卫部，保卫部值班接到报告后： （1）对发案时间、地点、报案姓名、主要案情做好记录。 （2）通过电话或对讲机通知保卫巡逻人员赶到现场，并立即向保卫部经理汇报。
3	保卫值班人员留守保卫值班室： （1）与各方保持联系。 （2）通知监控室监视案发现场和各出入口。 （3）通知各出入口堵截可疑分子。 （4）向酒店领导、警方和上级主管部门报告。
4	保持现场，疏散现场人员，救护伤员： （1）开始现场调查，对报案人、被害人、现场见证人、知情人等分别做详细调查，做好笔录，进一步扩大查证线索，获得罪证。 （2）视案情发展决定是否需要成立指挥部或指挥中心，协调全方面开展工作。 （3）分析案情制订侦破计划，进一步开展调查或配合警方进行侦查。案件侦破，写出书面报告，及时总结经验教训，堵塞工作中的漏洞。同时将侦查过程中形成的材料整理立卷归档。

续表

程序	规范内容
5	如系正在实施的现行违法犯罪活动： （1）迅速组织优势力量，制服违法人员。 （2）或将其诱出后带出现场再予处理，防止伤害无辜和缓解其情绪，再进行制服。在具体实施中要有自我保护意识。 （3）必须两人以上看管和监护违法人员。 （4）等公安机关处理，并配合警方进一步勘验和取证。

9.3.9 住店客人丢失财物事件处理工作细节描述

住店客人丢失财物事件处理工作细节描述，如表9-3-9所示。

表9-3-9 住店客人丢失财物事件处理工作细节描述

项目	规范内容
接到报案	安全保卫部接到报案后，由安全保卫部经理派人迅速赶到大堂副理处。 （1）携带好访问笔录纸、照相机、手电、手套等所需用具。 （2）认真听取失主对丢失财物过程各个细节的说明，详细询问丢失物品的特征。 （3）通知有关部门、岗位的领导并留下与丢失案有关的人员。 （4）客人明确要求向公安机关报案或丢失财物数额价值较大时，安全保卫部要立即报告公安机关，同时保护好现场，即在公安人员到来之前，现场不许任何人进出，不许移动、拿走或放入任何物品。发生在公共场所要划出保护区域进行控制。
赶到现场	失主不要求报公安机关或公安机关未到现场时，安全保卫部随同失主到客房，客房主管迅速赶赴现场。 （1）到达现场后，首先查看现场是否遭到破坏，如现场完好，立即进行拍照。 （2）认真听取失主对现场情况的陈述，查看失主物品被翻动的情况，注意现场有无犯罪分子遗留或抛弃的物品，以及可能留下指纹的纸张、杯子、皮夹等，如有，要戴好手套或用干净的软纸小心提取，然后放入干净的塑料袋或纸盒以备技术鉴定用。 （3）如需提取客人物品做鉴定，必须征得客人同意。
调查情况	首先查验失主护照是否与持照人一致，然后核对所失物品在海关申报单上是否有登记，注意登记的数量、种类、型号是否相符。详细记录以下情况： （1）失主的姓名、年龄、性别、国籍、职务、来访目的，来店、离店日期和具体时间、去向等。 （2）丢失物品的准确时间，最后见到所失物品的时间。 （3）丢失物品的准确地点、位置。 （4）丢失物品的名称、种类、型号、数量、特征、新旧程度、特殊标记、有无上保险等。 （5）丢失前是否有人来过房间。诸如亲朋探望、打扫房间、工程维修、洗/送衣物等情况。失主有无怀疑的具体对象、怀疑的根据等。 （6）失主有何要求。例如开具丢失证明或要求酒店赔偿。 （7）对现场进行仔细检查，对床上床下、衣柜里外、床头柜、酒柜、电视柜里外、沙发、窗帘、浴室、浴室顶棚、冰箱等处都要查到。委婉地征得客人同意后对其箱、包、行李进行查找。楼道里的服务车和有关部位也要检查。

续表

项目	规范内容
上报	（1）对案件涉及人员进行谈话，调查、了解案发时的情况。 （2）接触现场的所有人员，了解谁先进入、谁先离开等情况。 （3）接触现场的时间、工作程序、所处的位置、现场状态的回忆等情况。 （4）对物品丢失时的当班服务员，逐一谈话，如已下班，应立即将其从家中找回；涉及两人以上的要分别谈话并注意保密，以防其串供或订攻守同盟。 （5）通过调查排出的重点嫌疑人员，要尽快取证，做到情节清楚、准确无误。 （6）调查处理时，要摆事实、讲道理、得证据，严格注意政策。 （7）拿出处理意见，经领导批准后执行。
侦破	根据调查和侦察情况，排出重点嫌疑人，然后对嫌疑人开展工作，获取证据后由公安机关进行处理。
后续处理	通过侦察找回丢失物品，交还客人，如果客人来不及等到破案就离店，可请客人留下姓名和地址，找到后，寄还给客人。

9.3.10 对公安机关下传的通缉令、查控电传处理工作细节描述

对公安机关下传的通缉令、查控电传处理工作细节描述，如表 9-3-10 所示。

表 9-3-10 对公安机关下传的通缉令、查控电传处理工作细节描述

程序	规范内容
1	设有专人负责此项工作，每次来文都详细登记，按照要求的范围向下布置。
2	要及时向酒店领导和有关部门汇报和布置，布置后各有关部门要在专用本上签字。
3	按要求将查询结果报告公安局发文单位，如查出有与通缉令和电传的案犯特征相似的嫌疑人，要立即报告发文单位，请他们来甄别、确认、处理，酒店要积极配合提供方便。
4	对公安机关发来的撤销电传，要及时布置有关部门停止查控。
5	定期将通缉令、查控电传按通报日期、文号装订成册，收存留查。

9.3.11 卖淫嫖娼事件处理工作细节描述

卖淫嫖娼事件处理工作细节描述，如表 9-3-11 所示。

表 9-3-11 卖淫嫖娼事件处理工作细节描述

程序	规范内容
1	发现卖淫嫖娼者，要摸清情况，获取罪证，严厉打击。
2	保安人员如在大厅、餐厅、客房、歌舞厅等处发现上述人与住店客人交谈、砍价时，警卫人员要迅速报告值班人员，做到稳、准、狠地严厉打击卖淫嫖娼者的违法活动。
3	对结伴或单独来店，在大厅内无目的闲逛、无故长时间逗留或进入大厅后就与客人联系的女性，要严密注意其动向。
4	遇有看见保安和服务人员就躲避、偷偷进入客人房间或拿钥匙进入客房但经核实不是住店客人的女性，要在不惊动客人的情况下进行审查。

续表

程序	规范内容
5	对在餐厅、酒吧、大厅等地主动与客人搭话、行为不检，与男性客人同进客房的女性，应做如下处理： （1）对既成事实的卖淫嫖娼者，待其离开房间后，将其带到安全保卫部进行审查，做好询问记录，同时上报公安机关处理。 （2）对23：00后发生，并掌握其确切证据的卖淫嫖娼者，要通知客房部经理和值班经理采取行动，属卖淫嫖娼事实确凿的要报告公安机关。 （3）安全保卫部将卖淫嫖娼者带至安全保卫部进行初审。 （4）安全保卫部、客房部经理应共同到客房将卖淫嫖娼者物品取回留存安全保卫部，作为处理证据。 （5）协助公安机关处理有关问题。

9.3.12 客人死亡事件处理工作细节描述

客人死亡事件处理工作细节描述，如表9-3-12所示。

表9-3-12 客人死亡事件处理工作细节描述

项目	规范内容
保护现场，及时报告	（1）保护现场，然后报告安全保卫部、大堂经理、酒店领导。 （2）通知客务总监、医务室、安全保卫部前往现场，并同时请医院医务人员查验死亡原因后，由有关人员做好善后工作。 （3）对自杀死亡人员，首先保护现场，劝阻无关人员靠近，待公安、保卫人员到达后，寻找死者有无遗言等证据材料。 （4）对他杀死亡人员，首先保护现场，观察周围有无可疑人员，不许无关人员靠近，待公安人员到达后，向其汇报有关线索和情况。 （5）公安人员到达现场的主要任务是调查死因，确定死亡性质。公安人员调查死因，要对尸体现场进行勘验，一般做法是，以尸体所在地为中心，对现场的每个部位和物体，以及现场的周围环境等进行全面、仔细的勘验，设法提取各种痕迹、物品。如果我们在现场找到证实自杀的物证、书证，就为以后顺利处理死亡工作铺平了道路。所以说，保护好现场是处理死亡事件最重要的一环。
调查情况	安保部主要是配合公安机关开展调查工作。在公安人员尚未到达之前，安保部要积极开展一些必要的调查访问工作。首先要向报案人或发现人了解所见所闻，其次向死者家属或同行人进行访问，再者从酒店服务员中了解死者在酒店的各种情况，最后把调查访问的情况综合后提供给警察局及有关部门参考。
配合酒店公关部做好家属接待工作	境外人员死亡后，家属接到通知即会赶来。由酒店公关部出面接待，并做好家属安排工作。安保部要派人加强保卫，预防家属出现其他意外事件。
配合家属做好遗体处理工作	死亡事件性质确定后，家属就可以处理遗体。安保部要始终配合家属，在我国法律政策允许范围内，按照家属提出处理遗体的习俗要求，尽可能帮助解决一些实际问题。

9.3.13 抢劫等暴力事件处理工作细节描述

抢劫等暴力事件处理工作细节描述，如表 9-3-13 所示。

表 9-3-13 抢劫等暴力事件处理工作细节描述

项目	规范内容
接到报警及时赶到现场	（1）员工发现异常情况时打酒店内线电话报告安保部，说明本人身份，发现案件的时间、地点及简要情况。 （2）安保部人员迅速到达现场，确认后，做好保护现场工作，通知总机值班员由其通知有关领导立即赶到现场。 （3）视具体情况，由安保部负责立刻向公安机关报告所发生的情况。 （4）总机值班员接到安保部报警后，立即通知以下人员到场。 ① 夜间值班经理，发生以上事件的部门总监、经理。 ② 驻店经理、总经理。 ③ 医务室、车队。
各部门人员到场后的职责	**安保部** （1）携带必要器材和警具、对讲机、记录本、手电等。 （2）布置警力保护现场，画定警戒线，控制人员进入，维护现场秩序。 （3）遇抢救人员则尽量不要破坏现场状态。 （4）对现场进行全部和局部重点拍照。 （5）协助抢救伤员，如需送往医院则应与医务人员一同前往，并酌情向伤员了解、记录有关案件发生的情况。 （6）向当事人、报案人、知情者了解案情并记录。 （7）配合公安人员检查现场。 （8）如发现罪犯正在行凶或准备逃跑，则应立即抓获并派专人监守，待公安局来人后交给公安人员处理。 （9）如有人质被绑架、扣押案件发生，则应立即报公安机关，控制事态发展，采取必要措施。 （10）初步询问报案人、当事人有关案情。 （11）做好善后工作，包括清点客人财物等。 **值班经理** （1）负责协调各部门的工作。 （2）立即向总经理、现场最高领导汇报案情。 （3）组织对受伤人员的抢救。 （4）记录整个案件的处理情况。 **前厅部** （1）安排行李员运送伤员。 （2）安排行李员传送各种信息。 （3）与安保部协商提供调查案件的临时办公地点。 （4）登记、保管客人遗留下的财物及行李物品。 **客房部** （1）准备万能钥匙，以备急用。

续表

项目	规范内容
各部门人员到场后的职责	（2）提供抢救伤员所用布巾及所需物品。 （3）准备手电及接线板，供照明使用。 **医务室** （1）到场后负责对受伤者进行救护。 （2）与急救中心联系救护事宜。 （3）负责保障办案、救护伤员用车。

9.3.14 诈骗犯罪事件处理工作细节描述

诈骗犯罪事件处理工作细节描述，如表 9-3-14 所示。

表 9-3-14 诈骗犯罪事件处理工作细节描述

项目	规范内容
防止住店不法人员的诈骗	（1）凡是住店人员入店时，必须填写住房登记卡、预交住房押金，前台服务人员要严格执行公安局关于住宿客人必须持有效证件（护照、身份证）办理住房登记手续的规定，本人须与护照、身份证相符，不符者不予登记，并及时报告安全保卫部和客房经理。 （2）对使用支票付账的国内客人，要与支票发出单位核实，发现问题要机智地将持支票人留住，速报安全保卫部，待保安人员赶到后一起进行处理。 （3）如住店宾客在酒店消费超过预付押金时，可要求其追加押金或直接结算。
防止使用信用卡或假币进行诈骗	（1）酒店各岗位收款员要保持高度警惕，熟悉银行通报终止付款的“黑名单”，坚持检查复核制度，堵塞漏洞。 （2）注意检查货币的真伪，特别是大面值的货币；发现假钞要速报安全保卫部，由安全保卫部和财务部出面处理。 （3）发现持有信用卡、假信用卡、假币者，应采取以下措施： ① 同发卡银行联系，确定信用卡的真伪，一经确认是假信用卡或假币，立即将其信用卡、假币、护照、证件扣留。 ② 及时通知警卫人员到场，控制持卡、持假币者，防止其逃离或做出危害他人安全的行为。 ③ 打电话先后报告值班经理、财务部和安全保卫部。经安全保卫部初步审理，视情况报告公安机关。

9.3.15 物资仓库防火工作细节描述

物资仓库防火工作细节描述，如表 9-3-15 所示。

表 9-3-15 物资仓库防火工作细节描述

项目	规范内容
1	仓库内的物品要分类储放，库内留出主通道 1～1.5m。货物与墙、灯、房顶之间保持安全距离。

续表

项目	规范内容
2	仓库内的照明灯限 60W 以下的白炽灯，不准用可燃物做灯罩，不准用碘钨灯、日光灯、电熨斗、电炉、电烙铁、电钟、交流电收音机、电视机、电茶壶等电器设备。化工仓库的照明灯具设防爆型装置，仓库内保持通风。各类物品要标明性能和名称。
3	仓库的总电源开关要设在门口外面，要防雨、防潮保护，管理人员每年对电线进行一次绝缘检查，发现可能引起打火、短路、发热和绝缘不良情况，必须及时维修、更换。
4	物品入库时要防止挟带火种，潮湿的物品不准入库，物品入库半小时后，值班人员要巡查一次安全情况，发现问题及时报告，堆积时间较长（几年）的物品要进行翻堆清仓，防止物品积热产生自燃。
5	任何情况下，员工不能在布草房和货仓内吸烟，使用电炉和未经许可的其他动火操作。
6	房内不得过量储备汽油、香蕉水等特别易燃品，对这些物品的管理必须特别注意。
7	布草房和货物的堆放必须按安全规定执行，并注意保持室内环境的清洁、干燥和通风。
8	发生火灾时，注意将易燃、易爆物品搬离现场，并对火区进行必要的隔离。

9.3.16 酒店消防日常管理工作细节描述

酒店消防日常管理工作细节描述，如表 9-3-16 所示。

表 9-3-16 酒店消防日常管理工作细节描述

项目	规范内容
1	（1）本单位和外单位因施工动火的工程，必须到消防中心办理动火证。 （2）施工单位动火前必须采取切实有效的防火安全措施，要有专人负责，经公安消防监督部门申报同意后方能动火。动火必须做到“八不、四要、一清”。 （3）动火后要认真检查现场，防止因留下火种而引起着火。
2	主楼内部不准存放易燃/易爆、有毒和腐蚀物品，禁止在大楼内及房间阳台燃放烟花爆竹。
3	客房内不准使用明火电炉、煤气/柴油炉以及大功率的电器设备。确因工作需要应经消防中心同意后方可使用，并做好登记，不准将衣物放在台灯架罩上烘干，不准在房间内焚烧东西。
4	配电房内不准堆放物品。布草间、楼层小仓库内不准吸烟。消防分机旁边不准摆放任何杂物。严禁将洗涤剂放在垃圾、衣物滑道口周围。
5	各走道楼梯出口等部位要经常保持畅通，疏散标识和安全指示灯要保证完好。
6	（1）装有复印机、电传机、印刷机的部位禁止吸烟、使用明火。 （2）用酒精清洗机器部件时，要保持室内通风，进行大量清洗机器时，要到室外通风的地方进行。如无法移动机器，则必须打开门窗，保持室内空气流通。 （3）沾有油墨和易燃物品的纸张、油布要装在有盖的铁桶里并要及时清理。 （4）机器周围不准堆放可燃物品和废纸。

续表

项目	规范内容
7	酒店长住客人必须遵守《中华人民共和国消防条例》和《酒店消防管理规定》。 （1）不准私带易燃、易爆物品进入房间使用，一经发现全部没收，如发生事故则一切后果自负。 （2）禁止在阳台燃放烟花，违者按有关规定罚款，造成损失由当事者负全部责任。 （3）吸烟注意安全，烟头不得与垃圾混放在一起，每天应清理垃圾纸碎。 （4）为确保消防设备的正常运行，消防中心人员可以随时进房间（事先与对方联系，并会同销售部或大堂副理一同前往）进行检修、测试、排除故障，紧急情况时可不与对方联系，客人要给予配合。
8	物资仓库严格执行防火规定。 （1）仓库内的物品要分类储放，库内留出主通道 1～1.5m。货物与墙、灯、房顶之间保持 50cm 距离。 （2）仓库内的照明灯限 60W 以下白炽灯，不准用可燃物做灯罩，不准用碘钨灯、日光灯、电熨斗、电炉、电烙铁、电钟、交流电收音机、电视机、电茶壶等电器设备，化工仓库的照明灯具设防爆型装置，仓库内保持通风。各类物品要标明性能和名称。 （3）仓库的总电源开关要设在门口外面，要有防雨、防潮保护，每年对电线进行一次绝缘检查，发现可能引起打火、短路、发热和绝缘等不良情况，必须及时维修、更换。 （4）物品入库时要防止带火种，潮湿的物品不准入库，物品入库半小时后，值班人员要巡查一次安全情况，发现问题及时报告，堆积时间较长（几年）的物品要进行翻堆清仓，防止物品积热产生自燃。
9	各厨房、餐厅使用液化气炉、酒精炉、点心车，必须注意防火安全。 （1）使用酒精炉时不要往燃烧着的酒精炉添加酒精。备用的酒精存量不得超过两天的用量，放在各餐间专人保管，总备用酒精由仓库管理部负责保管。 （2）使用液化气点心车时，必须严格执行安全操作规程，使用前要检查输气胶管是否完好、牢固。气瓶有否漏气，发现漏气应停止使用，并报告液化气站人员进行处理。在餐厅内发现漏气着火时，立即将车推到餐厅外面通风的地方处理。开炉时先点火后开气，点火后才能推入餐厅。茶室、舞厅使用的小气瓶，要由专人管理，运输时不准乘电梯。 （3）各厨房厨师开炉前先开风门，然后点火种，下班后要关牢气阀，熄灭火种。 （4）各餐厅、舞厅、歌厅营业期间，各出口的门不得上锁，保持畅通。 （5）每季度或半年清洗一次厨房抽油烟机及管罩。厨工清洗厨房时，不要将水喷洒到电插座、电开关处，防止电器短路引起火灾。 （6）热油开炸时，注意控制油温，防止油锅着火。
10	高/低压配电房、发电机房、空调机房、电梯机房、消防加压排烟机房、电容器室、变压器室、蓄电池室内不准堆放可燃杂物，禁止存放易燃、易爆物品，严禁烟火。
11	各部门不准私自增加各种电器设备或乱拉、乱接电线，需要增加大功率的电器设备，必须经动力部和消防中心同意。
12	严格维护消防自动报警系统的设备，定期进行测试检查，保证设备完好。 （1）全酒店的烟感器每年由消防中心组织测检 1～2 次。 （2）自动灭火喷淋管道污水，每年由消防中心和管工班组织排放检查一次。 （3）每季度由消防中心或水泵班放水检查一次酒店内的地上消火栓。 （4）消防水泵每半年由消防中心和水泵班手动或自动启动检查一次。

续表

项目	规范内容
12	（5）油库的固定灭火装置，每半年由消防中心检查测压一次。 （6）气站的电子鼻的信号每季度由液化气站测试一次。 （7）酒店的消防加压及送风、排烟风机，每月由动力部门启动运行测试检查一次。 （8）消防总控制联动系统每年由消防中心和动力部门及有关部门联合启动运行检查一次。 （9）酒店的各种电器设备，每年联合进行一次检查。 （10）备用发电机，由动力部门根据设备检查安排时间定期启动检查。 （11）油库的固定泡沫灭火装置，每隔一年由消防中心监督油库更换药剂一次。 （12）酒店建筑物内凡存放物品的地方，有人员活动的地方、公共场所、娱乐场所、楼层间、机房、电房、气站、油库、厨房、办公室等部门，视不同情况配备轻便手提式消防灭火器材，由管辖部门负责维护、保管及外表的清洁卫生，摆放消防器材的地方不得堆放杂物，改变消防器材摆放的位置时，要经消防中心同意，有意损坏消防器材要罚款，情节严重的要追究责任。

9.3.17 突发事件应急处理预案制订细节描述

突发事件应急处理预案制订细节描述，如表 9-3-17 所示。

表 9-3-17 突发事件应急处理预案制订细节描述

项目	操作内容
制订实施预案的主要内容	酒店内发生具有社会危害性和灾害性的事件，主要有三个方面：一是破坏性事件，如放火、爆炸等；二是重大刑事犯罪活动，如抢劫、绑架、凶杀等；三是群体扰乱公共场所秩序的治安事件。酒店安保部要针对这三方面问题结合具体情况，制订处置预案。 意外事件的性质不同，预案所反映的内容也有区别，但就意外安全事件的共同属性而言，预案应包括下列主要内容： （1）建立处置意外事件的指挥机构 意外事件指挥机构一般分为两级：店级指挥机构和安保部指挥机构。要规定指挥机构的领导成员及其职责范围，要明确无论什么时候发生意外事件，指挥机构都能在自己的管辖范围内做出处置决策。当意外事件危害酒店全局利益时，店级指挥机构负责指挥和协调，应调动全酒店的安全保卫力量和各部门人员按预案程序采取行动。安保部指挥机构除积极配合店级指挥机构工作外，主要负责某一个部门发生的一般意外事件的处理。 （2）建立统一的报警和信息传递程序 酒店发生意外安全事件，一般由内部员工发现。发现情况如何报警，向哪个部门报警，有一个程序问题。一般报警通常有两条线：一条是向安保部报警，另一条是向公安部门报警。在预案中制订的报警程序，一般规定应该先向酒店安保部报警，酒店安保部在初步了解事件性质的情况下，即向有关公安部门和上级领导汇报。同时，接受指挥部门的指令，采取处置措施。指令传递、信息反馈要做到迅速、及时，上下联系渠道畅通，这些必须在预案中充分反映出来。

续表

项目	操作内容
制订实施预案的主要内容	（3）处置力量的部署和具体任务 预案中对处置力量要做具体部署，同时要明确各自的具体任务。一般力量部署有以下几个方面：一是现场守护力量，负责警戒，防止现场遭受破坏；二是抢救排险力量，负责受伤人员的抢救，排除灾害险情；三是调查取证力量，负责现场录像、照相和对有关人员的访问；四是捕捉和堵截罪犯力量，发现肇事或破坏分子要及时捕捉，并认真看管，逃离现场的要布置各通道出口堵截；五是联络配合力量，负责与公安部门及酒店各部门的联系，配合公安人员开展查处工作；六是机动力量，负责支援工作；七是保护力量，发生任何危害性的破坏事件，要组织一定力量对重点部门加强保护；八是宣传和疏导力量，负责客人的安全宣传和组织疏散。
制订实施预案的原则和方法	（1）制订实施预案的原则 ① 必须贯彻客人安全第一的原则。在制订和实施预案过程中，要以维护客人利益，保障客人人身、财产安全为前提。但贯彻客人安全第一，还必须考虑到客人心理上的影响。预案要做到最大限度地保护客人的安全，同时将对客人在心理上的影响缩小到最低限度，要做到使酒店的秩序尽快恢复正常，实施行动要快速而有条不紊。这样才能达到内不乱且外不慌，维护酒店的安全信誉。 ② 必须坚持“统一指挥、协调配合”的原则。预防和处置意外事件，是一项整体性的行动，只有实行统一指挥，各方协调配合，并按预案的具体分工各司其职，才能完成总体任务。因此，在预案中要拟订每一个不同层次的管理人员和基层员工所具有的岗位职责以及接受命令、按一定程序执行任务的方法。 ③ 必须坚持严格依法办事、讲究政策和策略的原则。酒店发生意外事件，在处置过程中会出现各种情况，要考虑到酒店本身的复杂性。不管事件性质如何，涉及对象是谁，都必须遵循法律程序，实事求是地，合情、合理、合法地进行处理。但对有些事件，还要讲究政策和策略。如酒店公共场所发生群体性的治安紧急事件时，首先要认识到这类事件的特征。这类事件的发展，一般需经过接触与摩擦、情绪感染、集体激动的过程。有的事件发生之初，并非是群体行为，而由各种因素的作用，诱发原来与事件无关人员卷入事件之中，致使事态扩大。其次要找产生的原因。如果是管理工作失误引起的，要及时纠正，消除对立情绪，并注意有关人员的动向，做好解释和稳定情况的教育工作。 （2）制订实施预案的方法 ① 调查研究、拟订预案。酒店的专门预案，主要由安保部制订。安保部在制订专门预案时，要针对酒店的具体情况，开展调查研究，如治安状况、四周环境治安特点以及直接危害酒店安全的行为和易发生治安灾害事件的部门等，先拟订预案的设想方案。 ② 征求意见，修正预案。安保部拟订预案后，要广泛征求意见，进行必要的修改。一般征求意见的范围是：单位领导的综合性意见；部门领导的可行性意见；有关政府部门的业务指导性意见；群众接受程度的意见。 ③ 领导批准，组织落实。安保部制订预案后，要上报酒店经理批准并转发各部门贯彻落实。同时，安保部要开展业务指导，组织实施和检查督促。 ④ 定期演练，充实完善。预案制订后，安保部要定期组织有关人员演练，强化操作技能，提高员工整体作战和快速反应能力。对演练中暴露出的问题，可及时在预案中充实完善，使预案更切合实际。

续表

项目	操作内容
意外、突发事件发生后的善后措施	其他意外事件，是指治安、灾害事故之外的、超出人们正常预定设想的、意外发生的事件。这些事件的预防虽不是安保部的职责范围，但事件发生后会给酒店造成一定的影响。因此，安保部要配合有关部门开展工作。事件发生后，安保部要采取以下安全措施： （1）做好客人的情绪稳定工作 事件发生后，要使客人情绪稳定、感觉安全。首先要控制员工的思想情绪，保证正常的经营秩序。其次要做好事件的保密工作。再者可通过酒店广播，简要说明事件状况，告诫客人注意事项或通知客人如何撤离，有秩序地进入安全地带。 （2）组织力量抢险救灾 酒店发生任何事故，安保部都要组织力量到现场。首先要制止事故危害的蔓延、发展，发现受伤人员立即组织救护。其次采取措施排除险情或障碍，协助有关部门修复损坏的机器、设备，使经营秩序尽快恢复。还应封锁现场，防止无关人员进入现场。 （3）协助有关部门调查事件原因 酒店发生意外事件，安保部要与事件直接有关的部门调查产生的原因。如属操作人员疏忽大意，不负责任，不遵守有关规章制度等而造成的责任性事故，情节不足以追究刑事责任的，则由有关部门按责任性事故处理。 （4）指导有关部门制定安全制度 从事故中总结经验教训，指导有关部门制定安全制度，是防止今后不再发生类似事件的有效措施。安全制度制定后，安保部要发挥监督、检查、指导的作用，定期开展安全检查或抽查，寻找漏洞、隐患和不安全的苗子，及时修订和完善安全制度。

9.4 酒店安全管理实用表格图例

9.4.1 拾遗物品收发登记表

拾遗物品收发登记表，如表 9-4-1 所示。

表 9-4-1 拾遗物品收发登记表

年　月

时间	日　时　分	拾物名称		价值（元）	
拾物人姓名		性别		年龄	
单位地址		拾物地点			
详细情况：					
领导意见					

续表

<table>
<tr><td colspan="4">处理结果：</td></tr>
<tr><td>领取人姓名</td><td></td><td>单位</td><td></td></tr>
<tr><td>备注</td><td colspan="3"></td></tr>
<tr><td>说明</td><td colspan="3">领取人须持有身份证及证明身份的证件。
领取时写下收据，写明身份证号及地址。</td></tr>
</table>

填写人：（保卫部）

联数：一式一联， 留存用途：记录拾遗物品收发情况

9.4.2 治安案件登记表

治安案件登记表，如表9-4-2所示。

表9-4-2 治安案件登记表

<table>
<tr><td rowspan="2">报案人</td><td>姓名</td><td></td><td>单位</td><td></td><td>报案方式</td><td></td></tr>
<tr><td>报案时间</td><td>年 月 日</td><td>发案地点</td><td></td><td>发案时间</td><td></td></tr>
<tr><td rowspan="2">嫌疑人</td><td>姓名</td><td></td><td>性别</td><td></td><td>年龄</td><td></td><td>单位或住址</td><td></td></tr>
<tr><td>特征及其他情况</td><td colspan="7"></td></tr>
<tr><td colspan="9">简要情况：</td></tr>
</table>

填写人：（保卫部）

联数：一式一联，留存用途：记录治安案件情况

9.4.3 安全保卫部值班记录表

安全保卫部值班记录表，如表9-4-3所示。

表9-4-3 安全保卫部值班记录表

<table>
<tr><td>本班人员</td><td colspan="3"></td></tr>
<tr><td>值班时间</td><td>年 月 日 时至 时</td><td>警械设施</td><td></td></tr>
<tr><td>值班情况</td><td colspan="3"></td></tr>
<tr><td>交接班情况</td><td colspan="3"></td></tr>
</table>

本班人员			
值班时间	年 月 日 时至 时	警械设施	
值班情况			
交接班情况			

本班人员			
值班时间	年 月 日 时至 时	警械设施	
值班情况			
交接班情况			

填写人： （保卫部）

联数：一式一联。用途：记录保卫部值班情况。

9.4.4 客人来访登记表

客人来访登记表，如表 9-4-4 所示。

表 9-4-4 客人来访登记表

来访		来访人姓名	性别	被访人房号	被访人姓名	来访人单位或地址	来访事由	备注
日期	时间							

9.4.5 安全检查日报表

安全检查日报表，如表 9-4-5 所示。

表 9-4-5 安全检查日报表

年 月 日 第 号

店内巡逻检查情况	
综合楼内检查情况	
服务楼办公楼检查情况	
检查客房情况	

续表

检查更衣橱情况	
检查员工通道情况	
检查宿舍情况	
车辆检查情况	
消防检查情况	
其他	

制表人：　　　　　　　　　　填表人：

9.4.6 安全保卫部值班日报表

安全保卫部值班日报表，如表 9-4-6 所示。

表 9-4-6 安全保卫部值班日报表

时间			班次		
值班人数		迟到		实到	
备注					
岗位					

9.4.7 大型活动、重要客人来店保卫记录表

大型活动、重要客人来店保卫记录表，如表 9-4-7 所示。

表 9-4-7 大型活动、重要客人来店保卫记录表

接到时间		地点		客人单位	
人数		住店时间		何种活动	
车数		离店时间			
情况记录					

填写人：　（保卫部）

联数：一式一联，留存用途：记录大型活动中及重要客人来访时保卫情况

9.4.8 消防器材检查记录表

消防器材检查记录表，如表 9-4-8 所示。

表 9-4-8 消防器材检查记录表

项目 / 合计 / 具体位置					

填写人：　　（保卫部）

联数：一式一联，留存　　用途：定期检查填写